Entwicklung und Grundlagen der europäischen Rechtsangleichung

# Studien zum Öffentlichen Recht, Völker- und Europarecht

Herausgegeben von Prof. Dr. Eckart Klein

**Band 9**

PETER LANG
Frankfurt am Main · Berlin · Bern · Bruxelles · New York · Oxford · Wien

Astrid Ihns

# Entwicklung und Grundlagen der europäischen Rechtsangleichung

PETER LANG
Europäischer Verlag der Wissenschaften

**Bibliografische Information Der Deutschen Bibliothek**
Die Deutsche Bibliothek verzeichnet diese Publikation in der Deutschen Nationalbibliografie; detaillierte bibliografische Daten sind im Internet über <http://dnb.ddb.de> abrufbar.

Zugl.: Potsdam, Univ., Diss., 2005

517
ISSN 1437-2037
ISBN 3-631-54443-X



www.peterlang.de

# Vorwort

Die vorliegende Arbeit wurde von der Juristischen Fakultät der Universität Potsdam im Sommersemester 2004 als Dissertation angenommen.
Für die Veröffentlichung habe ich das Manuskript aktualisiert und an einigen Stellen überarbeitet. Literatur und Rechtsprechung konnten noch bis April 2005 berücksichtigt werden.

Herzlich danken möchte ich an dieser Stelle Herrn Prof. Dr. Eckart Klein für die Begleitung und Betreuung der Dissertation sowie die Aufnahme der Arbeit in die Schriftenreihe „Studien zum Öffentlichen Recht, Völker- und Europarecht". Danken möchte ich auch Frau PD Dr. Stefanie Schmahl für die Erstellung des Zweitgutachtens.

Des Weiteren möchte ich mich bei meiner Familie für Ihre vielfältige Unterstützung bedanken. Besonderer Dank gilt ferner meiner Mutter und Frau Bettina Säcker für das Korrekturlesen der Arbeit.

Berlin, im Juli 2005

*Astrid Ihns*

# Inhaltsverzeichnis

## Abkürzungsverzeichnis

| | |
|---|---|
| a.A. | anderer Ansicht |
| a.F. | alte Fassung |
| ABl. EG | Amtsblatt der Europäischen Gemeinschaften |
| AcP | Archiv für die civilistische Praxis |
| AfP | Archiv für Presserecht |
| AG | Die Aktiengesellschaft |
| AöR | Archiv für öffentliches Recht |
| Bd. | Band |
| BVerfG | Bundesverfassungsgericht |
| BVerfGE | Entscheidungen des Bundesverfassungsgerichts |
| CEN | Comité Européen de Normalisation |
| CENELEC | Comité Européen de Normalisation Électrotechniques |
| CMLR | Common Market Law Review |
| DB | Der Betrieb |
| Diss. | Dissertation |
| DÖV | Die Öffentliche Verwaltung |
| DVBl. | Deutsches Verwaltungsblatt |
| EA | Vertrag zur Gründung der Europäischen Atomgemeinschaft in der Fassung nach dem 1. Mai 1999 |
| EBRD | European Bank of Reconstruction and Development |
| EEA | Einheitliche Europäische Akte |
| EG | Vertrag zur Gründung der Europäischen Gemeinschaft in der Fassung nach dem 1. Mai 1999 |
| EGKS-Vertrag | Vertrag zur Gründung der Europäischen Gemeinschaft für Kohle und Stahl |
| EGV | Vertrag zur Gründung der Europäischen Gemeinschaft in der Fassung vor dem 1. Mai 1999 |
| ELRev | European Law Review |
| EU | Vertrag über die Europäische Union in der Fassung nach dem 1.Mai 1999 |
| EuGH | Europäischer Gerichtshof |
| EuGRZ | Europäische Grundrechtezeitschrift |
| EuGVVO | Verordnung des Rates über die gerichtliche Zuständigkeit und die Anerkennung und Vollstreckung von Entscheidungen in Zivil- und Handelssachen |
| EuR | Europarecht |
| EUV | Vertrag über die Europäische Union in der Fassung vor dem 1.Mai 1999 |
| EuZW | Europäische Zeitschrift für Wirtschaftsrecht |
| EWG | Europäische Wirtschaftsgemeinschaft |
| EWS | Europäisches Wirtschafts- und Sozialrecht |

| | |
|---|---|
| FS | Festschrift |
| GA | Generalanwalt |
| GG | Grundgesetz |
| GS | Gedächtnisschrift |
| h.M. | herrschende Meinung |
| Hdb. | Handbuch |
| Hrsg. | Herausgeber |
| Jura | Juristische Ausbildung |
| JuS | Juristische Schulung |
| JZ | Juristenzeitung |
| KOM | Kommission (so zitiert in ihren Dokumenten) |
| KSE | Kölner Schriften zum Europarecht |
| m.w.N. | mit weiteren Nachweisen |
| n.F. | neue Fassung |
| NJW | Neue Juristische Wochenschrift |
| NuR | Natur und Recht |
| NVwZ | Neue Zeitschrift für Verwaltungsrecht |
| ÖJZ | Österreichische Juristen-Zeitung |
| RabelsZ | Rabels Zeitschrift für ausländisches und internationales Privatrecht |
| RIW | Recht der Internationalen Wirtschaft |
| RL | Richtlinie |
| Rn. | Randnummer |
| Rs. | Rechtssache |
| Rspr. | Rechtsprechung |
| s. | siehe |
| Slg. | Sammlung |
| st. Rspr. | ständige Rechtsprechung |
| StVj | Steuerliche Vierteljahresschrift |
| ua | unter anderem |
| verb. | verbundene |
| VerwArchiv | Verwaltungsarchiv |
| vgl. | vergleiche |
| VO | Verordnung |
| VVDStRL | Veröffentlichungen der Vereinigung der Deutschen Staatsrechtslehrer |
| ZaöRV | Zeitschrift für ausländisches öffentliches Recht und Völkerrecht |
| zB | zum Beispiel |
| ZEuP | Zeitschrift für Europäisches Privatrecht |
| ZEUS | Zentralblatt für Erziehungswissenschaft und Schule |
| ZGR | Zeitschrift für Unternehmens- und Gesellschaftsrecht |
| ZHR | Zeitschrift für das gesamte Handels- und Wirtschaftsrecht |
| ZIP | Zeitschrift für Wirtschaftsrecht |
| ZUM | Zeitschrift für Urheber- und Medienrecht |

# A. Einleitung

## I. Einführung

Rechtsangleichung nimmt eine gewichtige Rolle in der Rechtsetzungstätigkeit ein. Es wird geschätzt, dass 80% aller Regelungen des Wirtschaftsrechts durch die Europäische Gemeinschaft bestimmt werden.[1] Zudem werden 50% aller deutschen Gesetze durch gemeinschaftsrechtliche Vorgaben veranlasst.[2] Die Einwirkung des Gemeinschaftsrechts auf die nationalen Rechtsordnungen ist nicht zu unterschätzen, stammt doch ein erheblicher Teil nationaler Normen aus nichtnationalen Rechtsquellen oder von aus solchen Rechtsquellen fließendem Recht.[3] Somit dürfte kaum ein Rechtsgebiet noch von gemeinschaftsrechtlicher Einwirkung frei sein.

Die Bedeutung der Rechtsangleichung ergibt sich aber nicht nur aus dieser zahlenmäßigen Komponente. Aus der Definition der Europäischen Gemeinschaft als Rechtsgemeinschaft[4] ergibt sich die Verwiesenheit der Gemeinschaft auf das Recht als ihre Legitimationsgrundlage und als ihr maßgebliches Integrationsinstrument.[5] Der Zweck der europäischen Integration liegt dabei nicht allein in einer gewährleisteten Friedenssicherung, sondern auch in einer Freiheitssicherung und –erweiterung. Daneben tritt die unbestritten wichtige wirtschaftliche Komponente. Denn das Bedürfnis nach einheitlichen Regelungen ist insbesondere durch die Erweiterung der Gemeinschaft und ihr immer engeres Zusammenwachsen im wirtschaftlichen Bereich stark angewachsen.
Europäische Integration wird maßgeblich durch die Angleichung der mitgliedstaatlichen Rechtsordnungen vollzogen. Das Recht und hierbei insbesondere das angeglichene Recht hat eine eminent wichtige Funktion für die Integration. Diese integrationsfördernde Wirkung des Rechts, auf die noch näher einzugehen sein wird,[6] rechtfertigt eine eingehende Betrachtung der Entwicklung und der Grundlagen der europäischen Rechtsangleichung.

Rechtsangleichung zielt auf die Angleichung der mitgliedstaatlichen Rechtsordnungen durch eine positive Rechtsetzung. Auf Gemeinschaftsebene werden

---

[1] EG-Kommissionspräsident Delors, Rede im Europäischen Parlament am 4.7. 1988, Bulletin EG 1988, Nr.7/8, S.123, 124; Delors ging damals davon aus, dass dieser Wert in zehn Jahren erreicht sei

[2] Zitiert nach Schoch, JZ 1995, 109, 109

[3] Klein, in: Tag der Juristischen Fakultät der Universität Potsdam 1998, Europäische Union und nationales Recht, S.11, 12

[4] Hallstein, Die Europäische Gemeinschaft, S.53ff; Grimm, JZ 1995, 581, 585; EuGH, Gutachten vom 14.12. 1991, 6079, 6101, Rn.21

[5] Klein, in: Starck (Hrsg.), Rechtsvereinheitlichung durch Gesetze, S.117, 122

[6] D. IV.

Rechtsnormen erlassen, die inhaltliche Vorgaben für die mitgliedstaatlichen Rechtsordnungen enthalten.
Die der Gemeinschaft verliehene Normsetzungsbefugnis ist eine echte gestalterische und regulierende Gesetzgebung, die funktional an die Stelle der mitgliedstaatlichen Gesetzgebung tritt. Dies gilt insbesondere im Bereich der den Binnenmarkt oder Gemeinsamen Markt betreffenden Harmonisierungskompetenzen. Indem die Gemeinschaft mitgliedstaatliche Materien an sich zieht und damit den Mitgliedstaaten in einem noch näher zu bestimmenden Umfang die Möglichkeit zur eigenständigen Wahrnehmung bestimmter Aufgaben nimmt, tritt sie selbst an die Stelle der Mitgliedstaaten und muss folglich auch in der Lage sein, die Erfüllung der vormals staatlichen Aufgaben zu gewährleisten.
Die Gemeinschaft hat sich für ein Konzept der Rechtsangleichung entschieden, in welchem das Recht mit Hilfe von Einzelmaßnahmen punktuell angeglichen wird. Der europäischen Rechtsangleichung liegt keine Methodik zugrunde. Es lassen sich drei mögliche Ansätze unterscheiden: Die Suche nach einem gemeinsamen Nenner der mitgliedstaatlichen Rechtsordnungen, die Kopie eines nationalen Gesetzes sowie die Entwicklung eines Konzeptes, das es bisher noch in keinem Mitgliedstaat gibt. Keiner dieser Ansätze erscheint in seiner Reinform erfolgversprechend. So birgt die Suche nach einem gemeinsamen Nenner in den mitgliedstaatlichen Rechtsordnungen die Gefahr einer Angleichung auf dem kleinsten gemeinsamen Nenner und das Abschreiben eines nationalen Gesetzes die Gefahr erheblicher Akzeptanzprobleme in den übrigen Mitgliedstaaten. Die Entwicklung eines ganz neuen Konzeptes kann demgegenüber verstärkt zu Systembrüchen mit nationalem Recht führen. Demgemäß hat sich die Gemeinschaft nicht für eine der genannten Methoden entschieden, sondern kombiniert diese, angepasst an die Erfordernisse des jeweiligen Rechtsgebiets, in verschiedenster Weise. Die fehlende Entscheidung für nur einen bestimmten Ansatz der Harmonisierung ist deshalb auch nicht zu beklagen, sondern im Gegenteil begrüßenswert. Nur auf diesem Weg ist eine Angleichung möglich, die bestmöglich auf die Erfordernisse im konkreten Einzelfall abgestimmt ist und eine bedarfsgerechte Lösung ermöglicht.

Das Primärrecht entscheidet einerseits über die Rechtsetzungskompetenz der Gemeinschaft und bestimmt die Ziele der Rechtsangleichung. Andererseits kann es aber auch selbst angleichende oder genauer vereinheitlichende Wirkung ausüben. Grundlage des vereinheitlichenden Einflusses ist die Kombination von unmittelbarer Anwendbarkeit und Rechtsvorrang.[7]
Rechtsangleichung ist inhaltlich gebunden. Art. 3 EG legt die Aufgaben und Ziele fest, die der Europäischen Gemeinschaft vorgegeben sind. Er ergänzt Art. 2 EG und sieht Rechtsangleichung als eine Tätigkeit der Gemeinschaft ausdrücklich vor.

---

[7] Klein, in: Starck (Hrsg.), Rechtsvereinheitlichung durch Gesetze, S.117, 135

Die Kompetenzzuweisung für das Ergreifen von Maßnahmen der Rechtsangleichung erfolgt zum einen in speziellen Angleichungsnormen und zum anderen über die Generalklauseln der Art. 94, 95 und 308 EG. Diese Generalklauseln beziehen sich nicht auf ein bestimmtes Sachgebiet, sondern eröffnen die Möglichkeit der Rechtsangleichung in allen Sachgebieten, abhängig vom Vorliegen bestimmter Voraussetzungen. Dabei bilden die Art. 94, 95 EG die Nahtstelle zwischen gemeinschaftlichen und mitgliedstaatlichen Zuständigkeiten. Art. 3 lit. h EG ist demgegenüber keine Kompetenzzuweisung, sondern nur eine Aufgabenzuweisung, welche die Zulässigkeit der Rechtsangleichung an ihre Erforderlichkeit zur Herstellung des Gemeinsamen Marktes knüpft.

Rechtsangleichung verfolgt heute neben der Herstellung des Gemeinsamen Marktes auch noch andere Ziele. Diese Entwicklung der Rechtsangleichung soll im Folgenden neben ihren allgemeinen Grundlagen aufgearbeitet werden. Hierbei ist die neue Zielsetzung der Rechtsangleichung auf ihre Zulässigkeit, ihre Voraussetzungen und ihre Wirkungen hin zu untersuchen und von der Rechtsangleichung im ursprünglichen Sinn abzugrenzen.

## II. Klärung der Begrifflichkeiten

Die Beschäftigung mit der Rechtsangleichung setzt die Klärung ihrer Begrifflichkeiten voraus.

Der EGV verwendet keinen einheitlichen Begriff, sondern spricht von „Angleichung"(Art. 3lit.h, Art.94, Art.95), „Koordinierung" (Art. 44 II lit. g, Art. 46 II, Art. 47 II) und „Harmonisierung" (Art. 93) von Rechtsvorschriften.

Angleichung, Koordinierung und Harmonisierung meinen alle die Beseitigung von Unterschiedlichkeiten in bestimmten Rechtsgebieten innerhalb der nationalen Rechtsordnungen der einzelnen Mitgliedstaaten.[8]

Bestrebungen, diese Begriffe voneinander abzugrenzen, sind inzwischen aufgegeben worden, weil die verschiedenen Begriffe in den unterschiedlichen sprachlichen Fassungen des Vertrages nicht einheitlich verwendet wurden.[9] Den verschiedenen Bezeichnungen liegt kein bewusstes Unterscheidungssystem zugrunde. Sie sind beliebig austauschbar und werden daher im Folgenden synonym verwendet.

---

[8] Oppermann, Europarecht, Rn. 1200

[9] Geiger, EUV/EGV, Art.94 Rn.4; Lutter, NJW 1966, 273, 274, m.w.N. in Fn.13; Taschner, in: von der Groeben/Schwarze, Art.94 EG Rn.1

## III. Abgrenzung der Rechtsangleichung von der Rechtsvereinheitlichung

Die Rechtsangleichung soll eine bloße Annäherung der betroffenen Rechtsbereiche bezeichnen, während Rechtsvereinheitlichung eigentlich eine völlige inhaltliche Übereinstimmung der innerstaatlichen Rechtsnormen zum Ziel hat.[10] Durch die Rechtsangleichung soll grundsätzlich keine Rechtsvereinheitlichung bewirkt werden,[11] was einen Verlust mitgliedstaatlicher Kompetenzen im angeglichenen Bereich nicht ausschließt.

Vereinheitlichtes Recht gilt in allen Mitgliedstaaten einheitlich und entspringt vollständig der gemeinschaftlichen Rechtsordnung. Es entsteht auf Ebene der Gemeinschaft und ersetzt mitgliedstaatliches Recht oder tritt neben es.

Diese umfassende Uniformität kann die Rechtsangleichung bereits deshalb nicht leisten, weil ihr häufigstes Instrument die Richtlinie ist, die aufgrund ihrer Struktur keine Vergemeinschaftung der nationalen Rechtsnormen bewirkt. Dies schließt aber nicht aus, dass unter dem Oberbegriff der Rechtsangleichung eine Vereinheitlichung herbeigeführt wird, beispielsweise wenn die Harmonisierung legislativer Art ist und mittels Verordnung erfolgt. In diesem Fall kommt es zu einer Vereinheitlichung der mitgliedstaatlichen Rechtsordnungen, da die Verordnung unmittelbar anwendbar ist und mitgliedstaatliches Recht verdrängt (Art. 249 EG), ohne dass den einzelnen Mitgliedstaaten Regelungsspielräume belassen würden. Die europäische Rechtsangleichung schließt im weiteren Sinne eine Rechtsvereinheitlichung in einzelnen Teilbereichen ein. Von Rechtsvereinheitlichung wird man immer dann ausgehen können, wenn die Rechtsetzung per Verordnung erfolgt, von bloßer Rechtsangleichung, wenn die Rechtsetzung per Richtlinie erfolgt. Die Gemeinschaft hat sich weitgehend für die bloße Rechtsangleichung und nicht –vereinheitlichung entschieden.

Je regelungsintensiver aber eine Rechtsangleichungsrichtlinie ausgestaltet ist und je weniger Spielraum den Mitgliedstaaten bei der Umsetzung verbleibt, desto eher wird die Rechtsangleichung der Sache nach zur Rechtsvereinheitlichung. Die Grenzen können also im Einzelfall fließend sein. Vorliegend soll unter dem Begriff der Rechtsangleichung auch auf Rechtsvereinheitlichung insbesondere mittels Verordnungen eingegangen werden, da Rechtsvereinheitlichung die intensivste Form der Rechtsangleichung darstellt. [12]

---

[10] Eiden, Die Rechtsangleichung gemäß Art.100 des EWG-Vertrags, S.15; Kramer, Europäische Privatrechtsvereinheitlichung, S.17; Kropholler, Internationales Einheitsrecht, S.17ff; Schweitzer/Hummer, Europarecht, Rn.1228; Taschner, in: von der Groeben/Schwarze, Art.94 EG Rn.11; Taupitz, Europäische Rechtsvereinheitlichung heute und morgen, S.18; die Terminologie ist allerdings nicht einheitlich

[11] Gerhard Kegel, KSE Bd.11, S.10

[12] Starck, in: ders. (Hrsg.), Rechtsvereinheitlichung durch Gesetze, S.9, 13f; Wagner, Mindestharmonisierung, S.19

Rechtsangleichung lässt im Unterschied zur Rechtsvereinheitlichung die Identität der erfassten Normen unverändert.[13] Sie führt zu einer Veränderung der Norm, nicht zu ihrer Verdrängung.[14] Das angeglichene Recht verliert seinen Charakter als nationales Recht nicht und unterliegt ausschließlich der Rechtsprechung der nationalen Gerichte.[15] Die Zuständigkeit des Europäischen Gerichtshofs besteht auch im Vorabentscheidungsverfahren nur für die Auslegung und Anwendung des Gemeinschaftsrechts.

[13] Taschner, in: von der Groeben/Schwarze, Art.94 EG Rn.12

[14] Ipsen, Europäisches Gemeinschaftsrecht, S.693f; Constantinesco, Das Recht der Europäischen Gemeinschaften I, S.576

[15] Klein, in: Handkommentar zum EUV/EGV, Stand 1991, Art.100 Rn.2; Taschner, in: von der Groeben/Schwarze, Art.94 EG Rn.12

## B. Arten der Rechtsangleichung

Mit dem Fortschreiten der europäischen Integration geht eine wachsende Harmonisierung der Rechtsordnungen der Mitgliedstaaten einher.
Europäische Rechtsangleichung erfolgt insbesondere mittels der legislativen oder der judikativen Harmonisierung. Legislative Rechtsangleichung meint die gemeinschaftliche Rechtsetzung durch Verordnungen und Richtlinien sowie den Abschluss von internationalen Übereinkommen durch die Mitgliedstaaten gemäß Art. 293 EG.
Judikative Rechtsangleichung bezeichnet die Gewährleistung einer einheitlichen Auslegung von Rechtsvorschriften durch den EuGH und die nationalen Gerichte. Sie baut auf der legislativen Rechtsangleichung auf und wirkt über die Instrumente der Auslegung und Fortbildung des innerstaatlich aufgrund einer Rechtsangleichungsrichtlinie gesetzten Rechts.

### I. Legislative Rechtsangleichung

Legislative Rechtsangleichung ermöglicht, den Grad und die Intensität der Angleichung des Rechts genau zu bestimmen. Dem stehen aber Akzeptanzprobleme gegenüber. Zu nennen sind hier Unterschiede in der nationalen Rechts-, Wirtschafts- und Sozialpolitik, rechtssystematische und verfassungsrechtliche Probleme.[16]

#### 1. Verordnungen

Die Verordnung ist unmittelbar in jedem Mitgliedstaat anwendbar. Sie genießt Anwendungsvorrang vor nationalem Recht.[17]
Die Verordnung wird entsprechend ihrer unmittelbaren und einheitlichen Anwendbarkeit vor allem dort verwendet, wo einheitlich geltendes Recht geschaffen werden soll. Dies ist insbesondere bei der Schaffung alternativ- europäischen Einheitsrechts wie der Europäischen Interessenvereinigung[18] der Fall. Ein

---

[16] Vgl. den Überblick bei Blaurock, in: Starck (Hrsg.), Rechtsvereinheitlichung durch Gesetze, S.90, 94ff

[17] Oppermann, Europarecht, Rn.633; Nettesheim, in:Grabitz/Hilf, EGV, Art.249 Rn.39; Schweitzer/Hummer, Europarecht, Rn.849; Ipsen, Europäisches Gemeinschaftsrecht, S.289; Koenig/Haratsch, Europarecht, Rn.278; EuGH, 15.7. 1964, Rs.6/64, Slg.1964, S.1251, 1269f (Costa/ENEL)

[18] VO EG Nr.2137/85 vom 25.7.1985, ABl. EG Nr. L 199/1 vom 31.7. 1985

weiterer Anwendungsbereich sind die Gruppenfreistellungsverordnungen sowie die Fusionskontrollverordnungen.[19]
Verordnungen scheinen schon allein deshalb ein geeignetes Mittel der Rechtsangleichung zu sein, weil sie gemäß Art. 249 EG unmittelbar in den Mitgliedstaaten gelten und verbindlich sind. Das mittels der Verordnung gesetzte Recht bedarf keines Umsetzungsaktes mehr, um in den Mitgliedstaaten zu gelten. Der Gemeinschaft wird die Verordnung als Handlungsform zur Rechtsangleichung unter anderem in Art. 95 und Art. 37 EG zugewiesen. In der Schlussakte der EEA hat die Regierungskonferenz zwar erklärt, dass die Kommission bei Vorschlägen nach Art. 95 EG der Handlungsform der Richtlinie den Vorzug geben wolle, wenn die Angleichung in einem oder mehreren Mitgliedstaaten eine Änderung von gesetzlichen Vorschriften erfordert. Dies ist aber nicht dahingehend zu verstehen, dass auf das Instrument der Verordnung als Mittel der Rechtsangleichung völlig verzichtet werden soll. Die Erklärung ist zudem weder Vertragsbestandteil noch Auslegungsinstrument i.S. des Art. 31 II lit. b WVK, sondern enthält allein eine Beschränkung, die die Kommission bei der Unterbreitung von Vorschlägen zu einer Präferenz der Richtlinie verpflichten soll. Die Verordnung spielt demnach in der Praxis immer dann eine Rolle, wenn eine unmittelbare einheitliche Geltung für unabdingbar erachtet wird. Ein Beispiel hierfür ist die auf Art. 95 EG gestützte Verordnung über das Statut der Europäischen Aktiengesellschaft.[20]

Aufgrund der deutlichen Zurückhaltung gegenüber der Handlungsform der Verordnung im Bereich der Rechtsangleichung bleibt ihre praktische Bedeutung aber eher gering.

## 2. Richtlinien

Richtlinien sind aufgrund ihrer Flexibilität das in der Praxis der legislativen Rechtsangleichung bedeutsamste Instrument.[21] Die Richtlinie ist zur vollen Wirksamkeit auf legislative Umsetzung angewiesen. Dies gilt ungeachtet ihrer Fähigkeit, nach Ablauf der Umsetzungsfrist bei fehlender oder mangelhafter Umsetzung unter bestimmten Voraussetzungen unmittelbar anwendbar zu werden.[22]

---

[19] Vgl. zB VO Nr.19/65/EWG vom 2.3. 1965, zuletzt geändert durch VO EG Nr.1215/1999 vom 10.6. 1999, ABl. EG Nr. L 148/1 vom 15.6. 1999; VO EG Nr.2790/1999, ABl. EG Nr. L 336/21 vom 29.12. 1999; VO EWG Nr.4064/89 vom 19.12. 1989, ABl. EG Nr. L 395/1, berichtigt in ABl. EG Nr. L 257/13 vom 30.12. 1989; Vgl. die Übersicht der GruppenfreistellungsVO bei Calliess/Ruffert/Weiß, EUV/EGV, Art.81 Rn.165

[20] VO 2157/2001 vom 8.10. 2001, ABl. EG Nr.L 294/1 vom 10.11. 2001

[21] Oppermann, Europarecht, Rn. 1229

[22] Ausführlich hierzu mit Nachweisen Bach, JZ 1990, 1108ff

Adressaten der Richtlinie sind nach Art. 249 III EG nur die Mitgliedstaaten. Richtlinien sind hinsichtlich des zu erreichenden Zieles verbindlich, überlassen den Mitgliedstaaten aber die Wahl der Form und der Mittel. Diese sind gemäß Art. 10 EG jedoch verpflichtet, im Rahmen der nationalen Rechtsordnungen und der Zuständigkeit der Träger öffentlicher Gewalt, alle erforderlichen Maßnahmen allgemeiner oder besonderer Art zu ergreifen, um die vollständige Wirksamkeit der Richtlinie entsprechend ihrer Zielsetzung zu gewährleisten. Die Mitgliedstaaten haben die Verpflichtung, den „effet utile" der Vorschriften des primären und sekundären Gemeinschaftsrechts in ihren Rechtsordnungen zu fördern und nicht zu beeinträchtigen. Dieses gestufte System aus Zielvorgabe und Realisierungsfreiheit macht deutlich, dass die Rechtsordnungen der Mitgliedstaaten zwar aufeinander abgestimmt werden sollen, dass aber Vereinheitlichung in dem Maße, wie sie mit der Verordnung erzielt wird, nicht beabsichtigt ist. Durch die Wahl der Mittel und der Formen durch die Mitgliedstaaten wird diesen die Möglichkeit eingeräumt, nationale Besonderheiten berücksichtigen zu können.

Der Erlass einer Richtlinie zur Rechtsangleichung folgt in den verschiedenen Kompetenznormen keinem einheitlichen Verfahren. In der Regel steht der Rat als Richtliniengeber im Vordergrund. Die erforderlichen Mehrheiten für die Annahme einer Richtlinie sind nicht einheitlich ausgestaltet, sondern werden in der jeweiligen Kompetenzgrundlage festgelegt.

Die Richtlinie ist auf Eingliederung in die mitgliedstaatlichen Rechtssysteme ausgelegt. Durch Rechtsfortbildung hat der EuGH dieser Zielsetzung der Richtlinie verstärkt Gewicht verliehen, indem er unter bestimmten Voraussetzungen eine unmittelbare Wirkung der Richtlinie annahm, ohne dass ein Umsetzungsgesetz vorhanden gewesen wäre. Daneben geht der EuGH in seiner jüngeren Rechtsprechung davon aus, dass der Bürger, der von einer Richtlinie begünstigt worden wäre, unter bestimmten Voraussetzungen im Falle ihrer Nichtumsetzung oder ihrer nicht rechtzeitigen Umsetzung unter dem Gesichtspunkt der Staatshaftung einen Schadensersatzanspruch gegen den säumigen Staat geltend machen kann.[23]

Die Umsetzung der Richtlinie stößt in der Praxis häufig auf Schwierigkeiten, die sowohl auf Gemeinschaftsebene als auch auf Ebene der Mitgliedstaaten angesiedelt sind.
Die von der Gemeinschaft verfolgte Praxis der Teilharmonisierung hat nach Meinung von Kritikern Nachteile und verkompliziere die Rechtslage nicht uner-

[23] EuGH, 19.11.1991, Rs. C-6/90, 9/90, Slg. 1991, I-5357 Rn.39f (Francovich); bestätigt in EuGH, 16.12. 1993, Rs. C- 334/92, Slg. 1993 , I-6926 Rn.22 (Wagner Miret); EuGH, 8.10. 1996, Rs. C- 178, 179, 188-190/94, Slg. 1996, I-4845 (Dillenkofer)

heblich.[24] Die Kritik richtet sich gegen die Schaffung einzelner Inseln harmonisierten Rechts,[25] das Nebeneinander von europäischem und nationalem Recht durch die Möglichkeit von Mindest- und Öffnungsklauseln, den faktischen Verzicht auf Rechtsangleichung durch Wahlklauseln und die von Kompromissformeln ausgehende Gefahr. Aber nicht nur bei der Schaffung von Recht auf europäischer Ebene, sondern auch bei der Umsetzung durch die Mitgliedstaaten treten zum Teil erhebliche Schwierigkeiten auf. Durch die Nichtumsetzung, die nicht rechtzeitige Umsetzung oder die fehlerhafte Umsetzung von Richtlinien kommt es zu zahlreichen Mängeln im Prozess der Rechtsangleichung. Auf die sich aus diesen Schwierigkeiten ergebenden Konsequenzen für die Rechtsangleichung wird unter dem Gesichtspunkt der Grenzen der Rechtsangleichung noch näher einzugehen sein.[26]

### 3. Internationale Übereinkommen, Art. 293 EG

Neben der Rechtsetzungstätigkeit der Gemeinschaft auf dem Gebiet der Rechtsangleichung durch Verordnungen und Richtlinien gehört in den Bereich der legislativen Rechtsangleichung auch Art. 293 EG. Art. 293 EG steht in engem Zusammenhang mit der rechtsangleichenden Tätigkeit der Gemeinschaft, auch wenn Art. 293 EG sich an die Mitgliedstaaten richtet. Er begründet eine Rechtspflicht für die Mitgliedstaaten, in den in der Bestimmung näher bezeichneten Bereichen Verhandlungen einzuleiten, wenn dies erforderlich ist, um die genannten Ziele zu erreichen. Die Mitgliedstaaten werden angehalten, im Interesse ihrer Staatsangehörigen völkerrechtliche Verträge abzuschließen. Abschluss und Inkrafttreten dieser Verträge richten sich nach den allgemeinen Vorschriften des Völkervertragsrechts. Art. 293 EG begründet keine den Mitgliedstaaten vorher nicht zustehenden Kompetenzen zu Vertragsabschlüssen, denn diese Kompetenz steht ihnen als originären Völkerrechtssubjekten bereits zu. Die Gemeinschaft verpflichtet die Mitgliedstaaten mit Art. 293 EG jedoch dazu, diese Vertragsschlusskompetenz auch zu nutzen, um die Ziele der Gemeinschaft zu verwirklichen.

Art. 293 EG ist nach richtiger Ansicht nicht auf den Abschluss bilateraler Verträge gerichtet. Angestrebt wird vielmehr der Abschluss von Verträgen, die alle Mitgliedstaaten umfassen. Dies ergibt sich aus dem Wortlaut, da eine Eingren-

---

[24] Mertens, RabelsZ 56 (1992), 219, 221; a.A. Grundmann, Europ. Schuldvertragsrecht, S.19 Rn.26

[25] Kötz, Gemeineurop. Zivilrecht, in: FS für Zweigert, S. 481, 483; ders., RabelsZ 50 (1986), 1,12; ihm folgend Helmut Coing, NJW 1990, 937, 939; Peter Ulmer, JZ 1992, 1, 5f; Hommelhoff, AcP 192, (1992), 71, 102; Taupitz, Europäische Privatrechtsvereinheitlichung heute und morgen, S.45; Blaurock, JZ 94, 270, 276

[26] E. I.

zung unterbleibt.[27] Zweck der Vorschrift ist, in bestimmten Bereichen einheitliche Rechtsverhältnisse entweder durch Anpassung oder gegenseitige Anerkennung zu schaffen, um so die Ziele der Gemeinschaft zu verwirklichen.
Einzelnen Mitgliedstaaten bleibt es aber unbenommen, bi- oder multilaterale Verträge auch auf den Sachgebieten des Art. 293 EG abzuschließen, ohne dass die Gemeinschaft davon insgesamt betroffen wäre. Dies stellt auch keinen Verstoß gegen Gemeinschaftsrecht dar, da den Mitgliedstaaten nicht untersagt wird, auf den Gebieten des Art. 293 EG eigenständig tätig zu werden. Dieses Tätigwerden genügt jedoch auf der anderen Seite auch nicht den Anforderungen des Art. 293 EG, da dieser ein Handeln aller Mitgliedstaaten vorsieht. Es ist folglich davon auszugehen, dass die Handlungspflicht nach Art. 293 EG Verhandlungen aller Mitgliedstaaten fordert. Drittländer sind dabei nach dem Wortlaut von diesen Verhandlungen ausgeschlossen.

Die Mitgliedstaaten werden verpflichtet, Verhandlungen einzuleiten,[28] wobei eine Rechtspflicht zum Abschluss der Verträge im Rahmen von Art. 293 EG nicht besteht. Das Führen von Verhandlungen darf jedoch nicht willkürlich verweigert werden. Ferner darf der Verhandlungserfolg nicht aus sachfremden Motiven heraus blockiert werden. Die Handlungspflicht besteht jedoch nur, soweit eine Vereinbarung erforderlich ist. Die Beurteilung der Erforderlichkeit fällt in den Zuständigkeitsbereich der Mitgliedstaaten, kann jedoch vom EuGH überprüft werden. Die Erforderlichkeit ist anzunehmen, wenn die in Art. 293 EG genannten Ziele auf andere Weise nicht erreicht werden konnten.[29] Das ist immer dann der Fall, wenn der Vertrag der Gemeinschaft keine Handlungsbefugnisse übertragen hat oder bestehende Befugnisse zu keiner Angleichung geführt haben.

Die Bereiche, in denen, soweit erforderlich, Verhandlungen geführt werden sollen, sind in Art. 293 EG aufgeführt. Art. 293 Unterabsatz 1 EG beinhaltet den Schutz der Bürger der Europäischen Union und ihrer Rechte. Es geht um die Schaffung eines alle Bürger der Union gleichermaßen begünstigenden und gleich hohen Schutzniveaus. Soweit diese Gleichstellung bereits speziell geregelt wurde, wie z.B. in Art. 44 II lit. e EG, tritt Art. 293 EG als subsidiär zurück. Art. 293 Unterabsatz 2 EG strebt die Beseitigung der Doppelbesteuerung von natürlichen und juristischen Personen an. Dies ist eines der Vertragsziele und ein Grundanliegen des Gemeinsamen Marktes.[30] Art. 293 Unterabsatz 3 EG behandelt das internationale Gesellschaftsrecht und die – kollisionsrechtlich nicht

---

[27] Schwartz/Mölls, in: von der Groeben/Schwarze, Art.293 EG Rn.18; Schwarze/Hatje, EU, Art.293 Rn.11

[28] Calliess/Ruffert/Bröhmer, EUV/EGV, Art.293 Rn.3; Klein, in: Handkommentar zum EUV/EGV, Stand 1994, Art.220 Rn.2; Schwarze/ders., EU, Art.293 Rn.1; a.A. Geiger, EUV/EGV, Art.220 Rn.1; Oppermann, Europarecht, Rn.1262

[29] Calliess/ Ruffert/ Bröhmer, EUV/EGV, Art.293 Rn.3; Schwarze/ders., EU, Art.293 Rn.9

[30] Scherer, Doppelbesteuerung und Europäisches Gemeinschaftsrecht, S. 88

mehr relevante - Frage der gegenseitigen Anerkennung der Gesellschaften als juristische Personen[31], die Fusion von Gesellschaften verschiedener Mitgliedstaaten und die mit der Sitzverlegung einhergehenden Fragen. Art. 293 Unterabsatz 4 EG strebt die gegenseitige Anerkennung und Vollstreckung von Urteilen und Schiedssprüchen an. In diesem Bereich wurde das in der Praxis relevante EuGVVO geschlossen. Das Übereinkommen über Insolvenzverfahren kam hingegen nicht zustande. Es herrscht weitgehend Einigkeit, dass die aufgeführten Bereiche abschließend sind.[32] Art. 293 EG ist jedoch kein unmittelbar geltendes Recht[33], so dass der Unionsbürger sich vor Gericht nicht darauf berufen kann.
Art. 293 EG hat subsidiären Charakter gegenüber anderen Regelungen.[34] Er verdrängt keine anderen Rechtsetzungsbefugnisse, die das Gemeinschaftsrecht eröffnet. Er ist folglich nicht anzuwenden, wenn die genannten Bereiche bereits mittels Gemeinschaftsrecht oder durch völkerrechtliche Verträge geregelt wurden.

Mit nach Art. 293 EG geschlossenen Abkommen wird kein Gemeinschaftsrecht geschaffen, da die Mitgliedstaaten nicht für die Gemeinschaft handeln, sondern nur in deren Interesse.[35] Daher müssen neue Mitgliedstaaten sich verpflichten, den bereits geschlossenen Verträgen beizutreten.
Gemeinschaftsrecht besitzt gegenüber den nach Art. 293 EG geschlossenen Verträgen Anwendungsvorrang.[36] Klauseln, die den Vorrang des Gemeinschaftsrechts explizit erwähnen, haben demgemäss allein deklaratorischen Charakter.

Die Bedeutung von Art. 293 EG ist in der Praxis eher gering. Der Zweck des Artikels ist als Ergänzung zu den übrigen Bestimmungen des Vertrages zu sehen. Für den Fall einer Versäumnis der Gemeinschaft oder für den Fall einer Lücke in den bezeichneten Gebieten hält Art. 293 EG ein zusätzliches, im Normalfall aber nur subsidiäres Instrument bereit. Diesem Charakter des Art. 293 EG trägt auch seine Stellung im EG unter „Allgemeines und Schlussbestimmungen" Rechnung. Art. 293 EG ist Auffangvorschrift und eröffnet den Mitgliedstaaten eine Handlungsmöglichkeit für den Fall der Untätigkeit der Gemeinschaft in für die Mitgliedstaaten bedeutsamen Bereichen.

---

[31] Das Übereinkommen über die gegenseitige Anerkennung von Gesellschaften und juristischen Personen vom 29.2.1968 ist mangels einer Ratifizierung der Niederlande nicht in Kraft getreten

[32] Klein, in:Handkommentar zum EUV/ EGV, Stand 1994, Art. 220 Rn. 4; Schwarze/Hatje, EU, Art. 293 Rn. 4;Schweitzer, in: Grabitz/ Hilf, EGV, Art. 293 Rn. 6; a.A. Oppermann, Europarecht, Rn. 1262

[33] EuGH, 11.7. 1985, Rs. 137/84, Slg. 1985, 2681, Rn. 11 (Mutsch); EuGH, 12.5. 1998, Rs. C- 336/96, Slg. 1998, I- 2793, Rn.15ff (Gilly)

[34] Klein, in:Handkommentar zum EUV/ EGV, Stand 1994, Art. 220 Rn. 5; Schweitzer, in: Grabitz/ Hilf, EGV, Art. 293 EG Rn. 2

[35] Klein, in: Handkommentar zum EUV/EGV, Stand 1994, Art.220 Rn. 7

[36] Schwartz/Mölls, in: von der Groeben/Schwarze, Art.293 EG Rn. 48; Klein, in: Handkommentar zum EUV/EGV, Stand 1994, Art.220 Rn.9

## II. Judikative Rechtsangleichung

Judikative Rechtsangleichung bezeichnet die Rechtsangleichung durch den EuGH und die nationalen Gerichte.
Der EuGH ist Teil des institutionellen Systems, dem die Rechtsangleichung in der Gemeinschaft anvertraut ist, Art. 220 EG. Seine Rolle besteht nicht nur in der Überprüfung der Vereinbarkeit von Beschlüssen der Organe mit dem Gemeinschaftsrecht, sondern seine Rechtsprechung führt auch selbst unmittelbar und mittelbar zur Angleichung nationaler Rechtsvorschriften. Richterrecht kann in hohem Maße zur Rechtsangleichung beitragen. Die Gerichte können nicht nur eine einheitliche Auslegung gewährleisten und damit eine Auseinanderentwicklung der Rechtsordnungen vermeiden,[37] sondern auch zur Ausweitung der Angleichung beitragen. Richterrecht kann und soll die politischen Organe dabei nicht von ihrer Verantwortung entlasten.

Das in Art. 234 EG geregelte Vorabentscheidungsverfahren stellt ein wirkungsvolles Mittel der judikativen Rechtsangleichung durch den EuGH dar. Es ermöglicht dem EuGH, auf zwei unterschiedlichen Ebenen zur Rechtsangleichung beizutragen: Zum einen durch Auslegung der Rechtsangleichungsrichtlinie selbst und zum anderen durch Auslegung von unmittelbar geltenden Vertragsbestimmungen.
Die durch den EuGH vorgenommene Rechtsangleichung kann jedoch nur begrenzt wirken, weil der Gerichtshof auf die Vorlage der nationalen Gerichte angewiesen ist. Zudem kann der EuGH nicht rechtsetzend tätig werden, sondern nur eine einheitliche Auslegung sichern. Damit kann häufig nur eine Harmonisierung, die auf dem kleinsten gemeinsamen Nenner beruht, erreicht werden.
Die nationalen Gerichte leisten ebenfalls einen Beitrag zur Rechtsangleichung. Sie sind zu gemeinschaftsrechtskonformer und richtlinienkonformer Auslegung angehalten. Durch diese Auslegung wird auf nationaler Ebene eine einheitliche Auslegung und Anwendung angeglichenen Rechts gewährleistet. Dies ist zwingend notwendig, denn der Nutzen der legislativen Rechtsangleichung hängt entscheidend davon ab, ob das auf nationaler Ebene angeglichene Recht auch einheitlich ausgelegt und angewendet wird.

### 1. Versuch der Abgrenzung von Auslegung und Rechtsfortbildung

Grundsätzlich erfolgt die judikative Rechtsangleichung über die Auslegung bestehenden Rechts. Daneben besteht aber noch die Möglichkeit einer Rechtsfortbildung. Die Rechtsfortbildung ist der Bereich der Rechtsgewinnung, der über

---

[37] Everling, RabelsZ 50 (1986), 193, 230

die klassischen Regeln der Auslegung hinausgeht.[38] Bei ihr geht es um die Konkretisierung und Ausgestaltung von bereits vorhandenen Rechtssätzen. Rechtsfortbildung ist im Gegensatz zur Auslegung nicht auf den möglichen Wortsinn beschränkt.[39] Sie zeichnet sich dadurch aus, dass der Rechtsfall nach dem ausgelegten Gesetz nicht beurteilt werden kann, jedoch einer Festlegung von Rechtsfolgen bedarf.[40] Im Wege der Rechtsfortbildung wird dann eine Rechtsfolge aus den Wertungen der Rechtsordnung insgesamt herausgebildet. Grundsätzlich können dabei abändernde und ergänzende Rechtsfortbildung unterschieden werden.[41] Rechtsfortbildung ist die Fortentwicklung der Auslegung.[42] Sie ist damit keine Rechtsschöpfung im eigentlichen Sinn. Auslegung und Rechtsfortbildung stehen nahe beieinander und eine klare Trennung ist nur schwer möglich. In der Rechtsprechung des EuGH wird diese Unterscheidung demzufolge auch nicht getroffen. Es soll trotzdem versucht werden, Rechtsfortbildung in ihren Grundzügen zu skizzieren und ihre Grenzen anzudeuten.
Es kann festgehalten werden, dass der EuGH im primären Gemeinschaftsrecht, dem eine erhöhte Bedeutung für den Integrationsfortschritt zukommt, weniger Zurückhaltung übt als im sekundären Gemeinschaftsrecht.[43]

Unter dem Begriff der Rechtsfortbildung im Gemeinschaftsrecht kann die richterliche Festlegung gemeinschaftlicher Befugnisse und mitgliedstaatlicher Pflichten, die im Vertrag nicht ausdrücklich genannt oder stillschweigend festgelegt sind, umschrieben werden.[44] Die grundsätzliche Befugnis des EuGH zur Rechtsfortbildung ist allgemein anerkannt.[45] Eine gemeinschaftsrechtliche Verpflichtung zu richtlinienkonformer Rechtsfortbildung kann aus Art. 249 III EG gefolgert werden.[46] Richtlinienkonforme Auslegung und Rechtsfortbildung stehen in engem Verhältnis zum Gebot transparenter und rechtssicherer Umsetzung von Richtlinien. In methodischer Hinsicht setzt Rechtsfortbildung eine planwidrige Gesetzeslücke sowie eine methodengeleitete Lückenschließung voraus.
Zur Bestimmung des Vorliegens einer Gesetzeslücke müssen sowohl die innerstaatliche als auch die gemeinschaftsrechtliche Rechtsordnung herangezogen werden, die Planwidrigkeit bemisst sich dagegen nur nach nationalem Recht.[47]
Der häufigste Anwendungsfall der Rechtsfortbildung im Sekundärrecht ist die

[38] Hergenröder, Zivilprozessuale Grundlagen richterlicher Rechtsfortbildung, S.143; Wank, in: FS Stahlhacke, S.633, 635
[39] So etwa Larenz/Canaris, Methodenlehre, S.187; Hergenröder, Zivilprozessuale Grundlagen richterlicher Rechtsfortbildung, S.143
[40] Bydlinski, Juristische Methodenlehre, S.473
[41] Ukrow, Richterliche Rechtsfortbildung durch den EuGH, S.70; Looschelders/Roth, Juristische Methodik im Prozeß der Rechtsanwendung, S.223
[42] Larenz/Canaris, Methodenlehre, S.187; Wank, in: FS Stahlhacke, S.633, 635
[43] Franzen, Privatrechtsangleichung, S.576
[44] Mittmann, Rechtsfortbildung durch den EuGH, S.232
[45] Borchardt, in: GS Grabitz, S.29, 30; Schockweiler, EuR 1995, 191, 193
[46] Franzen, Privatrechtsangleichung, S.443
[47] Franzen, Privatrechtsangleichung, S.444

richtlinienkonforme Fortbildung. In diesem Rahmen werden vor allem methodengeleitete Fragen zu beantworten sein. Die Lücke muss inhaltlich sachgerecht, methodisch ableitbar und unter Beachtung der Verfassungsprinzipien geschlossen werden.
Für die Verfolgung von Richtlinienkonformität bedeutet dies Folgendes: Zunächst stellt der Rechtsanwender fest, dass das Ziel der Richtlinie weder durch das Umsetzungsgesetz, soweit eines vorhanden ist, noch durch andere gesetzliche Regelungen im Anwendungsbereich der Richtlinie erreicht wird und dass diese Lücke planwidrig ist. Dann sucht der Rechtsanwender eine in der innerstaatlichen Rechtsordnung anerkannte Regel, die dem Ziel der Richtlinie möglichst nahe kommt, und begründet aus den Wertungen der gesamten Rechtsordnung eine Fortbildung. Dies gilt auch für die Lückenfüllung, da anderenfalls eine unmittelbare Wirkung der Richtlinienbestimmungen erreicht würde, die diesen laut Gemeinschaftsrecht aber ja gerade nicht zukommt. Wertungen der Richtlinie selbst können nur insoweit Anwendung finden wie sie sich in der innerstaatlichen Rechtsordnung widerspiegeln.

Bei der Wahrnehmung der rechtsfortbildenden Aufgabe gelangt der EuGH in das Spannungsfeld zum Gemeinschaftsgesetzgeber. Seine Legitimation bezieht der EuGH dabei durch seine Stellung und Funktion im System der Gemeinschaft. Wesentliche Grenze der Rechtsfortbildung ist dabei die Akzeptanz der Entscheidungen.[48] Dies bedeutet nicht Rücksichtnahme und Ausrichtung der Rechtsprechung auf Rechtszustände oder Wünsche der Mitgliedstaaten, aber eine Bindung an Gesetz und Recht. Rechtsfortbildung ist auch im Gemeinschaftsrecht an die verfassungsrechtlichen Voraussetzungen und Grenzen des innerstaatlichen Rechts gebunden. Hierbei sind Gewaltenteilungs-, Demokratie- und Rechtsstaatsprinzip zu berücksichtigen. Eine hohe Umsetzungsbereitschaft des Mitgliedstaats und eine Fortbildung, die möglichst nahe am innerstaatlich Akzeptierten liegt, begünstigen die Zulässigkeit der Rechtsfortbildung.

Die Rechtsfortbildung darf nur dann vorgenommen werden, wenn das Ziel der Richtlinienkonformität überhaupt erreicht werden kann. Sie ist im Übrigen dann nicht nötig, wenn sich das mit der Richtlinie verfolgte Ziel bereits unabhängig von der Richtlinie aus der innerstaatlichen Rechtordnung ergibt.
Insgesamt ist unter Beachtung der obigen strengen Vorgaben der Anwendungsbereich einer Rechtsfortbildung im hier relevanten Bereich als gering einzuschätzen und nur dann zulässig, wenn sich in der innerstaatlichen Rechtsordnung Wertungskriterien finden lassen.

---

[48] Borchardt, in: GS Grabitz, S.29, 39

## 2. Rechtsangleichung durch den EuGH

Die Rechtsangleichung durch den EuGH verbleibt im Rahmen seiner Kompetenz gemäß Art. 220 EG, soweit sie sich am Recht der Gemeinschaft orientiert. Der Begriff Recht meint in diesem Zusammenhang nicht allein das geschriebene Recht, sondern auch die diesem zugrundeliegenden Werte und Regelungsabsichten. Die Verträge der Gemeinschaften bedienen sich in weitem Umfang unbestimmter und auslegungsbedürftiger Begriffe. Dem EuGH kommt damit bereits aus der Natur der Sache die Aufgabe der Entwicklung von Auslegungen zu. Grundsatzartikel und Programmsätze mussten und müssen vom Gerichtshof ausgefüllt werden. Die Gemeinschaft und ihre Rechtsordnung befinden sich in einem ständigen Prozess der Entwicklung, deren Ende nicht absehbar ist. Die Rechtsordnung ist dynamisch auf Entwicklung angelegt. Richterrecht kommt damit im Rahmen der Gemeinschaft eine wichtige Rolle zu, die zwar auf der einen Seite Orientierung und Grenze im gesetzten Recht findet, auf der anderen Seite aber auch neue Wege und Lösungen entwickeln können muss.

### a) Auslegung von Vertragsbestimmungen, die unmittelbar gelten

Der erste Anwendungsfall der judikativen Rechtsangleichung ist die Auslegung von unmittelbar anwendbaren Vertragsbestimmungen. Im Falle unmittelbar anwendbaren Gemeinschaftsrechts kann entgegenstehendes nationales Recht nicht mehr angewendet werden.[49] Dies ergibt sich zum einen aus dem Prinzip der unmittelbaren Geltung des Gemeinschaftsrechts[50] und zum anderen aus dem Vorrang des Gemeinschaftsrechts.[51]

Im Rahmen der unmittelbar anwendbaren Vertragsbestimmungen nehmen die Diskriminierungsverbote einen wichtigen Platz ein. Dazu gehört vor allem Art. 12 EG. Am Beispiel des Diskriminierungsverbots des Art. 12 EG lassen sich die Folgen der judikativen Rechtsangleichung mittels der Auslegung unmittelbar anwendbarer Vertragsbestimmungen besonders anschaulich verdeutlichen.

---

[49] Oppermann, Europarecht, Rn.633; Nettesheim, in:Grabitz/Hilf, EGV, Art.249 Rn.39; Schweitzer/Hummer, Europarecht, Rn.849; Ipsen, Europäisches Gemeinschaftsrecht, S.289 ;Streinz, Europarecht, Rn.200, 223a; Koenig/Haratsch, Europarecht, Rn.125; EuGH, 15.7. 1964, Rs.6/64, Slg.1964, 1251, 1269f (Costa/ENEL)

[50] EuGH, 15.7. 1964, Rs.6/64, Slg.1964, 1251, 1269f (Costa/ENEL); Nicolaysen, Europarecht I, S. 39f

[51] Ständige Rspr., EuGH, 15.7. 1964, Rs.6/64, Slg.1964, 1251, 1269f (Costa/ENEL); BVerfGE 37, 271, 280ff; 73, 339, 387; Nettesheim, in: Grabitz/Hilf, EGV, Art.249 Rn.37ff; Oppermann, Europarecht, Rn.615; Everling, DVBl.1985, 1201 m.w.N.; EuGH, 9.3. 1978, Rs. 106/77, Slg.1978, 629, 644 (Simmenthal); Oppermann, Europarecht, Rn.633; Calliess/Ruffert/Wegener, EUV/EGV, Art.220 Rn.22f; Streinz, Europarecht, Rn.200

Verstößt ein nationales Gesetz gegen Art. 12 EG ergeben sich in der Folge angleichende Wirkungen. Entgegenstehendes nationales Recht kann, auch soweit es bisher keiner Angleichung unterlag, keine Anwendung mehr finden und muss dahingehend geändert werden, dass es mit Gemeinschaftsrecht vereinbar ist. Dies führt dazu, dass der Mitgliedstaat in der Ausgestaltung des nationalen Rechts in diesem Bereich nicht mehr frei ist, sondern gemeinschaftsrechtliche Vorgaben zu beachten hat. Im Ergebnis kann der Mitgliedstaat nur noch in eine bestimmte Richtung regelnd tätig werden, weil er sonst gegen Gemeinschaftsrecht verstößt. Dieser Fall ist in der Wirkung vergleichbar mit einer Ermessensreduzierung auf Null im nationalen Recht.
Über die Auslegung unmittelbar geltender Vertragsbestimmungen und die damit eventuell verbundene Unanwendbarkeit nationalen Rechts kommt es faktisch zu einem Entzug mitgliedstaatlicher Kompetenzen in Bereichen, für die die Gemeinschaft keine Zuständigkeit besitzt. Die Wirkungen der judikativen Rechtsangleichung sind im Bereich der unmittelbar anwendbaren Vertragsbestimmungen folglich besonders weitreichend. Daher ist besonderes Augenmerk auf das Erfordernis der Anwendbarkeit des Vertrages zu richten. Über dieses Kriterium wird einer unbeschränkten richterlichen Rechtsangleichung Grenzen gesetzt. Das Erfordernis der Anwendbarkeit des Vertrages bezieht sich auf die inhaltliche Tragweite einer bestimmten Maßnahme, wobei diese sowohl durch die betroffenen Personen als auch durch die Materie bestimmt wird.[52]
Der EuGH legt beispielsweise den Anwendungsbereich des Art.12 EG dahingehend weit aus, dass der fragliche Sachverhalt „nicht außerhalb des Gemeinschaftsrechts“ stehen darf.[53] Es kommt nach Ansicht des EuGH nicht auf eine positive Gemeinschaftszuständigkeit zur Regelung des fraglichen Sachbereichs an, sondern allein darauf, dass eine „gemeinschaftsrechtlich geregelte Situation“ vorliegt.[54] Dabei wird insbesondere ein gegebenenfalls bestehender Zusammenhang mit dem Anwendungsbereich der Grundfreiheiten oder der effektiven Beachtung gemeinschaftsrechtlicher Vorgaben berücksichtigt. Darüber hinaus hat der EuGH sogar mitgliedstaatliche Vorschriften, die sich nicht unmittelbar auf die Grundfreiheiten bezogen, an Art.12 EG gemessen.[55] Dies war insbesondere dann der Fall, wenn im Sinne einer „akzessorischen Freiheitssicherung“[56] mittelbar eine Beschränkung der Ausübung der Grundfreiheiten zu besorgen war. Gleiches gilt für mittelbare Auswirkungen auf den innergemeinschaftlichen Austausch von Gütern und Dienstleistungen.[57]

---

[52] Calliess/ Ruffert/Epiney, EUV/ EGV, Art.12 Rn.17
[53] EuGH, 13.2. 1985, Rs.293/83, Slg.1985, 593 Rn.19 (Gravier)
[54] EuGH, 2.2. 1989, Rs.186/87, Slg.1989, 195 Rn.10 (Cowan)
[55] EuGH, 2.10. 1997, Rs.C-122/96, Slg.1997, I-5325 Rn.16ff (Saldanha); EuGH, 26.9. 1996, Rs.C-43/95, Slg.1996, I-4661 Rn.15 (Data Delecta); EuGH, 20.3. 1997, Rs.C-323/95, Slg.1997, I-1711 Rn.17 (Hayes)
[56] von Bogdany, in: Grabitz/ Hilf, EGV, Altband, Art.6 Rn.43
[57] EuGH, 20.3. 1997, Rs.C-323/95, Slg.1997, I-1711 Rn.17 (Hayes)

Es erscheint nicht möglich, den Anwendungsbereich des Art.12 EG und anderer unmittelbar anwendbarer Vertragsbestimmungen abstrakt exakt zu definieren. Eine Definition kann dem sich ändernden Stand der Integration und der Tätigkeit der Gemeinschaft nicht hinreichend gerecht werden. Der Anwendungsbereich ist demnach einzelfallbezogen zu definieren.[58] Zu berücksichtigen sind hierbei in Anlehnung an die Rechtsprechung der Entwicklungsstand des Gemeinschaftsrechts und eine effektive Sicherung der Grundfreiheiten. Zu beachten ist aber, dass auf Grund des aufgezeigten Entzugs mitgliedstaatlicher Kompetenzen in Bereichen, in denen die Regelungskompetenz eigentlich bei den Mitgliedstaaten liegt, trotz allem eine restriktive Auslegung der unmittelbar geltenden Vertragsbestimmungen und des Art.12 EG im Besonderen zu gewährleisten ist, denn über das Argument der Sicherung der Grundfreiheiten wird der Gemeinschaft ermöglicht, faktisch in jedes Rechtsgebiet einzudringen.

Der EuGH befindet im Rahmen des Vorabentscheidungsverfahrens nicht unmittelbar, sondern nur mittelbar über die Vereinbarkeit einer nationalen Norm mit Gemeinschaftsrecht, so dass er selbst eine nationale Norm nicht für ungültig erklärt, sondern das nationale Gericht. Mit Vorgabe einer bestimmten Auslegung des Gemeinschaftsrechts im Hinblick auf mitgliedstaatliches Recht schließt der EuGH die Anwendung einer nationalen Norm im Ergebnis gegebenenfalls mittelbar aus. In der Praxis hat dies zur Konsequenz, dass das nationale Recht sich im Ergebnis den Rechtsordnungen der anderen Mitgliedstaaten annähert.

Die judikative Rechtsangleichung mittels der Auslegung unmittelbar anwendbarer Vertragsbestimmungen kann darüber hinaus auch eine legislative Rechtsangleichung anstoßen.

**b) Auslegung der Rechtsangleichungsrichtlinie selbst**

Eine wichtige Fallgruppe der judikativen Rechtsangleichung ist die Rechtsprechung zu den rechtsangleichenden Richtlinien. Bei ordnungsgemäßer Umsetzung der Richtlinie entfaltet diese ihre Wirkung dem Einzelnen gegenüber durch die nationale Rechtsvorschrift, welche die Richtlinie umgesetzt hat. Streitigkeiten über die Auslegung der Rechtsnorm sind demnach zunächst nationale Streitigkeiten, die vor nationalen Gerichten geführt werden. Es ist davon auszugehen, dass der nationale Gesetzgeber bei Schaffung der nationalen Vorschrift den Vorgaben der Richtlinie genügen wollte. Die Auslegung der nationalen Vorschrift hat sich somit immer auch an den Bestimmungen der Richtlinie zu orientieren. Die Frage nach der Auslegung des nationalen Rechts wird damit zu einer Frage nach der Auslegung von Gemeinschaftsrecht. Das Problem der unmittelbaren Wirkung von Richtlinien spielt in diesem Zusammenhang keine Rolle.

[58] Calliess/Ruffert/ Epiney, EUV/ EGV, Art.12 Rn.22

Die nationalen mit der Auslegung beschäftigten Gerichte greifen im Rahmen des Vorabentscheidungsverfahrens gemäß Art. 234 EG auf die Auslegung des EuGH zurück.

Die Auslegung rechtsangleichender Richtlinien hat vor dem Hintergrund der materiellrechtlichen und institutionellen Besonderheiten des Gemeinschaftsrechts zu erfolgen. Die Eigenheiten gemeinschaftsrechtlicher Auslegung hat der EuGH in der CILFIT-Entscheidung zusammengefasst.[59] Die vom EuGH genannten Auslegungsschritte werden in einem kurzen Überblick dargestellt. Eine eingehende Auseinandersetzung mit den Besonderheiten der Auslegung auf Gemeinschaftsebene ist hingegen nicht beabsichtigt. Grundsätzlich werden, ungeachtet partieller Überschneidungen, vier Auslegungskriterien unterschieden. Die Interpretationsmethoden des Gerichtshofs sind grundsätzlich die gleichen wie die der nationalen Gerichte der Mitgliedstaaten,[60] trotzdem sind einige Besonderheiten zu berücksichtigen.

### aa) Besonderheiten der wörtlichen Auslegung

Die Vorschriften des Gemeinschaftsrechts sind in allen Gemeinschaftssprachen gleichermaßen verbindlich.[61] Das verändert das wörtliche Auslegungskriterium entscheidend. Der EuGH beginnt mit einem Vergleich der verschiedenen sprachlichen Fassungen. Der Vergleich der verschiedenen sprachlichen Fassungen kann Auslegungszweifel nur selten beseitigen, da sie häufig voneinander abweichen und die Bestimmung oft einen abweichenden Sinn erhält, je nachdem in welcher sprachlichen Fassung man sie liest.[62] Divergieren die sprachlichen Fassungen, so ist ein weiteres Erforschen mittels der anderen Auslegungskriterien geboten. Dies ist aber auch dann geboten, sollten die verschiedenen sprachlichen Fassungen keine Divergenzen erkennen lassen.[63] Der Wortlaut ist vom Wortsinn zu unterscheiden. Das Gemeinschaftsrecht bedient sich einer eigenen, besonderen Terminologie, die mit den Rechtsbegriffen der verschiedenen nationalen Rechtsordnungen nicht unbedingt inhaltlich übereinstimmen muss.[64] Soweit sich noch keine eigene gemeinschaftsrechtliche Begrifflichkeit gebildet hat, muss versucht werden, auf den gemeinschaftsweiten Wortsinn zurückzugrei-

---

[59] EuGH, 6.10. 1982, Rs. 283/81, Slg. 1982, 3415, Rn. 18ff (C.I.L.F.I.T.)

[60] Kutscher, Thesen zu den Methoden der Auslegung des Gemeinschaftsrechts aus der Sicht eines Richters, in: Begegnung von Justiz und Hochschule, S.I-6

[61] Verordnung Nr. 1 des Rates zur Regelung der Sprachenfrage für die Europäische Wirtschaftsgemeinschaft vom 15.4. 1958, ABl. EG Nr. 385/58 vom 6.10. 1958

[62] EuGH, 12.11. 1969, Rs. 29/ 69, Slg. 1969, 419, 425 (Stauder/Ulm)

[63] Grundmann, Die Auslegung des Gemeinschaftsrechts durch den Europäischen Gerichtshof, S.236; Anweiler, Die Auslegungsmethoden des Gerichtshofs der Europäischen Gemeinschaften, S.169, 172

[64] Anweiler, Die Auslegungsmethoden des Gerichtshofs der Europäischen Gemeinschaften, S.168

fen.[65] Daraus folgt, dass die rechtsangleichenden Richtlinien autonom, d.h. unabhängig von den Rechtsordnungen der Mitgliedstaaten, interpretiert werden müssen.
Eine weitere Besonderheit besteht darin, dass der EuGH unter bestimmten Umständen bereit ist, auch einen nach allen sprachlichen Fassungen eindeutigen Wortlaut berichtigend im Sinne der Vertragsziele auszulegen. Dies ist dann der Fall, wenn dem Sinn der Bestimmung anderenfalls nicht entsprochen würde.[66] Grundsätzlich gilt aber auch im Gemeinschaftsrecht der Grundsatz der Wortlautgrenze. Diese Grenze dient in der Regel auch zur Unterscheidung von Auslegung und Rechtsfortbildung. Auf Gemeinschaftsebene ist diese Grenzziehung jedoch aufgrund der aufgezeigten Besonderheiten der wörtlichen Auslegung problematisch. Die Wortlautgrenze kann frühestens dann erreicht sein, wenn die Auslegung sich wörtlich aus keiner Textfassung mehr herleiten lässt.[67] Fraglich bleibt aber, ob bereits bei Überschreitung dieser Grenze der strengere Maßstab der Rechtsfortbildung anzulegen ist. Die grundsätzliche Befugnis des EuGH zur Rechtsfortbildung ist anerkannt.[68] Diese Kompetenz wird erst dann überschritten, wenn sie auf Gebieten, die den Mitgliedstaaten vorbehalten bleiben, oder auf Kompetenzvorschriften angewendet wird.[69] Die Frage nach dem Wortsinn führt im Allgemeinen dazu, dass der Wortlaut der einzelnen sprachlichen Fassungen nicht mehr die Funktion einer Auslegungsgrenze hat.[70]

**bb) Besonderheiten der historischen Auslegung**

Im Rahmen der historischen Auslegung ist zu berücksichtigen, dass eine Richtlinie in noch sehr viel höherem Maße das Ergebnis eines Kompromisses ist, als dies bei nationalen Normen der Fall ist. In eine Richtlinienbestimmung finden Elemente aus verschiedenen nationalen Rechtsordnungen Eingang. Dieser Umstand und die wechselnde Beteiligung verschiedener Instanzen sowie die Berücksichtigung zahlreicher Stellungnahmen führt dazu, dass die Gesetzesmaterialien nicht so übersichtlich sind wie im nationalen Recht. Die historische Auslegung spielt im Rahmen der Auslegung des Sekundärrechts eine größere Rolle als im Primärrecht.[71] Dies hängt mit dem Umstand zusammen, dass die Vorar-

---

[65] Lutter, JZ 1992, 593, 599
[66] EuGH, 28.2. 1980, Rs. 67/ 79, Slg. 1980, 535 Rz.6 ff ( Fellinger)
[67] Grundmann/ Riesenhuber, JuS 2001, 529, 535
[68] Bieber, in: ders./Ress (Hrsg.), Die Dynamik des Europäischen Gemeinschaftsrechts, 283, 289; Bleckmann, in: GS Constantinesco, S.61, 63f; Borchardt, in: GS Grabitz, S.29, 30; Hummer/Obwexer, EuZW 1997, 295, 296; Kutscher, EuR 1981, 392, 400; Schockweiler, EuR 1995, 191ff
[69] Ukrow, Richterliche Rechtsfortbildung durch den EuGH, S.269ff; Franzen, Privatrechtsangleichung, S. 581
[70] So auch Lutter, JZ 1992, 593, 599
[71] Anweiler, Die Auslegungsmethoden des Gerichtshofs der Europäischen Gemeinschaften, S.247; Bleckmann, NJW 1992, 1177, 1178

beiten zu den Gründungsverträgen weitgehend nicht zugänglich sind und daher nicht verwendet werden.[72]

Der EuGH hat in verschiedenen Entscheidungen die historische Auslegung verwendet. Sie ist jedoch eher als zusätzliche Erwägung zu einem bereits gefundenen Ergebnis zu werten denn als eigenständige Argumentation.[73]

Für die historische Auslegung werden amtliche Begründungen und Materialien herangezogen.
Den amtlichen Begründungen kommt bei der historischen Auslegung besonderes Gewicht zu. Hierbei ergibt sich die Besonderheit, dass es zwei Arten von Begründungen gibt. Dies sind zum einen die Erwägungsgründe der Richtlinie und zum anderen die Begründung der Kommission. Die Erwägungsgründe werden mit Verabschiedung der Richtlinie deren Bestandteil und geben Willen und Beweggründe der zuständigen Verwaltung und des Rates wieder. Sie sind daher ein besonders wichtiges Auslegungsmittel. [74] Aus der Begründung der Kommission hingegen ergibt sich Bedeutung, Zweck und Ziel der Richtlinie. In Deutschland ist es üblich, sie zusammen mit dem Richtlinienvorschlag in der Bundestagsdrucksache zu veröffentlichen.

Bei der Berücksichtigung von Materialien ist zu differenzieren. Grundsätzlich gilt, dass nur veröffentlichte Materialien zur Auslegung herangezogen werden dürfen. [75] Arbeitsmaterialien, zum Beispiel der Kommission, werden nicht veröffentlicht und stehen daher als Auslegungshilfe auch nicht zur Verfügung.

Vorgängerrichtlinien und –verordnungen[76] sowie eventuelle Vorentwürfe[77] sind hingegen wichtige Auslegungsmittel, erlauben sie doch einen Vergleich, der wichtigen Aufschluss über die Zielsetzung und deren praktische Erreichbarkeit geben kann.

Protokollerklärungen des Rates, die grundsätzlich als Auslegungsmittel tauglich sind, können nur berücksichtigt werden, wenn sie mit dem für den Erlass der Richtlinie erforderlichen Stimmenquorum verabschiedet wurden, von ihrem Wortlaut und Regelungszusammenhang gedeckt sind und veröffentlicht wurden.[78] Die Heranziehung dieser Materialien ist auf Gemeinschaftsebene jedoch

---

[72] Zuleeg, EuR 1969, 97, 101; Kutscher, EuR 1981, 392, 393
[73] EuGH, 5.2. 1976, Rs.94/75, Slg.1976, 153 Rn.5 (Süddeutsche Zucker); EuGH, 10.12. 1985, Rs.290/84, Slg.1985, 3909, Rn.27 (Hauptzollamt Schweinfurt); Lutter, JZ 1992, 593, 599
[74] EuGH, 23.2. 1988, Rs. 429/ 85, Slg. 1988, 843 Rn.6 (Kommission/ Italien)
[75] Bleckmann, NJW 1982, 1177, 1179
[76] EuGH, 5.2. 1976, Rs. 94/ 75, Slg. 1976, 153 Rn.5f (Süddeutsche Zucker); EuGH, 12. 11. 1985, Rs. 290/ 84, Slg. 1985, 3909 Rn. 30 (Hauptzollamt Schweinfurt)
[77] EuGH, 9.11. 1995, Rs. C-479/93, Slg. 1995, I-3843 Rn.26 (Francovich)
[78] Herdegen, ZHR 1991, 52, 63

häufig aufgrund fehlender Veröffentlichung und Zugänglichkeit unterbunden. [79] Das Absehen von einer Veröffentlichung ist als eine bewusste Entscheidung des Rates zu sehen, seine Überlegungen nicht als Auslegungsmittel zugänglich zu machen.
Protokollerklärungen der Kommission können ebenfalls, unter dem Vorbehalt einer Veröffentlichung, zur Auslegung herangezogen werden, [80] genießen aber gegenüber Protokollerklärungen des Rates nur eine untergeordnete Bedeutung. Protokollerklärungen einzelner Mitgliedstaaten haben nur politische Bedeutung und sind daher als Auslegungsmittel nicht heranzuziehen.[81]

Im europäischen Gesetzgebungsverfahren werden Stellungnahmen und Erklärungen der verschiedensten Organe eingeholt. Bei der Frage nach ihrer Berücksichtigung ist ebenfalls besonderen Wert auf den Grundsatz der Veröffentlichung zu legen.
Stellungnahmen des Europäischen Parlaments, die sich auf Rechtsakte beziehen, die im Mitentscheidungsverfahren gemäß Art. 251 EG zustande gekommen sind, haben eine hohe Bedeutung. Wird das Parlament hingegen nur angehört, kann sich eine Bedeutung als Auslegungsmittel allein daraus ergeben, dass die Richtlinie in gebilligter oder veränderter Form verabschiedet wurde. Eine Bindungswirkung ergibt sich hingegen nicht.
Die Stellungnahmen der Organe, die nur angehört werden, wie der Wirtschafts- und Sozialausschuss, haben keine autoritative Bindung.[82] Eine Ausnahme gilt nur dann, wenn die entscheidenden Organe diese Stellungnahmen in ihren Willen aufgenommen haben.[83]

### cc) Besonderheiten der systematischen und teleologischen Auslegung

Die systematische Auslegung ist eng mit der teleologischen Auslegung verbunden, wobei eine genaue Trennung in vielen Fällen nicht möglich ist.[84]
Jede Vorschrift des Gemeinschaftsrechts ist in ihrem Zusammenhang zu sehen und im Lichte des gesamten Gemeinschaftsrechts auszulegen. Das Grundprinzip der systematischen Auslegung ist die Einordnung der Norm in ihr normatives Umfeld. Das normative Umfeld der rechtsangleichenden Richtlinie ist die Richt-

---

[79] Lutter, JZ 1992, 593, 600
[80] a.A. Pechstein, EuR 1990, 249, 253
[81] EuGH, 30.1. 1985, Rs.143/83, Slg.1985, 427 Rn.13 (Kommission/Dänemark); EuGH, 18.2. 1970, Rs. 38/69, Slg.1970, 47, 57 (Kommission/Italien)
[82] Lutter, JZ 1992, 593, 601; Grundmann/ Riesenhuber, JuS 2001, 529, 530
[83] Grundmann/ Riesenhuber, JuS 2001, 529, 530; a.A. Franzen, Privatrechtsangleichung, S.452
[84] Kutscher, Thesen zu den Methoden der Auslegung des Gemeinschaftsrechts aus der Sicht eines Richters, in: Begegnung von Justiz und Hochschule, S.I-42; Grundmann, Die Auslegung des Gemeinschaftsrechts durch den Europäischen Gerichtshof, S.297; Anweiler, Die Auslegungsmethoden des Gerichtshofs der Europäischen Gemeinschaften, S.200

linie selbst, benachbarte Richtlinien auf dem gleichen Gebiet, die der Richtlinie zugrundeliegenden Kompetenzgrundlagen sowie die allgemeinen Grundsätze des Gemeinschaftsrechts.[85]

Die teleologische Auslegung umfasst die Auslegung nach ihrem Zweck im Lichte der Ziele des gesamten Gemeinschaftsrechts.[86] Der EuGH überprüft auch noch nach Anwendung der wörtlichen oder systematischen Auslegung, ob die gefundenen Ergebnisse sich nach der teleologischen Auslegung bestätigen.[87] Bei Konflikten mit nach anderen Auslegungsmethoden gefundenen Ergebnissen gibt der EuGH in der Regel der teleologischen Auslegung den Vorzug.[88] Dem liegt der Gedanke zugrunde, dass eine vertragszielkonforme Auslegung ein höheres Gewicht hat, als beispielsweise eine wörtliche Auslegung. Der EuGH sieht seine Aufgabe vorrangig in der dynamischen Entwicklung und Bewahrung des Rechts und begreift sich nicht in der Rolle eines sich streng an den Wortlaut haltenden Gerichts. Zwischen Auslegung und Rechtsfortbildung unterscheidet der Gerichtshof hierbei nicht immer.

Im Rahmen der teleologischen Auslegung ist danach zu fragen, welche Wirkung die Bestimmung im Kontext des Gesamtsystems der Richtlinie entfalten soll.
Dazu bedient sie sich auch den einer Richtlinie vorangestellten Begründungserwägungen. Aus ihnen lässt sich in den häufigsten Fällen die der Richtlinie zugrundeliegende Absicht und der beabsichtigte Zweck der Richtlinie erschließen. Ferner erleichtern die Begründungserwägungen eine Einordnung in den Gesamtzusammenhang der zu regelnden Materie und des Gemeinschaftsrechts an sich. Die teleologische Auslegung ist auf eine Auslegung ausgerichtet, die auf die nützliche und größtmögliche Wirkung, den „effet utile", abzielt.[89]
Im Rahmen der teleologischen Auslegung, die Sinn und Zweck des Vertrages berücksichtigt, bleibt es nicht aus, dass es aufgrund der Vielzahl der aufgestellten Ziele zu Zielkonflikten kommt. Dabei ist zu beachten, dass die Rechtsangleichung, jedenfalls ursprünglich, auf das Funktionieren des Gemeinsamen

---

[85] Schmidt, RabelsZ 59 (1995), 569, 577; Grundmann, Die Auslegung des Gemeinschaftsrechts durch den Europäischen Gerichtshof, S.300ff; Anweiler, Die Auslegungsmethoden des Gerichtshofs der Europäischen Gemeinschaften, S.172ff; Buck, Über die Auslegungsmethoden des Gerichtshofs der Europäischen Gemeinschaft, S.177

[86] Schmidt, RabelsZ 59 (1995), 568, 579; Grundmann, Die Auslegung des Gemeinschaftsrechts durch den Europäischen Gerichtshof, S.341; Anweiler, Die Auslegungsmethoden des Gerichtshofs der Europäischen Gemeinschaften, S.198; Buck, Über die Auslegungsmethoden des Gerichtshofs der Europäischen Gemeinschaft, S.177

[87] EuGH, 7.2. 1985, Rs. 19/ 83, Slg. 1985, 457, Rz.14f (Wendelboe); EuGH, 7.2. 1985, Rs. 135/ 83, Slg. 1985, 469, Rz. 18ff (Abels)

[88] EuGH, 28.2. 1980, Rs. 67/ 79, Slg. 1980, 535, Rz.6ff (Fellinger); Pernice/Mayer, in:Grabitz/Hilf, EGV, Art.220 Rn.46

[89] Grundmann, Die Auslegung des Gemeinschaftsrechts durch den Europäischen Gerichtshof, S.341; Lutter, JZ 1992, 593, 603; EuGH, 20.9. 1988, Rs. 31/87, Slg. 1988, 4635 Rn.39 (Beentjes)

Marktes oder Binnenmarktes ausgerichtet war. Bei Konflikten zwischen sozial- und verbraucherschutzpolitischen Zielen einerseits und dem Ziel der Verwirklichung eines Gemeinsamen Marktes/Binnenmarktes andererseits wurde die Auflösung des Zielkonflikts zu Gunsten des Gemeinsamen Marktes gefordert.[90] Gerechtfertigt wurde dies mit dem der Rechtsangleichung zugrundeliegenden Integrationsauftrag in Art. 2, 3 lit. g, h EG. Der Konflikt sollte integrationsfreundlich entschieden werden und nationale verbraucherschutzpolitische Belange sollten nicht den Vorzug vor Belangen des Marktes erhalten.[91]
Fraglich ist aber, ob sich diese Interpretation heute noch wird behaupten können. Zu fragen ist, ob die Verwirklichung des Marktes per se eine Absage an verbraucherschutzpolitische Aspekte ist. Dies wird an späterer Stelle zu klären sein.[92]

Eine wichtige Rolle bei der Auslegung auf Gemeinschaftsebene nimmt ferner die Rechtsvergleichung ein. Rechtsvergleichung meint das Miteinandervergleichen von verschiedenen nationalen Rechtsordnungen oder speziellen Rechtsinstituten und –problemen.[93] Die Anwendung der Rechtsvergleichung folgt aus der Verwurzelung der Gemeinschaftsrechtsordnung trotz ihrer Eigenständigkeit in den Rechtstraditionen der Mitgliedstaaten.[94] Aus diesem Grund nimmt der EuGH Bezug auf Gemeinsamkeiten in den Rechtsordnungen der Mitgliedstaaten.[95] Dies bedeutet nicht, dass unterschiedliche mitgliedstaatliche Rechtsvorschriften maßgeblich sein können für die Bestimmung von Sinn und Tragweite gemeinschaftsrechtlicher Vorschriften. Dennoch kann das mitgliedstaatliche Recht Berücksichtigung bei der Auslegung von Gemeinschaftsrecht finden, beispielsweise wenn das geschriebene Gemeinschaftsrecht zu einer bestimmten Frage schweigt, die jedoch in den mitgliedstaatlichen Rechtsordnungen seit langem bekannt und bereits gelöst ist.[96]

---

[90] Schmidt, RabelsZ 59 (1995), 568, 580
[91] Schmidt, RabelsZ 59 (1995), 568, 581
[92] D.II.6.d)
[93] Zweigert/Kötz, Einführung in die Rechtsvergleichung auf dem Gebiete des Privatrechts, Band I, Grundlagen, S.4f
[94] EuGH, 18.5. 1982, Rs.155/79, Slg.1982, S.1575, 1610 (AM&S)
[95] EuGH, 7.2. 1985, Rs. 135/83, Slg. 1985, 469 Rn. 11f (Abels); Pernice/Mayer, in:Grabitz/Hilf, EGV, Art.220 Rn.47; Anweiler, Die Auslegungsmethoden des Gerichtshofs der Europäischen Gemeinschaften, S.280; Hommelhoff, AcP 192 (1992), 71, 99; Everling, RabelsZ 50 (1986), 193, 211
[96] Kutscher, Thesen zu den Methoden der Auslegung des Gemeinschaftsrechts aus der Sicht eines Richters, in: Begegnung von Justiz und Hochschule, S.I-27; Daig, in: FS für Zweigert, S.395, 401

Zu beachten ist weiterhin, dass das sekundäre Gemeinschaftsrecht primärrechtskonform auszulegen ist.[97] Diese Methode entspringt der systematischen und der teleologischen Auslegung.[98]

### c) Zwischenergebnis

Der nur grundrissartige Überblick über die methodischen Besonderheiten der Auslegung rechtsangleichender Richtlinien hat gezeigt, dass sie sich von den nationalen Auslegungstraditionen abheben. Hervorzuheben ist dabei der hohe Stellenwert der teleologischen Auslegung und die nicht so enge Wortlautgrenze bei der wörtlichen Auslegung.

Der Gerichtshof hat sich jedoch bei der Lösung der ihm vorgelegten Fragen nicht mit der Auslegung der ihm vorgelegten Bestimmung begnügt, sondern hat den Grundsatz der richtlinienkonformen Auslegung hergeleitet.[99] Dieser besagt, dass das nationale Recht im Hinblick auf jeweils eine spezielle nach Art. 249 III EG ergangene Richtlinie auszulegen ist. Die richtlinienkonforme Auslegung ist durch die nationalen Gerichte zu gewährleisten.

## 3. Rechtsangleichung durch die nationalen Gerichte

Die nationalen Gerichte tragen über die gemeinschaftsrechtskonforme und die richtlinienkonforme Auslegung zur Rechtsangleichung bei. Diese beiden Methoden der Auslegung können insoweit zu einer Angleichung von Rechtsvorschriften beitragen, als sie dazu führen, dass nationale Normen mit Bezug zum Gemeinschaftsrecht einheitlich ausgelegt und angewendet werden müssen in einem Rahmen, den das Gemeinschaftsrecht vorgibt. Die damit erreichte Rechtsangleichung hat folglich einen eher indirekten Charakter.
Die Verpflichtung der nationalen Gerichte zu richtlinienkonformer Auslegung ist vom EuGH vor allem in den Entscheidungen „von Colson" und „Marleasing" entwickelt worden.[100] Dieser Auslegung liegt der Gedanke zugrunde, dass der nationale Gesetzgeber sich richtliniengetreu verhalten wollte. Daher soll das na-

---

[97]Ständige Rspr; EuGH, 25.11. 1986, verb. Rs. 201/85 und 202/85, Slg.1986, 3477 Rn.21; EuGH, 18.10. 1989, Rs.347/87, Slg.1989, 3283, 3350 (Orkem); EuGH, 21.3. 1991 Rs.C-314/89, Slg.1991, I-1647 Rn.17 (Rauh)

[98] Kutscher, Thesen zu den Methoden der Auslegung des Gemeinschaftsrechts aus der Sicht eines Richters, in: Begegnung von Justiz und Hochschule, S.I-40; Anweiler, Die Auslegungsmethoden des Gerichtshofs der Europäischen Gemeinschaften, S. 186

[99] EuGH,10.4. 1984, Rs. 14/83, Slg. 1984, 1891Rn.26 (von Colson); EuGH,10.4. 1984, Rs. 79/83, Slg. 1984, 1921 Rn. 26 (Harz)

[100] EuGH, 10.4. 1984, Rs. 14/ 83, Slg. 1984, 1891 Rn.26 (von Colson); EuGH, 13.11. 1990, Rs. C-106/89, Slg. 1990, I-4135 Rn.8ff (Marleasing)

tionale Recht so ausgelegt werden, dass das Ziel der Richtlinie erreicht wird. Als Vorbild dient die verfassungskonforme Auslegung, die es ermöglicht, ein Gesetz aufrechtzuerhalten, das anderenfalls gegen die Verfassung verstoßen würde. Der Grundsatz der richtlinienkonformen Auslegung erlangt vor allem dann Bedeutung, wenn der nationale Gesetzgeber meint, dass die bereits geltenden nationalen Vorschriften den Anforderungen der Richtlinie genügten.[101]
Der EuGH hat ferner gegen Ende der achtziger Jahre die gemeinschaftsrechtskonforme Auslegung mit den Urteilen „Murphy“ und „Grimaldi“ geprägt.[102] In einem obiter dictum machte der Gerichtshof eine Abstufung zwischen unmittelbarer Anwendung und gemeinschaftsrechtskonformer Auslegung deutlich. Danach sind die nationalen Organe zunächst zur gemeinschaftsrechtskonformen Auslegung angehalten, bevor das Gemeinschaftsrecht unmittelbar angewendet werden darf. Bei einer gescheiterten gemeinschaftsrechtskonformen Auslegung darf das nationale Recht nicht mehr angewendet werden.[103] Dieser Grundsatz ist jedoch nicht auf die richtlinienkonforme Auslegung übertragbar.[104] Abgesehen von dieser Ausnahme besteht aber eine Identität der Grundsätze von gemeinschaftsrechtskonformer und richtlinienkonformer Auslegung, die vor allem die Anerkennung eines nationalen Beurteilungsspielraumes umfasst.[105] Das nationale Recht wird im Rahmen der gemeinschaftsrechtskonformen Auslegung erst durch eine unmittelbare Anwendung des Gemeinschaftsrechts verdrängt, wenn das mildere Mittel der Auslegung scheitert. Damit besteht bei der gemeinschaftsrechtskonformen Auslegung eine Ähnlichkeit zur verfassungskonformen Auslegung des deutschen Rechts.[106]

### a) Abgrenzung gemeinschaftsrechtskonformer und richtlinien-konformer Auslegung

Gemeinschaftsrechtskonforme Auslegung meint eine Auslegung, die am gesamten Gemeinschaftsrecht ausgerichtet ist und dessen Sinn, Zweck und Zielsetzungen berücksichtigt.[107] Diese Auslegung orientiert sich folglich generell an den dem Gemeinschaftsrecht zugrundeliegenden Wertentscheidungen und Zielen. Dabei findet die Überprüfung der Vereinbarkeit sowohl anhand von Primärrecht als auch anhand von Sekundärrecht statt. Es wird die Einbettung und Stimmigkeit der nationalen Norm im Verhältnis zum gesamten Gemeinschaftsrecht gesichert.

---

[101] EuGH, 16.12. 1993, Rs. C-334/92, Slg. 1993, I-6911, 6932 (Wagner Miret)
[102] EuGH, 4.2. 1988, Rs.157/86, Slg.1988, 673, 690 Rn.11 (Murphy); EuGH, 13.12. 1989, Rs.C-322/88, Slg.1989, S.4407Rn.18f (Grimaldi)
[103] EuGH, 4.2. 1988, Rs.157/86, Slg.1988, 673, 690 Rn.11 (Murphy)
[104] So auch Brechmann, Die richtlinienkonforme Auslegung, S.65
[105] EuGH, 4.2. 1988, Rs.157/86, Slg.1988, 673, 690 Rn.11 (Murphy)
[106] Everling, ZGR 1992, S.376, 382
[107] So auch Ehricke, RabelsZ 59 (1995), 598, 603

Die richtlinienkonforme Auslegung hat dagegen einen deutlich engeren Anwendungsbereich. Sie umfasst nur die Auslegung des nationalen Rechts im Hinblick auf eine konkrete Richtlinie.[108] Das nationale Recht wird dabei im Licht der speziellen Richtlinie so ausgelegt, dass es mit den Vorgaben der Richtlinie übereinstimmt und deren Zweck entspricht.[109] Maßstab der Auslegung ist hier nicht das gesamte Gemeinschaftsrecht, sondern allein Sekundärrecht in Form einer konkreten Richtlinie.
Dabei erstreckt sich die richtlinienkonforme Auslegung nicht nur auf die nationalen Vorschriften, die zur Umsetzung der Richtlinie ergangen sind, sondern auf das gesamte nationale Recht.[110] Dieser Anwendungsbereich ergibt sich aus der Überlegung, dass sich in Fällen, in denen der nationale Gesetzgeber meint, die bereits bestehenden nationalen Vorschriften genügten den Anforderungen der Richtlinie, anderenfalls ein Abgrenzungsproblem ergäbe.[111] Gleiches würde für die Fälle gelten, in denen der nationale Gesetzgeber eine allgemeine Regelung zur Umsetzung der Richtlinie erlassen hat.
Die richtlinienkonforme Auslegung ist damit ein Unterfall der gemeinschaftsrechtskonformen Auslegung, ist aber „eingebettet" in den gemeinschaftsrechtlichen Zusammenhang.[112]

### b) Einordnung der gemeinschaftsrechtskonformen und der richtlinienkonformen Auslegung

Die Kategorien der gemeinschaftsrechtskonformen und der richtlinienkonformen Auslegung bedürfen einer Einordnung in das System der herkömmlichen Auslegungsmethoden des deutschen Rechts. Dabei stellt sich die Frage, ob es sich bei ihnen um völlig neue, von den herkömmlichen Auslegungsmethoden unabhängige Kategorien handelt, oder ob es sich lediglich um eine Modifikation bereits bestehender Auslegungsmethoden handelt. Die Beantwortung dieser Frage ist von entscheidender Bedeutung, weil sie sich unmittelbar auf die Anwendbarkeit der gemeinschaftsrechts- und der richtlinienkonformen Auslegung auswirkt.
Die Einordnung in das System der nationalen Auslegungsmethoden gibt Aufschluss über die Antworten auf eine Reihe weiterer Fragen. Die Fragen nach dem Umfang der Bindungswirkung der richtlinienkonformen Auslegung, nach dem Zeitpunkt des Beginns dieser Pflicht und nach ihren Grenzen hängen unmittelbar mit der Frage der Einordnung zusammen. Die Einordnung der gemein-

---

[108] So auch Ehricke, RabelsZ 59 (1995), 598, 603
[109] EuGH, 13.11. 1990, Rs. C-106/ 89, Slg. 1990, I-4135 Rn.8ff (Marleasing); EuGH, 7.11. 1989, Rs. 125/ 88, Slg. 1989, 3533 Rn.6f (Nijman)
[110] So auch Brechmann, Die richtlinienkonforme Auslegung, S.263
[111] Jarass, EuR 1991, 211, 220
[112] So auch Jarass, Grundfragen, S.89; ders., EuR 1991, 211, 223

schaftsrechtskonformen Auslegung gibt vor allem Aufschluss über ihre Grenzen. Es geht im Grundsatz um die Frage, ob die gemeinschaftsrechts- und richtlinienkonforme Auslegung als Vorrangregel zu verstehen ist.

### aa) Die Einordnung der gemeinschaftsrechtskonformen Auslegung

Der Frage nach der Einordnung der gemeinschaftsrechtskonformen Auslegung ist bislang nur selten nachgegangen worden. Das mag vor allem daran liegen, dass meist nicht zwischen gemeinschaftsrechtskonformer und richtlinienkonformer Auslegung unterschieden wird.
Die gemeinschaftsrechtskonforme Auslegung unterscheidet sich jedoch bereits insofern von der richtlinienkonformen Auslegung, als sie relevant wird, wenn den nationalen Gesetzgebern keine Gestaltungsräume zur Nationalisierung von Gemeinschaftsrecht eröffnet werden. Die Verpflichtung zu dieser Art der Auslegung ergibt sich unmittelbar aus Gemeinschaftsrecht.

#### (1) Grundlage und Funktion der gemeinschaftsrechtskonformen Auslegung

Grundlage der gemeinschaftsrechtskonformen Auslegung ist Art. 10 EG. Dieser Artikel entspricht auf Gemeinschaftsebene dem Grundsatz der Bundestreue im deutschen Recht.[113]
Art. 10 EG statuiert die Pflicht der Mitgliedstaaten, auf der einen Seite geeignete Maßnahmen zu treffen, um die sich aus dem Vertrag oder aus Handlungen der Organe der Gemeinschaft ergebenden Verpflichtungen zu erfüllen und auf der anderen Seite solche Maßnahmen zu unterlassen, die die Verwirklichung der Ziele des EGV gefährden könnten.[114]
Es ist umstritten, ob aus Art. 10 EG selbständige Verpflichtungen der Mitgliedstaaten begründet werden können.[115] Diese im Ausgangspunkt divergierenden Auffassungen kommen jedoch zu sehr ähnlichen Ergebnissen. So ist anerkannt, dass Art. 10 EG kein neues Ziel begründen kann, sondern nur einen ausfüllenden Charakter mit Blick auf durch andere Bestimmungen vorgegebene Ziele hat.[116] Im Bereich der hier fraglichen Mitwirkungs- und Unterstützungspflichten hat der Gerichtshof den Mitgliedstaaten unmittelbar aus Art. 10 EG verschiede-

---

[113] Schwarze/Hatje, EU, Art.10, Rn.1
[114] Schwarze/Hatje, EU, Art.10, Rn.14, 47; Wille, Die Pflicht der Organe der Europäischen Gemeinschaft zur loyalen Zusammenarbeit mit den Mitgliedstaaten, S.61
[115] Dagegen: Langeheine, EuR 1983, S.227, 238; Lück, Gemeinschaftstreue als allgemeines Rechtsprinzip, S.113; Nicolaysen, Europarecht I, S.70; Schweitzer/Hummer, Europarecht, Rn.1046; Calliess/Ruffert/Kahl, EUV/EGV, Art.10 Rn.10; dafür: von Bogdany, in: Grabitz/Hilf, EGV, Altband, Art.5 Rn.28; Zuleeg, in: von der Groeben/Schwarze, Art.10 EG Rn.2
[116] von Bogdany, in: Grabitz/Hilf, EGV, Altband, Art.5 Rn.14

ne Verpflichtungen auferlegt. Dies trägt der Tatsache Rechnung, dass die Verwirklichung des Gemeinschaftsrechts in erheblichem Umfang vom Tätigwerden der Mitgliedstaaten abhängt. Art. 10 EG liegt der Grundsatz der Pflicht zu loyaler Zusammenarbeit zugrunde. So betrifft ein Großteil der vom Gerichtshof aus Art. 10 EG hergeleiteten Pflichten die Sicherung der einheitlichen und effektiven Anwendung des Gemeinschaftsrechts.[117] Dazu gehört der Grundsatz der unmittelbaren Geltung gemeinschaftsrechtlicher Bestimmungen und vom Vorrang des Gemeinschaftsrechts. Hinzu kommt die unmittelbare Wirksamkeit nicht umgesetzter Richtlinien, die sich aus dem Argument der praktischen Wirksamkeit des Gemeinschaftsrechts ergibt.[118]
Über Art. 10 EG wurden allen Trägern öffentlicher Gewalt in den Mitgliedstaaten weitreichende Mitwirkungs- und Unterstützungspflichten auferlegt.[119] Neben die Pflicht, gemeinschaftsrechtswidrige nationale Normen nicht anzuwenden,[120] tritt die Pflicht, nationale Rechtsnormen im Sinne des Gemeinschaftsrechts auszulegen.[121]

Aus Art.10 EG ergibt sich also unmittelbar die Pflicht einer gemeinschaftsrechtskonformen Auslegung.[122] Die nationalen Gerichte werden in die die Mitgliedstaaten treffenden Mitwirkungspflichten einbezogen. Sie sind verpflichtet, unmittelbar wirkendes Gemeinschaftsrecht anzuwenden. Ferner obliegt ihnen eine Prüfungspflicht der Vereinbarkeit nationalen Rechts mit Gemeinschaftsrecht. Bei Feststellung von Inkompatibilität trifft die nationalen Gerichte die Verpflichtung, das dem Gemeinschaftsrecht entgegenstehende nationale Recht nicht anzuwenden.

Zu klären bleibt nun die Frage nach dem Verhältnis der gemeinschaftsrechtskonformen Auslegung zu den klassischen nationalen Auslegungsmethoden. Für die Klärung dieser Frage ist es notwendig, die Funktion der gemeinschaftsrechtskonformen Auslegung zu bestimmen.

---

[117] von Bogdany, in: Grabitz/Hilf, EGV, Altband, Art.5 Rn.34; EuGH, 17.5.1972, Rs.93/71, Slg.1972, 287, 296 (Leonesio); EuGH, 17.12.1970, Rs.30/70, Slg.1970, 1197 Rn.10 (Scheer); EuGH, 16.12.1976, Rs.33/46, Slg.1976, 1989, 1998 (REWE)

[118] Grundsätzlich EuGH, 19.1.1982, Rs.8/81, Slg.1982, 53, 70ff (Becker)

[119] Streinz, Europarecht, Rn.140; EuGH, 10.4.1984, Rs. 14/83, Slg. 1984, 1891 Rn.26 (von Colson); EuGH, 10.4. 1984, Rs. 79/83, Slg.1984, I-1921Rn.26 (Harz); EuGH, 15.5.1986, Rs.222/84, Slg.1986, 1651, 1690 (Johnston); EuGH, 16.11. 1977, Rs. 13/ 77, Slg. 1977, 2115 Rn.28/29 (Inno)

[120] EuGH, 9.3.1978, Rs. 106/77, Slg.1978, 629, 644 (Simmenthal); EuGH, 13.7.1972, Rs. 48/71, Slg. 1972, 529, 534 (Kommission/Italien); EuGH, 27.1.1976, Rs. 46/75, Slg. 1976, 65, 78 (IBC)

[121] EuGH, 14.7.1977, Rs. 8/77, Slg.1977, 1495, 1507 (Sagulo)

[122] So auch Schwarze/Hatje, EU, Art.10, Rn.27, 38; Zuleeg, in: von der Groeben/Schwarze, Art.10 EG Rn.6; Wille, Die Pflicht der Organe der Europäischen Gemeinschaft zur loyalen Zusammenarbeit mit den Mitgliedstaaten, S.38; EuGH, 14.7.1977, Rs. 8/77, Slg.1977, 1495, 1507 (Sagulo)

Die Rechtsordnung der Gemeinschaft besteht nach dem europarechtlichen Ansatz neben den Rechtsordnungen der Mitgliedstaaten.[123] Die sich daraus ergebenden Schwierigkeiten werden dahingehend aufgelöst, dass das Gemeinschaftsrecht nach überwiegender Meinung Vorrang vor dem nationalen Recht genießt.[124] Dabei ist diese Regel als Anwendungsvorrang zu verstehen.[125] Das bedeutet, dass die nationale Rechtsnorm im Konfliktfall unanwendbar ist, ihre allgemeine Gültigkeit aber unangetastet bleibt.[126] Das nationale Gericht hat danach nur zu ermitteln, ob die Rechtsfolgen des nationalen und des Gemeinschaftsrechts miteinander zu vereinbaren sind.
Die Durchführung dieses allgemein anerkannten Anwendungsvorrangs im nationalen Recht findet auf verschiedenen Ebenen statt.
Der Anwendungsvorrang gestaltet sich bei unmittelbar geltendem Gemeinschaftsrecht unproblematisch. Im Falle einer Kollision nationalen Rechts mit unmittelbar anwendbarem Recht wird die nationale Rechtsnorm verdrängt und faktisch durch die Norm des Gemeinschaftsrechts „ersetzt".
Schwieriger sind die Fälle, in denen die Rechtsfolgen einer nationalen Norm nicht mit Gemeinschaftsrecht vereinbar sind. Die aufgrund des Anwendungsvorrangs gebotene Nichtanwendung der nationalen Norm kann zu erheblichen Schwierigkeiten führen. [127]
Um diese Schwierigkeiten gar nicht erst aufkommen zu lassen, bedient man sich der gemeinschaftsrechtskonformen Auslegung. Diese Auslegungsmethode ermöglicht bereits die Vermeidung einer Inkompatibilität von nationalem Recht und Gemeinschaftsrecht. Ihre Funktion besteht also in der Vermeidung von Kollisionen und der sich daraus ergebenden Nichtanwendung von nationalem Recht.[128] Die gemeinschaftsrechtskonforme Auslegung sorgt unter möglichster Schonung der nationalen Gesetzgeber für die Durchsetzung des Vorrangs des Gemeinschaftsrechts. Die gemeinschaftsrechtskonforme Auslegung kommt nicht erst dann zum Tragen, wenn eine unmittelbare Anwendung einer Gemeinschaftsrechtsnorm scheitert. Vielmehr kommt sie auch im Falle unmittelbar anwendbaren Gemeinschaftsrechts zum Einsatz.[129] Erst wenn eine gemeinschafts-

---

[123] Brechmann, Die richtlinienkonforme Auslegung, S.247; Streinz, Europarecht, Rn.175; Oppermann, Europarecht, Rn. 616
[124] Grundlegend EuGH, 5.2. 1963, Rs. 26/62, Slg.1963, 1, 23ff (Van Gend & Loos); EuGH, 15.7. 1964, Rs.6/64, Slg.1964, 1251, 1269f (Costa/ENEL); EuGH, 17.12. 1970, Rs.11/70, Slg.1970, 1125, 1135 (Internationale Handelsgesellschaft); EuGH, 9.3. 1978, Rs. 106/77, Slg.1978, 629, 644 (Simmenthal); Streinz, Europarecht, Rn.179; Oppermann, Europarecht, Rn.615; Schweitzer/ Hummer, Europarecht, Rn.851
[125] EuGH, 4.4. 1968, Rs.34/67, Slg.1968, 363, 373 (Gebrüder Lück); EuGH, 9.3. 1978, Rs. 106/77, Slg.1978, 629, 644 (Simmenthal); Oppermann, Europarecht, Rn.633
[126] EuGH, 7.2. 1991, Rs. C-184/89, Slg. 1991, I-297 Rn.19 (Nimz)
[127] Ipsen, EuR 1979, 223, 231ff
[128] So auch Zuleeg, VVDStRL 53 (1994), 154, 165f; Ehricke, RabelsZ 59 (1995), 598, 630; Jarass, EuR 1991, 211, 215
[129] Beljin, EuR 2002, 359, 361; ders., Jus 2002, 988, 992

rechtskonforme Auslegung nicht möglich ist, kommt die unmittelbare Anwendung der Norm in Betracht.
Dem steht insbesondere nicht der Anwendungsvorrang unmittelbar anwendbaren Gemeinschaftsrechts entgegen, denn dieser führt zur Unanwendbarkeit nationalen Rechts, das Gemeinschaftsrecht entgegensteht. Das Institut der gemeinschaftsrechtskonformen Auslegung ermöglicht aber gerade die Vermeidung einer Kollision. Eignet sich eine gemeinschaftsrechtliche Bestimmung zur unmittelbaren Anwendung, heißt das nicht, dass sie notwendig zur Unanwendbarkeit nationalen Rechts führen oder unmittelbar zur Anwendung gelangen muss. Ist sowohl die Auslegung als auch die unmittelbare Anwendung möglich, gibt es keinen gemeinschaftsrechtlichen Grundsatz nachdem der unmittelbaren Anwendung der Vorzug eingeräumt werden müsste. Im Gegenteil ist im Hinblick auf die Schonung des nationalen Gesetzgebers eine gemeinschaftsrechtskonforme Auslegung nationaler Bestimmungen zu bevorzugen. Der EuGH hat sich zu dieser Frage bislang nicht explizit geäußert. In der Rechtssache Engelbrecht verwies er aber zunächst auf die Pflicht zur gemeinschaftsrechtskonformen Auslegung und für den Fall, dass eine solche konforme Anwendung nicht möglich ist, auf die unmittelbare Anwendung der gemeinschaftsrechtlichen Bestimmung.[130] Es macht aus gemeinschaftsrechtlicher Sicht auch keinen Unterschied, ob eine nationale Norm gemeinschaftsrechtskonform ausgelegt oder die Gemeinschaftsrechtsnorm selbst unmittelbar angewendet wird. In beiden Fällen wird dem Gemeinschaftsrecht zur Geltung verholfen. Solange eine Auslegung möglich ist, sind keine Gründe ersichtlich, weshalb diese Möglichkeit nicht genutzt werden sollte. Erst wo ihre Grenzen erschöpft sind, kommt die Pflicht zur unmittelbaren Anwendung zum Tragen, denn nur in diesem Fall liegt eine Kollision vor. Kann eine nationale Bestimmung so ausgelegt werden, dass eine Kollision vermieden werden kann, scheidet die Unanwendbarkeit des nationalen Rechts und die unmittelbare Anwendbarkeit der gemeinschaftsrechtlichen Norm aus. Dies unterstreicht die Ähnlichkeit zur verfassungskonformen Auslegung, bei der ebenfalls die Unwirksamkeit einer nationalen Norm abgelehnt wird, wenn eine verfassungskonforme Auslegung möglich ist.

Die gemeinschaftsrechtskonforme Auslegung ist die Pflicht des Richters, um eine Unanwendbarkeit einer nationalen Norm zu vermeiden.[131]

Für die Anwendung der gemeinschaftsrechtskonformen Auslegung gibt es zwei mögliche Ansatzweisen. Entweder man stellt mit Hilfe der klassischen Auslegungsmethoden fest, ob überhaupt eine Kollisionslage gegeben ist und löst diese dann im gegebenenfalls nötigen zweiten Schritt im Wege der gemeinschaftsrechtskonformen Auslegung auf. Die gemeinschaftsrechtskonforme Auslegung

---

[130] EuGH, 26.9. 2000, Rs. C-262/97, Slg.2000, I-7321 Rn.39f
[131] EuGH, 13.11. 1990, Rs. C-106/89, Slg. 1990, I-4135 Rn.8ff (Marleasing)

wäre dann als subsidiäre Auslegungsmethode zu den nationalen Auslegungsmethoden zu sehen.

Die andere Herangehensweise geht vom Vorrang der gemeinschaftsrechtskonformen Auslegung vor den nationalen Methoden aus. Hier geht es zunächst darum, festzustellen, ob eine Anwendbarkeit der nationalen Norm möglich ist. Es wird also versucht, die Norm gemeinschaftsrechtskonform auszulegen. Ist dies möglich, kommen in einem zweiten Schritt die übrigen Auslegungsmethoden zur Anwendung.

Aus dem Vorrang des Gemeinschaftsrechts folgt, dass die gemeinschaftsrechtskonforme als eigene Auslegungsmethode vor den nationalen Methoden anzuwenden ist.
Die Annahme eines Vorrangs des Gemeinschaftsrechts führt auch zu einem Vorrang der gemeinschaftsrechtskonformen Auslegung. Der Vorrang des Gemeinschaftsrechts vor nationalem Recht ist allgemein anerkannt und wird gerade im Hinblick auf das hier in Rede stehende Primärrecht und die Verordnungen nicht in Frage gestellt.[132]

Eine Auslegung nach nationalen Methoden kann danach erst dann erfolgen, wenn sichergestellt ist, dass die Norm überhaupt anwendbar ist. Über die Anwendbarkeit kann dabei nicht das nationale Recht befinden, sondern nur das Vorrang genießende Gemeinschaftsrecht. Bei einer nicht aufzulösenden Kollision wird das nationale Recht verdrängt. Die nationalen Gerichte sind berechtigt und verpflichtet, im Falle eines Konflikts den Auslegungsregeln Vorrang einzuräumen, die sie in die Lage versetzen, die nationale Norm so auszulegen, dass sie dem Gemeinschaftsrecht nicht widerspricht.[133] Die gemeinschaftsrechtskonforme Auslegung ist eine europäische Auslegungsmethode, die auf nationaler Ebene angewendet werden muss.[134] Sie ist als vorrangige Auslegungsmethode anzuwenden und stellt eine eigenständige und von den übrigen unabhängige Kategorie dar. Dies dient sowohl der Durchsetzung der Vorrangregel als auch der Schonung mitgliedstaatlicher Souveränität. Die gemeinschaftsrechtskonforme Auslegung weist mit dieser Zielsetzung deutliche Parallelen zur verfassungskonformen Auslegung auf.

---

[132] Ständige Rspr., EuGH, 15.7. 1964, Rs.6/64, Slg.1964, 1251, 1269f (Costa/ENEL); BVerfGE 37, 271, 280ff; 73, 339, 387; Nettesheim, in: Grabitz/Hilf, EGV, Art.249 Rn.37ff; Nicolaysen, Europarecht I, S.39ff; Oppermann, Europarecht, Rn.615; Everling, DVBl.1985, 1201 m.w.N.; EuGH, 9.3. 1978, Rs. 106/77, Slg.1978, 629, 644 (Simmenthal); Oppermann, Europarecht, Rn.633

[133] So auch Schmidt, RabelsZ 59 (1995), 569, 591; Schlussantrag des Generalanwalts van Gerven, EuGH, 13.11. 1990, Rs. C-106/89, Slg. 1990, I-4135, 4146 Rn.8f (Marleasing)

[134] So auch Ehricke, RabelsZ 59 (1995), 598, 632

### (2) Grenzen der gemeinschaftsrechtskonformen Auslegung

Im Zuge der Annahme, bei der gemeinschaftsrechtskonformen Auslegung handele es sich um eine vorrangige, eigenständige Auslegungsmethode stellt sich die Frage nach ihren möglichen Grenzen.

Zunächst kommt die Grenze in Betracht, die den nationalen Organen durch die Grenzen des Beurteilungsspielraumes gezogen ist. Der Beurteilungsspielraum kann durch die Auslegungsfähigkeit der nationalen Norm definiert werden. In Betracht kommen hierbei Wortlaut und gesetzgeberischer Wille. Nimmt man eine Grenzziehung über die ratio legis an, so müsste eine Auslegung da enden, wo der vom Gesetzgeber vorgesehene Sinn und Zweck der Norm verändert würde.

Zu bedenken ist, dass die Verpflichtung zu gemeinschaftsrechtskonformer Auslegung aus dem Gemeinschaftsrecht, nämlich Art.10 EG, folgt. Ein entgegenstehender Wille des nationalen Gesetzgebers kann an dieser Verpflichtung nichts ändern. Hier wirkt sich wiederum der Vorrang des Gemeinschaftsrechts aus. Der Wille des Gemeinschaftsrechtsgebers geht dem Willen des nationalen Rechtsgebers vor. Ein entgegenstehender Wille des nationalen Gesetzgebers ist unbeachtlich, da dieser verpflichtet ist, dem Willen des Gemeinschaftsgesetzgebers Geltung zu verschaffen.

Als Grenze der gemeinschaftsrechtskonformen Auslegung kommt somit noch der Wortlaut der nationalen Norm in Betracht.

Die Wortlautgrenze könnte ebenfalls abgelehnt werden, aus Besorgnis eines unterschiedlichen Schutzniveaus in den Mitgliedstaaten hinsichtlich der Grundfreiheiten und des Diskriminierungsverbotes, wenn diese nur insoweit beachtet würden, wie es der Wortlaut der nationalen Regelung zuließe.[135] Die Ablehnung der Wortlautgrenze erscheint jedoch ungerechtfertigt. Die gemeinschaftsrechtskonforme Auslegung hilft, die Kollision einer nationalen Norm mit Gemeinschaftsrecht und die daraus folgende Verdrängung der nationalen Norm zu verhindern. Der Grundsatz der Subsidiarität der unmittelbaren Anwendung im Verhältnis zur konformen Anwendung erstreckt sich auf das gesamte Gemeinschaftsrecht. Daraus kann aber auch gefolgert werden, dass eine konforme Auslegung um jeden Preis, also den des Aufbrechens der Wortlautgrenze, bei der gemeinschaftsrechtskonformen Auslegung nicht notwendig ist, denn das Gemeinschaftsrecht, dessen Vorrang gesichert werden soll, ist im Fall des Scheiterns der gemeinschaftsrechtskonformen Auslegung unmittelbar anwendbar. Führt die Auslegung zu einem gemeinschaftsrechtskonformen Ergebnis, scheidet die Unanwendbarkeit des nationalen Rechts und die unmittelbare Anwendung von Gemeinschaftsrecht aus,[136] denn in diesem Fall entspricht das nationale Recht dem Gemeinschaftsrecht. Ein unterschiedliches Schutzniveau in den Mitgliedstaaten, abhängig vom jeweiligen nationalen Wortlautspielraum, ist somit nicht zu besorgen. Die Annahme der Wortlautgrenze führt nicht zu untrag-

---

[135] Ehricke, RabelsZ 59 (1995), 598, 633

[136] So auch Jarass, JZ 2003, 768, 776f; Beljin, EuR 2002, 351, 361

baren Ergebnissen. Im Übrigen erscheint es wenig einleuchtend, inwieweit das Verbiegen einer nationalen Norm hin zu einem Ergebnis, das nicht mehr vom Wortlaut gedeckt ist, zur Schonung des nationalen Gesetzgebers mehr beitragen kann als die Nichtanwendung der Norm. Aus dem Vorrang des Gemeinschaftsrechts folgt nur der Anwendungsvorrang.

Im Ergebnis ist damit als Grenze der gemeinschaftsrechtskonformen Auslegung der Wortlaut der nationalen Vorschrift anzusehen.

#### bb) Zwischenergebnis

Die gemeinschaftsrechtskonforme Auslegung ist eine sich aus Gemeinschaftsrecht ergebende Vorrangregel, deren Grenzen durch den Wortlaut der nationalen Norm gezogen werden. Damit ist der Verpflichtung der konformen Auslegung Genüge getan und die Subsidiarität einer unmittelbaren Anwendung auch dann gewährleistet, wenn die gemeinschaftsrechtskonforme Auslegung scheitert. Der Vorrang der gemeinschaftsrechtskonformen Auslegung vor den traditionellen Auslegungsmethoden ergibt sich aus dem Vorrang des Gemeinschaftsrechts. Grundlage der gemeinschaftsrechtskonformen Auslegung ist Art. 10 EG.

#### cc) Die Einordnung der richtlinienkonformen Auslegung

Die richtlinienkonforme Auslegung verfolgt ebenfalls das Ziel der Vermeidung von Normenkollisionen. Diese Intention lässt sich über die widerlegbare Vermutung rechtfertigen, dass der Rechtsetzer sich richtliniengetreu verhalten wollte.[137] Bei der Anwendung nationalen Rechts, insbesondere der Vorschriften eines zur Durchführung einer Richtlinie erlassenen Gesetzes, soll das nationale Recht im Licht des Wortlauts und des Zwecks der Richtlinie ausgelegt werden.[138] Die richtlinienkonforme Auslegung ist nicht auf die zur Durchführung der Richtlinie erlassenen Normen beschränkt, sondern bezieht sich auf das gesamte mitgliedstaatliche Recht, das in den Anwendungsbereich der Richtlinie fällt.[139] Sie hat „unter voller Ausschöpfung des Beurteilungsspielraums, den das nationale Recht einräumt," zu erfolgen.[140]

---

[137] Jarass, EuR 1991, 211, 214; Klein, FS Everling, S.641, 646

[138] EuGH, 10.4. 1984,Rs. 14/83, Slg. 1984, 1891 Rn.26 (von Colson); EuGH, 10.4. 1984, Rs. 79/83, Slg.1984, I-1921Rn.26 (Harz); EuGH, 8.10. 1987, Rs. 80/86, Slg.1987, 3969 Rn.12 (Nijmegen); EuGH, 20.9. 1988, Rs. 31/87, Slg. 1988, 4635 Rn.39 (Beentjes); EuGH, 7.11. 1989, Rs. 125/88, Slg.1989, 3533 Rn.6 (Nijman);

[139] EuGH, 13.11. 1990, Rs. C-106/89, Slg. 1990, I-4135, 4146 Rn.8f (Marleasing)

[140] EuGH, 10.4. 1984,Rs. 14/83, Slg. 1984, 1891 Rn.27 (von Colson); EuGH, 10.4. 1984, Rs. 79/83, Slg.1984, I-1921Rn.27 (Harz)

Die Bedeutung der richtlinienkonformen Auslegung kommt zum Tragen, wenn, wie grundsätzlich der Fall, einer Richtlinie keine unmittelbare Wirkung zukommt. Die unmittelbare Wirkung bezeichnet die Fähigkeit, Maßstabs- und Auslegungsnorm zu sein sowie einzelne zu berechtigen und zu verpflichten. Richtlinienkonforme Auslegung und unmittelbare Wirkung sind zu unterscheiden. Die unmittelbare Wirkung ist an die Maßgabe geknüpft, dass eine Richtlinienbestimmung unbedingt und hinreichend genau formuliert ist. An diese Voraussetzung ist die richtlinienkonforme Auslegung nicht gebunden. Aber auch in den Fällen fehlender unmittelbarer Anwendbarkeit soll der Richtlinie Geltung verschafft werden.

Bei der Frage nach der Einordnung der richtlinienkonformen Auslegung in das System der klassischen Auslegungsmethoden geht es um die Entscheidung zwischen Vorrangregel und Vorzugsregel.
Ist sie eine Vorrangregel, genießt die richtlinienkonforme Auslegung einen absoluten Vorrang vor den klassischen Auslegungsmethoden.[141]
Ist sie hingegen Vorzugsregel, modifiziert sie lediglich die klassischen Auslegungsmethoden.[142]

Um diese Frage beantworten zu können, müssen die rechtlichen Grundlagen der richtlinienkonformen Auslegung näher betrachtet werden. Fraglich ist, ob die Einordnung der gemeinschaftsrechtskonformen Auslegung als Vorrangregel auf die richtlinienkonforme Auslegung übertragbar ist.
Der Vorrang der gemeinschaftsrechtskonformen Auslegung basiert nach der hier vertretenen Theorie auf dem Vorrang des Gemeinschaftsrechts, das als Maßstab für die gemeinschaftsrechtskonforme Auslegung herangezogen wird. Die richtlinienkonforme Auslegung, die ein Unterfall der gemeinschaftsrechtskonformen Auslegung ist, ist danach Vorrangregel, wenn die Richtlinie, die Maßstab der richtlinienkonformen Auslegung ist, ebenfalls am Vorrang des Gemeinschaftsrechts teilhat.

### (1) Teilnahme der Richtlinie am Vorrang des Gemeinschaftsrechts

Die Richtlinie ist gemäß Art.249 III EG hinsichtlich des zu erreichenden Zieles für die Mitgliedstaaten verbindlich und überlässt den innerstaatlichen Stellen die Wahl der Form und der Mittel. Damit konstituiert Art.249 III EG ein zweistufiges Verfahren. Die Richtlinie gilt mit ihrem Erlass in der nationalen Rechtsord-

---

[141] E. Spetzler, RIW 1991, 579, 580; W. Spetzler, DB 1993, 553, 554; Lutter, JZ 1992, 593, 604

[142] Hommelhoff, AcP 192 (1992), 71,96; Heß, JZ 1995, 150,151; Dänzer-Vanotti, DB 1994,1052, 1053; ders., RIW 1991, 754, 755

nung[143], bedarf jedoch noch der Umsetzung in nationales Recht. Richtlinien entfalten damit als Bestandteil des Gemeinschaftsrechts für die Mitgliedstaaten Geltung. Es handelt sich dabei um Rechtsnormen, die jedoch abweichend von anderen Rechtsnormen darauf gerichtet sind, dass die Regelungen noch in die Rechtsordnungen der Mitgliedstaaten eingefügt werden. Insoweit sind Richtlinien nicht unmittelbar anwendbar. Sie entfalten keine unmittelbare Wirkung.
Die innerstaatliche Geltung ab dem Zeitpunkt des Erlasses folgt auch aus der Bindung aller nationalen Organe aus der Richtlinienverpflichtung des Art.249 III EG.[144] Die innerstaatliche Geltung ist Voraussetzung der Anwendbarkeit, Geltung und Anwendbarkeit sind daher zu trennen.[145] Für die Frage nach der Anwendbarkeit der Richtlinie ist allerdings entscheidend, dass die Richtlinie dem Gemeinschaftsrecht und damit einer anderen Rechtsordnung entstammt. Aus der besonderen Rechtsnatur des Gemeinschaftsrechts folgt, dass nicht mehr das Landesrecht, sondern das Gemeinschaftsrecht über die Geltung und Anwendbarkeit seiner Rechtsakte in den nationalen Rechtsordnungen entscheidet.[146] Die innerstaatliche Anwendbarkeit setzt die innerstaatliche Geltung voraus. Die Tatsache, dass den Richtlinien nur unter bestimmten Voraussetzungen eine unmittelbare Anwendbarkeit zugestanden wird, beeinflusst die innerstaatliche Geltung der Richtlinie nicht.

Daraus ergibt sich die Konsequenz, dass sowohl die Gründungsverträge als auch Sekundärrecht innerstaatlich gelten und auch anwendbar sind, soweit die Normen des Gemeinschaftsrechts dies erlauben und der Anwendung keine Verbote des Gemeinschaftsrechts entgegenstehen.[147] Dies ist deshalb möglich, weil Art.23 GG in Verbindung mit dem Zustimmungsgesetz zum EWG-Vertrag die unmittelbare Geltung und Vorrangigkeit des Gemeinschaftsrechts erlaubt.[148]
Aus der innerstaatlichen Geltung der Richtlinie folgt, dass diese auf Anwendung drängt.[149] Dabei wird zwischen einer Anwendbarkeit im weiteren Sinne bzw.

---

[143] Klein, Unmittelbare Geltung, S.12; Grabitz, EuR 1971, 1, 5; Dendrinos, Rechtsprobleme, S.202f; Bach, JZ 1990, 1108, 1110; Langenfeld, DÖV 1992, 955, 956; Geiger, EUV/EGV, Art.10 Rn.18; Weber, Die Richtlinie im EWG-Vertrag, S.110; Franzen, Privatrechtsangleichung, S.245

[144] Bach, JZ 1990, 1108, 1110; Dendrinos, Rechtsprobleme, S.202; Langenfeld, DÖV 1992, 955, 964; Winter, DVBl. 1991, 657,657

[145] Klein, Unmittelbare Geltung, S.8ff; Bach, JZ 1990, 1108,1110; Langenfeld, DÖV 1992, 955, 956

[146] Klein, Unmittelbare Geltung, S.10; Bleckmann, ders., Europarecht, Rn.1196; Bach, JZ 1990,1108, 1110; BverfG in st. Rspr. seit BVerfGE 31, 145, 173f

[147] Ständige Rspr. des EuGH seit dem Urteil van Gend/Loos, EuGH, 5.2. 1963, Rs. 26/62, Slg.1963, 1, 23ff (Van Gend & Loos); Klein, Unmittelbare Geltung, S.9f;

[148] BVerfGE 22, 293,296; 31, 145, 173f; 37, 271, 280; 58,1, 28; 73, 339, 375; 75, 223, 240; Stern, Staatsrecht, Bd.I, S.520ff; Classen, in: v.Mangoldt/Klein/Starck, GG II, Art.23 Rn.10, 62ff

[149] Klein, Unmittelbare Geltung, S.12; Bach, JZ 1990, 1108, 1111

den „objektiven Rechtswirkungen“ und einer Anwendbarkeit im engeren Sinne bzw. den „subjektiven Rechtswirkungen“ unterschieden.[150]
Unter den „objektiven Rechtswirkungen“ wird eine Anwendung der Richtlinie als „Maßstabs- und Auslegungsnorm“ durch die Gerichte und nationalen Behörden in Bezug auf das nationale Recht verstanden.[151]

### (a) Objektive Wirkungen der Richtlinie

Fraglich ist, ob eine Richtlinie als Maßstabsnorm herangezogen werden kann. Danach könnten nationale Normen auf ihre Vereinbarkeit mit den Bestimmungen der Richtlinie überprüft werden, unabhängig von einer unmittelbaren subjektiven Wirkung der Richtlinie.[152] Bei festgestellter Unvereinbarkeit dürfte die dem Gemeinschaftsrecht entgegenstehende nationale Norm nicht angewendet werden.[153] Die Bestimmungen der Richtlinie wären als Legalitätsmaßstab bei der Kontrolle innerstaatlicher Ausführungsmaßnahmen heranzuziehen und richtlinienwidrige Normen des nationalen Rechts dürften nicht angewendet werden.[154]

Eine solche objektive Wirkung ist aber nur in den Fällen anzunehmen, in denen die Richtlinie unmittelbar anwendbar ist. Die Feststellung der unmittelbaren Anwendbarkeit muss der Annahme von objektiven Wirkungen vorgehen. Dies ergibt sich bereits aus der Überlegung, dass bei Annahme einer umfassenden Nichtanwendungspflicht richtlinienwidriger nationaler Normen erhebliche Rechtslücken entstünden, da weder die Richtlinienbestimmung selbst noch die richtlinienwidrige nationale Norm zur Anwendung gelangen würden.[155]

Gemeinschaftsrechtsordnung und innerstaatliche Rechtsordnung sind trotz enger Verzahnung noch nicht zu einer Einheit verschmolzen.[156] Sie stehen sich als unabhängige Rechtsordnungen gegenüber, so dass das Stufenbau-Konzept der Rechtsordnung nicht auf das Verhältnis von Gemeinschaftsrecht und nationalem Recht angewendet werden kann. Im EG-Vertrag findet sich keine Bestimmung,

---

[150] Klein, Unmittelbare Geltung, S.16; Zuleeg, ZGR 1980, 466, 475, 478; Langenfeld, DÖV 1992, 955, 957ff und 962ff; Bach, JZ 1990, 1108, 1111und 1113

[151] Klein, Unmittelbare Geltung, S.13; Langenfeld, in: Gleichbehandlung, S.180f; dies., DÖV 1992, 955, 962; Grabitz, EuR 1971, 1, 19; Zuleeg, ZGR 1980, 466, 478; Nicolaysen, EuR 1984, 380, 391; Bach, JZ 1990, 1108, 1111

[152] Langenfeld, DÖV 1992, 955, 962f; Bach, JZ 1990, 1108, 1111

[153] Langenfeld, DÖV 1992, 955, 962f; Bach, JZ 1990, 1108, 1111f

[154] Grabitz, EuR 1971, 1, 19; Langenfeld, DÖV 1992, 955, 962

[155] So auch Brechmann, Die richtlinienkonforme Auslegung, S.171f

[156] BVerfGE 22, 293, 296; 31, 145, 173f; EuGH, 5.2. 1963, Rs. 26/62, Slg.1963, 1, 23ff (Van Gend & Loos); EuGH, 15.7. 1964, Rs.6/64, Slg.1964, 1251, 1251 (Costa/ENEL); Bleckmann, ders., Europarecht, Rn.1087; v. Bogdany/Nettesheim, in: Grabitz/Hilf, EGV, Altband, Art.1, Rn.8; Zuleeg, in: von der Groeben/Schwarze, Art.1EG Rn.22

die den Vorrang jeglichen Gemeinschaftsrechts anordnet. Der allgemein angenommene Vorrang des Gemeinschaftsrechts erstreckt sich nur auf unmittelbar wirkende Normen.[157] Richtlinien entfalten nur nach den vom EuGH entwickelten Kriterien in Ausnahmefällen unmittelbare Wirkung und nehmen daher nicht generell am Anwendungsvorrang des Gemeinschaftsrechts teil. Der Vorrang des Gemeinschaftsrechts gilt nur für das eigenständige und unmittelbar anwendbare Gemeinschaftsrecht.[158]
Eine Richtlinienbestimmung kann demnach einen Verdrängungseffekt erst nach Ablauf der Umsetzungsfrist und bei Annahme einer unmittelbaren Anwendbarkeit gemäß der Kriterien der Klarheit, Genauigkeit und der hinreichenden Bestimmtheit entfalten. Kommt der Richtlinie hingegen keine unmittelbare Wirkung zu, kann sie auch keinen Verdrängungseffekt entfalten, weil gar keine anwendungsfähige Norm existiert.
Auch der Grundsatz der einheitlichen Wirksamkeit des Gemeinschaftsrechts führt zu keinem anderen Ergebnis.[159] Die ausnahmsweise angenommene unmittelbare Wirkung der Richtlinie beruht demgemäss auch nicht auf dem Vorrang des Gemeinschaftsrechts, sondern auf der Sanktionierung vertragswidrigen Verhaltens seitens des Mitgliedstaats und auf dem Gedanken des Rechtsmissbrauchs.[160] Richtlinien können daher nach der hier vertretenen Auffassung nur dann als Maßstabsnorm für innerstaatliches Recht fungieren, wenn sie die Kriterien der unmittelbaren Wirkung erfüllen. Denn nur in diesem Fall kommt es tatsächlich zu einer Normenkollision, die zu Gunsten des Gemeinschaftsrechts entschieden wird und zu einem Zurücktreten des innerstaatlichen Rechts führt.

Der EuGH hat jedoch betont, dass eine Richtlinie bereits mit Bekanntgabe Wirkung entfaltet. Die zur Umsetzung erforderlichen Maßnahmen müssen zwar erst mit Ablauf der Frist durchgeführt worden sein, aber bereits während des Fristlaufs muss sichergestellt werden, dass das Ziel der Richtlinie mit Fristablauf auch erreicht wird. Daraus folgert der EuGH, dass die Mitgliedstaaten nach Erlass der Richtlinie alle Maßnahmen unterlassen müssen, welche das Ziel der Richtlinie ernstlich in Frage stellen könnten.[161]

Das bedeutet nicht, dass im Bereich von Rechtsangleichungsmaterien eine grundsätzliche Stillhalteverpflichtung der Mitgliedstaaten aus Art. 10 II EG

---

[157] EuGH, 15.7. 1964, Rs.6/64, Slg.1964, 1251, 1269f (Costa/ENEL); EuGH 13.7. 1972, Rs. 48/71, Slg. 1972, 529, 534 Rn.10 (Kommission/Italien); EuGH 9.3. 1978, Rs. 106/77, Slg. 1978, 629, 630 Ls.3 (Simmenthal)

[158] Ähnlich Wille, Die Pflicht der Organe der Europäischen Gemeinschaft zur loyalen Zusammenarbeit mit den Mitgliedstaaten, S.27

[159] So auch Franzen, Privatrechtsangleichung, S.259

[160] So auch Gellermann, Beeinflussung des bundesdeutschen Rechts durch Richtlinien der EG, S.95; Franzen, Privatrechtsangleichung, S.259

[161] EuGH, 18.12. 1997, Rs. C-126/96, Slg. 1997, I-7411, 7449 Rn.45 (Inter Environnement Wallonie)

folgt.[162] Die Mitgliedstaaten sind jedoch nur solange berechtigt, ihre Regelungsbefugnisse uneingeschränkt wahrzunehmen, bis sich durch die Tätigkeit der Gemeinschaftsorgane die Durchführung und der Umfang der Rechtsangleichung abzeichnet.[163] Damit entfaltet eine Richtlinie auch bereits vor ihrem Erlass Vorwirkung bezüglich des nationalen Rechts.
Darunter dürften legislative Aktivitäten fallen, die dem Ziel der Richtlinie zuwiderlaufen. Diese würden einen Verstoß gegen Art. 10 EG und damit das Prinzip der Gemeinschaftstreue darstellen. Mit Erlass der Richtlinie trifft die Mitgliedstaaten aus Art. 10 EG die Verpflichtung, keine widersprechenden nationalen Maßnahmen zu ergreifen.[164] Das Gebot der einheitlichen und effektiven Anwendung des Gemeinschaftsrechts verlangt auch ein Verbot der Setzung mitgliedstaatlichen Rechts, welches Gemeinschaftsrecht widerspricht.[165] Dies begründet sich aus der Nähe zur gemeinschaftsrechtlichen Regelung eines bestimmten Rechtsbereiches sowie aus der Intensität der Beeinträchtigung bereits erlassenen und unter Umständen nicht unmittelbar anwendbaren Gemeinschaftsrechts.[166] Gemeinschaftsrechtliche Regelungsinteressen haben demnach bereits eine Ausstrahlungswirkung, bevor ihre unmittelbare Anwendbarkeit einsetzt.[167] Diese Vorwirkung findet im Frustrationsverbot des Völkerrechts (entsprechend Art. 18 WVRK) eine Parallele. Die Vorwirkung der Richtlinie lässt die Umsetzungsfrist jedoch nicht entfallen. Sie bedeutet auch keine Heranziehung der Richtlinie als Maßstabsnorm.

### (b) Subjektive Wirkungen der Richtlinie

Von den „objektiven Rechtswirkungen“ sind die „subjektiven Rechtswirkungen“, das heißt die Auswirkungen, die sich für den Einzelnen ergeben können, zu unterscheiden.[168] Eine Richtlinie entfaltet „subjektive Rechtswirkung“, wenn sie geeignet ist, unmittelbar subjektive Rechte und Pflichten für den einzelnen zu begründen. Diese können nur eintreten, wenn die Bestimmungen der Richtlinie bestimmte Voraussetzungen wie inhaltliche Bestimmtheit hinsichtlich Tat-

---

[162] Wille, Die Pflicht der Organe der Europäischen Gemeinschaft zur loyalen Zusammenarbeit mit den Mitgliedstaaten, S.67; Taschner, in: von der Groeben/Schwarze, Art.94 EG Rn.23; Haag, in: BBPS, Rn.697

[163] Wille, Die Pflicht der Organe der Europäischen Gemeinschaft zur loyalen Zusammenarbeit mit den Mitgliedstaaten, S.67

[164] EuGH, 18.12. 1997, Rs. C-126/96, Slg.1997, I-7411, 7449 Rn.44ff (Inter Environnement Wallonie)

[165] Pieper, DVBl 1990, 684, 685; Hilf, EuR 1993, 1, 7ff; Nettesheim, in: Grabitz/Hilf, EGV, Art.249 Rn.138

[166] Ebenso Wille, Die Pflicht der Organe der Europäischen Gemeinschaft zur loyalen Zusammenarbeit mit den Mitgliedstaaten, S.72

[167] Pieper, DVBl 1990, 684, 685; Hilf, EuR 1993, 1, 7ff

[168] Klein, Unmittelbare Geltung, S.15; Bach, JZ 1990,1108, 1113; Langenfeld, DÖV 1992, 955, 957; Franzen, Privatrechtsangleichung, S.248

bestand und Rechtsfolge erfüllen.[169] Die Richtlinie ist nur unmittelbar anwendbar, wenn der Mitgliedstaat die Richtlinie nicht fristgemäß und/ oder korrekt umgesetzt hat und die Richtlinie hinreichend genau und bestimmt ist, so dass aus ihr unmittelbar Rechte für den Einzelnen abgeleitet werden können.[170] Eine unmittelbare Anwendbarkeit der Richtlinie im Sinne von subjektiven Rechtswirkungen vor Ablauf der Umsetzungsfrist und bei korrekter Umsetzung besteht hingegen nicht.

Insgesamt besteht damit keine unmittelbare Anwendbarkeit der Richtlinie, weder im Sinne von objektiven noch von subjektiven Rechtswirkungen. Dies ergibt sich aus Art.249 III EG, der für die Richtlinien das Erfordernis einer Umsetzung durch die Mitgliedstaaten vorsieht. Einer solchen Umsetzung bedürfte es bei Annahme einer unmittelbaren Anwendbarkeit der Richtlinie nicht mehr. Dieses Ergebnis wird durch die Rechtsprechung des EuGH zur ausnahmsweisen unmittelbaren Anwendbarkeit von Richtlinien bestätigt, da anderenfalls wohl kaum Kriterien für die unmittelbare Anwendbarkeit von Richtlinienbestimmungen zu entwickeln gewesen wären.

Nach dem dargelegten Gedankengang entfalten Richtlinien also innerstaatliche Geltung und sind Teil der Gesamtrechtsordnung eines Mitgliedstaates. Das Gemeinschaftsrecht bedarf keiner Umsetzung in das innerstaatliche Recht, sondern regelt die Fragen seiner Geltung und Anwendbarkeit im innerstaatlichen Bereich eigenständig. Der EuGH stützt diese Auffassung, in dem er den Begriff der unmittelbaren Geltung dahingehend definiert, dass die Bestimmungen des Gemeinschaftsrechts ihre volle Wirkung einheitlich in sämtlichen Mitgliedstaaten entfalten.[171] Daraus folgt eine einheitliche und unmittelbare Geltung des Gemeinschaftsrechts in den Mitgliedstaaten. Daraus folgt jedoch nicht, dass die Richtlinie am Vorrang des Gemeinschaftsrechts teilnimmt. Dies ist nur in den Fällen einer unmittelbaren Anwendbarkeit der Richtlinie anzunehmen, die nur in den vom EuGH präzisierten Ausnahmefällen besteht und keinesfalls genereller Art ist.[172]

Ein Vorrang der richtlinienkonformen Auslegung lässt sich also nicht wie bei der gemeinschaftsrechtskonformen Auslegung aus einem Vorrang des Gemeinschaftsrechts ableiten. Das für die gemeinschaftsrechtskonforme Auslegung entwickelte Modell ist nicht auf die richtlinienkonforme Auslegung übertragbar.

---

[169] Klein, Unmittelbare Geltung, S.16; Zuleeg, ZGR 1980, 466, 474; Grabitz, EuR 1971, 1, 6; Bleckmann, ders., Europarecht, Rn.1172

[170] EuGH, 19.1. 1982, Rs. 8/81, Slg. 1982, 52, 71 Rn.25 (Becker); Streinz, Europarecht, Rn.400

[171] EuGH, 9.3. 1978, Rs.106/77, Slg.1978, 629, 644 (Simmenthal)

[172] Ebenso Jarass, EuR 1991, 211, 215; Brechmann, Die richtlinienkonforme Auslegung, S.247ff; Franzen, Privatrechtsangleichung, S.339

### (2) Grundlage der richtlinienkonformen Auslegung

Für die Einordnung der richtlinienkonformen Auslegung ist deshalb ihre Grundlage zu bestimmen.

Die Pflicht zu richtlinienkonformer Auslegung ergibt sich zunächst aus Gemeinschaftsrecht und wurde vom EuGH entwickelt. Zunächst nahm der EuGH lediglich an, es sei „zweckmäßig", Fragen nach der Auslegung von Richtlinien im Rahmen eines Vorabentscheidungsverfahrens vorzulegen, um eine einheitliche Auslegung zu gewährleisten.[173] Erst im Jahr 1984 nahm der Gerichtshof erstmals ausdrücklich eine Pflicht zu richtlinienkonformer Auslegung an.[174] Diese Pflicht leitet sich zum einen aus der sich aus der Richtlinie ergebenden Verpflichtung der Mitgliedstaaten, das vorgegebene Ziel zu erreichen, sowie zum anderen aus der Pflicht gemäß Art. 5 EGV (Art. 10 EG), alle geeigneten Maßnahmen zu treffen, um die die Mitgliedstaaten treffenden Verpflichtungen zu erfüllen, ab.[175] Das Urteil „Marleasing" aus dem Jahr 1990 prägte dann eine Erweiterung des Umfangs der Pflicht zur richtlinienkonformen Auslegung. Nicht nur die Durchführungsvorschriften, sondern das gesamte nationale Recht ist danach richtlinienkonform auszulegen.[176]

Die Grundlage der richtlinienkonformen Auslegung wird häufig in Art. 10 EG gesehen.[177] Der ebenfalls in Betracht kommende Art. 249 III EG soll dagegen zurücktreten oder findet keine Erwähnung.[178] Der EuGH hat das Gebot richtlinienkonformer Auslegung allerdings ausdrücklich nicht allein auf Art. 10 EG gestützt. In mehreren Entscheidungen stützte der Gerichtshof die Pflicht auf Art. 249 III EG und Art. 10 EG,[179] oder sogar allein auf Art. 249 III EG.[180] Art. 249

---

[173] EuGH, 12.11. 1974, Rs. 32/74, Slg. 1974, 1201, 1206 Rn.3 (Haaga); EuGH, 26.1. 1975, Rs. 67/74, Slg. 1975, 297, 306 Rn.4 (Bonsignore); EuGH, 20.9. 1976, Rs. 111/75, Slg. 1976, 657, 666 Rn. 7/11 (Mazzalai); EuGH, 1.2. 1977, Rs.51/76, Slg.1977, 113ff (Verbond van Nederlandse Ondernemingen); EuGH, 15.7. 1982, Rs.270/80, Slg.1982, 2771 (Felicitas Rickmers)

[174] EuGH, 10.4. 1984, Rs. 14/83, Slg. 1984, 1891, 1909 Rn.26 (von Colson); EuGH, 10.4. 1984, Rs. 79/83, Slg. 1984, 1921, 1942 Rn.26 (Harz); EuGH, 15.5. 1986, Rs. 222/84, Slg. 1986, 1651, 1690 Rn.53 (Johnston); EuGH, 8.10. 1987, Rs. 80/86, Slg. 1987, 3969, 3986 Rn. 12 (Kolpinghuis Nijmwegen); EuGH, 20.9. 1988, Rs. 31/87, Slg. 1988, 4635, 4662 Rn.39 (Beentjes); EuGH, 7.11. 1989, Rs. 125/88, Slg. 1989, 3533, 3546 Rn.6 (Nijman)

[175] EuGH, 10.4. 1984, Rs.14/83, Slg. 1984, 1891, 1909 Rn.26 (von Colson); EuGH, 10.4. 1984, Rs.79/83, Slg. 1984, 1921, 1942 Rn.26 (Harz)

[176] EuGH, 13.11. 1990, Rs. C-106/89, Slg. 1990, 4135 (Marleasing)

[177] Langenfeld, DÖV 1992, 955, 964; Bleckmann, Europarecht, Rn.687; Bach, JZ 1990, 1108, 1111; Everling, ZGR 1992, 376, 380; Götz, NJW 1992, 1849, 1853; Ress, DÖV 1994, 489, 498f

[178] Langenfeld, DÖV 1992, 955, 964

[179] EuGH, 10.4. 1984, Rs.14/83, Slg. 1984, 1891, 1909 Rn.26 (von Colson); EuGH, 10.4. 1984, Rs.79/83, Slg. 1984, 1921, 1942 Rn.26 (Harz); EuGH, 14.7. 1994, Rs. C-91/92, Slg. 1994, I-3325 Rn.26 (Faccini Dori); EuGH, 17.9. 1997, Rs. C-54/96, Slg. 1997, I-4961 Rn.43 (Dorsch Consult)

[180] EuGH, 16.12. 1993, Rs. C-334/92, Slg. 1993, I-6911 Rn.20 (Wagner Miret); EuGH, 7.12. 1995, Rs. C-472/93, Slg. 1995, I-4321 Rn.17 (Spano)

III EG normiert die Umsetzungsverpflichtung der Mitgliedstaaten.[181] Die Verbindlichkeit hinsichtlich des zu erreichenden Ziels schließt die Verpflichtung der Mitgliedstaaten ein, die nationalen Rechtsordnungen an die Vorgaben der Richtlinie anzupassen.[182] Dies spricht dafür, die Grundlage der richtlinienkonformen Auslegung sowohl auf Art. 10 EG als auch auf Art. 249 III EG zu stützen. Der Annahme, dass Art. 249 III EG als speziellere Norm Art. 10 EG verdränge,[183] kann hier nicht gefolgt werden. Die Verpflichtung zur Umsetzung von Richtlinien ergibt sich auch aus Art. 10 EG.[184] Die Verpflichtung zur Gemeinschaftstreue aus Art. 10 EG ergänzt die Umsetzungsverpflichtung aus Art. 249 III EG.[185]
Die Pflicht zu richtlinienkonformer Auslegung gilt für jede staatliche Stelle, jedoch nur innerhalb ihres Aufgaben- und Kompetenzbereichs.[186] Diese Pflicht erstreckt sich damit neben den Gerichten auch auf die Verwaltung.[187]

Neben diesem gemeinschaftsrechtlichen Ansatz wird zur Begründung der richtlinienkonformen Auslegung häufig noch eine andere Überlegung herangezogen. Danach spreche eine Vermutung für den Willen des nationalen Gesetzgebers, mit dem Erlass von Umsetzungsnormen dem Auftrag der Richtlinie nachzukommen.[188]

Die Verpflichtung zur richtlinienkonformen Auslegung beruht danach auf dem Willen des nationalen Gesetzgebers und dem nationalem Recht. Neben dieser Verpflichtung kraft nationalen Rechts steht das gemeinschaftsrechtliche Gebot der richtlinienkonformen Auslegung.[189] Die Verpflichtung zur richtlinienkonformen Auslegung kraft nationalen Rechts kann sich aber nur auf das zur Umsetzung ergangene Recht erstrecken. Insbesondere bei nationalem Recht, das vor der entsprechenden Richtlinie ergangen ist, kann dem Gesetzgeber nur schwerlich unterstellt werden, er habe einer zukünftigen Richtlinie entsprechen wol-

---

[181] v.Bogdany, in: Grabitz/Hilf, EGV, Altband, Art. 5 Rn.41; Nettesheim, in: Grabitz/Hilf, EGV, Art.249 Rn.134; Ipsen, FS Ophüls, S.67, 75; Jarass, EuR 1991, 211, 216

[182] So auch Brechmann, Die richtlinienkonforme Auslegung, S.9; Franzen, Privatrechtsangleichung, S.296f

[183] So Brechmann, Die richtlinienkonforme Auslegung, S.256ff; Franzen, Privatrechtsangleichung, S.297

[184] So auch Wille, Die Pflicht der Organe der Europäischen Gemeinschaft zur loyalen Zusammenarbeit mit den Mitgliedstaaten, S.35; Zuleeg, in: von der Groeben/Schwarze, Art.10 EG Rn.5

[185] Gellermann, Beeinflussung des bundesdeutschen Rechts durch Richtlinien der EG, S.104

[186] EuGH, 10.4. 1984, Rs.14/83, Slg. 1984, 1891, 1909 Rn.26 (von Colson); EuGH, 10.4. 1984, Rs.79/83, Slg. 1984, 1921, 1942 Rn.26 (Harz)

[187] Nettesheim, AöR 1994, 261, 277

[188] Langeheine, in: Grabitz/Hilf, EGV, Altband, Art.100 Rn.71; Everling, RabelsZ 50 (1986),193, 224, ders., FS R. Schmidt, S.165, 174; Jarass, EuR 1991, 211, 217; ders., Grundfragen, S.90; Ehricke, RabelsZ 59 (1995), 598, 614

[189] Jarass, EuR 1991, 211, 217; ders., Grundfragen, S.89; Ehricke, RabelsZ 59 (1995), 598, 614

len.[190] Neben die Verpflichtung kraft nationalen Rechts muss also, um Abgrenzungsprobleme beim Anwendungsbereich der richtlinienkonformen Auslegung zu vermeiden, die Verpflichtung zu richtlinienkonformer Auslegung aus Art. 10 EG und Art. 249 III EG treten.[191] Es kommt folglich zu einer Verdoppelung der gemeinschaftsrechtlichen Verpflichtung im nationalen Recht.

### (3) Beginn der Pflicht zur richtlinienkonformen Auslegung

Der Beginn der Pflicht zur richtlinienkonformen Umsetzung ist eng mit der Frage nach ihrer Grundlage verknüpft. Die Umsetzungsverpflichtung aus Art. 249 III EG setzt mit dem Erlass der Richtlinie ein. Grundsätzlich muss daher Gleiches auch für den Beginn der Pflicht zur richtlinienkonformen Auslegung gelten. Die Umsetzungsverpflichtung wird allerdings durch die Umsetzungsfrist modifiziert. Erst nach Ablauf der Umsetzungspflicht kommt es zu einer Verletzung der Verpflichtung aus Art. 249 III EG.

Für den Beginn der Pflicht zur richtlinienkonformen Auslegung ist es aber grundsätzlich irrelevant, ob die Umsetzungsfrist abgelaufen ist oder nicht,[192] weil richtlinienkonforme Auslegung und unmittelbare Anwendbarkeit zu trennen sind.

Gegen einen so frühen Beginn der Pflicht zur richtlinienkonformen Auslegung scheint die Befürchtung von Kompetenzübergriffen der Judikative zu sprechen.[193] In der Tat besteht bei Annahme einer gemeinschaftsrechtlichen Verpflichtung zu richtlinienkonformer Auslegung bereits ab dem Zeitpunkt des Erlasses der Richtlinie die Gefahr, dass ein Verfassungskonflikt entsteht und zudem der Grundsatz, dass eine Richtlinie vor Umsetzung keine Verpflichtung Einzelner anordnet, verletzt würde. Zudem könnte die gemeinschaftsrechtlich erforderliche rechtssichere Umsetzung der Richtlinie gefährdet werden. Diese Szenarien gelten jedoch nur für den Fall noch fehlender Umsetzungsmaßnahmen. Im Falle der Umsetzung, sei es durch Schaffung innerstaatlicher Normen, sei es durch Beibehaltung richtlinienkonformer Normen und der damit verbundenen Bereitschaft zu ordnungsgemäßer Umsetzung, kommt es nicht zu den befürchteten Konflikten.

Daraus folgt, dass eine gemeinschaftsrechtliche Verpflichtung zu richtlinienkonformer Auslegung vor der Umsetzung der Richtlinie durch den Mitgliedstaat

---

[190] Jarass, EuR 1991, 211, 217

[191] Jarass, Grundfragen, S.93

[192] EuGH, 8.10.1987, Rs.80/86, Slg.1987, 3969 Rn.13 (Kolpinghuis Nijmegen); Lenz, DVBl. 1990, 903, 908

[193] Brechmann, Die richtlinienkonforme Auslegung, S.265; Ehricke, RabelsZ 59 (1995), 599, 621; Götz, NJW 1992, 1849, 1854; Langenfeld, DÖV 1992, 955, 964; Rüffler, ÖJZ 1997, 121, 125; Scherzberg, Jura 1993, 225, 232

durch den Grundsatz der Rechtssicherheit begrenzt werden soll und muss.[194] Die transparente und rechtssichere Umsetzung der Richtlinie soll gewährleistet bleiben. Durch den Beginn der Pflicht zu richtlinienkonformer Auslegung für die Judikative soll die bestehende Umsetzungsverpflichtung nicht obsolet werden. Dies deckt sich mit der Überlegung, dass auch bei unmittelbar anwendbaren Richtlinien die Umsetzungsverpflichtung bestehen bleibt und nicht etwa erlischt.[195] Der Konzeption von Franzen folgend beginnt die Pflicht zu richtlinienkonformer Auslegung daher bereits mit Inkrafttreten der Richtlinie.[196] Dieser Zeitpunkt rechtfertigt sich auch über die Überlegung, dass die unmittelbare Wirkung der Richtlinie bereits mit Fristablauf einsetzen kann. Demgegenüber muss die richtlinienkonforme Auslegung früher ansetzen. Sie kommt jedoch nur insoweit in Betracht als die innerstaatlichen Rechtsvorschriften dem Ziel der Richtlinie bereits entsprechen und auslegungsfähig sind.

Vergleichbar mit dieser Fallgruppe sind Bereiche, die legislativ nur rudimentär geregelt sind und deren Ausgestaltung die Rechtsprechung übernommen hat. Die Pflicht zu richtlinienkonformer Auslegung in diesen Grenzen bereits ab Inkrafttreten der Richtlinie führt nicht zu den befürchteten Problemen, sichert hingegen eine größtmögliche Effektivität des Gemeinschaftsrechts und entspricht dem Prinzip der Gemeinschaftstreue. Richtlinienkonforme Auslegung vor Fristablauf ist aber immer nur dann möglich, wenn das innerstaatliche Recht eine tragfähige Grundlage bereithält.

In den Fällen, in denen trotz Umsetzungsmaßnahmen die Anforderungen der Richtlinie nicht erfüllt werden, ist nach dem Rechtsverhältnis zu differenzieren. In Rechtsverhältnissen zwischen Bürger und Staat darf durch Auslegung keine Verpflichtung des Bürgers begründet werden.[197] Dies gilt natürlich insbesondere für den Bereich des Strafrechts.[198] In Privatrechtsverhältnissen hingegen kommt es darauf an, ob das innerstaatliche Recht eine Auslegung nach den Vorgaben der Richtlinie ermöglicht. Eine richtlinienkonformen Auslegung in horizontalen Rechtsverhältnissen ist demnach zulässig.[199] Dieser Lösung entspricht auch die Rechtsprechung des EuGH, der anders als im Strafrecht kein Verbot der richtlinienkonformen Auslegung ausgesprochen hat.

---

[194] So auch Franzen, Privatrechtsangleichung, S.370

[195] Klein, in: FS Everling, S.641, 643; Everling, ZGR 1992, 376, 377; EuGH, 6.5. 1980, Rs.102/79, Slg.1980, 1473 Rn.12 (Kommission/Belgien); EuGH, 1.3. 1983, Rs.301/83, Slg.1983, 467 Rn.13 (Kommission/Belgien)

[196] Vgl. Franzen, Privatrechtsangleichung, S.302

[197] Nettesheim, AÖR 1994, 261, 286f; Franzen, Privatrechtsangleichung, S.371

[198] EuGH, 8.10. 1987, Rs. 80/86, Slg. 1987, 3969 Rn.13 (Kolpinghuis Nijmwegen); EuGH, 26.9. 1996, Rs. C-168/95, Slg. 1996, I-4705 Rn.42 (Luciano Arcaro); EuGH, 12.12. 1996, Rs. C-74, 129/95, Slg.1996, I-6609, 6636 Rn.24 (Strafverfahren gegen X)

[199] So auch Brechmann, Die richtlinienkonforme Auslegung, S.279; Franzen, Privatrechtsangleichung, S.371

Die Verpflichtung zu richtlinienkonformer Auslegung bereits ab Erlass der Richtlinie tritt jedoch nicht ein, soweit die innerstaatliche Rechtslage im Hinblick auf die Ziele der Richtlinie einer Änderung bedarf.[200] In dem Zeitraum zwischen Inkrafttreten der Richtlinie und Ablauf der Umsetzungsfrist steht den nationalen Gerichten ein Beurteilungsspielraum zu, der gemeinschaftsrechtlich kontrollierbar ist.[201]
Mit dem hier vertretenen Lösungsansatz stimmen Modelle in der Literatur überein, die bei Umsetzung der Richtlinienbestimmungen vor Fristablauf die Pflicht zu richtlinienkonformer Auslegung bereits ab diesem Zeitpunkt annehmen.[202]

Gesichtspunkte des Vertrauensschutzes vermögen nicht gegen den Zeitpunkt ab Erlass der Richtlinie sprechen, weil es nicht zu einer vertikalen Wirkung der Auslegung zu Lasten des Bürgers kommt. Es erfolgt grundsätzlich keine Auslegung zu Lasten Privater im Verhältnis zum Staat. In der horizontalen Ebene besteht nur im Einzelfall ein schutzwürdiges Vertrauen in das Bestehenbleiben der alten Rechtslage. Zudem gelangt die richtlinienkonforme Auslegung nur in bereits von der Rechtsprechung ausgestalteten Bereichen zur Anwendung. Die Rechtsprechung kann aber auch unter anderen Umständen eine Änderung erfahren.
Aus der Grundlage der richtlinienkonformen Auslegung lassen sich zudem Rückschlüsse auf den Umfang ihrer Bindungswirkung ziehen. Aus der Verankerung der Pflicht in Art. 249 III EG ergibt sich, dass alle Träger hoheitlicher Gewalt zur richtlinienkonformen Auslegung verpflichtet sind.[203] Normativ gilt diese Pflicht für die gesamte innerstaatliche Rechtsordnung. Dies gilt auch für die Verfassung.

### (4) Durchführung der richtlinienkonformen Auslegung

Zu klären bleibt nun aber die Eingangsfrage nach der Einordnung der richtlinienkonformen Auslegung in das System der nationalen Auslegungsmethoden und nach ihrer Durchführung.
Ein Vorrang der richtlinienkonformen Auslegung kann jedenfalls nicht aus dem Vorrang des Gemeinschaftsrechts folgen, da Richtlinien am Vorrang des Gemeinschaftsrechts nur insoweit teilhaben, als sie unmittelbare Wirkung entfalten.[204]

---

[200] So auch Franzen, Privatrechtsangleichung, S.373
[201] EuGH, 18.12. 1997, Rs. C-129/96, Slg. 1997, I-7411, 7450 Rn.46 (Inter Environnemnt Wallonie); Hakenberg, ZEuP 1998, 909, 911; Franzen, Privatrechtsangleichung, S.302
[202] Lutter, JZ 1992, 593, 605; Rüffler, ÖJZ 1997, 121, 125
[203] EuGH, 8.10. 1987, Rs. 80/86, Slg. 1987, 3969 Rn.13 (Kolpinghuis Nijmwegen); EuGH, 10.4. 1984, Rs.14/83, Slg. 1984, 1891, 1909 Rn.26 (von Colson)
[204] Jarass, EuR 1991, 211, 215; Brechmann, Die richtlinienkonforme Auslegung, S.247ff; Franzen, Privatrechtsangleichung, S.339

Fraglich ist aber, ob ein Vorrang aus der Verpflichtung in Art.10, Art.249 III EG folgt. Der EuGH hat zu dieser Frage nicht eindeutig Stellung bezogen. Er fordert nur, dass sich die Auslegung „soweit wie möglich" am Wortlaut und Zweck der einschlägigen Richtlinie zu orientieren habe.[205] Die Frage nach der Auslegungsfähigkeit innerstaatlichen Rechts in Übereinstimmung mit einer Richtlinie betrifft die Auslegung innerstaatlichen Rechts, über die der EuGH nicht zu befinden hat.[206] Der EuGH hat durchweg akzeptiert, wenn das vorlegende nationale Gericht eine richtlinienkonforme Auslegung des nationalen Rechts nicht für möglich hielt.[207] Die Rechtsprechung macht jedoch deutlich, dass innerhalb des dem nationalen Gericht zustehenden Beurteilungsspielraums ein wertungsmäßiger Vorzug der richtlinienkonformen Auslegung berücksichtigt werden muss.[208] Demnach ist die richtlinienkonforme Auslegung eine die nationalen Auslegungskriterien erfassende und modifizierende Interpretationsmaxime.[209]
Die Durchführung der richtlinienkonformen Auslegung erfolgt demzufolge in einem zweistufigen Verfahren. Zum einen ist die innerstaatliche Norm auszulegen und zum anderen die Richtlinienbestimmung. Die Lösungsmöglichkeiten, die die innerstaatliche Norm bereithält, werden dann auf ihre Richtlinienkonformität hin untersucht. Es werden die Alternativen ausgeschlossen, die mit dem Inhalt der Richtlinie nicht vereinbar sind. Die Ebene der Auslegung der nationalen Norm und die Ebene der Auslegung der Richtlinienbestimmungen sind an verschiedenen Stellen miteinander verbunden, denn die Auslegung der innerstaatlichen Norm findet bereits im Hinblick auf die Richtlinie statt. Dies kommt insbesondere bei der teleologischen Auslegung der nationalen Norm zum Tragen, da davon auszugehen ist, dass ein Zweck der nationalen Umsetzungsnorm in ihrer Richtlinienkonformität zu sehen ist. Bei Normen, die bereits vor Erlass der Richtlinie bestanden, kann bei fehlender Anpassung davon ausgegangen werden, dass der nationale Gesetzgeber sie bereits für richtlinienkonform erachtete. Neben den Zweck der Richtlinienkonformität treten in der Regel noch weitere Zielvorstellungen, so dass es zu einer Verklammerung der Auslegungsebenen kommen kann. Gleiches gilt im Prinzip für die historische Auslegung, wenn

---

[205] EuGH, 13.11. 1990, Rs. C-106/89, Slg. 1990, I-4135, Rn.8f (Marleasing); EuGH, 16.12. 1993, Rs. C-334/92, Slg. 1993, I-6911 Rn.20 (Wagner Miret);

[206] Gebauer, Grundfragen der Europäisierung des Privatrechts, S.186; Steindorff, EG-Vertrag und Privatrecht, S.451; Franzen, Privatrechtsangleichung, S.343; Jarass, EuR 1991, 211, 217

[207] EuGH, 16.12. 1993, Rs. C-334/92, Slg. 1993, I-6911 Rn.22 (Wagner Miret); EuGH, 14.7. 1994, Rs. C-91/92, Slg. 1994, I-3325 Rn.27 (Faccini Dori); EuGH, 7.3.1996; Rs.C-192/94, Slg.1996, I-1281, 1300 Rn.8f (El Corte Inglés)

[208] Ebenso Ehricke, RabelsZ 59 (1995), 598, 616f; Everling, ZGR 1992, 376, 381f; Nettesheim, AÖR 1994, 261, 264; Rüffler, ÖJZ 1997, 121, 126; Steindorff, EG-Vertrag und Privatrecht, S.451; Franzen, Privatrechtsangleichung, S.343

[209] Im Ergebnis auch Ehricke, RabelsZ 59 (1995), 593, 622f; Franzen, Privatrechtsangleichung, S.344; Brechmann, Die richtlinienkonforme Auslegung, S.259ff; Schmidt, RabelsZ 59 (1995), 569, 590; Hommelhoff, AcP192 (1992), 71, 96ff; Schlussanträge des GA van Gerven, EuGH, 13.11.1990, Rs.C-106/89, Slg.1990, I-4135, 4146f Rn.8 (Marleasing)

der innerstaatliche Gesetzgeber eine richtlinienkonforme Auslegung bei Erlass einer Norm anstrebt und weitere historische Motive nicht erkennbar sind.

Die richtlinienkonforme Auslegung beansprucht damit keinen unbedingten Vorrang vor den nationalen Auslegungsmethoden. Sie fügt sich in den nationalen Methodenkanon ein und kommt nur dann zum Tragen, wenn die traditionellen Methoden einen Auslegungsspielraum eröffnen.[210] Lassen die nationalen Auslegungsmethoden mehrere Auslegungsmöglichkeiten zu, greift die richtlinienkonforme Auslegung und führt zur Wahl des Auslegungsergebnisses, das am ehesten dem von der Richtlinie geforderten Ergebnis entspricht.
Das Gericht hat den in seinem Rechtssystem üblichen Auslegungsmethoden den Vorzug einzuräumen, die es in die Lage versetzen, der nationalen Vorschrift eine Bedeutung zu geben, die mit der Richtlinie im Einklang steht.[211] Die richtlinienkonforme Auslegung ist damit Vorzugsregel.

### (5) Grenzen der richtlinienkonformen Auslegung

Die Grenzen der richtlinienkonformen Auslegung werden durch ihre Einordnung bestimmt. Dabei folgt bereits aus der Ablehnung eines Vorrangs der richtlinienkonformen Auslegung, dass sie sich insbesondere im Rahmen der nationalen Auslegungsfähigkeit der Norm bewegen muss. Die Grenzen der richtlinienkonformen Auslegung sind aus zwei Perspektiven zu betrachten. Dies ist zum einen der nationale Beurteilungsspielraum, der durch die allgemeine Methodenlehre der Auslegung definiert wird, sowie zum anderen Erwägungen des Gemeinschaftsrechts selbst.
Die nationalen Grenzen werden durch die Auslegungsfähigkeit der Norm bestimmt. Eine richtlinienkonforme Auslegung besteht nur im Rahmen der nach nationalem Recht gewährten Zuständigkeiten des Rechtsanwenders. Eine weitergehende Forderung würde einen zu weitreichenden Eingriff in die mitgliedstaatliche Souveränität darstellen. Innerstaatliche Aufgabe des Rechtsanwenders ist nicht die Rechtsetzung. Er trägt keine Sorge für die wirksame und vollständige Umsetzung der Richtlinie. Er wendet Recht an und legt es zu diesem Zweck aus. Dabei ist er an die ihm in der Norm eröffneten Auslegungsspielräume gebunden. Dabei kommen zwei Ansatzpunkte in Betracht: der Wortlaut der Norm und der gesetzgeberische Zweck. Zum Teil wird darüber hinaus in Anlehnung an die verfassungskonforme Auslegung auch verlangt, dass einer nach Wortlaut und Sinn eindeutigen nationalen Regelung kein entgegengesetzter Sinn verliehen werden darf und der normative Gehalt der Regelung nicht grundlegend neu

---

[210] Jarass, EuR 1991, 211, 217; ders., Grundfragen, S.93ff
[211] Ebenso Baldus/Becker, ZEuP 1997, 874, 882

bestimmt werden darf, so dass das Ziel der nationalen Regelung in einem wesentlichen Punkt verfehlt würde.[212]
Die Grenzen der richtlinienkonformen Auslegung richten sich nach den allgemeinen Grenzen der Auslegung. Dabei wird der Wortlaut einer Norm überwiegend als Abgrenzungskriterium zwischen Auslegung und Rechtsfortbildung verstanden.[213] Es gibt jedoch auch Stimmen, die der Wortlautgrenze kritisch gegenüber stehen oder sie sogar ablehnen.[214] Richtig ist zwar, dass die Wortlautgrenze nicht immer exakt bestimmbar ist, da Begriffe vage oder mehrdeutig sein können. Diese Schwierigkeiten wohnen jedoch jeder Grenzziehung inne und vermögen ein Festhalten an der Wortlautgrenze nicht zu revidieren.[215]
Die richtlinienkonforme Auslegung wird folglich durch den Wortlaut der nationalen Norm begrenzt.

Als weiteres Kriterium der Grenzziehung kommt der gesetzgeberische Zweck in Betracht.[216] Dieses Kriterium ist jedoch mehr noch als das Kriterium des Wortlauts vage und unbestimmt. Die Regelungsabsichten des Gesetzgebers sind zudem oft nicht mit letzter Sicherheit ermittelbar oder es kommt zu einer Wandlung der einer Regelung zugrundeliegenden Vorstellungen. Bei Heranziehung dieses Kriteriums ist insofern ein eindeutig erkennbarer gesetzgeberischer Wille zu verlangen.[217] Festzuhalten bleibt, dass der nationale Rechtsanwender die mitgliedstaatliche Norm nicht um den Preis der Zweckverfehlung richtlinienkonform auszulegen hat.[218]

Der Verpflichtung zu richtlinienkonformer Auslegung werden nicht nur aus dem nationalen Recht heraus Grenzen gesetzt, sondern auch aus dem Gemeinschaftsrecht. Als erstes ist in diesem Zusammenhang die ebenfalls wiederholt vom EuGH gezogene Grenze in Form der allgemeinen Rechtsgrundsätze zu nennen.[219] Zu diesen Grundsätzen gehören namentlich der Grundsatz des Rückwir-

---

212 Gellermann, Beeinflussung des bundesdeutschen Rechts durch Richtlinien der EG, S.108; Jarass, Grundfragen, S.95; ders., EuR 1991, 211, 218; Dänzer-Vanotti, StVj 1991, 1, 11
213 BVerfGE 71, 108, 115; 73, 206, 242; Canaris, Die Feststellung von Lücken im Gesetz, S.23; Fikentscher, Methoden des Rechts, Bd.IV, S.294; Hassold, in: FS Larenz, S.211, 218f; Zippelius, Methodenlehre, S.47
214 Brechmann, Die richtlinienkonforme Auslegung, S.266; Neuner, Die Rechtsfindung contra legem, 1992, S.91ff; Kriele, Theorie der Rechtsgewinnung, S.223; Depenheuer, Der Wortlaut als Grenze, S.39
215 Vgl. Bydlinski, Juristische Methodenlehre und Rechtsbegriff, S.470
216 So etwa Brechmann, Die richtlinienkonforme Auslegung, S.266
217 Ständige Rechtsprechung, BVerfGE 8, 28,34; 8, 38, 41; 8, 71, 79; 9, 83, 87; 18, 97, 111
218 Wölk, Umsetzung von Richtlinien, S.69
219 EuGH, 8.10. 1987, Rs. 80/86, Slg. 1987, 3969 Rn.13f (Kolpinghuis Nijmwegen; EuGH, 26.9. 1996, Rs. C-168/95, Slg. 1996, I-4705 Rn.42 (Luciano Arcaro); EuGH, 12.12. 1996, Rs. C-74, 129/95, Slg.1996, I-6609, 6636 Rn.24 (Strafverfahren gegen X); Brechmann, Die richtlinienkonforme Auslegung, S.275; Everling, ZGR 1992, 376, 388; Classen, EuZW 1993, 83, 86; Jarass, Grundfragen, S.96f; ders., EuR 1991, 211, 217

kungsverbots und der Rechtssicherheit. So ist insbesondere eine Verschärfung oder Neubegründung der strafrechtlichen Verantwortlichkeit im Wege einer richtlinienkonformen Auslegung ausgeschlossen.[220]
In horizontalen Verhältnissen, in denen sich Private gegenüberstehen, kommt die richtlinienkonforme Auslegung hingegen zum Tragen.[221] Hier kommen die Grundsätze der Rechtssicherheit und des Vertrauensschutzes zwar gleichfalls zur Anwendung, aber diese können auch von demjenigen geltend gemacht werden, dessen Rechte verletzt würden, käme es nicht zu einer richtlinienkonformen Auslegung.[222] Auch der EuGH geht davon aus, dass eine richtlinienkonforme Auslegung zu Lasten eines Privaten erfolgen kann.[223] Sie führt dabei nicht zu einer unmittelbaren Wirkung der Richtlinie vorbei an den vom EuGH entwickelten Kriterien. Sie ist nur dort möglich, wo das nationale Recht entsprechende Auslegungsspielräume belässt und genügt somit auch den Anforderungen des Gesetzesvorbehalts. Die Belastung ergibt sich nicht direkt aus der Richtlinie, sondern aus der nationalen Norm, die eine Belastung im Rahmen ihres Auslegungsspielraumes zulässt. Die aus einer richtlinienkonformen Auslegung resultierenden Verpflichtungen Privater in horizontalen Rechtsverhältnissen müssen jedoch in jedem Fall aus der innerstaatlichen Rechtsordnung heraus begründbar sein.
In horizontalen Rechtsverhältnissen ist eine richtlinienkonforme Auslegung folglich möglich und unterfällt der entsprechenden Verpflichtung, in vertikalen Rechtsverhältnissen, in denen es um eine Belastung des Einzelnen geht, hingegen nicht. Dies entspricht der Rechtsetzungsprärogative des Gesetzgebers und wahrt den Grundsatz der Rechtssicherheit und des Vertrauensschutzes.[224]

Richtlinienkonforme Auslegung ist streng von einer unmittelbaren Wirkung der Richtlinie zu trennen. Durch das Ausnutzen der nationalen Auslegungsspielräume, in welche dann die Vorgaben und Wertungen der Richtlinie einfließen, ändert sich an dem Normanwendungsbefehl der innerstaatlichen Norm nichts. Der nationale Richter wendet die innerstaatliche Norm zwar unter Berücksichtigung der Richtlinienbestimmungen an, er wendet aber weiterhin die innerstaatliche Norm und nicht die Richtlinie an. Darin liegt der Unterschied zur unmittelbaren Wirkung einer Richtlinie, denn in diesem Fall kommt es zu einer direkten Anwendung der abstrakt-generellen Bestimmungen der Richtlinie selbst und zu ei-

---

[220] EuGH, 8.10. 1987, Rs. 80/86, Slg. 1987, 3969 Rn.13 (Kolpinghuis Nijmwegen); EuGH, 26.9. 1996, Rs. C-168/95, Slg. 1996, I-4705 Rn.42 (Luciano Arcaro); EuGH, 12.12. 1996, Rs. C-74, 129/95, Slg.1996, I-6609, 6636 Rn.24 (Strafverfahren gegen X)
[221] Jarass, Grundfragen, S.96f; Brechmann, Die richtlinienkonforme Auslegung, S.279; Bach, JZ 1990, 1108, 1113; Gellermann, Die Beeinflussung bundesdeutschen Rechts durch Richtlinien der EG, S.111
[222] So auch Brechmann, Die richtlinienkonforme Auslegung, S.279
[223] EuGH, 10.4. 1984; Rs.79/83, Slg.1984, 1921 Rn.26f (Harz); EuGH, 13.11. 1990, Rs. C-106/89, Slg. 1990, I-4135, Rn.8 (Marleasing)
[224] Ebenso Brechmann, Die richtlinienkonforme Auslegung, S.280

ner Verdrängung nationaler Normen. Richtlinienkonforme Auslegung hingegen verdrängt die nationale Norm nicht, sondern verbleibt in den Auslegungsspielräumen der nationalen Norm.[225]

Die richtlinienkonforme Auslegung wird ferner durch gemeinschaftsrechtliche Anforderungen an die Umsetzung von Richtlinien begrenzt. Ausgangspunkt ist Art.249 III EG, der den Mitgliedstaaten verbindliche Ziele bei freier Wahl der Formen und Mittel der Umsetzung vorgibt. Dieser Ausgangspunkt wurde unter dem Stichwort „effet utile" und dem Grundsatz der Rechtssicherheit vom EuGH dahingehend eingeschränkt, dass eine Umsetzung durch bloße Verwaltungspraxis oder Verwaltungsvorschriften der Umsetzungsverpflichtung nicht genüge.[226] Gleiches dürfte für den Verweis auf eine bestehende höchstrichterliche Rechtsprechung gelten.[227]
Richtlinienbestimmungen werden durch Verweis auf eine richtlinienkonforme Auslegung nicht umgesetzt.[228] Dies ist mit der Konstellation der unmittelbaren Wirkung der Richtlinie zu vergleichen, denn auch diese enthebt die Mitgliedstaaten nicht von ihrer Umsetzungsverpflichtung.[229]

Das Gebot rechtssicherer und transparenter Umsetzung von Richtlinien dient der wirksamen und dauerhaften Implementierung von Gemeinschaftsrecht in die innerstaatlichen Rechtsordnungen und dem Schutz der Rechte der Betroffenen. Richtlinienkonforme Auslegung enthebt den Mitgliedstaat nicht der Umsetzungsverpflichtung. Hingegen kann die richtlinienkonforme Auslegung bei Nichtumsetzung der Richtlinie dazu beitragen, dass kein Schaden beim Einzelnen durch die gemeinschaftsrechtswidrige Nichtumsetzung entsteht. Dies ist dann unproblematisch, wenn der nationale Gesetzgeber entweder innerstaatliche Normen geschaffen hat oder richtlinienkonforme Normen beibehalten hat. In diesen Fällen hat er seine generelle Umsetzungsbereitschaft bekundet, und es besteht nicht die Gefahr von Kompetenzübergriffen der Judikative in die Legislative. Anders liegt der Fall jedoch bei völliger Untätigkeit des Gesetzgebers. Die Verpflichtung zu richtlinienkonformer Auslegung könnte hier dazu führen, dass es zu Kompetenzübergriffen kommt. Hier muss es, wie bereits oben erör-

---

[225] Klein, in: FS Everling, S.641, 649

[226] Ständige Rechtsprechung, EuGH, 6.5. 1980, Rs.102/79, Slg.1980, 1473 (Kommission/Belgien); EuGH, 15.3. 1983, Rs.145/82, Slg.1983, 711, 718 Rn.10 (Kommission/Italien); EuGH, 15.10. 1986, Rs.168/85, Slg.1986, 2945, 2961 Rn.13 (Kommission/Italien); EuGH, 28.2. 1991, Rs.C-131/88, Slg.1991, I-825, 868 (Kommission/Deutschland); EuGH, 30.5.1991, Rs.C-59/89, Slg.1991, I-2607, 2626 Rn.28 (Kommission/Deutschland); siehe auch v.Danwitz, VerwArchiv 84 (1993), S.73ff; Everling, NVwZ 1993, 209, 212; Hilf, EuR 1993, 1, 14; Zuleeg, NJW 1993, 31, 36

[227] So auch Franzen, Privatrechtsangleichung, S.365

[228] Dreher, EuZW 1997, 522, 523; Franzen, Privatrechtsangleichung, S.365

[229] So z.B. EuGH, 6.5.1980, Rs.C-102/79, Slg.1980, 1473 Rn.12 (Kommission/Belgien); EuGH, 11.8.1995, Rs.C-433/93, Slg.1995, I-2303, Rn.24 (Kommission/Deutschland); EuGH, 20.3.1997, Rs.C-96/95, Slg.1997, I-1653, Rn.37 (Kommission/Deutschland)

tert, zu einer Begrenzung der Pflicht zu richtlinienkonformer Auslegung durch den Grundsatz der Rechtssicherheit kommen. Die Verpflichtung entfällt, wenn und soweit das Gebot der transparenten und rechtssicheren Umsetzung von Richtlinien verletzt würde. Eine richtlinienkonforme Auslegung kommt danach vor der Umsetzung nur insoweit in Betracht, wie die innerstaatlichen Rechtsvorschriften dem von der Richtlinie geforderten Ziel schon entsprechen und auslegungsfähig sind. Der Aspekt der transparenten und rechtssicheren Umsetzung spielt dabei im Stadium zwischen Erlass der Richtlinie und dem Ablauf der Umsetzungsfrist noch keine Rolle. Erst mit Ablauf der Frist wird die Umsetzungsverpflichtung verletzt.

Die allgemeinen Rechtsgrundsätze des Gemeinschaftsrechts begrenzen die richtlinienkonforme Auslegung, und zwar insbesondere unter dem Gesichtspunkt der Rechtsicherheit und des Rückwirkungsverbots und dem Gebot rechtssicherer und transparenter Umsetzung von Richtlinien.
Die innerstaatlichen Grenzen werden primär durch die Methodenlehre sowie durch den Wortlaut und den eindeutigen gesetzgeberischen Sinn gezogen.

Im Rahmen der traditionellen Auslegungskriterien wird also dem Regelungsgehalt der Richtlinie Geltung verschafft. Die Verpflichtung zu richtlinienkonformer Auslegung hält sich dabei in den Grenzen der methodischen Möglichkeiten, die das nationale Recht eröffnet.

#### dd) Zwischenergebnis

Bei unmittelbar anwendbarem Gemeinschaftsrecht beruht die Verpflichtung zu gemeinschaftsrechtskonformer Auslegung auf dem Grundsatz vom Vorrang des Gemeinschaftsrechts, bei umsetzungsbedürftigen Richtlinien auf der Umsetzungsverpflichtung des Art. 249 III EG und dem Gebot der loyalen Zusammenarbeit zwischen Gemeinschaft und Mitgliedstaaten in Art. 10 EG. Gemeinschaftsrechtskonforme Auslegung ist Vorrangregel, während die richtlinienkonforme Auslegung Vorzugsregel ist. Trotz dieses Unterschieds weisen beide Auslegungsformen Gemeinsamkeiten auf: Sie sind anwendbar hinsichtlich des gesamten nationalen Rechts und verfolgen das Ziel der Vermeidung von Normenkollisionen. Ihre Grenze wird durch den Wortlaut der nationalen Norm gezogen. Richtlinienkonforme Auslegung, die sich an der Richtlinie als Teil des Gemeinschaftsrechts ausrichtet, ist damit Unterfall der gemeinschaftsrechtskonformen Auslegung und bleibt in den gemeinschaftsrechtlichen Zusammenhang eingebettet.
Richtlinienkonforme Auslegung ist von der unmittelbaren Wirkung der Richtlinie als Sanktionierung unterlassener oder nicht vollständiger Umsetzung einer Richtlinie zu unterscheiden. Dieses Fehlverhalten wird erst mit Ablauf der Umsetzungsfrist sanktioniert. Die unmittelbare Wirkung ist an die Maßgabe ge-

knüpft, dass die Richtlinienbestimmung hinreichend genau und unbedingt ausgestaltet sein muss, während die richtlinienkonforme Auslegung nicht an diese Voraussetzungen gebunden ist.[230] Anders als die unmittelbar anwendbare Richtlinienbestimmung führt auch die richtlinienkonforme Auslegung nicht zu einer Verdrängung nationalen Rechts. Die Pflicht zu richtlinienkonformer Auslegung beginnt mit dem Zeitpunkt des Inkrafttretens der Richtlinie. Sie kommt jedoch nur insoweit in Betracht, wie die innerstaatlichen Rechtsvorschriften dem Ziel der Richtlinie bereits entsprechen und auslegungsfähig sind.

## 4. Abgrenzung der Zuständigkeiten zwischen den nationalen Gerichten und dem EuGH im Vorabentscheidungsverfahren, Art. 234 EG

Der EuGH teilt sich die Aufgabe der Wahrung des Gemeinschaftsrechts mit den Gerichten der Mitgliedstaaten, die in den bei ihnen anhängigen Verfahren die unmittelbar anwendbaren Normen des Gemeinschaftsrechts anzuwenden haben.[231] Die nationalen Gerichte haben die Wirksamkeit des Gemeinschaftsrechts zu gewährleisten und die subjektiven Rechte zu schützen, die dieses den Einzelnen verleiht.[232] Sie legen das entscheidungserhebliche Gemeinschaftsrecht in eigener Verantwortung aus und wenden es an. Der Umstand, dass sowohl der EuGH als auch die mitgliedstaatlichen Gerichte Gemeinschaftsrecht auszulegen haben, macht das Bedürfnis nach einer zentralen Instanz deutlich, die für eine einheitliche Auslegung und Anwendung sorgt. Diese Aufgabe obliegt dem EuGH. Die einheitliche Auslegung des Gemeinschaftsrechts gehört zu den Grundprinzipien der Gemeinschaft. Die Erfüllung dieser Aufgabe ist der Sinn des Vorabentscheidungsverfahrens.
Die Auslegung nationaler Rechtsvorschriften fällt dabei allein in den Zuständigkeitsbereich der nationalen Gerichte. Dieser Grundsatz gilt auch dann, wenn es sich bei den auszulegenden Vorschriften um angeglichenes Recht handelt, denn bei diesem handelt es sich um nationales Recht. Die Verpflichtung zu richtlinienkonformer und gemeinschaftsrechtskonformer Auslegung führt jedoch dazu, dass sich auch im Bereich des Privatrechts immer häufiger gemeinschaftsrechtliche Fragen stellen. Eine Abgrenzung der Zuständigkeiten von nationalen Gerichten und dem EuGH im Vorabentscheidungsverfahren ist daher geboten.

Art. 234 EG berechtigt nationale Gerichte, Fragen über die Auslegung des EG-Vertrages, die Gültigkeit und Auslegung von Handlungen der Gemeinschaftsorgane und über die Auslegung von Satzungen der durch den Rat geschaffenen

---

[230] Wölk, Umsetzung von Richtlinien, S.71
[231] Dauses, Vorabentscheidungsverfahren, S. 43
[232] EuGH, 9.3. 1978, Rs.106/77, Slg.1978, 629, 643 (Simmenthal); EuGH, 19.6. 1990, Rs.C-213/89, Slg.1990, I-2433 Rn.19 (Factortame); EuGH, 19.11.1991, verb. Rs.C-6/90 u. C-9/90, Slg.1991, I-5357 Rn.32 (Francovich)

Einrichtungen an den EuGH zu richten, wenn sie die Beantwortung dieser Frage für erforderlich halten.

Primäres Ziel von Art. 234 EG ist die Gewährleistung einer einheitlichen Auslegung und Anwendung des Gemeinschaftsrechts in den Mitgliedstaaten.[233]
Dabei beschränkt sich die Aufgabe des EuGH im Vorabentscheidungsverfahren darauf, Gemeinschaftsrecht auszulegen. Er ist folglich in diesem Rahmen nicht zur Anwendung befugt.[234] Er ist einzig für die Auslegung des primären und sekundären Gemeinschaftsrechts zuständig. Ebenso sind Fragen nach der Auslegung von Gemeinschaftsrecht zulässig, wenn sie durch nationales Recht oder Vertragsbestimmungen für anwendbar erklärt wurden, auch wenn kein gemeinschaftsrechtlicher Bezug vorliegt.[235]

Das nationale Recht hingegen liegt außerhalb seiner Kompetenz. Der EuGH subsumiert nicht unter den Sachverhalt, sondern gibt lediglich Kriterien für die Entscheidung des nationalen Rechtsstreits vor.[236] Er kann auch nicht über die Vereinbarkeit einer nationalen Maßnahme mit dem Gemeinschaftsrecht befinden. Die Aufgabe des EuGH im Rahmen des Vorabentscheidungsverfahrens beschränkt sich auf die Auslegung einer gemeinschaftsrechtlichen Regelung und die Vorgabe von Kriterien für die Auslegung, an denen die nationalen Gerichte sich orientieren können. Bei der Auslegung des Gemeinschaftsrechts zieht er dabei alle gemeinschaftsrechtlichen Bestimmungen heran, die von den nationalen Gerichten benötigt werden, um den Rechtsstreit zu entscheiden, unabhängig davon, ob diese Bestimmungen im Vorlageersuchen ausdrücklich genannt wurden.[237]
Die Grenze zwischen Auslegung und Anwendung ist nicht immer exakt zu definieren. Je dichter der EuGH den gemeinschaftsrechtlichen Begriff unter konkreter Bezugnahme auf den Sachverhalt auslegt, desto mehr dringt er in den ihm eigentlich verschlossenen Bereich der Anwendung ein. Eine zu abstrakte Vorgabe von Auslegungskriterien beinhaltet aber die Gefahr, dass das nationale Gericht mit dieser Vorgabe nichts anzufangen weiß.[238] Der EuGH ist demnach gehalten, seine Befugnisse im Vorabentscheidungsverfahren zurückhaltend wahrzunehmen.

---

[233] Schwarze/ders., EU, Art.234 Rn.2; EuGH, 6.10.1982; Rs. 283/81, Slg. 1982, 3415 Rn.7 (C.I.L.F.I.T.)
[234] Ständige Rechtsprechung, EuGH, 28.3. 1979, Rs. 222/78, Slg.1979, 1163 Rn.10f (ICAP)
[235] EuGH, 18.10. 1990, Rs.C-297/88 und C-197/89, Slg.1990, I-3763 Rn.36f (Dzodi); EuGH, 17.7. 1997, Rs. C-28/ 95, Slg.1997, I-4161 Rn.32 (Leur-Bloem); Calliess/ Ruffert/ Wegener, EUV/EGV, Art.234 Rn.2; Schnorbus, RabelsZ 65 (2001), 654, 705
[236] EuGH, 27.3. 1963, verb. Rs.28-30/62, Slg. 1963, 65, 81 (Da Costa); EuGH, 30.4. 1986,verb. Rs.209-213/84, Slg.1986, 1425 Rn.12 (Ministère Public/ Asjes); EuGH, 7.4. 1995, Rs. C-167/94, Slg.1995, I-1023, Rn.4 (Grau Comis)
[237] EuGH, 18.3. 1993, Rs. C-280/91, Slg.1993, I-971 Rn.17 ( Viessmann)
[238] Franzen, Privatrechtsangleichung, S.271

Die Wirkungen eines Vorabentscheidungsurteils sind im Vertrag nicht geregelt. Hat der EuGH die Ungültigkeit eines gemeinschaftsrechtlichen Rechtsakts festgestellt, müssen alle damit befassten nationalen Gerichte ebenfalls von der Ungültigkeit der Maßnahme ausgehen.[239] Dies lässt sich mit der Sicherung der einheitlichen Anwendung des Gemeinschaftsrechts begründen.
An das vom EuGH entwickelte Auslegungsergebnis ist demgegenüber nur das vorlegende nationale Gericht gebunden.[240] Bei der darauf aufbauenden Auslegung des nationalen Rechts ist das nationale Gericht aber frei. An Auslegungsurteile des EuGH sind die nationalen Gerichte außerhalb des Verfahrens grundsätzlich nicht gebunden. Dies schließt indessen nicht aus, dass auf die vorgegebene Auslegung auch im Rahmen anderer Verfahren zurückgegriffen werden kann. Kraft ihrer Leitbildfunktion können die Auslegungsurteile als Präjudiz fungieren und ähnliche Wirkungen entfalten wie die mitgliedstaatliche höchstrichterliche Rechtsprechung.[241] Instanzengerichte, die von Präjudizien abweichen wollen, sind einer erhöhten Begründungspflicht ausgesetzt.[242] Dies gilt auch für Urteile des EuGH. Will ein mitgliedstaatliches Gericht somit von einer vom EuGH vorgegebenen Auslegung abweichen, so erfordert dies einen erhöhten Begründungsaufwand. Für letztinstanzliche Gerichte ergibt sich die Bindungswirkung bereits aus der Vorlageverpflichtung des Art. 234 III EG. Eine weitergehende Bindungswirkung gegenüber nicht am Ausgangsverfahren beteiligten, nicht-letztinstanzlichen Gerichten lässt sich hingegen nicht begründen. Eine Bindung, die sich auf Außenstehende des Verfahrens erstreckt, ist nur gegeben, wenn der Gerichtshof die Ungültigkeit von Gemeinschaftsrecht festgestellt hat.[243]

Eine Zulässigkeitsvoraussetzung des Vorabentscheidungsverfahrens ist die subjektive Entscheidungserheblichkeit. Das bedeutet, dass das nationale Gericht eine Auslegungsfrage bezüglich des Gemeinschaftsrechts für erheblich für die Entscheidung der nationalen Streitigkeit halten muss.
Dabei ist es allein Sache des nationalen Gerichts, die Entscheidungserheblichkeit der gestellten Frage zu beurteilen.[244] Eine objektive Überprüfung der subjektiven Sicht seitens des EuGH findet nach dem Wortlaut von Art. 234 EG

---

[239] EuGH, 13.5.1981, Rs.66/80, Slg.1981, 1191 Rn.13 (Chemical Corporation / Amministrazione delle Finanze dello Stato)
[240] Dauses, Vorabentscheidungsverfahren, S.153; Franzen, Privatrechtsangleichung, S.276; Schwarze/ders., EU, Art.234 Rn.63
[241] Everling, Das Vorabentscheidungsverfahren, S.66; Schmidt, in: FS Lüke, 1997, 721, 734; Dauses, Vorabentscheidungsverfahren, S.155
[242] Krebs, AcP 195 (1995), 170, 181ff; Larenz/Canaris, Methodenlehre, S.252f; EuGH, 6.10. 1982, Rs.283/81, Slg. 1982, 3415 Rn.14ff (C.I.L.F.I.T.)
[243] EuGH, 13.5. 1981, Rs.66/80, Slg. 1981, 1191 Rn.13 (International Chemical)
[244] Franzen, Privatrechtsangleichung, 269f; EuGH, 5.2. 1963, Rs. 26/62, Slg.1963, 1, 24 (Van Gend & Loos); EuGH, 30.4. 1986, verb. Rs. 209-213/84, Slg.1986, 1425 Rn.10 (Ministère Public/ Asjes) ; EuGH , 21.3. 1996, Rs.C-297/94, Slg. 1996, I-1551 Rn.19 (Bruyère) ; EuGH, 10.7. 1997, Rs.C-376/95, Slg.1997, I-4051 Rn.26 (Maso) ; Ress, in: FS Jahr, S.339, 340

nicht statt. Der Gerichtshof beschränkt sich auf eine Evidenz- und Missbrauchskontrolle.[245]

Neben dem Vorlagerecht aller Tatsacheninstanzen besteht eine Vorlagepflicht gemäß Art. 234 III EG für die letztinstanzlichen Gerichte.
Ausnahmen von dieser Pflicht sind nur dann zugelassen, wenn die gestellte Frage nicht entscheidungserheblich ist, die betreffende gemeinschaftsrechtliche Bestimmung bereits Gegenstand einer Auslegung war oder die richtige Auslegung und Anwendung so offenkundig ist, dass für vernünftige Zweifel kein Raum bleibt.[246] Diese Offenkundigkeit darf nur dann angenommen werden, wenn das nationale Gericht überzeugt ist, dass auch die Gerichte der übrigen Mitgliedstaaten die Gewissheit über die Anwendung teilen.[247]
Daraus folgt die Nichtanwendung der doctrine de l`acte clair des französischen Rechts.

Neben dem Ziel der einheitlichen Auslegung und Anwendung des Gemeinschaftsrechts, das mit der Kompetenzabgrenzung in Art. 234 EG verfolgt wird, wird das Ziel des Individualrechtsschutzes verfolgt.[248] Das Verfahren der Vorabentscheidung sichert die Wahrung der Rechte des Einzelnen, die ihm durch das Gemeinschaftsrecht verliehen wurden. Es soll unter diesem Gesichtspunkt aber auch verhindert werden, dass der EuGH trotz mangelnder Kenntnis des nationalen Sachverhalts den Rechtsstreit abschließend entscheidet.

Diese Funktion der Kompetenzabgrenzung erlangt bei privatrechtlichen Streitigkeiten, bei denen üblicherweise auch über die Tatsachen des Sachverhalts gestritten wird, besondere Bedeutung. Der Auslegungskompetenz des Gerichtshofes müssen daher restriktive Grenzen gesetzt werden, um die Kompetenzen der nationalen Gerichte zu wahren und eine gerechte Entscheidung für den Einzelnen sicherzustellen.[249]
Bei der Abgrenzung von Auslegung und Anwendung ist daher zu überprüfen, inwieweit die Bestimmungen der rechtsangleichenden Richtlinie einer Konkretisierung durch den EuGH bedürfen, um eine einheitliche Auslegung und Anwendung zu gewährleisten.

Die Kompetenz des EuGH ist nicht zuletzt auch unter dem Gesichtspunkt des Subsidiaritätsprinzips restriktiv auszulegen. Die Auslegung rechtsangleichender Richtlinien durch den EuGH hat sich demnach auf die Erstellung bestimmter

245 Schwarze/ders., EU, Art.234 Rn.36f
246 EuGH, 6.10. 1982, Rs. 283/81, Slg. 1982, 3415 Rn.21 (C.I.L.F.I.T.)
247 EuGH, 6.10. 1982, Rs. 283/81, Slg. 1982, 3415 Rn.16 (C.I.L.F.I.T.); Everling, ZGR 1992, 376, 391
248 Calliess/ Ruffert/ Wegener, EUV/EGV, Art.234 Rn.1; Schmidt, RabelsZ 59 (1995), 569, 594
249 So auch Schmidt, RabelsZ 59 (1995), 569, 594

Auslegungskriterien zu beschränken. Eine Entscheidung in der Sache oder eine Anwendung des Gemeinschaftsrechts ist dagegen den nationalen Gerichten vorbehalten.

### 5. Zwischenergebnis

Im Vorabentscheidungsverfahren wirken der EuGH und die nationalen Gerichte zusammen, um die Einheitlichkeit des Gemeinschaftsrechts zu wahren. Der EuGH hat dabei das Gemeinschaftsrecht auszulegen und das nationale Gericht hat es anzuwenden, auch wenn eine trennscharfe Unterscheidung im Einzelfall kaum durchgehalten werden kann. Auslegungsurteile des EuGH binden das vorlegende Gericht und den jeweiligen Rechtszug, im Übrigen kommt ihnen eine mit präjudiziellen Entscheidungen innerstaatlicher Obergerichte vergleichbare Wirkung zu.

## C. Methoden der Rechtsangleichung

In der Praxis der Rechtsangleichung sind verschiedene Methoden zu unterscheiden. Die Wahl der Methode ist von den formellen und inhaltlichen Anforderungen der anzugleichenden Bereiche sowie dem Erfordernis des Schließens von Kompromissen im Rat abhängig. Im Folgenden sollen die unterschiedlichen Methoden der Rechtsangleichung grundrissartig dargestellt werden.
Die Harmonisierungsintensität ist von der Frage des Sachbereichs des angeglichenen Rechts abzugrenzen. Beides ist jedoch für die Bestimmung des den Mitgliedstaaten verbleibenden Gestaltungsspielraums relevant. Der Sachbereich steckt Vorrang und Vorgabe der gemeinschaftsrechtlichen Regelung ab und verkleinert oder verdrängt demnach den Gestaltungsspielraum, der den Mitgliedstaaten verbleibt.[250] Die Harmonisierungsintensität bezeichnet hingegen die gemeinschaftliche Regelungsdichte innerhalb des erfassten Sachbereichs.[251] Die sich den Mitgliedstaaten eröffnenden Gestaltungsspielräume ergeben sich hier aus der sekundärrechtlichen Art der Regelung sowie aus ihrer Intensität.

Die Klassifizierung der Rechtsangleichungsmethoden kann anhand der Intensität der Rechtsangleichung vorgenommen werden. Die Regelungsintensität ist grundsätzlich am Erforderlichkeitsgrundsatz zu messen. Nur in den Fällen, in denen es das Funktionieren des Gemeinsamen Marktes unbedingt erforderlich macht, auch materielle Regelungen bis ins kleinste Detail auszugestalten, ist dies auch zulässig. Dem Grundsatz der Erforderlichkeit kommt dabei auch deshalb besonderes Gewicht zu, weil das typische Instrument der Rechtsangleichung, die Richtlinie, den Mitgliedstaaten die Wahl der Formen und Mittel überlässt und nicht bis ins Detail regelt.

### I. Vollständige Harmonisierung

Die vollständige Harmonisierung kommt der eigentlichen Zielsetzung der Rechtsangleichung am nächsten. Sie stellt die intensivste Form der Rechtsangleichung dar und ist im Ergebnis eine Rechtsvereinheitlichung.

Im Rahmen der vollständigen Harmonisierung werden in einem bestimmten Sachgebiet die nationalen Vorschriften abschließend angeglichen.[252] Nationale Regelungen in dem angeglichenen Bereich sind infolgedessen nicht mehr zuläs-

---

[250] Streinz in: Everling/Roth, Mindestharmonisierung im Europäischen Binnenmarkt, S.18
[251] Streinz in: Everling/Roth, Mindestharmonisierung im Europäischen Binnenmarkt, S.18
[252] Calliess/Ruffert/Kahl, EUV/EGV, Art.94 Rn.4; Schwarze/Herrnfeld, EU, Art.94 Rn.42; Klein, in: Handkommentar zum EUV/EGV, Stand 1991, Art.100, Rn.16; Eiden, in: Bleckmann, Europarecht, Rn.2162; Oppermann, Europarecht, Rn.1230

sig.[253] Auch eine Berufung auf Art. 30 EG ist dann nicht mehr möglich. Dies setzt notwendigerweise voraus, dass das Sachgebiet umfassend durch die Angleichungsmaßnahme ausgestaltet wird. Dazu gehört das Bereithalten von Überwachungsverfahren ebenso wie die Wahrung von Schutzgütern im Sinne der Cassis-Rechtsprechung. Ob die Angleichung tatsächlich vollständig sein soll, ist durch Auslegung zu überprüfen. Möglich ist dabei auch, dass eine Richtlinie zur Rechtsangleichung sowohl Regelungen enthält, denen ein abschließender Charakter zukommt, als auch Regelungen, die den Mitgliedstaaten ein Ermessen hinsichtlich zum Beispiel des Schutzniveaus eröffnen.[254] Daneben sind auch noch andere Konstellationen denkbar, wie zum Beispiel die Eröffnung der Möglichkeit, ganz spezielle zusätzliche Regelungen zu erlassen[255] oder die Möglichkeit, vorläufige Schutzmaßnahmen zu treffen. Die Bereitstellung derartiger Möglichkeiten kann dabei den vollständigen Charakter der Angleichung unterstreichen, wenn nämlich eine Berufung auf Schutzgüter des Art. 30 EG nur im Rahmen dieses Schutzklauselverfahrens möglich sein soll.[256] Grundsätzlich gelten die vollständig angeglichenen Vorschriften gleichermaßen für inländische wie grenzüberschreitende Produkte.

Die vollständige Harmonisierung wurde in der Praxis der Rechtsangleichung jedoch zurückgedrängt. Dies hängt vielfach mit der Schwierigkeit einer Kompromissfindung zusammen, die eine abgeschwächte Angleichung leichter durchsetzbar macht. Auf der anderen Seite hat die vollständige Harmonisierung ihre Legitimation nicht verloren, verwirklicht sie doch am umfassendsten die Ziele der Rechtsangleichung.

## II. Optionelle und fakultative Rechtsangleichung

Neben der vollständigen Harmonisierung besteht die Möglichkeit einer Teilharmonisierung. Diese bezeichnet beispielsweise Formen der Rechtsangleichung, bei der für den grenzüberschreitenden Handel und den innerstaatlichen Handel unterschiedliche Vorschriften zulässig sind.[257] Damit verbunden ist das Problem einer Inländerdiskriminierung, dessen Behandlung aber dem nationalen Verfas-

---

[253] EuGH, 5.4. 1979, Rs.148/78, Slg.1979, 1629 (Ratti); EuGH, 8.11. 1979, Rs.251/78, Slg.1979, 3369 (Denkavit); EuGH, 20.9. 1988, Rs.190/87, Slg.1988, 4689 Rn.10f (Moormann); EuGH, 5.10.1977, Rs.5/77, Slg.1977, 1555 Rn.35 (Tedeschi); EuGH, 14.10. 1987, Rs.278/85, Slg.1987, 4069 Rn.22f (Kommission/Dänemark); Langeheine, in: Grabitz/Hilf, EGV, Altband, Art.100 Rn.62; Müller-Graff, in: von der Groeben/Schwarze, Art.28 EG Rn.199, Art.30 EG Rn.14

[254] Schwarze/Herrnfeld, EU, Art.94 Rn.43

[255] EuGH, 16.7. 1998, Rs.C-355/96, Slg.1998, I-4799 Rn.25 (Silhouette International Schmied)

[256] EuGH, 5.10.1977, Rs.5/77, Slg.1977, 1555 Rn.35 (Tedeschi); EuGH, 5.4. 1979, Rs.148/78, Slg.1979, 1629 Rn.37f (Ratti)

[257] Streinz in: Everling/Roth, Mindestharmonisierung im Europäischen Binnenmarkt, S.19

sungsrecht vorbehalten bleibt. Optionelle und fakultative Rechtsangleichung sind Varianten der Teilharmonisierung.
Die optionelle Rechtsangleichung eröffnet den Mitgliedstaaten die Möglichkeit, nur die Rechtsvorschriften bezüglich des grenzüberschreitenden Warenverkehrs anzugleichen, daneben aber für den innerstaatlichen Handel abweichende nationale Regelungen vorzusehen.[258]
Bei Erfüllung der gemeinschaftsrechtlichen Regelungen müssen alle dem Gemeinschaftsrecht entsprechenden Produkte in sämtlichen Mitgliedstaaten zugelassen werden. Die Gemeinschaftsregelung tritt neben die nationalen Vorschriften. Neben der Aufrechterhaltung abweichender nationaler Vorschriften wird auch die Schaffung neuer nationaler Regelungen ermöglicht.[259]

Die fakultative Rechtsangleichung, die häufig nicht von der optionellen Rechtsangleichung abgegrenzt wird,[260] eröffnet den Regelungsadressaten eine Wahlmöglichkeit. Sie können sich bei Produktion und Handel entweder an der gemeinschaftsrechtlichen Regelung oder der nationalen Regelung ausrichten.[261] Diese Möglichkeit der Wahl des Regimes kann für alle oder nur für Importprodukte eröffnet werden (Kombination mit optioneller Angleichung).[262]
Im Falle einer Entscheidung für die nationalen Regelungen ist ein freier Warenabsatz nur im Herkunftsland möglich.[263] In jedem Fall muss der Mitgliedstaat den freien Warenverkehr aus anderen Mitgliedstaaten zulassen, der den Bestimmungen des Gemeinschaftsrechts entspricht, auch wenn die nationalen Produzenten sich entscheiden, nur für den nationalen Markt, ausgerichtet an nationalem Recht, produzieren zu wollen.
Die gemeinschaftsrechtlichen Normen treten alternativ neben die nationalen Regelungen.[264] Die optionelle Rechtsangleichung ist gerade in Kombination mit der fakultativen Angleichung in der Praxis eine flexible und häufig verwendete Methode, erlaubt sie doch eine schrittweise und vom Adressaten der Regelung steuerbare Anpassung der Produktion an Gemeinschaftsrecht. Sie kommt jedoch nur dort in Betracht, wo es nicht um die Einhaltung zwingend erforderlicher Regelungen geht, sondern wo der Regelungszweck auf unterschiedlichen Wegen

[258] Oppermann, Europarecht, Rn.1230; Schmeder, Die Rechtsangleichung als Integrationsmittel der EG, S.71; Haag, in: BBPS, Rn.716
[259] Eiden, in: Bleckmann, Europarecht, Rn.2163; Röhling, Überbetriebliche technische Normen als nichttarifäre Handelshemmnisse , S.140ff; Seidel, KSE Band 11, S.733, 740f
[260] So bei Schmeder, Die Rechtsangleichung als Integrationsmittel der EG, S. 71f; Oppermann, Europarecht, Rn.1230
[261] Calliess/Ruffert/Kahl, EUV/EGV, Art.94 Rn.4; Streinz in: Everling/Roth, Mindestharmonisierung im Europäischen Binnenmarkt, S.19
[262] Calliess/Ruffert/Kahl, EUV/EGV, Art.94 Rn.4; Streinz in: Everling/Roth, Mindestharmonisierung im Europäischen Binnenmarkt, S.19
[263] Langeheine, in: Grabitz/Hilf, EGV, Altband, Art.100 Rn.59; Schmeder, Die Rechtsangleichung als Integrationsmittel der EG, S.72
[264] Schmeder, Die Rechtsangleichung als Integrationsmittel der EG, S.72; Seidel, KSE Band 11, S.733, 742

zu erreichen ist.[265] Die optionelle und fakultative Rechtsangleichung sind Formen der Teilharmonisierung, denn sie erlauben ein unterschiedliches Regime für den innerstaatlichen und den grenzüberschreitenden Handel. Darüber hinaus ermöglicht eine Teilharmonisierung auch die Berücksichtigung besonderer Umstände, beispielsweise regionaler Art.

## III. Horizontale Rechtsangleichung

Die horizontale Rechtsangleichung kommt vornehmlich bei größeren Produktgruppen zum Tragen, für die dann gemeinsame Vorschriften festgelegt werden.[266] Als Beispiel ist hier das Lebensmittelrecht zu nennen. Mittels einer horizontalen Angleichung werden allgemeine Kriterien für eine größere Warengruppe aufgestellt, die keine umfassende Angleichung der Herstellungsvorschriften bezwecken, sondern gemeinsame Anforderungen festlegen, die von allen Waren der genannten Gruppe erfüllt werden müssen.[267] Auf diesem Wege kann beispielsweise festgelegt werden, dass nur bestimmte Zusatzstoffe in Lebensmitteln zulässig sind. Die Entscheidung über die Verwendung wird hingegen nicht gemeinschaftsrechtlich getroffen, sondern verbleibt bei den Mitgliedstaaten. Sie dürfen jedoch die laut Richtlinie generell zulässigen Stoffe nicht von der Verwendung ausschließen. Ferner gilt, dass die Produkte aus anderen Mitgliedstaaten, die in der Zusammensetzung nur die laut Richtlinie zulässigen Stoffe verwenden, nicht vom freien Verkehr ausgeschlossen werden dürfen. Ausnahmen von diesem Grundsatz sind im Sinne der Cassis-Rechtsprechung nur bei gerechtfertigten nationalen Schutzvorschriften zulässig.[268]

## IV. Neue Strategie der Rechtsangleichung und neues Konzept auf dem Gebiet der technischen Angleichung und Normung

Im Anschluss an das Urteil des EuGH in der Rechtssache „Cassis de Dijon“[269] ist eine Neuausrichtung der Rechtsangleichung von der Kommission vorgenommen worden, die mittlerweile aber schon 20 Jahre zurückliegt. Das ursprüngliche Konzept der Kommission ging noch davon aus, dass die Hemmnisse für den Markt sich allein durch Rechtsangleichung beseitigen ließen. Der Weg

---

265 Langeheine, in: Grabitz/Hilf, EGV, Altband, Art.100 Rn.59

266 Schwarze/Herrnfeld, EU, Art.94 Rn.47; Langeheine, in: Grabitz/Hilf, EGV, Altband, Art.100 Rn.61

267 Schwarze/Herrnfeld, EU, Art.94 Rn.47; Langeheine, in: Grabitz/Hilf, EGV, Altband, Art.100 Rn.61

268 EuGH, 20.2. 1979, Rs.120/78, Slg.1979, 649, 660 (Cassis de Dijon) ; EuGH, 5.2. 1981, Rs.53/80, Slg.1981, 409 Rn.16f (Kaasfabriek Eyssen) ; EuGH, 6.5. 1986, Rs.304/84, Slg.1986, 1511 Rn.23ff (Claude Muller)

269 EuGH, 20.2. 1979, Rs.120/78, Slg.1979, 649, 660 (Cassis de Dijon)

der Detailharmonisierung stellte sich jedoch als zu schwerfällig heraus. Die Neue Strategie wurde 1985 in einem Weißbuch ins Leben gerufen.[270] Ausgangspunkt war der Versuch einer Beschränkung der zu harmonisierenden Vorschriften.[271] Rechtsangleichung sollte vornehmlich im Bereich der durch Art.30 EG oder im Sinne der Cassis-Rechtsprechung gerechtfertigten nationalen Normen ansetzen. Im übrigen sollten unterschiedliche nationale Vorschriften insbesondere im Bereich von Produktions- und Vermarktungsbestimmungen verstärkt gegenseitig anerkannt werden.

Für den Bereich der Harmonisierung auf dem Gebiet der technischen Angleichung und Normung wurde ebenfalls im Jahr 1985 ein neues Konzept vorgeschlagen.[272]

Das neue Konzept beruht auf dem Gedanken der funktionellen Gleichwertigkeit einzelstaatlicher Regelungskomplexe. Danach sollte die Harmonisierung sich auf die Festlegung grundlegender Anforderungen für Waren beschränken.[273] Für die diesen Anforderungen genügenden Erzeugnisse sollte dann der freie Verkehr gewährleistet werden.[274] Im übrigen sollen die Mitgliedstaaten zur gegenseitigen Anerkennung der im Hinblick auf ihren Schutzzweck gleichwertigen nationalen Vorschriften verpflichtet sein.[275] Elemente des Neuen Konzepts sind die Beschränkung der Rechtsangleichung auf grundlegende Anforderungen, die Durchführung von Verfahren zur Überprüfung der Richtlinienkonformität, eine Konformitätsvermutung und Schutzklauseln.[276] Die Rechtsangleichung beschränkt sich auf die Festlegung der grundlegenden (Sicherheits-) Anforderungen an die Produkte. Die Konkretisierung dieser Anforderungen wird den europäischen Normungsorganisationen (CEN, CENELEC) übertragen.[277] Die technischen Normen können ohne erneute Befassung des Rates dem technischen Fort-

---

[270] Weißbuch der Kommission an den Europäischen Rat, Vollendung des Binnenmarktes, KOM (85) 310 endg. vom 14.6. 1985; Eiden, in: Bleckmann, Europarecht, Rn.2176f

[271] Eiden, in: Bleckmann, Europarecht, Rn.2177; Schwartz, in: FS von der Groeben, S.333, 356ff, 362ff; Bruha, ZaöRV 46 (1986), 1, 9

[272] Entschließung des Rates vom 7.5. 1985 über eine neue Konzeption auf dem Gebiet der technischen Harmonisierung und der Normung, ABl.EG Nr.C 136/1 vom 4.6. 1985

[273] Langeheine, in: Grabitz/Hilf, EGV, Altband, Art.100 Rn.56

[274] Weißbuch der Kommission an den Europäischen Rat, Vollendung des Binnenmarktes, KOM (85) 310 endg. vom 14.6. 1985, Rn.61-79; Entschließung des Rates vom 7.5. 1985 über eine neue Konzeption auf dem Gebiet der technischen Harmonisierung und der Normung, ABl.EG Nr.C 136/1 vom 4.6. 1985

[275] Weißbuch der Kommission an den Europäischen Rat, Vollendung des Binnenmarktes, KOM (85) 310 endg. vom 14.6. 1985, Rn.61-79; Behrens, Jura 1989, 561, 571; Müller-Graff, EuR 1989, 107, 111

[276] Entschließung des Rates vom 7.5. 1985 über eine neue Konzeption auf dem Gebiet der technischen Harmonisierung und der Normung, ABl.EG Nr.C 136/1 vom 4.6. 1985; Langner, in Dauses, Hdb. EU-WirtschaftsR, Band 1, C.VI Rn.6ff; Sedemund, in: Schwarze, Der gemeinsame Markt, S.37, 49

[277] Ausführlich hierzu Breulmann, Normung und Rechtsangleichung in der EWG, S.40ff; Rönck, Technische Normen als Gestaltungsmittel des Europäischen Gemeinschaftsrechts, S.47ff

schritt angepasst werden. Dazu wurde den europäischen Normungsinstituten die Aufgabe übertragen, die sicherheitstechnischen Details in Normen niederzulegen. Dabei geht es um die Ausfüllung der grundlegenden Richtlinienbestimmungen. Die europäischen Normungsinstitute erfahren damit eine Aufwertung, auch wenn die technischen Normen nur mittelbar rechtliche Wirkung entfalten, da sie keinen verpflichtenden, sondern freiwilligen Charakter haben.[278] Zur Überprüfung der Richtlinienkonformität des Produkts sind sogenannte Konformitätsbewertungsverfahren vorgesehen. Diese sind, je nach Art und Gefährlichkeit des Produkts, sehr unterschiedlich ausgestaltet. Zur Durchführung des Konformitätsbewertungsverfahrens kann sich jeder Hersteller an jede benannte Zertifizierungsstelle in jedem Mitgliedstaat wenden, doch darf ein Antrag nur bei einer Stelle eingereicht werden. Bei nach harmonisierten Normen hergestellten Erzeugnissen wird ferner davon ausgegangen, dass eine Übereinstimmung mit den grundlegenden Anforderungen der Richtlinie besteht.[279] Die Beweislast dafür, dass ein Produkt nicht den Anforderungen entspricht, liegt dann bei der Behörde des Mitgliedstaates, der die Einfuhr verhindern möchte. Für Erzeugnisse, die den grundlegenden Anforderungen der Richtlinie entsprechen, ist der freie Verkehr gewährleistet. Das Inverkehrbringen von Produkten, die richtlinienkonform sind, darf nicht behindert werden. Diese Methode hat den Vorteil, dass Streitigkeiten über Detailfragen den Erlass der gesamten Richtlinie nicht mehr zu blockieren vermögen. Zudem können die technischen Normen neueren Erkenntnissen und Entwicklungen leichter als die gesamte Richtlinie angepasst werden. Somit wird über dieses Konzept auch die Aktualität der Richtlinie gesichert.
Weiterhin sollen im Zuge dieses neuen Konzepts die Vorschriften der Mitgliedstaaten verstärkt als gleichwertig anerkannt werden.[280] Das bedeutet, dass Produkte, die im jeweiligen Herkunftsland zugelassen sind, in alle Mitgliedstaaten ausgeführt werden können. Dieser Ansatz war auf eine entsprechende Rechtsprechung des EuGH zurückzuführen.[281] Soweit nicht gewichtige Gründe, unter anderem gesundheitspolitischer Art, dem entgegenstünden, sollte die gegenseitige Anerkennung im Bereich der technischen Harmonisierung zum Regelfall werden.[282] Angeglichen werden soll und muss nur noch das, was nach der Cassis-Rechtsprechung noch eine Berufung auf Art. 30 und 28 EG ermöglicht.[283]
Für den Teilbereich der technischen Rechtsangleichung und Normung ist der Verweis auf technische Normen gut geeignet, um die Ziele der Rechtsanglei-

[278] Langeheine, in: Grabitz/Hilf, EGV, Altband, Art.100 Rn.56; Reihlen, EuZW 1990, 444, 445; Delbrück, EuZW 1990, 371, 372
[279] Langeheine, in: Grabitz/Hilf, EGV, Altband, Art.100 Rn.56
[280] Eiden, in: Bleckmann, Europarecht, Rn.2177; Reihlen, EuZW 1990, 444, 446
[281] EuGH, 20.2. 1979, Rs.120/78, Slg.1979, 649, 660 (Cassis de Dijon) ; EuGH, 11.7. 1974, Rs.8/74, Slg.1974, 837, 852 (Dassonville)
[282] Weißbuch der Kommission an den Europäischen Rat, Vollendung des Binnenmarktes, KOM (85) 310 endg. vom 14.6. 1985, Rn.77
[283] Weißbuch der Kommission an den Europäischen Rat, Vollendung des Binnenmarktes, KOM (85) 310 endg. vom 14.6. 1985, Rn.65

chung zügig zu erreichen. Da die Normen selbst jedoch keinen rechtsverbindlichen Charakter haben, können für den freien Verkehr auch Produkte zugelassen werden, die nicht nach den Normen produziert wurden. In einem solchen Fall trägt der Produzent jedoch die Beweislast für den Nachweis, dass das Produkt den grundlegenden Anforderungen der Richtlinie entspricht.[284] Das neue Konzept bedeutet dabei eigentlich keinen Verzicht auf eine umfassende Harmonisierung, sondern den Versuch einer Selbstbeschränkung unter weitreichender Überantwortung von Harmonisierungsaufgaben an private Normungsorganisationen.

## V. Setzen eines gemeinschaftsrechtlichen Mindeststandards

Zunächst ist klarzustellen, dass in diesem Zusammenhang zwischen Mindestangleichung und Setzung eines gemeinschaftsrechtlichen Mindeststandards zu unterscheiden ist.[285] Solange in einem Sachgebiet keine umfassende Angleichung erfolgt ist, können die Mitgliedstaaten, unter Berücksichtigung ihrer sich aus Art. 10 EG ergebenden Pflichten und in den vom Primärrecht vorgegebenen Grenzen, die noch nicht von der Angleichung erfassten Fragen selbst regeln. Nur im Regelungsbereich der Richtlinie besteht für die Mitgliedstaaten die Möglichkeit eines Verlusts ihrer Regelungskompetenz.[286] Diese noch unfertige Form der Rechtsangleichung kann als Mindestangleichung bezeichnet werden.[287] Davon abzugrenzen ist das Setzen eines Mindeststandards. Dazu kommt es häufig in den Fällen, in denen Mitgliedstaaten unterschiedlich strenge Schutzmaßstäbe anlegen. Die Mitgliedstaaten mit dem hohen Schutzniveau sind selten mit einer Absenkung desselben einverstanden, während die Mitgliedstaaten mit den weniger strengen Vorschriften nicht zu einer sprunghaften Anhebung bereit sind. Das Setzen eines gemeinschaftsrechtlichen Mindeststandards ist dann dadurch gekennzeichnet, dass alle Mitgliedstaaten den gemeinschaftsrechtlichen Standard in die nationalen Rechtsordnungen integrieren müssen, es ihnen jedoch freigestellt ist, strengere Vorschriften für nationale Produkte zu erlassen oder beizubehalten.[288] Mindestharmonisierung kann auf Grundlage von Ermächtigungsgrundlagen erfolgen, die nicht ausdrücklich eine Mindestharmonisierung vorsehen.[289] Dies folgt aus dem Verhältnismäßigkeitsprinzip, das vorschreibt,

---

[284] Schwarze/Herrnfeld, EU, Art.94 Rn.46; Langeheine, in: Grabitz/Hilf, EGV, Altband, Art.100 Rn.56

[285] Diese Unterscheidung wird nicht immer vorgenommen, erscheint jedoch geboten

[286] Jarass, Grundfragen, S.14f, 37; Furrer, Sperrwirkungen des sekundären Gemeinschaftsrechts, S.90ff; Schwarze/Herrnfeld, EU, Art.95 Rn.49

[287] Ebenso Steindorff, EG-Vertrag und Privatrecht, S.415

[288] Streinz in: Everling/Roth, Mindestharmonisierung im Europäischen Binnenmarkt,1997, S.18; Eiden, Die Rechtsangleichung gemäß Art.100 des EWG-Vertrages, S.69; Langeheine, in: Grabitz/Hilf, EGV, Altband, Art.100 Rn.58; Schwarze/Herrnfeld, EU, Art.94 Rn.44

[289] Wagner, Das Konzept der Mindestharmonisierung, S.122

dass die Harmonisierungsintensität so gering wie möglich zu wählen ist.[290] Ferner ist zum Teil in primärrechtlichen Ermächtigungsgrundlagen bereits eine ausdrückliche Beschränkung auf die Mindestharmonisierung enthalten.[291] Als letzte Möglichkeit kann eine Mindestharmonisierung auch erst durch die Aufnahme einer sekundärrechtlichen Schutzverstärkungsklausel vorgesehen werden. Ob die Richtlinie nur einen Mindeststandard vorgibt ist durch Auslegung zu ermitteln.[292] In einer Richtlinie können sowohl Regelungen enthalten sein, die eine absolute Angleichung vorsehen und die Regelungskompetenz der Mitgliedstaaten weitgehend entfallen lassen, als auch Regelungen, die lediglich einen Mindeststandard setzen.

Die Möglichkeit strengerer nationaler Vorschriften unterliegt der Bindung des primären Gemeinschaftsrechts und in diesem Rahmen vor allem der Grenzziehung der Grundfreiheiten. Richtlinien der Rechtsangleichung sind an das primäre Recht, namentlich die Grundfreiheiten gebunden. Bei einem Verstoß sind sie unwirksam. Bedeutung entfaltet dies für Richtlinienbestimmungen, die den Mitgliedstaaten das Beibehalten oder Setzen strengeren nationalen Rechts erlauben. Diese Erlaubnis ist unwirksam, wenn das von der Richtlinie zugelassene mitgliedstaatliche Recht eine Grundfreiheit beschränkt und nicht mehr als zum Schutz des Allgemeininteresses gerechtfertigt angesehen werden kann, weil bereits die Richtlinie dieses Interesse ausreichend schützt. Nationale Vorschriften, die eine unwirksame Richtlinie umgesetzt haben oder solche Richtlinienbestimmungen ausgenutzt haben, sind wegen Verstoßes gegen primäres Recht nicht anzuwenden. Ferner ist danach zu fragen, wem die Kontrolle über die Ausgestaltung der die strengen Beschränkungen rechtfertigenden Gründe des „Allgemeininteresses" zusteht. In erster Linie sind hier die Mitgliedstaaten zu nennen. Deren Einschätzung unterliegt jedoch der gemeinschaftsrechtlichen Kontrolle, wobei den Mitgliedstaaten ein Spielraum eröffnet wird.
Die Festlegung strengerer Maßstäbe für die nationalen Produktionen darf grundsätzlich nicht dazu führen, dass Produkte, die zwar dem Mindeststandard der Richtlinie, nicht aber den strengeren nationalen Vorschriften entsprechen, vom freien Verkehr ausgeschlossen werden.[293] Daneben besteht aber auch die Möglichkeit, dem Import von Waren anderer Mitgliedstaaten die strengeren nationalen Vorschriften entgegenzuhalten. Dies ist selbst dann möglich, wenn diesen eine handelshemmende Wirkung zukommt, sofern sie sich nicht als ein Mittel der willkürlichen Diskriminierung darstellen.[294] Eine entsprechende Berechti-

---

[290] Wagner, Das Konzept der Mindestharmonisierung, S.67
[291] So zum Beispiel in Art.137 II lit. b und Art.153 V EG
[292] EuGH, 22.6. 1993, Rs. C-11/92, Slg.1993, I-3545 Rn.11f (Gallaher)
[293] EuGH, 22.6. 1993, Rs. C-11/92, Slg.1993, I-3545 Rn.16 (Gallaher); EuGH, 22.6. 1993, Rs.C-222/91, Slg.1993, I-3469 Rn.13 (Philip Morris Belgium); Langeheine, in: Grabitz/Hilf, EGV, Altband, Art.100 Rn.58; Schwarze/Herrnfeld, EU, Art.94 Rn.44
[294] Schwarze/Herrnfeld, EU, Art.94 Rn.44

gung kann sich entweder ausdrücklich aus der Richtlinie ergeben[295] oder aus ihrem Regelungssystem. Es können danach solche strengeren nationalen Schutzvorschriften zulässig sein, die im Sinne der Cassis-Rechtsprechung oder gemäß Art. 28 EG gerechtfertigt sind.[296] Dies setzt jedoch voraus, dass die Richtlinie selbst keinen ausreichenden Schutz der höherrangigen Schutzgüter vorsieht.[297] Tritt dieser Fall jedoch ein, ergibt sich das Problem der Erforderlichkeit der Setzung des gemeinschaftsrechtlichen Standards, der als Rechtsangleichungsmaßnahme dem Erforderlichkeitsgrundsatz unterfällt. Ein Standard, der sich nur als Mindeststandard darstellt und demgemäss strengere nationale Vorschriften zulässt, daneben aber kein ausreichendes Schutzniveau des jeweiligen Interesses oder Gutes vorzusehen vermag, ist nur schwerlich als erforderlich anzusehen. Ferner ist zu berücksichtigen, dass ein enger Zusammenhang zwischen der Setzung eines Mindeststandards und gegenseitiger Anerkennung besteht. Dem Entsprechen des Mindeststandards folgt in der Regel die Freiverkehrsfähigkeit des Produktes. Daraus kann geschlossen werden, dass der Mindeststandard gewissermaßen die Gleichwertigkeit der nationalen Regeln herstellt, die Voraussetzung der gegenseitigen Anerkennung ist.[298]

Ferner präjudiziert ein Mindeststandard, der für sich in Anspruch nimmt, einen angemessenen und hinreichenden Schutz zu gewährleisten und mithin erforderlich ist, die Verhältnismäßigkeitsprüfung bezüglich weitergehender nationaler Schutzmaßnahmen.

Die Anwendung der strengeren nationalen Vorschriften nur für den innerstaatlichen Handel kann zu Inländerdiskriminierung führen, diese sind aus gemeinschaftsrechtlicher Sicht jedoch nicht zu beanstanden und bleiben der Behandlung durch die nationalen Instanzen vorbehalten.[299]

## VI. Differenzierte Integration

Der Begriff der Integration meint die Vergemeinschaftung mitgliedstaatlicher Hoheitsrechte unter Schaffung einer neuen Rechtsordnung.[300] Das Ziel der Integration ist vollständig erreicht, wenn eine rechtliche Regelung für alle Mit-

---

[295] So etwa Art.7 der RL 84/450/EWG, geändert durch RL 97/55/EG, ABl.EG Nr.L 290/18 vom 23.10.1997

[296] Müller-Graff, in: von der Groeben/Schwarze,Art.28 EG Rn.201ff; Art.30 EG Rn.14ff; EuGH, 13.12. 1990, Rs.C-238/89, Slg.1990, I-4827 Rn.22 (Pall); EuGH, 8.7. 1975, Rs.4/75, Slg.1975, 843 Rn.8 (Rewe); EuGH, 14.6. 1988, Rs.29/87, Slg.1988, 2965 Rn.16ff (Dansk Denkavit)

[297] EuGH, 10.7. 1984, Rs.72/83, Slg.1984, 2727 Rn.27 (Campus Oil Limited)

[298] Behrens, in:Everling/Roth, Mindestharmonisierung im Europäischen Binnenmarkt, S.35

[299] EuGH, 18.2. 1987, Rs.98/86, Slg.1987, 809 Rn.7 (Mathot); EuGH, 23.10. 1986 Rs.355/85, Slg.1986, 3231, 3241 (Cognet); Schilling, JZ 1994, 8, 8 m.w.N.

[300] Becker, in: Schwarze/Müller-Graff (Hrsg.): Europäische Rechtseinheit durch einheitliche Rechtsdurchsetzung, S.33

gliedstaaten gleichzeitig gilt.[301] Dabei ist nicht erforderlich, dass die Anwendung ebenfalls gleichartig erfolgt. Das Gemeinschaftsrecht eröffnet im Gegenteil die Möglichkeit von sachlich differenzierenden Regelungen. Dazu gehören die fakultative und optionelle Rechtsangleichung sowie das Setzen eines Mindeststandards. Diesen Formen der Differenzierung ist gemeinsam, dass sie einen Standard erreichen, der unterhalb einer Einheitsregelung liegt, gleichwohl aber ein Minimum an Integration gewährleistet. Sie gelten für alle Mitgliedstaaten, enthalten jedoch Regelungen, die tatsächlichen Unterschieden Rechnung tragen oder die Möglichkeit eines Abweichens qua Ermessen einräumen.
Daneben gibt es die Möglichkeit der Eröffnung von Ausnahmen, die dadurch gekennzeichnet sind, dass ein oder mehrere Mitgliedstaaten an einzelnen Maßnahmen der Integration nicht teilnehmen.[302] Sie werden als unvollständige Integration bezeichnet, da von der Integrationsmaßnahme in Form einer Rechtsangleichungsmaßnahme nicht alle Mitgliedstaaten betroffen sind.[303] Diese Ausnahmen können befristet oder unbefristet sein. Die wohl bekannteste Ausnahme ist die abgestufte Integration. Sie unterfällt der Kategorie der unbefristeten Ausnahmen und wird durch verschiedene Merkmale charakterisiert. Die Gemeinschaft einigt sich auf ein bestimmtes Ziel und dabei zugleich darauf, dass die zur Zielerreichung notwendigen Schritte zunächst nur von einigen Mitgliedstaaten unternommen werden. Den übrigen Mitgliedstaaten wird zugestanden, unbefristet, aber nicht dauerhaft, nicht an den Integrationsmaßnahmen teilzunehmen. Gleichzeitig sind die die Abstufung begründenden Unterschiede in der Folgezeit abzubauen, so dass das Fernziel, ein einheitlicher Integrationsstand, von allen Mitgliedstaaten erreicht werden kann.[304] Abgestufte Integration ist somit ein zeitlich unterschiedlicher Grad der Verwirklichung langfristiger Gemeinschaftsziele.
Diese Methoden der Differenzierung ermöglichen ein Abweichen vom Grundsatz des Verlusts der Regelungskompetenz der Mitgliedstaaten nach gemeinschaftsrechtlichen Maßnahmen der Rechtsangleichung.[305] Unter den Begriff der differenzierten Integration fallen gemeinschaftsrechtliche Instrumente, die mit integrationsfördernder Zielsetzung eine Abweichung vom Grundsatz der Rechtseinheit erlauben.[306]
Grundsätzlich gemeinsam ist allen Formen der differenzierten Integration das Erfordernis einer Rechtfertigung. Rechtfertigend wirken eine gemeinschaftliche Zielfestlegung, die Nichterreichbarkeit dieses Zieles durch alle Mitgliedstaaten zu einem bestimmten Zeitpunkt und die Option einer Vereinheitlichung zu einem späteren Zeitpunkt. Ferner darf die differenzierte Integration in keinem Fall

---

[301] Grabitz/Iliopoulos, in: Grabitz (Hrsg.), Abgestufte Integration, S.31, 33
[302] Grabitz/Iliopoulos, in: Grabitz (Hrsg.), Abgestufte Integration, S.31, 40
[303] Grabitz/Iliopoulos, in: Grabitz (Hrsg.), Abgestufte Integration, S.31, 40
[304] Grundlegend: Scharrer, in: Grabitz (Hrsg.), Abgestufte Integration, S.18
[305] Schwarze/Herrnfeld, EU, Art.95 Rn.49; Calliess/Ruffert, Kahl, EUV/EGV, Art.95 Rn.20
[306] Becker, in: Schwarze/Müller-Graff (Hrsg.): Europäische Rechtseinheit durch einheitliche Rechtsdurchsetzung, S.56

dazu führen, dass die Funktionsfähigkeit der Gemeinschaft oder der acquis communautaire gefährdet würde.
Ausprägungen der differenzierten Integration sind, neben der Möglichkeit einer verstärkten Zusammenarbeit, Art. 15 EG sowie die Art. 95, 137 IV, 152 IV lit.a, 153 V, 176 EG. Die differenzierte Integration ist in diesen Vorschriften im Gemeinschaftsrecht verankert.

Zu erwähnen ist in diesem Zusammenhang noch die externe Differenzierung, die den Abschluss von Verträgen meint, mit deren Hilfe entweder neue Staaten an die Gemeinschaft schrittweise herangeführt werden sollen[307] oder die eine Vertiefung der Integration einzelner Mitgliedstaaten erlauben. Die externe Differenzierung ist gemeinschaftsrechtlich nicht geregelt und bezieht sich ausschließlich auf den Abschluss völkerrechtlicher Verträge.
Zu den Formen differenzierter Integration zählen auch die Sonderregelungen für Dänemark und Großbritannien hinsichtlich der Währungsunion, sowie die Ausnahmeregelungen für die Mitgliedstaaten, die an der Währungsunion nicht sofort teilnehmen können.
Die vor Einführung der genannten Instrumente in die Verträge geführte Diskussion über die rechtliche Zulässigkeit einer differenzierten Integration kann mit der Verankerung der differenzierten Integration im Primärrecht als gegenstandslos betrachtet werden.

### 1. Differenzierung nach unten, Art. 15 EG

Es ist grundsätzlich möglich, die Geltung von Richtlinien zur Rechtsangleichung auf bestimmte Mitgliedstaaten zu beschränken.[308] Das Konzept der abgestuften Integration in Art. 15 EG[309] ermöglicht eine Differenzierung unter der Voraussetzung eines niedrigeren Entwicklungsstandes einzelner Volkswirtschaften. Infolge einer unterschiedlichen Entwicklung kommt es zu einer unterschiedlichen Betroffenheit der Mitgliedstaaten. Ebenso ist denkbar, dass noch nicht alle Mitgliedstaaten gleichermaßen vom sachlichen Gehalt einer Richtlinie betroffen sind. Um diesen Umständen Rechnung zu tragen, wurde mit der EEA der heutige Art. 15 EG in den Vertrag aufgenommen. Unter dem Begriff der abgestuften Integration wird allgemein verstanden, dass einzelne Mitgliedstaaten befristet oder unbefristet an Angleichungsmaßnahmen nicht teilnehmen, um den Mitgliedstaaten mit einem niedrigeren Entwicklungsstand eine langsame strukturel-

---

[307] Krämer, Abgestufte Integration und differenzierte Assoziation, in: GS Grabitz, S. 307, 315f
[308] Schmeder, Die Rechtsangleichung als Integrationsmittel der EG, S.55f; Langeheine, in: Grabitz/Hilf, EGV, Altband, Art.100 Rn.41
[309] Calliess/Ruffert/Kahl, EUV/EGV, Art.15 Rn.1; Hayder, RabelsZ 53 (1989), 622, 643

le Anpassung zu ermöglichen.[310] Auf diesem Wege kann der niedrigere Entwicklungsstand einzelner Mitgliedstaaten oder Regionen berücksichtigt werden, ohne dass von dem grundsätzlichen Ziel einer Angleichung auf hohem Niveau abgewichen werden müsste. Die Regelung des Art. 15 EG stellt folglich einen Kompromiss zwischen dem Integrationsgrundsatz und dem Grundsatz der einheitlichen Geltung des Gemeinschaftsrechts einerseits und dem ebenfalls primärrechtlich verankerten Gebot der Rücksichtnahme auf nationale und regionale Strukturen dar.[311] Die in Art. 15 EG vorgesehenen Ausnahmeregelungen müssen sich nicht auf das gesamte Gebiet eines Mitgliedstaates erstrecken, sondern können auch auf bestimmte Gebiete oder Wirtschaftsbereiche beschränkt werden.[312] Dies folgt bereits aus dem oben erwähnten Schutzzweck des Art. 15 EG sowie dem Zusammenhang mit den Art. 158 ff EG.

Die Anpassungserleichterung des Art. 15 EG wird durch Ausnahmeregelungen verwirklicht. Einzelne Mitgliedstaaten können danach von der Anwendung rechtsangleichender Maßnahmen befreit werden. Dies erlaubt ein Fortschreiten der Integration unter Rücksichtnahme auf schwache Mitgliedstaaten, aber ohne ein Aufhalten der Integration durch diese. Wichtig ist, dass die Ausnahmeregelung nur vorübergehender Art ist und ein Aufschließen der zunächst ausgenommenen Mitgliedstaaten angestrebt und gefördert wird.
Diese Ausnahme vom Geltungsbereich kann zeitweilig oder auf unbestimmte Zeit erfolgen.[313] Sie darf jedoch gemäß Art. 15 II EG insgesamt nur vorübergehender Art sein. Daraus kann jedoch nicht auf das Erfordernis einer Befristung geschlossen werden.[314]
Gegen die Möglichkeit einer Überprüfung durch den Gerichtshof ist nichts einzuwenden. Das Gebot, dass die Maßnahme nur vorübergehend sein darf, ist Ausfluss des Verhältnismäßigkeitsprinzips, dessen Einhaltung durch den Gerichtshof kontrolliert wird.[315] Die inhaltliche und zeitliche Ausgestaltung einer Ausnahmeregelung muss sich auf ihre Geeignetheit und Erforderlichkeit hin überprüfen lassen, wobei auch eine Abwägung mit der Einhaltung der Vertragsziele und -grundsätze zu erfolgen hat.[316]
Ausnahmeregelungen sind dadurch gekennzeichnet, dass ein oder mehrere Mitgliedstaaten vom Geltungsbereich eines Rechtsaktes zeitweilig ausgenommen sind. Davon zu unterscheiden sind Differenzierungen.[317] Eine differenzierende

---

[310] Langeheine, EuR 1983, 227, 230f, 245ff; Eiden, EA 1984, 365, 373
[311] Calliess/Ruffert/Kahl, EUV/EGV, Art.15 Rn.1; Glaesner, EuR 1986, 119, 134
[312] Pipkorn/Bardenhewer-Rating/Taschner, in: von der Groeben/Schwarze, Art.15 EG Rn.4; Glaesner, EuR 1986, 119, 134
[313] Pipkorn/Bardenhewer-Rating/Taschner, in: von der Groeben/Schwarze, Art.15 EG Rn.10
[314] Calliess/Ruffert/Kahl, EUV/EGV, Art.15 Rn.4; Ehlermann, CMLR 1987, S.361, 375; Hayder, RabelsZ 53 (1989), 622, 645
[315] Im Ergebnis ebenso Hayder, RabelsZ 53 (1989), 622, 646
[316] Pipkorn/Bardenhewer-Rating/Taschner, in: von der Groeben/Schwarze, Art.15 EG Rn.9
[317] Grabitz/Iliopoulos, in: Grabitz (Hrsg.), Abgestufte Integration, S.31, 40

Regelung gilt zwar für alle Mitgliedstaaten, enthält jedoch entweder Reglungen, die wirtschaftlichen und sozialen Unterschieden Rechnung tragen oder räumt den Mitgliedstaaten qua Ermessen die Möglichkeit von Abweichungen ein. Originär dem Art. 15 EG zugeordnet werden können nur die Ausnahmeregelungen. Die unter den Begriff der negativen Differenzierung fallenden Methoden der Rechtsangleichung ergeben sich nicht direkt aus Art. 15 EG, sind aber durch diesen auch nicht ausgeschlossen, sondern können neben die von Art. 15 EG bereitgehaltenen Mechanismen treten.

Eine Ausnahmeregelung kann als Verlängerung der Umsetzungsfrist oder einen allgemeinen Ausschluss von der Bindungswirkung rechtsangleichender Maßnahmen ausgestaltet werden. Bei Verlängerung der Umsetzungsfrist ergeben sich die bereits bei Erlass der Richtlinie einsetzenden Wirkungen wie die Verpflichtung zu richtlinienkonformer Auslegung in gleichem Maße für die von der Ausnahmeregelung betroffenen Mitgliedstaaten wie für alle übrigen Mitgliedstaaten auch. Allein die Implementierung der Richtlinienbestimmung in nationales Recht kann durch die Ausnahmeregelung verzögert werden. Die zurückgebliebenen Mitgliedstaaten dürfen nichts tun, was den späteren Erfolg der Angleichung gefährden könnte. Voraussetzung für eine Ausnahmereglung muss aber in jedem Fall das Vorliegen sachlich gerechtfertigter Unterscheidungsgründe sein. Dabei haben die an der Rechtsetzung beteiligten Organe ein Ermessen, ob und in welcher Form sie auf einen niedrigen Entwicklungsstand reagieren wollen. Die Ausübung dieses Ermessens ist nur auf offensichtliche Fehler hin überprüfbar,[318] was sich daraus ergibt, dass es sich hier um ein politisches Ermessen handelt, wenn auch die Ausnahmeregelungen sachlich legitimiert sein müssen.

Ausnahmeregelungen können sich nur auf sekundärrechtliche Bestimmungen erstrecken.[319] Sie vermögen unter keinen Umständen Rechte und Freiheiten, die im primären Gemeinschaftsrecht verankert sind, einzuschränken. Dies folgt bereits aus dem Anwendungsbereich des Art. 15 EG, der sich nur auf Maßnahmen erstreckt, die auf die Vollendung des Binnenmarktes gerichtet sind. Diese Maßnahmen vermögen ihrerseits bereits keine Freiheiten einzuschränken, sondern sollen diesen im Gegenteil volle Geltung verschaffen. Ausnahmeregelungen sollen darüber hinaus „das Funktionieren des Gemeinsamen Marktes so wenig wie möglich stören." Trotz des Zusammenhangs von Art. 14 und Art. 15 EG verwendet Art. 15 EG im Unterschied zu Art. 14 EG den Begriff des Gemeinsamen Marktes. Aus dieser weiteren Fassung ist zu entnehmen, dass die Erfüllung der Vertragsziele gegenüber der Anpassungserleichterung immer Vorrang genießt und es nicht zu Einschränkungen von primärrechtlichen Freiheiten und Rechten kommen darf.

---

[318] Pipkorn/Bardenhewer-Rating/Taschner, in: von der Groeben/Schwarze, Art.15 EG Rn.23; Ehlermann, CMLR 1987, 361, 389; Schwarze/Hatje, EU, Art.15 Rn.5

[319] Pipkorn/Bardenhewer-Rating/Taschner, in: von der Groeben/Schwarze, Art.15 EG Rn.13; Calliess/Ruffert/Kahl, EUV/EGV, Art.15 Rn.4

Das in Art. 15 II EG niedergelegte Erfordernis eines möglichst wenig störenden Eingriffs in den Gemeinsamen Markt ist Ausfluss des Verhältnismäßigkeitsprinzips.[320] Daraus geht hervor, dass die Ausnahmeregelung geeignet, erforderlich und angemessen sein muss und nur das schonendste Mittel eingesetzt werden darf. Es muss folglich vor Annahme einer Ausnahmeregelung eine Abwägung zwischen dem Gewicht des niedrigeren Entwicklungsstandes des Mitgliedstaates und der Tragweite dieser Ausnahmeregelung im Hinblick auf die Vertragsziele vorgenommen werden.[321] Ebenso dürfen sonstige zentrale Prinzipien des Vertrages, wie das Diskriminierungsverbot oder der Grundsatz des Vertrauensschutzes, nicht verletzt werden. Fraglich ist in diesem Zusammenhang, inwieweit es Bereiche gibt, die sich von vorneherein einer abgestuften Integration im Sinne des Art. 15 EG entziehen.[322] Dies wird zuweilen bezüglich des Kernbereichs des Gemeinsamen Marktes angenommen.[323] Vom Kernbereich umfasst sein sollen die Zollunion, der freie Warenverkehr sowie andere Grundfreiheiten.[324]

Dieser Ansicht kann aus verschiedenen Gründen nicht gefolgt werden. Das Ziel der Schaffung eines solchen „abstufungsfesten" Bereiches, der Schutz der Grundfreiheiten, wird bereits dadurch gewährleistet, dass Ausnahmeregelungen sich nur auf Sekundärrecht erstrecken können und das Funktionieren des Gemeinsamen Marktes so wenig wie möglich stören dürfen. Daraus folgt, wie bereits ausgeführt, ein Verbot von Eingriffen in die Ziele des Gemeinsamen Marktes sowie sonstige grundlegende Prinzipien des Vertrages.[325] Das Schaffen abstufungsresistenter Bereiche ist demnach bereits nicht erforderlich. Zudem ergeben sich schwierige Abgrenzungsprobleme, um diesen Kernbereich überhaupt sauber bestimmen zu können. Ferner wird die Ansicht, die von einem unantastbaren Kernbereich ausgeht, nicht durch den Wortlaut des Art. 15 EG gedeckt,[326] dessen Absatz 2 gerade nahe legt, dass es keine der abgestuften Integration nicht zugänglichen Bereiche gibt. Im Ergebnis ist also davon auszugehen, dass die abgestufte Integration des Art. 15 EG sich grundsätzlich auf alle Bereiche des Gemeinsamen Marktes zu erstrecken vermag.

Zu beachten ist jedoch, dass Art. 15 EG nicht die Errichtung von Hindernissen für den Gemeinsamen Markt gestattet. Das ergibt sich daraus, dass Ausnahmen vom Grundsatz des freien Warenverkehrs nur durch nichtwirtschaftliche Gründe gerechtfertigt werden können.[327]

---

[320] Pipkorn/Bardenhewer-Rating/Taschner, in: von der Groeben/Schwarze, Art.15 EG Rn.14; Calliess/Ruffert/Kahl, EUV/EGV, Art.15 Rn.4; Schwarze/Hatje, EU, Art.15 Rn.7

[321] Ebenso Pipkorn/Bardenhewer-Rating/Taschner, in: von der Groeben/Schwarze, Art.15 EG Rn.9; Hayder, RabelsZ 53 (1989), 622, 646

[322] In diesem Sinne wird zum Teil von einem „abstufungsfesten Bereich" gesprochen, vgl. Calliess/Ruffert/Kahl, EUV/EGV, Art.15 Rn.4

[323] Geiger, EUV/EGV, Art.15 Rn.4; Langeheine/Weinstock, EA 1984, 261, 265

[324] Grabitz/von Bogdany, in:Grabitz/Hilf, EGV, Altband, Art.7c Rn.11

[325] Calliess/Ruffert/Kahl, EUV/EGV, Art.15 Rn.4

[326] So auch Calliess/Ruffert/Kahl, EUV/EGV, Art.15 Rn.4

[327] Leible, in: Grabitz/Hilf, EGV, Art.30 Rn.5, Art.28 Rn.58

Art. 15 EG steht ferner mit Art. 95 III und IV in engem Regelungszusammenhang. Art. 15 EG bietet den wirtschaftlich weniger leistungsstarken Mitgliedstaaten denselben Schutz vor einer Minorisierung im Rat bei der Abstimmung über Maßnahmen der Rechtsangleichung, den Art. 95 III den Mitgliedstaaten anbietet, die ein hohes Schutzniveau anstreben.[328] Je höher ferner das Schutzniveau von Angleichungsmaßnahmen im Rahmen des Art. 95 I EG ist, desto weniger werden einzelne Mitgliedstaaten von Art. 95 IV EG Gebrauch machen. Damit steigt jedoch die Notwendigkeit, benachteiligten Mitgliedstaaten die Möglichkeit von Ausnahmeregelungen im Sinne des Art. 15 EG anzubieten. Art. 95 und Art. 15 EG stehen somit in engem Zusammenhang und bedingen sich gegenseitig. Vorteilhaft an einem Rückgriff auf Art. 15 EG gegenüber der Regelung des Art. 95 IV EG ist dabei, dass die leistungsschwächeren Mitgliedstaaten an ein hohes Schutzniveau herangeführt werden und die Ausnahmeregelung nur vorübergehender Natur ist.
Die Ausnahmeregelungen auf Grundlage von Art. 15 EG, die einzelnen Mitgliedstaaten vorübergehend Freiräume belassen, sind geeignet, die Integration im Ergebnis zu fördern.[329] Der Geltungsanspruch der Maßnahme ist zwar zeitlich hinausgezögert, tritt aber irgendwann unabwendbar ein. Eine dauerhafte Abstufung ist demnach ausgeschlossen, im Ergebnis kommt es zu einem Aufschließen der ursprünglich schwächeren Mitgliedstaaten.

## 2. Differenzierung nach oben am Beispiel von Art. 95 IV, V EG

Neben der Regelung des Art. 15 EG bestehen die Art. 95, 137 IV, 152 IV lit. a, 153 V, 176 EG, die eine nationale Schutzverstärkung einzelner Mitgliedstaaten ermöglichen (opting out). Diese Möglichkeit muss im Zusammenhang mit der differenzierten Integration gesehen werden, denn sie ist das Gegenstück zu der Möglichkeit von Mehrheitsbeschlüssen bei Rechtsangleichungsmaßnahmen. Art. 95 EG regelt den Erlass von Schutzklauseln in der Richtlinie selbst (Abs.10) sowie die Möglichkeit des Beibehaltens (Abs.4) oder Neueinführens (Abs.5) von nationalen Sonderregelungen. Die Absätze 4 und 5 enthalten sogenannte „opting-out-clauses“ und wurden vor dem Hintergrund des Gedankens einer abgestuften Integration erlassen.

Die Situation ist hier jedoch eine andere als bei Art. 15 EG. Im Rahmen des Art. 95 IV, V EG beruht das Abweichen nicht auf einer Entscheidung der Gemeinschaft, sondern auf der eines einzelnen Mitgliedstaates. Die Ausübung dieser Option unterliegt dabei den eng auszulegenden Ausnahmetatbeständen[330] des

---

[328] Ehlermann, CMLR 1987, 361, 375
[329] Grabitz/Iliopoulos, in: Grabitz (Hrsg.), Abgestufte Integration, S.42; Glaesner, EuR 1986, 119, 134
[330] Calliess/Ruffert/Kahl, EUV/EGV, Art.95 Rn.22a

Art. 95 EG und der Kontrolle durch die Gemeinschaftsorgane.[331] Das kontrollierte opting-out des Art. 95 IV, V EG betrifft den Fall, dass ein Mitgliedstaat aus nicht-wirtschaftlichen Gründen über den gemeinschaftsrechtlichen Schutz hinausgehen möchte. Die Absätze 4 und 5 erlauben dabei ein Abweichen allein nach oben, also eine Schutzerhöhung. Absatz 4 regelt die Voraussetzungen für die Möglichkeit eines Beibehaltens strengerer einzelstaatlicher Bestimmungen, während Absatz 5 die Einführung strengerer einzelstaatlicher Normen regelt. Maßgeblicher Zeitpunkt für die Abgrenzung des Absatzes 4 von Absatz 5 ist der Erlass des Rechtsaktes und nicht etwa das Inkrafttreten oder der Ablauf der Umsetzungsfrist.[332] Neben Art.95 IV, V EG enthalten auch Art. 137 IV, 152 IV lit. a, 153 V, 176 EG die Möglichkeit eines nationalen Alleingangs.

### 3. Verstärkte Zusammenarbeit

Die verstärkte Zusammenarbeit unterfällt der bereichsbezogenen Differenzierung und ist in Art. 11, 11a EG und Art. 40-45 EU geregelt. Sie eröffnet die Möglichkeit einer verstärkten Integration und ist nur im weiteren Sinne als Methode der Rechtsangleichung einzuordnen. Ebenso wie von dem Konzept der abgestuften Integration gehen jedoch auch von ihr rechtsangleichende Wirkungen aus.

Mit dem Inkrafttreten des Vertrages von Nizza eröffnen EUV und EGV nunmehr die Möglichkeit einer verstärkten Zusammenarbeit in allen Säulen. Als Grundlage dient die Zusammenarbeit zur allgemeinen Förderung der Ziele der Union in Art. 43 EU. Daneben ist eine verstärkte Zusammenarbeit möglich, die auf die Bereiche der zweiten und dritten Säule abzielt. Für den Bereich des EG regelt Art. 11 EG die Voraussetzungen einer verstärkten Zusammenarbeit unter Verweis auf Art. 43 ff EU.

Eine verstärkte Zusammenarbeit im Bereich des EG muss sowohl die Anforderungen des Art. 43 EU als auch die Anforderungen des Art. 11 EG erfüllen.[333] Auf die Voraussetzungen im Einzelnen wird vorliegend nicht näher einzugehen sein.

Die verstärkte Zusammenarbeit beruht auf einer Ermächtigung, die vom Rat erteilt werden muss. Die Zusammenarbeit besteht darin, dass die vertraglich vorgesehenen Institutionen und Verfahren in Anspruch genommen werden dürfen, um Beschlüsse zu fassen. Die gefassten Beschlüsse binden nur die teilnehmenden Mitgliedstaaten. Die Einzelheiten der Durchführung ergeben sich aus den speziellen Bestimmungen des EUV und EGV.

---

[331] Langeheine, Rechtsprobleme der Anwendung des Art.100 a Abs.4 EG-Vertrag, in: GS Grabitz, 369, 374; Schwarze/Herrnfeld, EU, Art.95 Rn.49

[332] Calliess/Ruffert/Kahl, EUV/EGV, Art.95 Rn.30; Frenz, Europäisches Umweltrecht, Rn.647

[333] Schwarze/Hatje, EU, Art.11 Rn.2

Die verstärkte Zusammenarbeit bietet die Möglichkeit der Überwindung von Entscheidungsblockaden und begrenzt die Notwendigkeit der Vereinbarung von Übergangsregelungen für neue Mitgliedstaaten.[334] Das Ziel einer differenzierten Integration in Form der verstärkten Zusammenarbeit liegt in der Stärkung der Gemeinschaft. Dies wird erreicht durch eine feste Einbindung der Mitgliedstaaten mit der Möglichkeit der Verwirklichung integrationspolitischer Ideen.[335] Über die verstärkte Zusammenarbeit bleibt eine Einbettung in das gemeinschaftsrechtliche Gefüge erhalten. Vom Fortschreiten der Integration gehen positive Impulse aus, die einer Stagnation in jedem Fall vorzuziehen sind und sich langfristig auf alle Mitgliedstaaten auswirken sollen. Als Beispiel sei hier die zu erwartende Signalwirkung der Kernwährungsunion angeführt.
Die grundlegenden Voraussetzungen der verstärkten Zusammenarbeit sind in allen Bereichen über den Verweis auf Art. 43 EU identisch. Sie kann nur als letztes Mittel aufgenommen werden und muss mindestens acht Mitgliedstaaten umfassen. Ferner besteht das Erfordernis der Stärkung des Integrationsprozesses. Die Einräumung der Möglichkeit zur verstärkten Zusammenarbeit lässt sich mit der angestrebten nicht unerheblichen Erweiterung der Gemeinschaft erklären und der Sorge vor einer zunehmenden Blockade der Integration. Keine Voraussetzung der verstärkten Zusammenarbeit ist die Erforderlichkeit nach sachlichen und hierbei insbesondere wirtschaftlichen Gründen. Die verstärkte Zusammenarbeit ist lediglich an die Übertragung der Kompetenz an die Union oder die Gemeinschaft gebunden. Es darf sich nicht um einen Bereich der ausschließlichen Zuständigkeit handeln.
Die Frage nach Umfang und Form der innerhalb der verstärkten Zusammenarbeit erlassenen Rechtsakte bestimmt sich nach den einschlägigen institutionellen Bestimmungen der Verträge.
Die erlassenen Rechtsakte sind je nach Bereich abgeleitetes Unionsrecht oder sekundäres Gemeinschaftsrecht mit eingeschränktem räumlichen Geltungsumfang.[336]

Die Verträge regeln nicht, ob und unter welchen Voraussetzungen die verstärkte Zusammenarbeit endet. Sie ist jedoch, ebenso wie die abgestufte Integration, nicht auf Dauer angelegt. Aus ihrer Zielsetzung der Ermöglichung einer verstärkte Integration einiger Mitgliedstaaten zum Wohle der Gemeinschaft ergibt sich, dass sich dauerhaft alle Mitgliedstaaten dem verstärkten Integrationsstand anschließen sollen. Die verstärkte Zusammenarbeit endet automatisch, wenn sich ihr alle Mitgliedstaaten angeschlossen haben. Aus dem im Rahmen der verstärkten Zusammenarbeit erlassenen Recht wird dann gemeinschaftliches

---

[334] Schwarze/Hatje, EU, Art.43 EU Rn.3
[335] Janning, Integration 1997, 285, 285
[336] Becker, in: Schwarze/Müller-Graff (Hrsg.): Europäische Rechtseinheit durch einheitliche Rechtsdurchsetzung, S.29, 51; Schwarze/Hatje, EU, Art.11 Rn.23; Calliess/Ruffert/Ruffert, EUV/EGV, Art.43 EU Rn.22

Recht.[337] Auf diesem Wege kommt es dann zu einer Rechtsangleichung in allen Mitgliedstaaten. Diese Zielsetzung der verstärkten Zusammenarbeit erlaubt ihre Qualifizierung als Methode der Rechtsangleichung, wenn auch das Ergebnis von angeglichenen Rechtsvorschriften zum Teil noch in recht weiter Ferne liegt.

## VII. Präventive Rechtsangleichung

Unter präventiver Rechtsangleichung versteht man Rechtsangleichung in einem Bereich, in dem es bisher noch keine entsprechenden Rechtsvorschriften in den Mitgliedstaaten gab.[338] Ihre Zulässigkeit ist umstritten.[339] Auch bei materieller Gleichwertigkeit kann Rechtsangleichung erforderlich sein, wenn die mitgliedstaatlichen Regelungen beispielsweise den Erfordernissen des Gemeinsamen Marktes nicht gerecht werden.[340] Negative Effekte für die Ziele der Gemeinschaft können auch durch das Fehlen von Regelungen hervorgerufen werden.[341] Es machte keinen Sinn, auf die Verabschiedung nationaler Normen zu warten und damit eine Verfestigung nationaler Interessenpositionen zu begünstigen. Aus diesen Überlegungen ergibt sich die grundsätzliche Zulässigkeit der präventiven Rechtsangleichung in den Bereichen, in denen es um die Beseitigung von Störungen für den Markt geht.[342] Erhöhtes Augenmerk ist bei der präventiven Rechtsangleichung allerdings auf das Merkmal der Erforderlichkeit zu legen, denn die Kompetenz der Rechtsangleichung wird hierbei in besonderem Maße zu einer Kompetenz der Rechtsschöpfung. Die Entscheidung für eine präventive Rechtsangleichung darf nicht zu einer uferlosen Ausweitung der gemeinschaftlichen Zuständigkeit führen.

## VIII. Autonome Rechtsangleichung

Autonome Rechtsangleichung ist freiwillige Rechtsangleichung durch den nationalen Gesetzgeber, ohne dass ihr eine gemeinschaftsrechtliche Verpflichtung

---

[337] Becker, in: von der Groeben/Schwarze, Art.43 EU Rn.54

[338] Streinz, Europarecht, Rn.959; Fischer, in: Lenz, EUV/EGV, Art.95 Rn.14; Oppermann, Europarecht, Rn.1207

[339] Dafür: Klein, in: Handkommentar zum EUV/EGV, Stand 1991, Art.100 Rn.7; Langeheine, in: Grabitz/Hilf, EGV, Altband, Art.100 Rn.21; Oppermann, Europarecht, Rn.1207; dagegen: Streinz, Europarecht, Rn.959

[340] Langeheine, in: Grabitz/Hilf, EGV, Altband, Art.100 Rn.10

[341] Eiden, Die Rechtsangleichung gemäß Art.100 des EWG-Vertrags, S.18f; Taschner, in: von der Groeben/Schwarze, Art.94 EG Rn.33; Langeheine, in: Grabitz/Hilf, EGV, Altband, Art.100 Rn.21

[342] Es wird noch zu erörtern sein (D. II. 4b), inwieweit dieses Ergebnis auch Gültigkeit besitzt, wenn es um Rechtsangleichung geht, die nicht den Gemeinsamen Markt oder Binnenmarkt betrifft.

zugrunde liegen würde.[343] Das nationale Recht wird dabei mehr oder weniger eng an Gemeinschaftsrecht angelehnt.
Es kommen mehrere Formen dieser freiwilligen Rechtsangleichung in Betracht, die hier alle unter dem Begriff der autonomen Rechtsangleichung zusammengefasst werden sollen. Zum einen gibt es die Konstellation, dass der nationale Gesetzgeber einer konkreten Umsetzungsverpflichtung nachkommt, aber darüber hinaus weitere Sachverhalte mitregelt, ohne dass er dazu gemeinschaftsrechtlich verpflichtet wäre.[344] Der andere Fall meint ein Kopieren von Gemeinschaftsrecht, ebenfalls ohne entsprechende Verpflichtung, unabhängig von einer konkreten Umsetzungsverpflichtung.[345] Autonome Rechtsangleichung wird daher auch als Rechtsangleichung „von unten" bezeichnet.[346]
Daneben steht es den Mitgliedstaaten selbstverständlich jederzeit frei, im Rahmen ihrer Kompetenzen, durch den Abschluss völkerrechtlicher Verträge Rechtsangleichung zu betreiben.[347] Diese Möglichkeit besteht neben den Rechtsangleichungskompetenzen der Art. 293, 308 EG und ist das klassische Mittel der Rechtsangleichung. Das wichtigste Beispiel dieser ebenfalls als autonom zu bezeichnenden Harmonisierung sind die Schengener Übereinkommen von 1985 und 1990.[348]

Die Gründe für diese freiwillige Angleichung sind vielfältig. Das Bedürfnis nach einer solchen autonomen Rechtsangleichung ergibt sich häufig aus der Notwendigkeit von Anpassungen und Abstimmungen der nationalen Rechtsordnung an bereits angeglichenes Recht. Rechtsangleichung erfolgt in aller Regel nur punktuell, so dass es zu Zersplitterungen der Kodifikationen kommen kann oder ein Spannungsverhältnis zu nicht angeglichenem Recht entsteht. Diese Spannungsfelder sollen durch autonome Rechtsangleichung aufgelöst werden. Ein weiterer Grund sind durch Maßnahmen der Rechtsangleichung hervorgerufene faktische Wettbewerbsverzerrungen für nationale Unternehmen und Inländerdiskriminierungen. Die Auflösung derselben unterfällt dem Zuständigkeitsbereich des nationalen Gesetzgebers. Ein weiterer Grund kann auch sein, dass durch vorzeitige Übernahme bestimmter Regelungen der Versuch unternommen wird, eine weitere gemeinschaftsrechtliche Angleichungsmaßnahme zu beeinflussen oder gar zu unterbinden.[349] Nicht zuletzt geht von angeglichenem Recht

---

343 Schnorbus, RabelsZ 65 (2001), 654, 656

344 Dieser Anwendungsfall wird auch als interne Harmonisierung bezeichnet: Gebauer, Grundfragen der Europäisierung des Privatrechts, S.201f

345 Schulze, Auslegung europäischen Privatrechts und angeglichenen Rechts, S.9, 17; Mansel, JZ 1991, 529, 533

346 Gebauer, Grundfragen der Europäisierung des Privatrechts, S.203; Dreher, Kartellrechtsvielfalt oder Kartellrechtseinheit in Europa?, AG 1993, 437, 446

347 Oppermann, Europarecht, Rn.1262; Klein, in: Starck (Hrsg.), Rechtsvereinheitlichung durch Gesetze, S.117, 141

348 Schengener Übereinkommen vom 14.Juni 1985 und das Schengener Durchführungsübereinkommen vom 19. Juni 1990

349 Blaurock, Europäisches Privatrecht, JZ 1994, 270, 276

eine integrationsvertiefende und positive Wirkung in zahlreichen Bereichen aus, so dass autonome Rechtsangleichung auch erfolgt, um sich diese Wirkung zu nutze zu machen.

Aus gemeinschaftsrechtlicher Sicht ist gegen eine autonome Rechtsangleichung in aller Regel nichts einzuwenden. Sie kommt jedoch nur dort in Betracht, wo das Gemeinschaftsrecht autonome Lösungen zulässt, also nicht in Bereichen ausschließlicher Zuständigkeit der Gemeinschaft oder in bereits umfassend angeglichenen Materien. Der Gemeinschaft kann es nur recht sein, wenn das von ihr geschaffene Recht Vorbildcharakter entwickelt. Darüber hinaus besteht die Möglichkeit einer positiven Rückwirkung auf das europäische Recht.[350] Zu beachten ist aber, dass die autonome Rechtsangleichung einseitig bleibt. Sie ist es auch dann, wenn sogar mehrere Mitgliedstaaten sie unabhängig voneinander durchführen. Im Fall der autonomen Rechtsangleichung besteht keine Bindungswirkung. Jeder Mitgliedstaat kann die Angleichung rückgängig machen, abschwächen oder verschärfen. Die autonome Rechtsangleichung ist zwar ebenfalls als eine Methode der Rechtsangleichung zu qualifizieren, sie geht aber nicht von der Gemeinschaft aus und entfaltet nicht die gleichen Bindungswirkungen.

## IX. Zusammenfassung

Die verschiedenen Methoden der Rechtsangleichung verfolgen trotz unterschiedlicher Ausgestaltung im Einzelfall das Ziel der Annäherung der mitgliedstaatlichen Rechtsordnungen. Die Wahl der Methode der Rechtsangleichung wird von der Rechtsangleichungskompetenz und dem Erforderlichkeitsgrundsatz bestimmt. Gerade in den neueren Bereichen der Rechtsangleichung wie dem Verbraucherschutz oder der Sozialpolitik ist die Angleichung über das Setzen eines Mindeststandards zur Regel geworden. Wachsender Beliebtheit erfreut sich daneben vor allem die Methode der differenzierten Integration. Sie ermöglicht in ihren unterschiedlichen Ausgestaltungen die Berücksichtigung nationaler oder regionaler Besonderheiten sowie ein rascheres Vorgehen einzelner Mitgliedstaaten auf hohem Schutzniveau. Rechtsakte der Gemeinschaft wollen grundsätzlich grenzüberschreitende und innerstaatliche Vorgänge in gleicher Weise regeln, die Methoden der optionellen und fakultativen Rechtsangleichung eröffnen demgegenüber aber die Möglichkeit einer unterschiedlichen Behandlung.

---

[350] Dreher, Kartellrechtsvielfalt oder Kartellrechtseinheit in Europa?, AG 1993, 437, 446

## D. Theoretische Grundlagen der Rechtsangleichung und ihre Stellung in den Verträgen

Es stellt sich nunmehr die Frage nach der Definition der Rechtsangleichung. Gibt es Merkmale, die Rechtsangleichung in jedem Fall kennzeichnen? Rechtsangleichung wird in der Literatur allgemein als die „Beseitigung von für das ordnungsgemäße Funktionieren des Gemeinsamen Marktes abträglichen Unterschiedlichkeiten durch Anpassung des mitgliedstaatlichen Rechts an einen gemeinschaftsrechtlichen Standard" bezeichnet.[351] In dieser Definition der Rechtsangleichung ist das Element des Gemeinsamen Marktes enthalten. Dies rührt aus der Aufgabenzuweisung des Art. 3 lit. h EG, in dem die Rechtsangleichung ebenfalls mit dem Gemeinsamen Markt verknüpft ist.

Rechtsangleichung hat aber eine Entwicklung erfahren, die es fraglich erscheinen lässt, ob sie noch immer nur Mittel zum Zweck des Funktionierens des Gemeinsamen Marktes ist. Die These der Verknüpfung des Gemeinsamen Marktes mit der Rechtsangleichung steht zur Disposition.

Im Folgenden soll die Entwicklung der Rechtsangleichung neben ihren allgemeinen Grundlagen nachgezeichnet und rechtlich aufbereitet werden, um zu überprüfen, ob die These der Verknüpfung mit dem Gemeinsamen Markt auch heute noch Gültigkeit beanspruchen kann.
Die neue Zielsetzung der Rechtsangleichung ist auf ihre Zulässigkeit, ihre Voraussetzungen und ihre Wirkungen hin zu untersuchen und von der Rechtsangleichung im ursprünglichen Sinn abzugrenzen.

## I. Harmonisierungsaufträge im EG

### 1. Legitimation der Rechtsangleichung

Die Legitimation der Rechtsangleichung folgt aus ihrer Stellung als Mittel zur Erreichung der Vertragsziele. Sie dient der Schaffung eines Gemeinsamen Marktes und der Garantie der Verkehrsfreiheiten. Die allgemeine Legitimation der Rechtsangleichung folgt aus den Vertragszielen in Art. 2 und Art. 3 EG. Art. 3 EG formt die Ziele des Art. 2 EG weiter aus.[352] Beide Artikel vermögen keine eigenständigen Kompetenzen zu begründen,[353] sie stellen jedoch die grundsätz-

[351] Oppermann, Europarecht, Rn.1200; Geiger, EUV/EGV, Art.94 Rn.4; Taschner, in: von der Groeben/Schwarze, Art.94 EG Rn.1
[352] Schwarze/Hatje, EU, Art.3 Rn.1; Calliess/Ruffert/Ukrow, EUV/EGV, Art.3 Rn.1
[353] Calliess/Ruffert/Ukrow, EUV/EGV, Art.3 Rn.1; Schwarze/Hatje, EU, Art.3 Rn.7

liche Legitimation der Rechtsangleichung her, indem sie die Rechtsangleichung als Mittel zur Erreichung der Vertragsziele definieren. Die Tätigkeiten des Art. 3 EG sind jedoch ihrerseits nicht nur Mittel zur Zielerreichung, sondern auch selbst Ziele der Gemeinschaft.[354] Die Gemeinschaft trifft damit das Gebot der Erfüllung der ihr zugewiesenen Aufgaben.[355] Dabei steht ihr jedoch ein weites Ermessen zu, welches im Falle der Rechtsangleichung durch die Anforderungen der einzelnen Kompetenzgrundlagen beschränkt und konkretisiert wird. Eine Pflicht zur Rechtsangleichung besteht dabei nur im Rahmen der Erfüllung der Vertragsziele des Art. 2 EG.

## 2. Konkrete Harmonisierungsaufträge

### a) Art. 3 lit. h EG

Art. 3 EG dient nicht nur der Legitimation der Rechtsangleichung, sondern enthält auch einen konkreten Harmonisierungsauftrag. Aus ihm lässt sich jedoch keine konkrete Handlungsverpflichtung herleiten. Die Rechtsangleichung ist zwar durch Art. 3 lit. h EG vorgegeben, sie wird jedoch in speziellen Vorschriften des Vertrages weiter ausgeformt. Art. 3 lit. h EG wirkt nicht kompetenzbegründend, wie sich aus der Einschränkung „nach Maßgabe des Vertrages“ ergibt. Die eng an Art. 3 lit. h EG angebundenen Handlungsermächtigungen finden sich in den Art. 94-96 EG und beziehen sich auf die Errichtung von Gemeinsamen Markt und Binnenmarkt. Art. 3 lit. h EG kommt nur in Verbindung mit speziellen Vertragsbestimmungen die Funktion einer Kompetenzvorschrift zu.[356] Trotzdem bezweckt Art. 3 lit. h EG eine zwingende Verpflichtung zur Rechtsangleichung. Dies ergibt sich aus der Bereitstellung der Rechtsangleichung als Mittel zur Aufgabenerfüllung der Gemeinschaft.

### b) Art. 10 EG

Aus der Verpflichtung zur Gemeinschaftstreue folgt die Verpflichtung zur Anpassung nationalen Rechts, das europäischem Recht widerspricht und damit auch eine Harmonisierungsverpflichtung. Dies kann aus der aus Art. 10 EG folgenden Verpflichtung der Aufhebung nationaler gemeinschaftsrechtswidriger

---

[354] Schwarze/Hatje, EU, Art.3 Rn.1; Calliess/Ruffert/Ukrow, EUV/EGV, Art.3 Rn.1

[355] EuGH, 10.12. 1974, Rs.48/74, Slg.1974, 1383 Rn.18/19 (Charmasson); EuGH, 28.11. 1978, Rs.97/78, Slg.1978, 2311 Rn.4 (Schumalla)

[356] EuGH, 4.10.1979, Rs.141/78, Slg.1979, 2923 Rn.6 (Frankreich/Vereinigtes Königreich)

Normen geschlussfolgert werden.[357] Diese Verpflichtung begründet der EuGH mit dem Erfordernis der Rechtssicherheit, die trotz der unmittelbaren Wirkung und vorrangigen Anwendbarkeit gefährdet wäre, wenn der Einzelne im Unklaren darüber wäre, welche Möglichkeiten der Berufung auf Gemeinschaftsrecht ihm zustünden.[358]
Aus der vom EuGH aus Art. 10 EG hergeleiteten Verpflichtung der Aufhebung von Gemeinschaftsrecht entgegenstehenden Rechts kann in einem weiteren Schritt auch gefolgert werden, dass eine Verpflichtung zur Anpassung des nationalen Rechts besteht. Diese Verpflichtung ergibt sich indirekt ebenfalls aus der Verpflichtung der Umsetzung von Richtlinien.
Die Verpflichtung zur Anpassung ist die Konsequenz aus Umsetzungsverpflichtung und Aufhebungsverpflichtung. Die Anpassungsverpflichtung wird durch den Erlass von Rechtsangleichungsmaßnahmen ausgelöst. Eine weitergehende Verpflichtung, wie beispielsweise eine Verpflichtung zu einem bestimmten Abstimmungsverhalten bezüglich in Planung befindlicher Vorhaben der Rechtsangleichung, kann jedoch aus Art. 10 EG nicht hergeleitet werden. Eine Anpassungsverpflichtung und damit ein Harmonisierungsauftrag folgt demnach neben Art. 3 lit. h EG auch aus Art. 10 EG.

## II. Theoretische Grundlagen

### 1. Entwicklung der Rechtsangleichung

Rechtsangleichung ist heute durch drei Elemente gekennzeichnet: Marktbezug, Integrationsfaktor und Rechtspolitik.

#### a) Marktbezug

Rechtsangleichung ist in Art. 3 lit. h EG mit der Herstellung des Gemeinsamen Marktes verknüpft. In zahlreichen Kompetenznormen wird diese Verknüpfung wiederholt (Art. 94, 96 EG) oder die Rechtsangleichung mit der Herstellung des Binnenmarkts verbunden (Art. 93, 95 EG). Aus diesen Verknüpfungen folgt die marktintegrative Ausrichtung der Rechtsangleichung.

---

[357] EuGH, 5.10. 1986, Rs.168/85, Slg.1986, 2945 (Kommission/Italien); EuGH, 24.3. 1988, Rs.104/86, Slg.1988, 1799 Rn.12 (Kommission/Italien); EuGH, 26.4. 1988, Rs.74/86, Slg.1988, 2139 Rn.10 (Kommission/Deutschland)

[358] EuGH, 5.10. 1986, Rs.168/85, Slg.1986, 2945 (Kommission/Italien); EuGH, 24.3. 1988, Rs.104/86, Slg.1988, 1799 Rn.12 (Kommission/Italien); EuGH, 26.4. 1988, Rs.74/86, Slg.1988, 2139 Rn.10 (Kommission/Deutschland)

Der ursprüngliche Ausgangspunkt der Rechtsangleichung war auf eine möglichst intensive Marktintegration ausgerichtet. Rechtsangleichung rechtfertigte sich über die Beseitigung von durch unterschiedliche rechtliche Standards hervorgerufenen Hindernissen für den Gemeinsamen Markt. Über die finalen Querschnittskompetenzen der Art. 94, 95 EG eröffnete sich ein weites Feld von zu bearbeitenden Sachgebieten. Daneben waren der Gemeinschaft sektorielle Politikbereiche zugewiesen, insbesondere Landwirtschaft, Verkehr und Außenhandel.

Zentraler Bezugspunkt der Rechtsangleichung war somit ursprünglich der Gemeinsame Markt. Der Begriff des Gemeinsamen Marktes ist damit ein Schlüsselbegriff für die Bestimmung der Rechtsangleichungskompetenz. Dabei ist die genaue Begriffsbestimmung und vor allem die Abgrenzung zum Binnenmarkt umstritten. In der geplanten Verfassung für Europa entfällt der Begriff des Gemeinsamen Marktes und wird durch den Begriff des Binnenmarktes ersetzt. Eine Abgrenzung erübrigt sich damit in Zukunft. Unstreitig umfasste der Gemeinsame Markt aber jedenfalls einen einheitlichen Außenzolltarif, die Verwirklichung der Grundfreiheiten, ein System unverfälschten Wettbewerbs sowie eine gemeinschaftliche Landwirtschafts-, Verkehrs- und Außenhandelspolitik.[359] Der EuGH führte zum Begriff des Gemeinsamen Marktes aus, dieser stelle „auf die Beseitigung aller Hemmnisse im innergemeinschaftlichen Handel mit dem Ziele der Verschmelzung der nationalen Märkte zu einem einheitlichen Markt, dessen Bedingungen denjenigen eines wirklichen Binnenmarktes möglichst nahe kommen", ab.[360] Der Binnenmarkt ist nach der Definition des Art. 14 EG ein Raum ohne Binnengrenzen, in dem die Verwirklichung der Freiheiten gewährleistet ist. Das Verhältnis des Gemeinsamen Marktes zum Binnenmarkt ist vor allem dadurch gekennzeichnet, dass der Binnenmarkt auf den Innenbereich beschränkt ist, da ihm die Elemente des einheitlichen Außenzolltarifs und der gemeinschaftlichen Außenhandelspolitik fehlen. Es mag sein, dass der Binnenmarkt im Innenbereich eine höhere Integrationstiefe aufweist, da er eine vollständige Binnengrenzüberwindung anstrebt, dies interessiert im vorliegenden Rahmen jedoch nicht. Anknüpfungspunkt der Rechtsangleichung ist in Art. 3 lit. h EG der Gemeinsame Markt, der weiter gefasst ist als der Binnenmarkt und sich durch die vorstehend genannten Merkmale auszeichnet.

Rechtsangleichung war jedenfalls originär auf die Bereiche des Gemeinsamen Marktes beschränkt. Das Verfolgen von Zielen, die nicht unmittelbar auf das Errichten und Funktionieren des Gemeinsamen Marktes ausgerichtet sind, gehört damit in einem ersten Schritt nicht zur Rechtsangleichung. Die nicht dem Gemeinsamen Markt unterfallenden Gemeinschaftspolitiken wie beispielsweise

---

[359] Seidel, EuR 1979,171, 177; Klein, in: Handkommentar zum EUV/EGV, Stand 1991, Art.100 Rn.9; Langeheine, in: Grabitz/Hilf, EGV, Altband, Art.100 Rn.26; Zacker, RIW 1989, 489, 489

[360] EuGH, 5.5. 1982, Rs. 15/81, Slg.1982, 1409, Rn.33 (Gaston Schul)

Gesundheits- oder Verbraucherschutz können ebenfalls der Verwirklichung des Marktes dienen, sie werden damit aber nicht zu Bestandteilen des Marktes und damit an dieser Stelle nur unter der Voraussetzung eines unmittelbaren Bezugs zum Gemeinsamen Markt mögliche Materien für eine Rechtsangleichung. Der Gemeinsame Markt umfasst nicht die Verfolgung von eigenständigen Schutzpolitiken, weshalb auch die Rechtsangleichung diese in einem ersten Schritt nicht erfasst.

**b) Integrationsfaktor**

Rechtsangleichung ist ferner durch ihren Beitrag für die Integration gekennzeichnet. Über die Schaffung angeglichener Rechtssysteme soll die Integration vorangetrieben werden. Von einem Gemeinsamen Markt und einer angenäherten Wirtschaftspolitik soll eine Sogwirkung ausgehen, die zur Verwirklichung auch der wirtschaftlichen, sozialen und politischen Ziele führen soll.[361] Die Annahme, dass die Integration einen positiven Schritt vor allem auch für die Staatsbürger darstellt, bildet die Wurzel der europäischen Integration.[362]

Eine explizite juristische Integrationstheorie liegt dem Ansatz der Integration über angeglichenes Recht nicht zugrunde.[363] Der Begriff der Integration meint die Vergemeinschaftung mitgliedstaatlicher Hoheitsrechte unter Schaffung einer neuen Rechtsordnung.[364]

Integration wird als Zusammenschluss von Systemen zu einem neuen Gesamtsystem verstanden, das zumindest teilweise mehr ist als die bloße Summe der Einzelsysteme.[365] Der EGV ist primär auf den ökonomischen Sektor ausgerichtet. Wirtschaftliche Integration ist gegeben, wenn in mehreren Staaten die Marktbedingungen weitgehend gleichgeordnet und die Handelshemmnisse zwischen den nationalen Märkten reduziert oder sogar beseitigt sind.[366] Die europäische Integration umfasst neben der wirtschaftlichen und der rechtlichen aber auch die politische und militärische Integration. Politische Integration bezeichnet den Zusammenschluss von Staaten mit dem Ziel der politischen Verschmelzung, wozu auch die Schaffung gemeinsamer politischer Organe gehört.[367] Militärische Integration meint die Schaffung eines militärischen Bündnisses. Diese Integrationsformen können in diesem Zusammenhang vernachlässigt werden. Integration im europäischen Rahmen bezeichnet vorrangig die Angleichung der verschiedenen mitgliedstaatlichen Systeme hin zu einem einheitlichen Rechtssystem.

---

[361] Fischer/Köck, Europarecht, S.46
[362] Beutler, in: BBPS, Rn.101
[363] Behrens, Integrationstheorie, RabelsZ 45 (1981), 8, 37
[364] Becker, in: Europäische Rechtseinheit durch einheitliche Rechtsdurchsetzung, S.29, 33
[365] Esterbauer, Europäische Integration, S.7
[366] Fischer/Köck, Europarecht, S.46
[367] Bleckmann,in: ders., Europarecht, Rn.803ff

Die Errichtung des Gemeinsamen Marktes nimmt eine zentrale Stelle im europäischen Integrationsprozess ein. Dabei ist der Gemeinsame Markt nicht bloß ein Mittel, um die Ziele des Art. 2 EG zu verwirklichen, sondern selbst ein „normatives Prinzip“[368] der Integration. Der Gemeinsame Markt konstituiert sich durch Maßnahmen auf den in Art. 3 EG genannten Politikfeldern. Er setzt voraus, dass sich das wirtschaftliche Geschehen weitgehend nach einheitlichen Regeln gestaltet. Die Marktintegration ist für die Mitgliedstaaten mit der Deregulierung verbunden. Der Wegfall nationaler Regelungen wird durch eine Politikintegration ergänzt.

Das Mittel zur Verwirklichung der Integrationsprozesse ist das Recht. Grundlage hierfür ist der Vorrang des Gemeinschaftsrechts vor nationalem Recht und die Verpflichtung aller nationalen Gerichte zur Durchsetzung des Gemeinschaftsrechts.

So beruht Wirtschaftsintegration auf einer normativen Grundlage und wird mit den Instrumenten des Rechts ermöglicht und durchgesetzt.[369] Integrationsrecht kann sich aber nicht im Verbot staatlicher Handelsbeschränkung erschöpfen, sondern muss darüber hinaus auch im Bereich des Privatrechts die Voraussetzungen für die Verwirklichung des Gemeinsamen Marktes schaffen. Die Marktintegration führt damit zu Politikintegration in dem Sinne, dass die für die Marktintegration erforderliche Liberalisierung des Wirtschaftsverkehrs einen gemeinsamen Politikverzicht der Mitgliedstaaten bedeutet.[370] Durch den Gemeinsamen Markt wird impliziert, dass Entscheidungsbefugnisse weg von nationalen Organen hin zu Gemeinschaftsorganen übertragen werden und die von den Gemeinschaftsorganen getroffenen Entscheidungen unmittelbar für die Bürger der Mitgliedstaaten verbindlich sind. Am Ende dieses Prozesses steht die zentrale politische Gestaltung von seiten der Gemeinschaftsorgane, die in bestimmten Bereichen die Kompetenz der Mitgliedstaaten zurückdrängt und teilweise sogar vollständig verdrängt.

Die Grundprinzipien eines Integrationsrechts lassen sich auf die Prinzipien der Freiheit, Gleichheit und Solidarität zurückführen.[371] In diesem Sinne geht es um den Schutz der Grundfreiheiten und die Gleichbehandlung von Personen, Gütern und Produktionsfaktoren. Das Solidaritätsprinzip beinhaltet zum einen die Sicherung der Homogenität der Teilnehmer der Integration hinsichtlich ihrer wirtschaftlichen Möglichkeiten und zum anderen die Übernahme bestimmter Verhaltenspflichten durch die Mitgliedstaaten als Glieder der Gemeinschaft. Die Sicherung der Homogenität erfolgt dabei über den Einsatz verteilungspolitischer Instrumente wie Regionalpolitik, Entwicklungspolitik, Sozialpolitik oder Maßnahmen des Finanzausgleichs, deren Bezugspunkt der materielle Gleichheitsgrundsatz ist. Der Beitrag des Rechts zur Integration besteht vor allem darin,

---

[368] Schweitzer/Hummer, Europarecht, Rn.1042
[369] Behrens, Integrationstheorie, RabelsZ 45 (1981), 8, 37
[370] Behrens, Integrationstheorie, RabelsZ 45 (1981), 8, 43
[371] van Themaat, RabelsZ 43 (1979), 632,644

dass Grundlagen geschaffen werden, die die Integration bis zu einem gewissen Grad vom wechselnden politischen Willen der Mitgliedstaaten unabhängig machen. Die wirtschaftliche Integration in der Gemeinschaft wurde mit dem Ziel betrieben, dass ihr Fortschreiten automatisch eine politische Integration nach sich ziehen sollte (sog. Spill-over-Effekt).[372] Europäische Integration ist damit unter anderem die Angleichung der verschiedenen mitgliedstaatlichen Ordnungen hin auf ein einheitliches Rechtssystem.[373] Damit ist keine totale Vereinheitlichung oder eine vollkommene Gleichheit der Lebensverhältnisse gemeint, wohl aber eine Annäherung in dem Sinne, dass ein gewisser Sockel von gleichen Rechten in allen Mitgliedstaaten besteht. Dies wird in der Konsequenz zu einer Angleichung der Lebensverhältnisse und zu einer Beseitigung nationaler Unterschiede führen. Das von der Gemeinschaft verfolgte Integrationskonzept setzt vorrangig auf die Verwirklichung eines Gemeinsamen Marktes/Binnenmarktes und dabei insbesondere auf die Verwirklichung der Grundfreiheiten. Diese werden von den Bürgern der Mitgliedstaaten in Anspruch genommen und bewirken eine Verbindung der Märkte. Recht hat die Aufgabe, die Integrationspolitik zu entfalten und zu verteidigen. Recht wird aber wohl dort keinen Integrationsfortschritt erzielen können, wo der politische Wille zur Integration fehlt. Mit anderen Worten kann das Recht die Integration zwar begleiten, sichern und vorantreiben, aber zu einer Weiterentwicklung alleine nicht beitragen.
Das Integrationskonzept der Gemeinschaft setzt auf die möglichst uneingeschränkte, grenzüberschreitende Privatautonomie als treibende Kraft zur Verwirklichung der Integration.[374] Die Rechtsangleichung spielt in diesem Zusammenhang eine zentrale Rolle, denn über die Schaffung eines einheitlichen Mindestsockels von Rechten werden die Bürger ihre Grundfreiheiten verstärkt wahrnehmen und somit zum Voranschreiten der Integration beitragen. Rechtsangleichung ist damit selbst Teil der Integration und Integrationsmittel zugleich.

Rechtsangleichung ist damit in einem zweiten Schritt durch ihren sowohl integrationsbezogenen als auch sachbezogenen Charakter gekennzeichnet.[375] Es wird eine rechtliche Lösung für ein nicht-rechtliches Problem gefunden werden. Wirtschafts-, sozial-, kultur- oder gesellschaftspolitische Probleme sollen auf rechtlicher Ebene gelöst werden. Denn in den einzelnen Mitgliedstaaten löst das Recht Probleme jeweils unterschiedlich, was auf unterschiedliche politische Zielvorstellungen und Wertigkeiten zurückzuführen ist. Mit Hilfe der Rechtsangleichung sollen nun diese unterschiedlichen politischen Ansätze vereinheitlicht werden, um das Ziel einer verstärkten Integration zu erreichen.

---

[372] Fischer/Köck, Europarecht, S.46
[373] Bleckmann/Pieper, in: Bleckmann, Europarecht, Rn.33
[374] Müller-Graff, in: ders./Zuleeg (Hrsg.): Staat und Wirtschaft in der EG, S.17, 27; Rittner, JZ 1990, 838, 841; Müller-Graff, NJW 1993, 13, 13; Baur, in FS Friauf, S.3, 5
[375] Schwartz, in: FS von der Groeben, S.333, 337

**c) Rechtspolitik**

Als bisheriger Schlusspunkt der Entwicklung der Rechtsangleichung ist die Schaffung binnenmarktunabhängiger Kompetenzen zu sehen, um eigenständige Schutzpolitiken auf zahlreichen Gebieten zu verfolgen. Dazu gehören unter anderem Umweltpolitik, Arbeitspolitik und auch die in den letzten Jahren verstärkt ins Blickfeld geratene Verbraucherschutzpolitik.

Rechtsangleichung hat die ihr zu Beginn zugewiesene Bedeutung eines rein marktintegrativen Instruments verloren und sich zu einem auch schutzpolitischen Instrument weiterentwickelt.

Die Tätigkeit der Gemeinschaft hat sich ausgedehnt und verfolgt zunehmend eigenständige Schutzpolitiken. Dies geschah zunächst unter dem Gesichtspunkt der Verwirklichung des Gemeinsamen Marktes.[376] Neben dieser Ausdehnung der Rechtsangleichungstätigkeit zur Herstellung des Gemeinsamen Marktes/Binnenmarktes verfolgte die Gemeinschaft aber zunehmend eigenständige Schutzpolitiken auf zahlreichen Gebieten, wie zum Beispiel der Umweltpolitik. Zahlreiche Rechtsakte, die überwiegend auf Art. 100 EGV (Art. 94 EG) bzw. Art. 235 EGV (Art.308 EG) gestützt waren, ergingen. Diese Praxis wurde im Hinblick auf mögliche Wettbewerbsverfälschungen durch unterschiedliche nationale Umweltstandards gebilligt.[377] Die Kompetenz der Gemeinschaft in der Umweltpolitik war jedoch nicht unumstritten.[378] Auf diese Kritik reagierend wurden mit den Art. 130 r bis t EGV (Art. 174-176 EG) binnenmarktunabhängige Kompetenzen geschaffen. Eine ähnliche Entwicklung ist im Sozialrecht und beim Verbraucherschutz zu verfolgen. Indem die Gemeinschaft mitgliedstaatliche Materien an sich zieht und den Mitgliedstaaten die Möglichkeit der Verwirklichung politischer Ziele nimmt, muss sie in der Lage sein, die Erfüllung der vormals staatlichen Aufgaben zu gewährleisten. Dazu gehört die Durchsetzung eigener politischer Ideen und Konzepte. Eine mitgliedstaatliche Politik wird durch eine gemeinschaftliche Politik ersetzt. Dieser Umstand erschwert den Prozess der Rechtsangleichung nicht unerheblich, kommt es doch zu einem Ringen zwischen Mitgliedstaaten und Gemeinschaft über die zu verfolgende Politik. Die Gemeinschaft hat dabei nie ein Programm zur Rechtsangleichung vorgelegt, in welchem sie beispielsweise langfristig zu verfolgende Politikziele niedergelegt hätte. Dieses Fehlen ist jedoch ausschließlich positiv zu bewerten, trägt es doch dem dynamischen Charakter der Rechtsangleichung Rechnung und gibt ihr die Möglichkeit, je nach Stand und Erfordernissen der Integration, die Vertragsziele zu verwirklichen und zu konkretisieren und damit die Integration voranzutreiben.

---

[376] Steindorff, Quo vadis Europa?, in: Weiterentwicklung der Europäischen Gemeinschaften und der Marktwirtschaft, S.11, 27ff

[377] EuGH, 18.3. 1980, Rs.92/79, Slg.1980, 1115 Rn.8 (Kommission/Italien); EuGH,18.3. 1980, Rs.91/79, Slg.1980, 1099 Rn.8 (Kommission/Italien)

[378] Darstellung bei Schröer, Die Kompetenzverteilung zwischen der Europäischen Wirtschaftsgemeinschaft und ihren Mitgliedstaaten auf dem Gebiet des Umweltschutzes, S.20ff

Rechtspolitik und Integrationsfaktor stellen zwei untrennbar verschränkte Elemente der Rechtsangleichung dar, die sich gegenseitig bedingen. Der Integrationsfaktor ist als Ausgangspunkt der Rechtspolitik zu sehen, denn durch die verstärkte Regelung vormals mitgliedstaatlicher Materien durch die Gemeinschaft im Zuge einer immer weiter voranschreitenden Integration musste die Gemeinschaft eigene politische Konzepte entwickeln, um die Erfüllung der vormals mitgliedstaatlichen Aufgaben zu gewährleisten. Die Entwicklung gemeinschaftlicher rechtspolitischer Konzepte und ihre geschickte Verfolgung aber wirkt auf die Integration zurück und trägt zu einem Integrationsfortschritt bei. Dies wird sich besonders im Zuge der Erweiterung der Gemeinschaft und der durch den Verfassungsvertrag eingeräumten Austrittsmöglichkeit verdeutlichen. Die Bereithaltung überzeugender rechtspolitischer Konzepte auf Gemeinschaftsebene kann dazu beitragen, dass die Rechtsangleichung ihre Integrationsaufgabe erfüllt. Über einen angemessenen Integrationsfortschritt lassen sich desintegrierende Wirkungen wie der Austritt von Mitgliedstaaten oder eine dauerhafte verstärkte Zusammenarbeit Einzelner vermeiden. Gerade der rechtspolitische Aspekt der Rechtsangleichung wird in Zukunft eine immer stärkere Bedeutung erlangen.

## 2. Zusammenfassung

Der marktintegrativen Rechtsangleichung wurden demnach verschiedene Funktionen zugewiesen: Die Beseitigung von Hemmnissen für die Grundfreiheiten und den Wettbewerb und im weiteren Verlauf die Wahrnehmung eigenständiger Politikaufgaben, die jedoch noch mit der Herstellung des Gemeinsamen Marktes/Binnenmarktes verknüpft waren. Als Schlusspunkt dieser Entwicklung ist dann die Schaffung binnenmarktunabhängiger Kompetenzen zu sehen.

Das integrationspolitische Defizit des bloßen Diskriminierungsverbots und der unmittelbaren Anwendbarkeit der Grundfreiheiten sollte durch das Instrument der Rechtsangleichung kompensiert werden. Rechtsangleichung soll die Rolle eines Motors der Integration übernehmen. Aus diesem Grund trat zu der ursprünglichen Ausrichtung auf die Beseitigung von Hindernissen für den Wirtschaftsverkehr die Verfolgung weiterer Ziele, die nicht wirtschaftlicher Art waren. Die Gemeinschaft bewertet nationale Regelungen und ersetzt diese durch gemeinschaftsrechtliche Regelungen. Im Zuge dieser Re-Regulierung kommt es zu einer Verlagerung der Regulierungskompetenz von den Mitgliedstaaten auf die Gemeinschaft.

Es gilt nun, diese tatsächliche Entwicklung rechtlich nachzuverfolgen und zu bewerten. Dabei stellt sich die Frage, welche Merkmale Rechtsangleichung auszeichnen und wie sie zu definieren ist.

### 3. Negative Rechtsangleichung

Maßnahmen der Rechtsangleichung können in zunächst zwei Gruppen unterteilt werden. Zum einen in Maßnahmen, die marktintegrativ sind und zum anderen in Maßnahmen, die eine Schutzpolitik verfolgen. Bei genauerer Betrachtung lässt sich jedoch noch eine dritte Gruppe ausmachen.

Die unmittelbare Anwendbarkeit des Primärrechts hat auf die nationalen Rechtsordnungen eine liberalisierende und deregulierende Wirkung. Die Grundfreiheiten wirken sich nachhaltig auf die nationalen Rechtsordnungen aus, weil die Mitgliedstaaten die gemeinschaftsrechtlichen Vorgaben zu berücksichtigen haben. Nationale Vorschriften, die den Grundfreiheiten widersprechen oder eine handelshemmende Wirkung haben, sind nicht anwendbar.

Normen wie Art. 12 EG und die unmittelbare Anwendbarkeit der Grundfreiheiten führen faktisch zu einer Rechtsangleichung, indem sie bestimmte Verbote aufstellen. Dies unterfällt im eigentlichen Sinn nicht der Rechtsangleichung, denn es kommt nicht positiv zum Erlass einer Maßnahme, sondern es wird nur mitgliedstaatliches Recht über den Vorrang des primären Gemeinschaftsrechts unanwendbar.
Zudem wirken das allgemeine Diskriminierungsverbot und die Grundfreiheiten auch dergestalt, dass durch ein fortwirkendes Verbot eine Sperrwirkung für abweichendes nationales Recht besteht und einmal angeglichenes Recht sich nicht wieder auseinanderentwickeln darf. Sie dienen damit auch der Zustandssicherung der Entwicklung des Gemeinschaftsrechts. Diese Zustandssicherung wird mit dem Begriff des acquis communautaire beschrieben. Einmal Erreichtes darf nicht unterschritten werden.
Die Unanwendbarkeit entgegenstehenden nationalen Rechts und die Zustandssicherung führen zu einer faktischen Rechtsangleichung, denn bestimmte Anforderungen müssen von allen mitgliedstaatlichen Rechtsordnungen erfüllt werden. Diese faktische Rechtsangleichung kann als negative Rechtsangleichung bezeichnet werden.[379]

Die negative Rechtsangleichung bedarf aber häufig der Intervention des Richters, der das nationale Recht für mit Gemeinschaftsrecht unvereinbar erklärt. Über die Auslegung und Anwendung auch und vor allem des Primärrechts wird die negative Rechtsangleichung erst ermöglicht. Dieses bedarf aber der Ausfüllung und Ausgestaltung durch den Gerichtshof.

---

[379] Verschiedene Autoren differenzieren ebenfalls zwischen negativer und positiver RA: Curtin/Mortelmans, in: FS Schermers, S.423, 435; Klauer, Die Europäisierung des Privatrechts, 23f; Wilmowsky, RabelsZ 56 (1992), 521, 528

Art. 12 EG und die Grundfreiheiten in ihrer Ausgestaltung durch den EuGH haben in erheblichem Maße zur Integration und zur Errichtung eines Binnenmarktes beigetragen. Allerdings verläuft die negative Rechtsangleichung ungeplant und wirkt nur verdrängend. Übereinstimmendes Gemeinschaftsrecht wird durch die Unanwendbarkeit mitgliedstaatlicher Bestimmungen unmittelbar nicht erreicht. Negative Rechtsangleichung bezieht sich ferner nicht insgesamt auf unmittelbar anwendbares Gemeinschaftsrecht, sondern allein auf Primärrecht. Zu beachten ist zudem, dass die Grundfreiheiten nur auf grenzüberschreitende Sachverhalte Anwendung finden. Unterschiedliche Regelungen für rein innerstaatliche Sachverhalte können demgegenüber grundsätzlich aufrechterhalten werden.

Die negative Rechtsangleichung hat keine gemeinschaftsweite positive Rechtsangleichung zur Folge. Zu einer gemeinschaftsrechtlich begründeten Harmonisierung bedarf es positiver Maßnahmen der Gemeinschaft auf Grundlage einer Angleichungsermächtigung. Negative Rechtsangleichung bestimmt lediglich, dass die beanstandete konkrete Maßnahme eines bestimmten Mitgliedstaates sowie alle identischen Maßnahmen anderer Mitgliedstaaten unanwendbar sind.

### 4. Reaktive und aktive Rechtsangleichung

Es stellt sich nun die Frage, ob die entfallenen nationalen Regulierungen ohne Ersatz bleiben und ein Wettbewerb der Rechtssysteme entsteht oder ob sie durch eine Re-Regulierung auf europäischer Ebene ersetzt werden.

Nach dem „Neuen Konzept" der Rechtsangleichung soll die Gemeinschaft lediglich die Harmonisierung der Schutzgüter aus Art. 30 EG und den „zwingenden Erfordernissen" betreiben. Der Gemeinschaft sind darüber hinaus aber auch Kompetenzen zur autonomen Verfolgung von Schutzpolitiken zugewiesen, die sie über die Festsetzung von Qualitätsstandards, Sicherheits- und Schutzbestimmungen verfolgt.
Das Primärrecht hat damit einerseits eine liberalisierende, de-regulierende Wirkung auf die nationalen Rechtsordnungen, andererseits entfaltet Gemeinschaftsrecht vor allem im Bereich des Sekundärrechts eine re-regulierende Wirkung, in dem Maßnahmen zur Verwirklichung des Marktes sowie Maßnahmen zur Durchsetzung einer bestimmten Politik erlassen werden.
Maßnahmen der Rechtsangleichung können demnach in Maßnahmen unterteilt werden, die marktintegrativ sind und in Maßnahmen, die eine Schutzpolitik verfolgen.

Insbesondere Steindorff[380] prägte dafür die Unterscheidung zwischen aktiver und reaktiver Rechtsangleichung.
Reaktive Rechtsangleichung ist durch die Beseitigung von Hindernissen für die Grundfreiheiten und von Störungen des Binnenmarktes gekennzeichnet,[381] die nicht bereits über die negative Rechtsangleichung beseitigt werden können. Sie reagiert auf die Störung der Grundfreiheiten und auf Handelshemmnisse, die aus unterschiedlichen nationalen Regelungen entstehen und die im Rahmen eines Regelungsvorbehalts aufrechterhalten werden dürfen. Diese Störungen sind nicht bereits unmittelbar verboten, sondern rechtfertigen sich durch das Vorliegen eines Regelungsvorbehalts.
Mit Blick auf die Grundfreiheiten ergibt sich damit ein abgestufter Angleichungsbedarf. Nachdem die Rechtsprechung des EuGH die unmittelbare Anwendbarkeit der Grundfreiheiten festgestellt hat, existieren staatliche Normen, die zwar die Grundfreiheiten beschränken, aber zur Verfolgung eines legitimen Bedürfnisses erforderlich sind und damit Bestand haben. Dazu zählen Normen, die gemäß den „zwingenden Erfordernissen" der Cassis-Rechtsprechung oder nach Art. 30 EG gerechtfertigt sind. Diese Normen können nur im Wege der Rechtsangleichung aufgehoben werden. Diese Form der Rechtsangleichung unterfällt der reaktiven Rechtsangleichung, denn es geht um den umfassenden Schutz der Grundfreiheiten. Hindernisse der Grundfreiheiten, die nicht nach Maßgabe des Primärrechts gerechtfertigt sind, werden im Wege der negativen Rechtsangleichung durch Anwendung der Grundfreiheiten unanwendbar. Auf der nächsten Stufe bedarf es der reaktiven Rechtsangleichung, um gerechtfertigte nationale Normen zum Schutz der Grundfreiheiten und mit Hilfe eines umfassenden Regulierungssystems anzugleichen.

Der Unterschied zwischen negativer und reaktiver Rechtsangleichung besteht darin, dass bei reaktiver Rechtsangleichung positiv Normen zum Schutz der Grundfreiheiten und für die Errichtung des Marktes erlassen werden, während die negative Rechtsangleichung durch Beschränkung der mitgliedstaatlichen Regulierungsgewalt allein zur Unanwendbarkeit nationaler Normen führt.

Die Verwirklichung der Grundfreiheiten hat eine sehr wichtige Funktion für das Funktionieren von Binnenmarkt und Gemeinsamen Markt. Die Gewährleistung dieses Funktionierens zählt zu den Hauptaufgaben der Gemeinschaft. Die reaktive Rechtsangleichung weist eine stark marktintegrative Funktion auf. Als reaktive Rechtsangleichung wird im Folgenden Rechtsangleichung verstanden, die auf den Gebieten des Gemeinsamen Marktes erfolgt. Dazu zählt Rechtsangleichung für die Beseitigung von Hindernissen für die Grundfreiheiten und von Störungen des Binnenmarktes sowie in den Politikbereichen, die dem Gemein-

---

[380] Steindorff, Quo vadis Europa?, in: Weiterentwicklung der Europäischen Gemeinschaft und der Marktwirtschaft, S.11, 24; ders., EG-Vertrag und Privatrecht, 1996, S.390ff
[381] Steindorff, Quo vadis Europa?, in: Weiterentwicklung der Europäischen Gemeinschaft und der Marktwirtschaft, S. 11, 24

samen Markt unterfallen. Der Begriff der reaktiven Rechtsangleichung meint dabei nicht, dass in diesem Rahmen nur reagiert werden könnte. Es wird noch zu zeigen sein, dass die reaktive Rechtsangleichung nicht allein auf eine Reaktion auf Störungen beschränkt ist. Im Vordergrund steht aber dennoch das Reagieren auf bestehende oder zu erwartende Störungen.

Innerstaatliche Normen, die nicht in den Anwendungsbereich der Grundfreiheiten fallen, können die Entfaltung dieser auch nicht behindern. Auch in diesem Bereich kann es jedoch ein Bedürfnis nach Rechtsangleichung geben, wenn die der Gemeinschaft übertragene Verfolgung einer Schutzpolitik eine Angleichung erforderlich macht. Dieser letzte Bereich zählt zur aktiven Rechtsangleichung.

Die aktive Rechtsangleichung stellt sich als die Verfolgung von Schutzpolitiken dar.[382] Sie gestaltet aktiv die mitgliedstaatlichen Rechtsordnungen. Sie greift auf intensive Weise in die mitgliedstaatlichen Rechtssysteme ein, in dem sie eigenständige Politiken verfolgt. Der Hauptzweck der aktiven Rechtsangleichung liegt bei der Verfolgung einer Schutzpolitik. Inwieweit sie daneben zur Beseitigung von Störungen für die Grundfreiheiten oder den Wettbewerb führen kann, wird noch zu erörtern sein.

Reaktive Rechtsangleichung weist folglich einen Bezug zum Gemeinsamen Markt oder Binnenmarkt auf, während dieser Bezug bei der aktiven Rechtsangleichung, jedenfalls als Hauptzweck, fehlt.

### a) Zulässigkeit der aktiven Rechtsangleichung

Fraglich ist aber, ob bei Fehlen eines Marktbezugs Rechtsangleichung überhaupt zulässig ist.
Aktive Rechtsangleichung ergibt sich nicht aus der Aufgabenzuweisung des Art. 3 lit. h EG, denn dort ist die Rechtsangleichung nur im Zusammenhang mit dem Funktionieren des Gemeinsamen Marktes erwähnt und nicht im Zusammenhang mit der Verfolgung eigenständiger Politiken. Diese sind zwar selbst erwähnt, es wird aber nicht deutlich, dass sie mittels der Rechtsangleichung zu verfolgen wären. Aktive Rechtsangleichung findet an dieser Stelle des Vertrages keine Erwähnung.
Daraus folgt, dass sie einer gesonderten Legitimation bedarf.
Es ist nun zu fragen, woraus sich diese Legitimation ergeben kann.
Als Legitimationsquelle in Betracht kommt die Verleihung einer Kompetenz in den Politikbereichen, die nicht zum Gemeinsamen Markt gehören. Dazu zählen

[382] Vergleichbarer Ansatz bei Steindorff, Quo vadis Europa?, in: Weiterentwicklung der Europäischen Gemeinschaft und der Marktwirtschaft, S.24; ders., EG-Vertrag und Privatrecht, S.394f; ders., Grenzen der EG-Kompetenzen, S.94f

insbesondere Sozialpolitik, Gesundheitspolitik, Verbraucherschutz und Umweltpolitik. Die Kompetenz der Gemeinschaft in diesen Bereichen ist grundsätzlich als Förderkompetenz ausgestaltet, wobei die Umweltpolitik eine Ausnahme bildet. Die Förderkompetenz wird dabei zum Teil mit dem ausdrücklichen Ausschluss einer Rechtsangleichungskompetenz versehen (so in Art. 137 II lit. a, 152 IV lit. c EG). In den ausdrücklich ausgenommenen Bereichen besteht damit keine Kompetenz für eine aktive Rechtsangleichung. Aus diesem Grund besitzt die Gemeinschaft im Bereich der Beschäftigungspolitik sowie im Rahmen der allgemeinen und beruflichen Bildung und der kulturellen Zusammenarbeit auch keinerlei Rechtsangleichungskompetenz. Diese ist in den genannten Bereichen explizit und umfassend ausgeschlossen (vgl. Art. 129, 149 IV, 150 IV und 151 V EG).

Der ausdrückliche Ausschluss der Rechtsangleichung legt den Schluss nahe, dass in den nicht vom Ausschluss betroffenen Bereichen eine Kompetenz besteht. So wird beispielsweise in Art. 152 IV und Art. 153 III lit. b EG der Erlass von „Maßnahmen" vorgesehen. Eine Kompetenz zur aktiven Rechtsangleichung könnte unter diesem Gesichtspunkt in Betracht kommen. Der Begriff der Maßnahme eröffnet die Möglichkeit zum Erlass von rechtlich verbindlichen Akten.[383] Über die freie Wahl der Handlungsform kann als Maßnahme auch eine Maßnahme der Rechtsangleichung erlassen werden.[384] Damit erfasst die Gemeinschaftskompetenz in diesen Bereichen den Erlass von Maßnahmen der aktiven Rechtsangleichung. Diesem Ergebnis entspricht auch das tatsächliche Vorgehen der Gemeinschaft sowie die allgemeine Auffassung in der Literatur. Die Zulässigkeit der aktiven Rechtsangleichung, auch wenn sie nicht als solche bezeichnet wird, wird allgemein nicht in Zweifel gezogen. Diese Frage wird in aller Regel nicht einmal aufgeworfen. So wurde Art. 175 EG explizit mit dem Ziel in den Vertrag eingeführt, eine Kompetenzgrundlage im Bereich des Umweltrechts zu erlassen, um weitere Diskussionen über eine Ermächtigung aus Art. 94 EG zu vermeiden.[385]
Die Aufzählung der Normen, die heute als Kompetenz zum Erlass von Maßnahmen der Rechtsangleichung herangezogen werden, ist demnach lang,[386] denn vor allem in den Bereichen der Sozialpolitik, des Gesundheits- und Verbraucherschutzes sowie der Umweltpolitik kann harmonisiert werden.

In besonders abgegrenzten Teilgebieten erfasst die Gemeinschaftskompetenz somit den Erlass von Maßnahmen der aktiven Rechtsangleichung. Dies ist der Fall im Rahmen der Art. 137 II lit. b, 152 IV lit. a und b, 153 III lit. b EG.

---

[383] Stuyck, CMLR 2000, 367, 387
[384] Schmidt, in: von der Groeben/Schwarze, Art.249 EG Rn.21
[385] Franzen, Privatrechtsangleichung, S.105
[386] Vgl. Schwartz, in: FS von der Groeben, S.333, 333ff; Schwarze/ Herrnfeld, EU, Art.94 Rn.5; Calliess/Ruffert/Kahl, EUV/EGV, Art.94 Rn.8

Art. 153 III lit. a EG verleiht hingegen keine Kompetenz zur aktiven Rechtsangleichung, sondern verweist auf die Möglichkeit des Erlasses von Maßnahmen gestützt auf Art. 95 EG, der jedoch einen Bezug zum Binnenmarkt voraussetzt. Im Bereich der Umweltpolitik sind der Gemeinschaft die weitreichendsten Befugnisse erteilt worden. Art. 175 EG verleiht der Gemeinschaft eine umfassende Kompetenz , ohne dass eine Rechtsangleichung in einigen Bereichen ausgeschlossen würde.

Aktive Rechtsangleichung ist damit im Unterschied zur reaktiven Rechtsangleichung nicht als explizite Aufgabe ausgestaltet, aber in den Bereichen, in denen sie nicht ausdrücklich ausgeschlossen ist, ist sie auf Grund der freien Wahl der Handlungsform auch zulässig.

**b) Präventive Harmonisierung im Rahmen der aktiven Rechtsangleichung**

Die Zuweisung der Kompetenzen im Bereich der aktiven Rechtsangleichung erfolgt weniger eindeutig und schwächer legitimiert als die Kompetenzzuweisung im Bereich der reaktiven Rechtsangleichung.
Es stellt sich daher die Frage, ob im Bereich der aktiven Rechtsangleichung die Voraussetzungen für eine Rechtsangleichung enger gefasst sein müssen und insbesondere die Zulässigkeit einer präventiven Rechtsangleichung ausgeschlossen werden muss.

Grundsätzlich wird die präventive Rechtsangleichung, das heißt eine Rechtsangleichung bei Fehlen von mitgliedstaatlichen Regelungen im anzugleichenden Bereich, wie bereits erörtert,[387] als zulässig erachtet.

Die Argumentation, dass Störungen für den Markt grundsätzlich auch aus dem Fehlen jeglicher Regelung resultieren können,[388] kann im Rahmen der aktiven Rechtsangleichung jedoch keine Gültigkeit beanspruchen, da es hier gerade nicht um die Beseitigung von Störungen für den Markt geht.

Ferner ist zu beachten, dass die Bereiche der aktiven Rechtsangleichung mit Ausnahme des Umweltschutzes und Teilen der Sozialpolitik grundsätzlich als Beitragskompetenz ausgestaltet sind. Das bedeutet, dass die Kompetenz der Gemeinschaft ausdrücklich auf die Ergänzung der Tätigkeit der Mitgliedstaaten beschränkt ist.[389] Dabei sind die Regelungsmaterien und die Handlungsformen teilweise eingeschränkt (teilweiser Ausschluss der Rechtsangleichung). Dieser

---

[387] Siehe C. VII.

[388] Eiden, Die Rechtsangleichung gemäß Art.100 des EWG-Vertrages, S.18f; Taschner, in: von der Groeben/Schwarze, Art.94 EG Rn.33f; Geiger, EUV/EGV, Art.94 Rn.8; Langeheine, in: Grabitz/Hilf, EGV, Altband, Art.100 Rn.21

[389] Streinz, Europarecht, Rn.134

Ausfluss des Prinzips der begrenzten Einzelermächtigung muss sich auch im Bereich der Rechtsangleichung niederschlagen. Eine Ergänzung der Tätigkeit der Mitgliedstaaten ist begrifflich nur da möglich, wo bereits eine Tätigkeit entfaltet wurde. Art. 153 III lit. b EG spricht dementsprechend auch explizit von Maßnahmen zur Unterstützung, Ergänzung und Überwachung der Politik der Mitgliedstaaten. Dies setzt das Bestehen einer Politik voraus. Dabei ist das Erfordernis nicht dahingehend auszulegen, dass eine Tätigkeit in allen Mitgliedstaaten zu verzeichnen sein muss. Ausreichend ist ein Tätigwerden einzelner Mitgliedstaaten. Als zulässig zu erachten ist auch eine Angleichung in Bereichen, in denen es bisher keine Regelungen gab, wenn die gemeinschaftsrechtliche Regelung an nationale Regelungen anknüpft.[390]

Ein weiterer Gesichtspunkt für den Ausschluss der präventiven Rechtsangleichung im Rahmen der aktiven Rechtsangleichung ist der Verhältnismäßigkeitsgrundsatz des Art. 5 III EG. Dieser beschränkt die Wahl der Handlungsform und zieht somit eine Grenze für die aktive Rechtsangleichung. Zwar erkennt der EuGH dem Rat einen weiten Ermessensspielraum zu, dies insbesondere dann, wenn es sich „um ein Gebiet handelt, auf dem der Gesetzgeber sozialpolitische Entscheidungen zu treffen und komplexe Abwägungen zu tätigen hat",[391] was lediglich zu einer gerichtlichen Überprüfung von offensichtlichen Irrtümern, Ermessensmissbrauch und offenkundiger Überschreitung von Ermessensgrenzen führt. Trotzdem verpflichtet Art. 5 III EG zur Wahl des mildesten Mittels.[392] Daraus ist der Grundsatz abzuleiten, dass die Gemeinschaft sich im Bereich erforderlich werdender verbindlicher Maßnahmen auf solche beschränken muss, die die mitgliedstaatliche Souveränität am weitestgehendsten schonen.[393] Das bedeutet, dass im Falle einer erforderlichen Rechtsangleichung die Methode zu wählen ist, welche die geringste Intensität aufweist. Eine präventive Rechtsangleichung, egal mit welcher Intensität sie betrieben wird, ist aber immer ein erheblicher Eingriff in die mitgliedstaatliche Souveränität, weil die Gemeinschaft eine Kompetenz ausübt, noch bevor der Mitgliedstaat sie ausgeübt hat. Ihre Zulässigkeit lässt sich nur ausnahmsweise mit der Beseitigung von Hindernissen für den Markt rechtfertigen. Eine solche Rechtfertigung kommt aber im Bereich der aktiven Rechtsangleichung nicht in Betracht. Damit stellt die präventive Rechtsangleichung einen Ausnahmefall dar, der eng auszulegen ist.

---

[390] Ebenso Stuyck, CMLR 2000, 367, 387

[391] EuGH, 9.11. 1995, Rs.C-426/93, Slg.1995, I-3723 Rn.42 (Deutschland/Rat); EuGH, 12.11. 1996, Rs.C-84/94, Slg.1996, I-5755 Rn.58 (Vereinigtes Königreich/Rat); EuGH, 13.5.1997, Rs. C-233/94, Slg.1997, I-2405 Rn.54ff (Deutschland/EP und Rat)

[392] EuGH, 11.7. 1989, Rs.265/87, Slg.1989, 2237 Rn.21 (Schräder); Geiger, EUV/EGV, Art.5 Rn.14; von Bogdany/Nettesheim, in: Grabitz/Hilf, EGV, Altband, Art.3b Rn.42; Jarass, Grundfragen, S.29; Langguth, in: Lenz, EUV/EGV, Art.5 Rn.36f

[393] Ebenso Calliess/Ruffert/Calliess, EUV/EGV, Art.5 Rn.52

Die Gemeinschaftskompetenzen sollen nur ergänzend zu denen der Mitgliedstaaten treten. Die Gefahr von Schutzlücken erscheint zudem kalkulierbar, weil eine Anknüpfung an mitgliedstaatliche Regelungen der Gemeinschaft nicht verwehrt ist.

Für den Fall des Fehlens jeglicher Regelung kann die Gemeinschaft keine völlig neuen Anliegen verfolgen. Insbesondere im Bereich der aktiven Rechtsangleichung ist diese Grenzziehung geeignet, der Gefahr einer Überregulierung wirksam zu begegnen. Die präventive Harmonisierung im Bereich der aktiven Rechtsangleichung ist nicht zulässig.

### 5. Fazit

Nicht alle Rechtsangleichungsmaßnahmen dienen somit noch der Zielsetzung des Art. 3 lit. h EG. Im Gegenteil verzichten die Kompetenzen in den Schutzpolitikbereichen auf eine Verknüpfung der Angleichungskompetenz mit dem Erfordernis der Verwirklichung des Marktes. Rechtsangleichung konzentriert sich also nicht länger nur auf die Verfolgung der Errichtung des Gemeinsamen Marktes, sondern berücksichtigt auch andere Zielvorgaben des Vertrages wie eine Verbesserung des Verbraucherschutzes (Art. 3 lit. t EG) oder die Erreichung eines hohen Gesundheitsschutzniveaus (Art. 3 lit. p EG).
Dieses Ergebnis korrespondiert mit der Auffassung, dass Rechtsangleichung nicht nur auf den Gemeinsamen Markt konzentriert sein sollte, sondern auch andere Zielvorgaben des Vertrages zu berücksichtigen hat.[394] Diese Berücksichtigung ist zulässig und rückt mit der fortschreitenden Realisierung der Märkte auch immer weiter in den Vordergrund. Die Gemeinschaft ist dazu übergegangen, verstärkt den Ausgleich divergierender Interessen sowie Schutzansprüche der Bürger mit Hilfe der Rechtsangleichung zu verfolgen. Dies ist wie gezeigt grundsätzlich zulässig und trägt auch dem sich wandelnden Selbstverständnis der Gemeinschaft Rechnung. Allerdings ist im Bereich der aktiven Rechtsangleichung eine präventive Harmonisierung ausgeschlossen. Dies folgt aus der Ausgestaltung der Kompetenz in den fraglichen Bereichen grundsätzlich nur als Beitragkompetenz sowie dem Verhältnismäßigkeitsprinzip.

---

[394] Schwarze/ Herrnfeld, EU, Art.94 Rn.36, 39

## 6. Allgemeine Kompetenzzuweisungen

Die Art. 94 ff EG sind die Grundnormen der Rechtsangleichung, ermöglichen sie doch eine Angleichung in allen Gebieten unter der Einschränkung der Erforderlichkeit für Gemeinsamen Markt oder Binnenmarkt. Sie sind zugleich die Normen, auf die Rechtsangleichungsmaßnahmen am häufigsten gestützt werden.

### a) Art. 94 EG

Art. 94 EG ist die Grundnorm der Rechtsangleichung.[395] Sie ist nur funktional begrenzt und kann in allen Sachbereichen soweit nicht ausdrücklich ausgeschlossen als Kompetenzgrundlage der Rechtsangleichung herangezogen werden. Voraussetzung dafür ist jedoch immer der unmittelbare Funktionszusammenhang mit dem Gemeinsamen Markt.

#### aa) Tatbestandsvoraussetzungen

#### (1) Angleichung der Rechts- und Verwaltungsvorschriften

Angeglichen werden können die „Rechts- und Verwaltungsvorschriften der Mitgliedstaaten". Diese Begriffe sind extensiv auszulegen.[396] Der Begriff „Rechtsvorschriften" meint alle staatlichen Gesetze im formellen und materiellen Sinn, aber auch die Organisationsnormen autonomer Träger öffentlicher Gewalt, Gewohnheitsrecht und Präjudizrechtsprechung.[397] Der Begriff der Verwaltungsvorschrift umschreibt allgemeine Anweisungen für nationale Verwaltungsbehörden.[398] Auch eine Verwaltungspraxis, die nicht auf Verwaltungsvorschriften beruht, unterfällt diesem Begriff, was sich bereits aus Sinn und Zweck des Art. 94 EG ergibt.[399] Technische Normen privater Normungsorganisationen unterfallen

---

[395] Oppermann, Europarecht, Rn.1208

[396] Schwarze/Herrnfeld, EU, Art.94 Rn.10; Klein, in: Handkommentar zum EUV/EGV, Stand 1991, Art.100 Rn.4

[397] Klein, in: Handkommentar zum EUV/EGV, Stand 1991, Art.100 Rn.5; Eiden, Die Rechtsangleichung gem. Art.100 des EWG-Vertrages, S.16; Calliess/Ruffert/Kahl, EUV/EGV, Art.94 Rn.6; Langeheine, in: Grabitz/Hilf, EGV, Altband, Art.100 Rn.16

[398] Langeheine, in: Grabitz/Hilf, EGV, Altband, Art.100 Rn.17; Calliess/Ruffert/Kahl, EUV/EGV, Art.94 Rn.6; Klein, in: Handkommentar zum EUV/EGV, Stand 1991, Art.100 Rn.6

[399] Langeheine, in: Grabitz/Hilf, EGV, Altband, Art.100 Rn.17; Calliess/Ruffert/Kahl, EUV/EGV, Art.94 Rn.6; Klein, in: Handkommentar zum EUV/EGV, Stand 1991, Art.100 Rn.6; Schwarze/Herrnfeld, EU, Art.94 Rn.10

ihm hingegen nur, wenn sie in staatliche Vorschriften aufgenommen werden oder eine staatliche Bestimmung sich auf sie bezieht.[400]
Voraussetzung einer Angleichungsmaßnahme ist nicht, dass in allen Mitgliedstaaten entsprechende Rechts- oder Verwaltungsvorschriften bestehen.[401] Auch bei materieller Gleichwertigkeit nationaler Regelungen kommt eine Rechtsangleichungsmaßnahme in Betracht, da es nach der Zielsetzung von Art. 94 EG allein um die Beseitigung einer Beeinträchtigung für den Gemeinsamen Markt geht.[402]

### (2) Unmittelbare Auswirkung auf Errichtung oder Funktionieren des Gemeinsamen Marktes

Dem Begriff des Gemeinsamen Marktes kommt in Art. 94 EG eine zentrale Bedeutung zu. Er bezeichnet einerseits den Anknüpfungspunkt der Angleichungsmaßnahmen und beschränkt diese andererseits über die Verknüpfung mit Art. 3 lit. h EG durch das Merkmal der Erforderlichkeit.

### (a) Der Begriff des Gemeinsamen Marktes

Der Gemeinsame Markt ist im Vertrag nicht definiert, was zahlreiche Abgrenzungsprobleme mit dem vertraglich definierten Binnenmarkt aufwirft.
Zur Abgrenzung gibt es im wesentlichen drei unterschiedliche Konzeptionen. Binnenmarkt und Gemeinsamer Markt seien (weitgehend) identisch[403], der Binnenmarkt reiche über den Gemeinsamen Markt hinaus[404] oder bleibe hinter diesem zurück.[405]

Ausgangspunkt müssen die Regelungen im Vertrag und die Definition des Binnenmarktes in Art. 14 II EG sein. Danach ist der Binnenmarkt gekennzeichnet durch „einen Raum ohne Binnengrenzen, in dem der freie Verkehr von Waren,

---

[400] Langeheine, in: Grabitz/Hilf, EGV, Altband, Art.100 Rn.18; Calliess/Ruffert/Kahl, EUV/EGV, Art.94 Rn.6; Klein, in: Handkommentar zum EUV/EGV, Stand 1991, Art.100 Rn.6; Schwarze/Herrnfeld, EU, Art.94 Rn.10

[401] Siehe dazu unter C. VII.

[402] Langeheine, in: Grabitz/Hilf, EGV, Altband, Art.100 Rn.10; Taschner, in: von der Groeben/Schwarze, Art.94 EG Rn.3; Calliess/Ruffert/Kahl, EUV/EGV, Art.94 Rn.7; Klein, in: Handkommentar zum EUV/EGV, Stand 1991, Art.100 Rn.7

[403] Langeheine, in: Grabitz/Hilf, EGV, Altband, Art.100a Rn.21ff; Kilian, Europäisches Wirtschaftsrecht, Rn.11f; Eiden in:Bleckmann, Europarecht, Rn.2127

[404] Dauses, EuZW 1990, 8, 10; Pipkorn/Bardenhewer-Rating/Taschner, in: von der Groeben/Schwarze, Art.14 EG Rn.6; von Bogdany, in: Grabitz/Hilf, EGV, Art.14 Rn.11; Steindorff, ZHR 1986, 687, 689; Müller-Graff, EuR 1989, 107, 125f

[405] Epiney, JZ 1992, 564, 567; Hayder, RabelsZ 53 (1989), 622, 639; Zacker, RIW 1989, 489, 490; ders., Kompendium Europarecht, S.74; Streinz, Europarecht, Rn.953

Personen, Dienstleistungen und Kapital gemäß den Bestimmungen dieses Vertrages gewährleistet ist.“ Diese Regelung benennt als Merkmale des Binnenmarktes zunächst ausdrücklich nur die Verwirklichung der Grundfreiheiten. Mangels einer Definition des Gemeinsamen Marktes im Vertrag lässt sich diesem nur wenig mehr zur Abgrenzung der Begriffe entnehmen.

Der EuGH hat zum Begriff des Gemeinsamen Marktes in mehreren Urteilen Stellung bezogen.[406] Danach stellt der Begriff des Gemeinsamen Marktes ab „auf die Beseitigung aller Hemmnisse im innergemeinschaftlichen Handel mit dem Ziele der Verschmelzung zu einem einheitlichen Markt, dessen Bedingungen demjenigen eines wirklichen Binnenmarktes möglichst nahe kommen“. Der Gerichtshof scheint somit von der Konzeption der weiteren Fassung des Binnenmarktes auszugehen.

Unter Berücksichtigung der Art. 2 und 3 EG dürfte unter den Begriff des Gemeinsamen Marktes neben der Verwirklichung der Grundfreiheiten auch die Schaffung einer Zollunion, der freie Wettbewerb und eine gemeinsame Landwirtschafts-, Verkehrs-, Fischerei- und Außenhandelspolitik fallen.[407]
In einigen Bereichen sind somit Binnenmarkt und Gemeinsamer Markt deckungsgleich. Der Binnenmarkt umfasst jedoch nicht die genannten Politikbereiche.
Bei Vorliegen eines Bezugs zum Gemeinsamen Markt kann eine Angleichung über den unmittelbar wirtschaftlichen Bereich hinaus auch auf anderen Gebieten wie der Sozialpolitik, dem Gesundheits- oder Umweltschutz erfolgen. Dieser weite Anwendungsbereich des Art. 94 EG wird dadurch eingeschränkt, dass für die Verwirklichung der Grundfreiheiten sowie zahlreiche Politiken spezielle Rechtsangleichungsvorschriften bestehen, die der Anwendung des Art. 94 EG vorgehen. Dies gilt auch gegenüber Art. 95 EG, so dass Art. 94 EG in dem sich überschneidenden Bereich von Binnenmarkt und Gemeinsamen Markt nur insoweit Anwendung findet, wie eine Anwendbarkeit von Art. 95 EG durch seine Bereichsausnahmen in Absatz 2 ausgeschlossen ist.
Die vorgenannte Diskussion wird mit Inkrafttreten des Verfassungsvertrags gegenstandslos, da dieser einheitlich nur noch den Begriff des Binnenmarktes verwendet.

#### (b) Das Unmittelbarkeitserfordernis

Voraussetzung des Art. 94 EG ist weiter eine unmittelbare Auswirkung der Rechts- und Verwaltungsvorschriften auf die Errichtung oder das Funktionieren

---

406 EuGH, 5.5. 1982, Rs.15/81, Slg.1982, 1409, Rn.33 (Gaston Schul); EuGH, 11.6. 1991, Rs.C-300/89, Slg.1991, I-2867, Rn.14 (Titandioxid)

407 Seidel, EuR 1979, 171, 177; Klein, in: Handkommentar zum EUV/EGV, Stand 1991, Art.100 Rn.9

des Gemeinsamen Marktes. Eine unmittelbare Auswirkung liegt immer dann vor, wenn die innerstaatlichen Normen die Grundfreiheiten behindern, wenn sie den Wettbewerb beeinträchtigen oder verfälschen oder wenn sie die gemeinsamen Politiken behindern.[408] Die an die Unmittelbarkeit zu richtenden Anforderungen sind nicht unstreitig, es ist jedoch zu fordern, dass ein störender Effekt für den Gemeinsamen Markt feststellbar ist,[409] die bloße Nützlichkeit von Angleichungsmaßnahmen ist hingegen nicht ausreichend.[410] Die Hemmnisse müssen spürbar sein und die Maßnahme muss tatsächlich den Zweck verfolgen, die Voraussetzungen für die Errichtung und das Funktionieren des Gemeinsamen Marktes zu verbessern.[411] Das Merkmal der unmittelbaren Auswirkung ist nicht im Sinne einer direkten Kausalbeziehung zu verstehen, sondern es ist auf Intensität und Sachnähe der Auswirkung abzustellen.[412] Nicht notwendig ist hingegen, dass die Beeinträchtigung aktueller Natur ist. Es reicht aus, dass eine Beeinträchtigung droht.[413] Bei der diesbezüglichen Einschätzung haben die Gemeinschaftsorgane einen Ermessensspielraum, der die gerichtliche Nachprüfbarkeit ihrer Entscheidungen reduziert.[414]
Das Unmittelbarkeitserfordernis schließt nicht aus, dass auch solche Normen von Angleichungsmaßnahmen erfasst werden, die selbst keine unmittelbare Auswirkung haben, aber in engem Zusammenhang mit sich unmittelbar störend auswirkenden Vorschriften stehen.[415] Voraussetzung dafür ist jedoch eine unlösbare Verbindung zwischen den sich unmittelbar auswirkenden Normen und den mit anzugleichenden Normen.
Der Begriff der Errichtung kennzeichnet den Aufbau des Gemeinsamen Marktes, der Begriff des Funktionierens beschreibt seine fortdauernde Wirkung nach Abschluss seiner Vollendung.[416] Die Wahl dieser Begrifflichkeiten verdeutlicht, dass die Aufgabe der Rechtsangleichung auf Dauer angelegt ist.

Dem Merkmal der unmittelbaren Auswirkung sollte eigentlich eine begrenzende Funktion zukommen, um den über den extensiven Begriff des Gemeinsamen Marktes eröffneten weiten Anwendungsbereich des Art. 94 EG einzuschränken.

---

[408] Schwarze/Herrnfeld, EU, Art.94 Rn.13ff; Langeheine, in: Grabitz/Hilf, EGV, Altband, Art.100 Rn.32; Schwartz, in: FS für Hallstein, S.474, 488

[409] Schwarze/Herrnfeld, EU, Art.94 Rn.15; Langeheine, in: Grabitz/Hilf, EGV, Altband, Art.100 Rn.32; Dauses, Hdb. EU-WirtschaftsR, Band 1, B II Rn.96

[410] So aber von der Groeben, NJW 1970, 359, 361; Vogelaar, CMLR 1975, 211, 214

[411] EuGH, 5.10.2000, Rs.C-376/98, Slg.2000, I-8498 Rn.84, 106 (Tabakwerbeverbot)

[412] Langeheine, in: Grabitz/Hilf, EGV, Altband, Art.100 Rn.33; Klein, in: Handkommentar zum EUV/EGV, Stand 1991, Art.100 Rn.13; Schwarze/Herrnfeld, EG, Art.94 Rn.15; Fischer, in: Lenz, EUV/EGV, Art .94 Rn.6

[413] EuGH, 16.12. 1976, Rs.33/76, Slg.1976, 1989 Rn.5 (REWE)

[414] Langeheine, in: Grabitz/Hilf, EGV, Altband, Art.100 Rn.36; Klein, in: Handkommentar zum EUV/EGV, Stand 1991, Art.100 Rn.13; Schwarze/Herrnfeld, EU, Art.94 Rn.15

[415] Taschner, in: von der Groeben/Schwarze, Art.94 EG Rn.38; Schwarze/Herrnfeld, EU, Art.94 Rn.15

[416] Taschner, in: von der Groeben/Schwarze, Art.94 EG Rn.39

Dies ist jedoch aufgrund der Auslegungsfähigkeit dieses Begriffes nur schwerlich möglich. Das darf jedoch nicht zur Annahme von sehr restriktiven Voraussetzungen bei der Definition des Begriffes der unmittelbaren Auswirkung führen, da aufgrund der Komplexität wirtschaftlicher Vorgänge ein Nachweis beispielsweise einer direkten Kausalität nahezu unmöglich ist.

### (c) Möglichkeit des Verbots von Tätigkeiten durch Maßnahmen der Rechtsangleichung

Es stellt sich ferner die Frage, ob und inwieweit Harmonisierungsmaßnahmen zum Zwecke der Förderung des Marktes auch Regelungen enthalten dürfen, durch die eine wirtschaftliche Tätigkeit verboten, beschränkt oder anderweitig belastet wird. Fraglich ist, inwieweit die der Verkehrsfreiheit verpflichteten marktintegrativen Harmonisierungskompetenzen auch als Basis für Maßnahmen mit überwiegend restriktiver und insofern gerade nicht liberalisierender Tendenz herangezogen werden können.

Vertreten wird dabei die Ansicht, die marktintegrativen Kompetenzen verliehen keine Befugnis zur freiheitsmindernden Intervention, sondern verlangten stets einen Gewinn an Freiheit infolge der Harmonisierung,[417] sowie die Auffassung, dass den Zielen des Binnenmarktes nicht widersprochen werden dürfe.[418]

Das Verbot mengenmäßiger Beschränkungen und Maßnahmen gleicher Wirkung gilt auch für Maßnahmen der Gemeinschaftsorgane.[419] Es ist jedoch anerkannt, dass der freie Warenverkehr durch Maßnahmen erleichtert werden kann, die den Verkehr bestimmter Waren verbieten, beschränken oder belasten.[420]

Ein umfassendes Verbot ist aber nur dann zulässig, wenn gleichzeitig ein weiteres Ziel des freien Warenverkehrs und ein Allgemeininteresse verfolgt wird. Ein Verstoß von Maßnahmen der Rechtsangleichung beispielsweise gegen Art. 28 EG muss sich selber aus den Gründen rechtfertigen lassen, die grundsätzlich für Verstöße gegen Art. 28 EG vorgesehen sind. Ein umfassendes Verbot ohne einen Beitrag zur Beseitigung von Hemmnissen der Grundfreiheiten ist nur dann möglich, wenn dies erforderlich ist, um die Umgehung bestimmter, diesem Ziel dienender Verbote zu verhindern.[421] Richtlinien, deren Bestimmungen den zwischenstaatlichen Verkehr behindern, sind an das Gebot der Verhältnismäßigkeit

---

[417] In diese Richtung Scholz/Langer, Europäischer Binnenmarkt und Energiepolitik, S.59, 215f; Steindorff, Grenzen der EG-Kompetenzen, S.92ff, 96ff, 104ff

[418] Am Beispiel der Tabakwerbeverbotsrichtlinie Schwartz, AfP1998, 553, 556; Kreile/Rahn, ZUM 1998, 820, 827

[419] EuGH, 17.5. 1984, Rs.15/83, Slg.1984, 2171 Rn.15 (Denkavit)

[420] Schlussanträge des GA Fennelly, EuGH, 5.10.2000, Rs.376/98, Slg.2000, I-8423 Rn.86 (Tabakwerbeverbot); EuGH, 13.5. 1997, Rs.C-233/94, Slg.1997, I-2405 Rn.48 (Einlagensicherung); Matthies, in: GS für Sasse, Bd. I, S.115, 126ff; EuGH, 9.8. 1994, Rs.C-51/93, Slg.1994, I-3879, 3899 Rn.13ff (Meyhui)

[421] EuGH, 5.10.2000, Rs.376/98, Slg.2000, I-8498 Rn.100 (Tabakwerbeverbot)

und ein sich aus Art. 5 III EG ergebendes Gebot der Erforderlichkeit gebunden. Dies ist selbst dann der Fall, wenn keine Grundfreiheit betroffen ist.
Das Verbot einer wirtschaftlichen Tätigkeit durch eine Harmonisierungsmaßnahme muss also zu einer Förderung des Marktes in einem anderen Bereich beitragen. Der EuGH hat die Richtlinie 98/43/EG zum Tabakwerbeverbot[422] unter anderem deshalb für nichtig erklärt, weil die Verbote der Tabakwerbung so ausgestaltet waren, dass kein Beitrag für den freien Warenverkehr geleistet wurde.[423]

Die Kompetenz für eine Maßnahme, die die wirtschaftliche Freiheit in einem Bereich einschränkt, ist dann gegeben, wenn die besondere Gewährleistung der Grundfreiheiten nicht betroffen ist und daher der Markt durch die Beschränkung keine Einbuße erleidet. Marktintegrative Kompetenzen sind nicht nur Kompetenzen zur Liberalisierung, sondern auch zur Regulierung. Wenn die Gemeinschaft Materien nationaler Rechtsetzung über die Rechtsangleichung vergemeinschaftet und damit die Möglichkeit der Mitgliedstaaten zur eigenständigen Regulierung zurückdrängt, dann muss die Gemeinschaft auch selbst in der Lage sein, die Erfüllung der vormals mitgliedstaatlichen Regulierungsaufgaben zu erfüllen.

### (3) Erforderlichkeit

Ungeschriebene Voraussetzung des Art. 94 EG ist die Erforderlichkeit der Rechtsangleichung. Dieses Merkmal ist geeignet, eine Einschränkung des Anwendungsbereiches von Art. 94 EG herbeizuführen. Es entspringt Art. 3 lit. h EG und ist über die Verknüpfung der Rechtsangleichung mit dem Gemeinsamen Markt im Rahmen des Art. 94 EG zu beachten. Es begrenzt die nach Art. 94 EG möglichen Angleichungsmaßnahmen.
Das Merkmal der Erforderlichkeit bedeutet zunächst, dass nicht alle Unterschiede in den Rechtsordnungen der Mitgliedstaaten mittels der Rechtsangleichung zu beseitigen sind. Allein die Unterschiedlichkeit mitgliedstaatlicher Normen führt nicht zu einer Angleichungsberechtigung. Insofern wird auf das Merkmal der unmittelbaren Auswirkung Bezug genommen, das spürbare und störende Auswirkungen auf den Markt verlangt.

Sofern den Erfordernissen des Gemeinsamen Marktes bereits durch eine gegenseitige Anerkennung gleichermaßen Geltung verschafft werden kann, ist eine Angleichung möglicherweise verzichtbar. Soweit die Mitgliedstaaten bereits aus Art. 28 EG verpflichtet sind, die Bestimmungen des Herkunftslandes gegenüber

---

[422] ABl. EG Nr.L 213/9 vom 30.7.1998
[423] EuGH, 5.10.2000, Rs.376/98, Slg.2000, I-8498 Rn.99f (Tabakwerbeverbot)

den eigenen als gleichwertig anzuerkennen, ist eingehend zu prüfen, ob eine Harmonisierung noch erforderlich ist.

Das Erforderlichkeitskriterium wirkt auf Tatbestandsebene als Begrenzung der Wahrnehmungskompetenz.

### bb) Verfahren

Rechtsangleichungsmaßnahmen nach Art. 94 EG können nur mittels Richtlinien erfolgen. Daneben kommen, wie sich aus der expliziten Erwähnung nur der Richtlinie ergibt, keine anderen Handlungsformen in Betracht.
Die Rechtsangleichungsrichtlinien müssen vom Rat auf Vorschlag der Kommission einstimmig beschlossen werden. Die Kommission besitzt dabei das alleinige Vorschlagsrecht. Der Kommissionsvorschlag bildet die unabdingbare Voraussetzung eines Tätigwerdens durch den Rat. Rat und Europäisches Parlament können die Kommission jedoch unverbindlich auffordern, tätig zu werden.[424] Daneben hat das Parlament die über Art. 192 EG eingeräumte Möglichkeit, die Kommission aufzufordern, geeignete Vorschläge zum Erlass eines Gemeinschaftsakts zu unterbreiten.
Europäisches Parlament und der Wirtschafts- und Sozialausschuss sind vor Erlass der Richtlinie anzuhören. Ein Verstoß gegen die Anhörungspflicht führt zur Nichtigkeit der Richtlinie.[425] Die Beteiligung einer demokratisch legitimierten Institution ist bei der Rechtsangleichung von besonderer Bedeutung, da im Ergebnis die Kompetenz der nationalen Parlamente und Gesetzgeber eingeschränkt werden kann, und zwar in Sachbereichen, in denen der Gemeinschaft nicht ausdrücklich eine ausschließliche Zuständigkeit übertragen wurde.
Die genannten Verfahrensvoraussetzungen gelten grundsätzlich auch bei der nachträglichen Änderung von rechtsangleichenden Richtlinien, die auf Art. 94 EG gestützt sind. In der Praxis wird von diesem Grundsatz jedoch in bestimmten Fällen zu Gunsten vereinfachter Verfahren abgewichen.
Dabei kommt zum einen eine Selbstermächtigung des Rates in Betracht, wonach der Rat sich in der grundlegenden Richtlinie selbst ermächtigt, spätere Änderungen ohne grundlegende Bedeutung mit qualifizierter Mehrheit zu beschließen. Dies kommt jedoch nur in dem Umfang in Betracht, in dem der Rat auch gemäß Art. 202 EG Durchführungsbefugnisse an die Kommission übertragen könnte.[426] Grundlegende Entscheidungen sind immer vom Rat nach dem Verfahren des Art. 94 EG zu treffen.[427] Problematisch ist in diesem Zusammenhang die Delegation von Ausgestaltungsbefugnissen für Rahmen-Richtlinien an die Kom-

---

[424] Langeheine, in: Grabitz/Hilf, EGV, Altband, Art.100 Rn.42
[425] EuGH, 29.10. 1980, Rs.138/79, Slg.1980, 3333 Rn.33 (Roquette)
[426] Seidel, KSE Band 11, S.733, 758
[427] EuGH, 17.12. 1970, Rs.25/70, Slg.1970, 1161, 1172 (Köster)

mission. Insoweit dürfte der Bereich der Durchführung von Rechtsakten des Rates überschritten sein.[428]
Ein besonderes Ad-hoc-Verfahren ist in Teil IV des Allgemeinen Programms zur Beseitigung technischer Handelshemmnisse für die Anpassung von Richtlinien an den technischen Fortschritt vorgesehen.[429] Danach können Richtlinien bestimmen, dass die Anpassung von gewissen Bestimmungen im Wege eines Ausschussverfahrens vorgenommen wird. Für die betreffende Materie wird bei diesem Ad-hoc-Verfahren ein Ausschuss aus Vertretern der Mitgliedstaaten gebildet, dessen Vorsitz ein Vertreter der Kommission führt. Dieser unterbreitet dem Ausschuss einen Vorschlag über die Anpassungsmaßnahmen, der mit qualifizierter Mehrheit gemäß Art. 205 II EG zustimmen kann. Im Falle einer Zustimmung erlässt die Kommission die von ihr vorgeschlagenen Maßnahmen. Im Falle einer Ablehnung oder bei Nichtzustandekommen einer Stellungnahme muss die Kommission den Vorschlag dem Rat vorlegen. Der Rat hat dann innerhalb von drei Monaten die Möglichkeit, ebenfalls mit qualifizierter Mehrheit über den Vorschlag zu entscheiden. Vom Einstimmigkeitserfordernis der grundlegenden Richtlinie wird hier auch im Rat abgewichen. Trifft der Rat innerhalb von drei Monaten keine Entscheidung, so erlässt die Kommission die Richtlinie.[430]
An diesem Ausschussverfahren wird das Europäische Parlament nicht beteiligt.

Sowohl die Möglichkeit zur Selbstermächtigung des Rates als auch, in noch größerem Umfang, das Ausschussverfahren erscheinen nicht ganz unbedenklich. Entscheidungen über technische Regelungen besitzen zum Teil eine erhebliche wirtschaftliche Bedeutung. Zudem kommt es zu einer Umgehung des Einstimmigkeitserfordernisses. Auf der anderen Seite haben die Vertreter der Mitgliedstaaten im Rat der Richtlinie und der in ihr enthaltenen Möglichkeit einer Selbstermächtigung oder eines Ausschussverfahrens zugestimmt.
Die Möglichkeit einer schnellen Anpassung von Richtlinien an den technischen Fortschritt scheint die Bedenken noch aufzuwiegen.

---

[428] Seidel, KSE Band 11, S.733, 757

[429] Entschließung des Rates vom 28.5.1969 über die Anpassung der Richtlinien zur Beseitigung der technischen Hemmnisse im Warenverkehr, die sich aus Unterschieden in den Rechts- und Verwaltungsvorschriften der Mitgliedstaaten ergeben, an den technischen Fortschritt, ABl. EG Nr. C76/8 vom 17.6. 1969; Haag, in: BBPS, Rn.718; Langeheine, in: Grabitz/Hilf, EGV, Altband, Art.100 Rn.52; Bruha/Münch, NJW 1987, 542, 544

[430] Beispielsweise Art.11-13 der Richtlinie des Rates vom 6.2.1970 zur Angleichung der Rechtsvorschriften der Mitgliedstaaten über die Betriebserlaubnis von Kraftfahrzeugen und Kraftfahrzeuganhängern, ABl. EG Nr. L 42/1 vom 23.2. 1970

### b) Art. 95 EG

Art. 95 EG wurde als Art. 100a EGV durch die Einheitliche Europäische Akte in den Vertrag eingefügt und sollte ursprünglich den Binnenmarkt verwirklichen. Er steht in engem Zusammenhang mit Art. 14 EG, die dort gesetzte Frist bewirkte jedoch nicht das Außer-Kraft-Treten von Art. 95 EG mit dem 31.12.1992.[431] Art. 95 EG ist wie Art. 94 EG nur funktional begrenzt und eine weitere Generalrechtsangleichungsnorm. Anknüpfungspunkt des Art. 95 EG ist nicht der Gemeinsame Markt, sondern der Binnenmarkt.
Wesentliche Merkmale des Art. 95 EG im Vergleich zu Art. 94 EG sind die Beschlussfassung im Verfahren des Art. 251 EG, der Ausschluss bestimmter Sachgebiete sowie eine Verpflichtung auf ein hohes Schutzniveau in bestimmten Bereichen.
Als Ausgleich für die Abkehr vom Einstimmigkeitserfordernis des Art. 94 EG sieht Art. 95 EG in Abs. 4 und 5 die Möglichkeit vor, über die Angleichungsmaßnahme hinaus einzelstaatliche Bestimmungen beizubehalten oder einzuführen.

#### aa) Tatbestandsvoraussetzungen des Absatzes 1 und die Bereichsausnahme in Absatz 2

##### (1) Subsidiaritätsklausel

Art. 95 I 1 EG stellt zum einen klar, dass Art. 95 EG für seinen Anwendungsbereich die Rechtsangleichungskompetenz des Art. 94 EG verdrängt. Eine Rechtsangleichung nach Art. 95 EG ist aber nur möglich, „soweit in diesem Vertrag nichts anderes bestimmt ist". Die Grundnorm des Art. 95 EG tritt danach selber hinter spezielleren marktintegrativ ausgerichteten Angleichungskompetenzen zurück.

##### (2) Angleichung der Rechts- und Verwaltungsvorschriften

Der Begriff der Rechts- und Verwaltungsvorschriften ist ebenso wie in Art. 94 EG zu verstehen und meint somit neben förmlichen Gesetzen auch alle sonstigen staatlichen Normativakte. Ebenso wie bei Art. 94 EG ist nicht erforderlich, dass bereits Rechts- und Verwaltungsvorschriften bestehen. Eine präventive Rechtsangleichung ist im Anwendungsbereich von Art. 95 EG zulässig.[432] Nicht nur die Beseitigung bestehender Hindernisse für den Markt ist möglich, sondern auch Maßnahmen zur Vorbeugung der Entstehung neuer Hindernisse. Dies un-

---

[431] Ganz h.M., vgl. Dauses, EuZW 1990, 8, 11; Schwarze/Herrnfeld, EU, Art.95 Rn.3; Pipkorn/Bardenhewer- Rating/Taschner, in: von der Groeben/Schwarze, Art.95 EG Rn.6; Langeheine, in: Grabitz/Hilf, EGV, Altband, Art.100a Rn.10

[432] Schwarze/Herrnfeld, EU, Art.95 Rn.22

terliegt jedoch der Einschränkung, dass die Entstehung solcher Hindernisse wahrscheinlich ist und die Maßnahme ihrer Vermeidung gilt.[433]
Der EuGH hat in seiner Entscheidung zur Tabakwerbeverbotsrichtlinie ausgeführt, dass ein auf Grundlage von Art. 95 EG erlassener Rechtsakt tatsächlich den Zweck haben muss, die Voraussetzungen für die Errichtung und das Funktionieren des Binnenmarktes zu verbessern.[434] Unterstrichen wurde in diesem Urteil auch das Erfordernis der Spürbarkeit der Wettbewerbsverzerrungen.[435] Damit ist verdeutlicht worden, dass allein das Bestehen von unterschiedlichen nationalen Regelungen noch keine Angleichung unter dem Gesichtspunkt der Marktförderlichkeit erlaubt.

### (3) Errichtung und Funktionieren des Binnenmarktes

Der Anwendungsbereich des Art. 95 EG ist ebenfalls funktional bestimmt, und zwar durch die Errichtung und das Funktionieren des Binnenmarktes. Während Art. 94 EG sich also am Gemeinsamen Markt ausrichtet, richtet sich Art. 95 EG am Binnenmarkt aus. Die Abgrenzung der Anwendungsbereiche macht sich an der Definition von Gemeinsamem Markt und Binnenmarkt fest. Der Binnenmarkt ist in Art. 14 EG definiert und umfasst zunächst ebenso wie der Gemeinsame Markt die effektive Ausübung der Grundfreiheiten. Während der Gemeinsame Markt durch die Verfolgung weiterer Politikbereiche gekennzeichnet ist, ist der Binnenmarkt neben der Beseitigung von Hindernissen für die Grundfreiheiten auf die Abschaffung der Grenzkontrollen für Personen und Waren und einen unverfälschten Wettbewerb gerichtet.[436] Aufgrund der funktionalen Kompetenzzuweisung ermöglicht Art. 95 EG Rechtsangleichungsmaßnahmen auch in flankierenden Bereichen. Dies steht jedoch immer unter der Voraussetzung, dass die Errichtung oder das Funktionieren des Binnenmarktes verbessert wird. Eine unterschiedliche Integrationstiefe kann den Begriffen des Gemeinsamen Marktes und des Binnenmarktes hingegen nicht entnommen werden.[437] Aufgrund der teilweisen Identität der Bereiche des Binnenmarktes und des Gemeinsamen Marktes betrifft die Angleichung gemäß Art. 95 EG im wesentlichen die gleichen Sachgebiete wie die auf Grundlage des Art. 94 EG. Im Rahmen seines Anwendungsbereichs verdrängt die Vorschrift damit weitgehend die des Art. 94 EG.

---

[433] EuGH, 5.10.2000, Rs.C-376/98, I-8499 Rn.86 (Tabakwerbeverbot); EuGH, 13.7.1995, Rs.C-350/92, Slg.1995, I-1985 Rn.35 (Spanien/Rat); EuGH, 9.10.2001, Rs.C-377/98, Slg.2001, I-7079 Rn.15 (Niederlande/Parlament und Rat)

[434] EuGH, 5.10.2000, Rs.C-376/98, Slg.2000, I-8499 Rn.84 (Tabakwerbeverbot)

[435] EuGH, 5.10.2000, Rs.C-376/98, Slg.2000, I-8499 Rn.106 (Tabakwerbeverbot)

[436] Langeheine, in: Grabitz/Hilf, EGV, Altband, Art.100a Rn.20; Schwarze/Herrnfeld, EU, Art.95 Rn.5f; Reich, EuZW 1991, 203, 207; Pipkorn/Bardenhewer- Rating/Taschner, in: von der Groeben/Schwarze, Art.95 EG Rn.16ff

[437] a.A. Langeheine, in: Grabitz/Hilf, EGV, Altband, Art.100a Rn.21

Art. 95 EG ist nicht nur Rechtsgrundlage für den ursprünglichen Erlass einer Angleichungsmaßnahme, sondern kann auch bei Änderung und Anpassung der ursprünglichen Maßnahme herangezogen werden. Dies ist sogar bei auf Art. 94 EG gestützten Richtlinien möglich, sofern diese einen Binnenmarktbezug haben und nicht unter die Bereichsausnahmen des Art. 95 II EG fallen.[438]

#### (4) Erforderlichkeit

Art. 95 EG enthält nicht das Erfordernis einer unmittelbaren Auswirkung der Rechts- und Verwaltungsvorschriften. Die bloße Nützlichkeit einer Maßnahme ist aber auch im Rahmen des Art. 95 EG nicht ausreichend.[439] Es käme anderenfalls aufgrund der rein funktionalen Begrenzung des Art. 95 EG zu einer unzulässigen Ausweitung der Gemeinschaftsbefugnisse.

#### (5) Rechtsnatur der Maßnahmen

Im Unterschied zu Art. 94 EG ergibt sich aus dem Tatbestand des Abs. 1 keine Einschränkung hinsichtlich der Handlungsformen. Der Erlass der Rechtsangleichungsmaßnahmen kann sich also neben der Richtlinie auch in Form einer Verordnungen erfolgen, die im Anwendungsbereich ihrer unmittelbar geltenden Bestimmungen entgegenstehendes nationales Recht verdrängt. Im Rahmen des Art. 95 EG kommen daneben auch an die Mitgliedstaaten gerichtete Entscheidungen, vom Rat zu erlassende Beschlüsse und Empfehlungen in Betracht. Diese Handlungsformen werden jedoch nur im Ausnahmefall für eine Rechtsangleichung ausreichend sein.

In der von der Regierungskonferenz verabschiedeten Erklärung zu Art. 100a EGV heißt es allerdings, dass die Kommission bei ihren Vorschlägen der Rechtsform der Richtlinie den Vorzug geben wird, „wenn die Angleichung in einem oder mehreren Mitgliedstaaten eine Änderung gesetzlicher Vorschriften erfordert“. Diese Erklärung ist zwar bei der Auslegung von Art. 95 EG zu berücksichtigen, entfaltet aber keine verbindliche Rechtswirkung.[440] Bei der Wahl der Rechtsform ist den Gemeinschaftsorganen ein Beurteilungsspielraum eingeräumt, dessen Grenzen sich aus der zu regelnden rechtlichen Materie ergeben.

Die Wahl der Verordnung als Handlungsform bietet sich immer da an, wo die bloße Ausrichtung des nationalen Rechts aufgrund seiner beschränkten territori-

---

[438] Langeheine, in: Grabitz/Hilf, EGV, Altband, Art.100a Rn.47; Schwarze/Herrnfeld, EU, Art.95 Rn.23

[439] Ebenso Calliess/Ruffert/Kahl, EUV/EGV, Art.95 Rn.11; Schwarze/Herrnfeld, EU, Art.95 Rn.25

[440] Pipkorn/Bardenhewer- Rating/Taschner, in: von der Groeben/Schwarze, Art.95 EG Rn.69; Langeheine, in: Grabitz/Hilf, EGV, Altband, Art.100a Rn.13

alen Geltung keine befriedigende Lösung ermöglicht.[441] Die Verordnung ist im Unterschied zur Richtlinie unmittelbar anwendbar und begründet Rechte und Pflichten sowohl für den Einzelnen als auch für die Mitgliedstaaten. Dies erscheint vorteilhaft gegenüber den zum Teil langen Umsetzungsfristen einer Richtlinie. Die Richtlinie ist hingegen das flexiblere und für den nationalen Gesetzgeber schonendere Mittel der Rechtsangleichung, erlaubt sie doch eine Anpassung an die besonderen Verhältnisse in den verschiedenen Mitgliedstaaten.

### (6) Bereichsausnahmen (Absatz 2)

Der Anwendungsbereich des Art. 95 I EG wird in Absatz 2 durch einige Bereichsausnahmen eingeschränkt. Ausgenommen sind danach Rechtsangleichungsmaßnahmen im Bereich der Steuern, der Freizügigkeit sowie der Rechte und Interessen der Arbeitnehmer. In diesen Bereichen ist neben den speziellen Kompetenzgrundlagen Art. 94 EG anwendbar.
Die Bereichsausnahmen sind als Ausnahmeregelungen eng auszulegen.[442] Abzustellen ist auf den wesentlichen Regelungsgehalt der Maßnahme, so dass Art. 95 EG als Rechtsgrundlage in Betracht kommt, wenn die Maßnahme auch eine Regelung enthält, die der Bereichsausnahme unterfällt, aber nicht substantiell ist.[443] Ausgeschlossen ist ein Rückgriff aber bei jeder substantiellen Regelung, die einen in Absatz 2 genannten Bereich betrifft.

### (a) Steuern

Für die Angleichung der direkten Steuern ist auf Art. 94 EG zurückzugreifen. Indirekte Steuern sind über Art. 93 EG anzugleichen. Beide Rechtsgrundlagen unterfallen dem Einstimmigkeitserfordernis.

### (b) Freizügigkeit

Rechtsangleichung im Bereich der Freizügigkeit erfolgt über die speziellen Kompetenzen in den Art. 40, 44, 46 und 47 EG sowie den Art. 52 und 55 EG. Die Maßnahmen zur Erleichterung des Personenverkehrs unterfallen nicht Art. 95 EG, obwohl der freie Personenverkehr ausdrücklicher Bestandteil des Binnenmarktes ist.

---

[441] Schwartz, in: FS von der Groeben, S.333, 365
[442] Pipkorn/Bardenhewer- Rating/Taschner, in: von der Groeben/Schwarze, Art.95 EG Rn.53; Schwarze/Herrnfeld, EU, Art.95 Rn.16
[443] Pipkorn/Bardenhewer- Rating/Taschner, in: von der Groeben/Schwarze, Art.95 EG Rn.54

### (c) Rechte und Interessen der Arbeitnehmer

Auch hier scheiden bereits aufgrund der Spezialität bestimmter Vorschriften wie Art. 39 ff EG und Art. 137 EG einige Sachbereiche von vorneherein aus, ohne dass es der Bereichsausnahme bedurft hätte. Im Vordergrund der Bereichsausnahme stehen arbeits- und sozialrechtliche Aspekte.[444] Regelungen über Sicherheit und Gesundheit der Arbeitnehmer unterfallen der Bereichsausnahme hingegen nicht.[445]

## bb) Verfahren des Absatzes 1

Das Vorschlagsrecht für Maßnahmen der Rechtsangleichung gemäß Art. 95 EG obliegt der Kommission. Unter den Voraussetzungen des Art. 192 II EG hat das Europäische Parlament die Möglichkeit, die Kommission zur Vorlage eines Vorschlags aufzufordern. Das Initiativrecht der Kommission ist deshalb bedeutsam, weil der Rat nach Art. 250 I EG einen Vorschlag der Kommission nur einstimmig ändern kann. Etwas anderes ist nur im Vermittlungsverfahren unter den Voraussetzungen des Art. 251 IV, V EG möglich.

Auch der Rat kann die Kommission gemäß Art. 208 EG auffordern, einen Vorschlag vorzulegen. Für den Bereich des Gesundheitsschutzes räumt Art. 95 VIII EG sogar einem einzelnen Mitgliedstaat ein Aufforderungsrecht ein.

Im Unterschied zu Art. 94 EG, der lediglich eine Anhörung des Europäischen Parlaments vorsieht, werden Maßnahmen nach Art. 95 I EG im Mitentscheidungsverfahren des Art. 251 EG und nach Anhörung des Wirtschafts- und Sozialausschusses erlassen. Die Anwendung des Mitentscheidungsverfahrens hat zu einer Stärkung des Europäischen Parlaments geführt, was Bedenken wegen der rein funktionalen Begrenzung des Art. 95 EG und der Gefahr eines Souveränitätsverlustes der Mitgliedstaaten ausräumen sollte.

Der Rat entscheidet im Rahmen des Art. 95 EG mit qualifizierter Mehrheit. Wird vom Vorschlag der Kommission abgewichen, gilt jedoch gemäß Art. 250 I EG das Einstimmigkeitserfordernis. Dies ist auch bei Festlegung eines gemeinsamen Standpunktes anzunehmen, wenn vom Vorschlag der Kommission abgewichen wird, um zu vermeiden, dass das Gewicht des Initiativrechts der Kommission ausgehöhlt wird.[446]

---

[444] Langeheine, in: Grabitz/Hilf, EGV, Altband, Art.100a Rn.31; Klein, in:Handkommentar zum EUV/EGV, Stand 1991, Art.100a Rn.5

[445] Calliess/Ruffert/Kahl, EUV/EGV, Art.95 Rn.6; Langeheine, in: Grabitz/Hilf, EGV, Altband, Art.100a Rn.31; Schwarze/Herrnfeld, EU, Art.95 Rn.19; Pipkorn/Bardenhewer-Rating/Taschner, in: von der Groeben/Schwarze, Art.95 EG Rn.65

[446] Langeheine, in: Grabitz/Hilf, EGV, Altband, Art.100a Rn.36; Schwarze/Schoo, EU, Art.251 Rn.22

**cc) Schutzniveauklausel (Absatz 3)**

Nach Art. 95 III EG geht die Kommission bei ihren Vorschlägen nach Absatz 1 in den Bereichen Gesundheit, Sicherheit, Umweltschutz und Verbraucherschutz von einem hohen Schutzniveau aus. Diese Klausel, die nur eine Selbstverständlichkeit zu wiederholen scheint, ist Ausfluss der Befürchtung einiger Mitgliedstaaten, dass durch Rechtsangleichung hohe nationale Standards herabgesetzt werden könnten.[447] Ihre Bedeutung ergibt sich zum einen aus dem Umstand, dass die Schutzniveauklausel eine Rechtspflicht statuiert,[448] und zum anderen aus der Tatsache, dass eine Abschwächung von Vorschlägen der Kommission gemäß Art. 250 I EG nur einstimmig erfolgen kann.

Ferner kann davon ausgegangen werden, dass die Festlegung auf ein hohes Schutzniveau im Sinne des Absatzes 3 einen Rückgriff auf die Ausnahmebestimmungen der Absätze 4 und 5 weitestgehend ausschließt.

Schutzniveauklauseln finden sich noch an anderen Stellen des Vertrages, so in Art. 152 I , Art. 153 I und Art. 174 II EG. Art. 95 III EG konkretisiert Art. 2 sowie Art. 6, Art. 152 I und Art. 153 II.

An die Schutzniveauklausel sind dabei nicht nur die Kommission, sondern auch das Europäische Parlament und der Rat im Rahmen ihrer Befugnisse gebunden. Die aus Absatz 3 folgende Rechtspflicht ist ergebnisbezogen zu verstehen, die Maßnahme hat somit tatsächlich ein hohes Schutzniveau zu erreichen. Das Erfordernis eines hohen Schutzniveaus ist nicht gleichbedeutend mit dem höchsten faktischen oder potentiellen Schutzniveau.[449] Dies ergibt sich aus der Existenz von Schutzverstärkungsklauseln wie Art. 95 IV, V EG.[450] Das hohe Schutzniveau ist auch mit den übrigen Erfordernissen der Errichtung und Sicherung des Binnenmarktes in Einklang zu bringen. Dazu zählt etwa die wirtschaftliche Zumutbarkeit einer Maßnahme oder der Umfang der vorzunehmenden Anstrengungen im Sinne des Art. 15 EG, wobei im Rahmen des Art. 15 EG auch die Möglichkeit besteht, auf Ausnahmeregelungen zurückzugreifen. Der Umfang der vorzunehmenden Anstrengungen kann daher Berücksichtigung finden, darf aber nicht dazu führen, dass das hohe Schutzniveau nicht mehr erreicht wird. Es kommt beispielsweise auch eine schrittweise Harmonisierung in Betracht.

Bei der Beurteilung des Schutzniveaus steht den Gemeinschaftsorganen ein gerichtlich überprüfbarer Ermessensspielraum zu.[451] Die Rechtspflicht betrifft

---

[447] Zur Entstehungsgeschichte der Klausel siehe De Ruyt, L'acte Unique Européen, S.170

[448] Langeheine, in: Grabitz/Hilf, EGV, Altband, Art.100a Rn.55; Pipkorn/Bardenhewer-Rating/Taschner, in: von der Groeben/Schwarze, Art.95 EG Rn.75; Schwarze/Herrnfeld, EU, Art.95 Rn.31; Calliess/Ruffert/Kahl, EUV/EGV, Art.95 Rn.15

[449] Schwarze/Herrnfeld, EU, Art.95 Rn.33; Calliess/Ruffert/Kahl, EUV/EGV, Art.95 Rn.16

[450] EuGH, 13.5. 1997, Rs.C-233/94, Slg.1997, I-2405 Rn.48 (Deutschland/Parlament und Rat); EuGH, 14.7. 1998, Rs. C-284/95, Slg.1998, I-4301 Rn.49 (Safety Hi-Tech); EuGH, 14.7. 1998, Rs.C-341/95,Slg.1998, I-4355 Rn.47 (Bettati)

[451] Langeheine, in: Grabitz/Hilf, EGV, Altband, Art.100a Rn.55; Pipkorn/Bardenhewer-Rating/Taschner, in: von der Groeben/Schwarze, Art.95 EG Rn.79

nicht nur den erstmaligen Vorschlag einer Maßnahme, sondern kann auch eine Anpassung des Vorschlags an neue Erkenntnisse während des laufenden Rechtssetzungsverfahrens zum Gegenstand haben.[452] Die Schutzniveauklausel gilt nur für Angleichungsmaßnahmen nach Art. 95 I EG. Sie gilt ferner nur für die dort genannten Bereiche.
Bei der Bestimmung des hohen Schutzniveaus sind „alle auf wissenschaftliche Ergebnisse gestützten neuen Entwicklungen zu berücksichtigen". Dies schränkt die Möglichkeit des Erlasses neuer nationaler Vorschriften gemäß Absatz 5 erheblich ein, denn diese setzt ihrerseits neue wissenschaftliche Erkenntnisse voraus, die dann notwendigerweise noch neuer sein müssen als die Erkenntnisse, die zum Zeitpunkt des Erlasses der Harmonisierungsmaßnahme vorlagen.
Der Begriff des Umweltschutzes entspricht dem der Art. 174 ff EG. Der Begriff der Gesundheit deckt sich mit dem Gesundheitsbegriff in Art. 30 EG, der Verbraucherschutzbegriff ist gleichbedeutend mit dem des Art. 153 EG. Der Begriff der Sicherheit meint hingegen nicht die öffentliche Sicherheit im Sinne von Art. 30, 46 EG, sondern die technische Sicherheit von Produkten, Produktionseinrichtungen und Dienstleistungen.[453]

#### dd) Beibehaltung einzelstaatlicher Bestimmungen (Absatz 4)

Nach erfolgter Rechtsangleichung ist es den Mitgliedstaaten grundsätzlich nicht gestattet, nationale Bestimmungen, die von der Rechtsangleichungsmaßnahme abweichen, aufrecht zu erhalten. Dies gilt auch für eine Rechtfertigung nach Art. 30 EG. Eine Ausnahme von diesem Grundsatz eröffnet die Schutzverstärkungsklausel des Art. 95 IV EG. Dieser räumt einzelnen Mitgliedstaaten die Möglichkeit ein, unter bestimmten Voraussetzungen auf nationaler Ebene eine im Vergleich zu den gemeinschaftsrechtlichen Vorgaben strengere Regelung beizubehalten, die durch wichtige Erfordernisse im Sinne des Art. 30 EG oder durch den Schutz der Arbeitsumwelt oder den Umweltschutz gerechtfertigt sind.
Die sogenannte Schutzverstärkungsklausel wurde ursprünglich als Ausgleich für die Aufgabe des Einstimmigkeitsprinzips in Art. 95 EG geschaffen.[454] Die Vorschrift soll zwar durch die Festlegung auf ein hohes Schutzniveau in Absatz 3 nur einen eingeschränkten Anwendungsbereich erhalten, sie dient aber einzelnen Mitgliedstaaten als Grundlage für die Möglichkeit der Beibehaltung hoher nationaler Standards. Hintergrund der sogenannten „opting-out-clause" des Art. 95 IV EG ist der Gedanke einer abgestuften Integration oder eines Europas der unterschiedlichen Geschwindigkeiten. Die Klausel des Art. 95 IV EG sieht die Möglichkeit eines Abweichens aus nicht-wirtschaftlichen Gründen nach oben

---

[452] Pipkorn/Bardenhewer- Rating/Taschner, in: von der Groeben/Schwarze, Art.95 EG Rn.75
[453] Pipkorn/Bardenhewer- Rating/Taschner, in: von der Groeben/Schwarze, Art.95 EG Rn.72; Pescatore, EuR 1986, 153, 160; Ehlermann, CMLR 1987, 361, 388; Müller-Graff, EuR 1989, 107, 136
[454] Langeheine, in: Grabitz/Hilf, EGV, Altband, Art.100a Rn.57

vor. Sie ist damit das Gegenstück zu Art. 15 EG, der ein Abweichen nach unten aus wirtschaftlichen Gründen vorsieht.
Voraussetzung der Anwendbarkeit ist eine auf Grundlage des Absatzes 1 ergangene Angleichungsmaßnahme. Auf Rechtsangleichungskompetenzen außerhalb von Art.95 EG kann Absatz 4 unstreitig nicht unmittelbar zur Anwendung kommen. Diskutiert wird jedoch eine analoge Anwendung der Klausel im Bereich des Umwelt- und Gesundheitsschutzes. Im Wege einer Gesamtanalogie aus Art. 30, Art. 95 IV, V, Art. 137 V, Art. 152 IV lit. a, Art. 176 wird eine allgemeine Supplementierungsregel angenommen, die eine Schutzverstärkung in den genannten Bereichen erlaube, falls diese mit dem Vertrag vereinbar ist und notifiziert wurde.[455] Diesem Ansatz liegt die Sorge eines nicht ausreichenden Schutzniveaus vor allem im Bereich des Umweltschutzes zugrunde, weil in zahlreichen Kompetenzgrundlagen, die auch im Bereich des Umweltschutzes Anwendung finden, keine Möglichkeit einer nationalen Schutzverstärkung vorgesehen ist. Befürchtet wird die Aushebelung mitgliedstaatlicher Umweltschutzpotentiale, weil gemeinschaftsrechtliche Regelungen im Bereich des Umweltschutzes häufig nur Mindestregelungen enthielten.[456]

Dieser Versuch der Etablierung eines hohen Umweltschutzniveaus ist im Ergebnis aber abzulehnen. Aus dem Vertrag ergibt sich an keiner Stelle ein Anhaltspunkt für eine planwidrige Regelungslücke. Zudem sind die opting-out-clauses als Ausnahmebestimmungen eng auszulegen,[457] was gegen die Möglichkeit der Annahme einer Gesamtanalogie spricht. Es besteht ferner die Gefahr, dass über ein zwar hehres Motiv ein dauerhaftes Auseinanderdriften der Mitgliedstaaten herbeigeführt wird.[458]

In der ursprünglichen Fassung des Art. 100a IV EGV wurde nahezu jede Voraussetzung kontrovers diskutiert. Eine der bislang umstrittensten Fragen, nämlich ob nach Absatz 4 lediglich bestehende Regelungen beibehalten werden können oder ob auch der Erlass neuer Vorschriften möglich ist, wurde mit der Neufassung des Art. 95 IV EG dahingehend entschieden, dass die Möglichkeit des Erlasses neuer Vorschriften unter qualifizierten Bedingungen in Absatz 5 explizit geregelt wurde. Umstritten ist nunmehr der Zeitpunkt für die Frage der Abgrenzung zwischen Absatz 4 und 5. Zu folgen ist der Ansicht, die als maß-

[455] Kahl, Umweltprinzip und Gemeinschaftsrecht, S.257ff; Pernice, Die Verwaltung 1989, 1, 15; Calliess/Ruffert/Kahl, EUV/EGV, Art.95 Rn.23
[456] Kahl, Umweltprinzip und Gemeinschaftsrecht, S.257, 263
[457] Calliess/Ruffert/Kahl, EUV/EGV, Art.95 Rn.22a; ständige Rspr.; EuGH, 25.1. 1977, Rs.46/76, Slg.1977, 5, 15 (Bauhuis); GA Saggio, Schlussantrag zu EuGH, 1.10.1998, Rs.C-127/97, Slg. 1998, I-6005 Rn.22 ( Burstein); ders., Schlussantrag zu EuGH,1.6. 1999, Rs.C-319/97, Slg.1999, I-3143 Rn.23f (Kortas)
[458] Epiney/Möllers, Nationaler Umweltschutz, S.60 ff

geblichen Zeitpunkt den Erlass des gemeinschaftlichen Rechtsaktes annimmt.[459] Dies ergibt sich aus verschiedenen Überlegungen. Zum einen wird in den Absätzen 4 und 5 bereits der Begriff des Erlasses der Harmonisierungsmaßnahme verwendet, der ebenfalls in Art. 251 EG verwendet wird und klar besetzt ist.[460] Zum anderen besteht nach der hier vertretenen Ansicht zur Vorwirkung von Richtlinien bereits ab Erlass einer Maßnahme eine gewisse Sperrwirkung für die Einführung neuer nationaler Regelungen. Mit dieser Ansicht unvereinbar wäre die Annahme, die Abgrenzung erfolge mit dem Zeitpunkt des Ablaufs der Umsetzungsfrist, denn die gemeinschaftsrechtlichen Maßnahmen entfalten nicht erst mit Ablauf der Umsetzungsfrist Wirkung.

Der Vertrag von Amsterdam hat weiterhin Klarstellung dahingehend gebracht, dass auch bei Harmonisierungsmaßnahmen der Kommission die Möglichkeiten des Absatz 4 eröffnet sind. Dies ist auch im Rahmen der Durchführung von Harmonisierungsmaßnahmen durch die Kommission gemäß Art. 202 3. Spiegelstrich EG anzunehmen.
Klarstellung erfolgte auch hinsichtlich des Streits bezüglich der Anwendung der Klausel bei einstimmig beschlossenen Maßnahmen. Auf das Abstimmungsverhalten des alleingangsbereiten Mitgliedstaates kommt es nicht an, da der Hinweis auf eine qualifizierte Mehrheit in Absatz 4 weggefallen ist. Daraus folgt, dass auch ein Mitgliedstaat, der für die Maßnahme gestimmt hat, sich auf die Klausel berufen kann.
Auch Mitgliedstaaten, die erst nach Verabschiedung einer Rechtsangleichungsrichtlinie beigetreten sind, haben die Möglichkeit sich auf die Schutzverstärkungsklausel zu berufen.[461]

Als Rechtfertigungsgründe für das Beibehalten nationaler Bestimmungen, die ein höheres Schutzniveau aufweisen, kommen nur die in Art. 95 IV EG ausdrücklich aufgeführten nicht-wirtschaftlichen Gründe in Betracht, Verbraucherschutz und Lauterkeit des Handelsverkehrs scheiden damit als Rechtfertigungsgründe aus.[462] Die Beweislast für das Vorliegen der Gründe trägt der abweichende Mitgliedstaat.[463] Die Rechtfertigung des Beibehaltens nationaler Normen ist anhand objektiver Kriterien zu überprüfen, insbesondere die Verhältnismäßigkeit der nationalen Norm ist in Anlehnung an die zu Art. 30 EG entwickelten

---

459 Vgl. Calliess/Ruffert/Kahl, EUV/EGV, Art.95 Rn.30; a.A. Schwarze/Herrnfeld, EU, Art.95 Rn.56

460 Vgl. Calliess/Ruffert/Kahl, EUV/EGV, Art.95 Rn.30

461 EuGH, 1.6. 1999, Rs.C-319/97, Slg.1999, I-3143 Rn.19 (Kortas)

462 GA Saggio, Schlussantrag zu EuGH, 1.10.1998, Rs.C-127/97, Slg. 1998, I-6005 Rn.22 (Burstein); Langeheine, in: Grabitz/Hilf, EGV, Altband, Art.100a Rn.69ff

463 Langeheine, in: Grabitz/Hilf, EGV, Altband, Art.100a Rn.69; Montag, RIW 1987, 935, 942

Kriterien zu überprüfen.[464] Ausgangspunkt der Beurteilung ist die Harmonisierungsmaßnahme, über deren Standard die nationale Norm hinausgehen muss. Dies allein reicht als Rechtfertigung jedoch nicht aus, nachgewiesen werden muss vielmehr, dass die nationale Norm nach dem Stand der Technik und Wissenschaft geeignet und erforderlich ist, um einen besseren Schutz zu gewährleisten.[465] Zu untersuchen ist dabei immer, ob nicht die gemeinschaftsrechtlichen Bestimmungen einen gleichwertigen Schutz gewährleisten.[466]
Der abweichende Mitgliedstaat hat die beizubehaltenden Normen sowie eine Begründung ihrer Beibehaltung der Kommission mitzuteilen.

**ee) Einführung neuer nationaler Bestimmungen (Absatz 5)**

Die Einführung neuer nationaler Regelungen ist seit dem Vertrag von Amsterdam separat in Absatz 5 geregelt, so dass nunmehr ein zweispuriges System von Schutzverstärkungsmöglichkeiten besteht, wobei die Voraussetzungen des Absatz 5 enger sind als die des Absatzes 4.
Die Abgrenzung erfolgt, wie bereits ausgeführt, anhand des Zeitpunktes des Erlasses der gemeinschaftsrechtlichen Maßnahme.
Die Klausel des Absatz 5 lehnt sich an entsprechende Klauseln im Bereich des Umweltschutzes (Art. 176 EG) und des Schutzes der Arbeitsumwelt (Art. 137 IV EG) an. Absatz 5 erlaubt demgemäss die Einführung neuer Bestimmungen nur zum Schutz der Umwelt und der Arbeitsumwelt. Im Gegensatz zu diesen Vorschriften unterfällt die Einführung neuer Bestimmungen im Rahmen des Absatzes 5 aber strengen Voraussetzungen, um die Möglichkeit nationaler Alleingänge einzuschränken. Anwendungsvoraussetzung ist, dass die nationalen Bestimmungen auf „neue wissenschaftliche Erkenntnisse" gestützt sein müssen und aufgrund „eines spezifischen Problems für diesen Mitgliedstaat" erforderlich sind, „das sich nach dem Erlass der Harmonisierungsmaßnahme" ergeben hat. Hierbei handelt es sich um Voraussetzungen, die kumulativ erfüllt sein müssen.[467]
Die Verwendung des Begriffs „Erkenntnisse" im Unterschied zu dem in Absatz 3 verwendeten Begriff der „Ergebnisse" deutet darauf hin, dass diese nicht unumstritten sein müssen.[468] Ausreichend sind Zweifel, ob das gemeinschaftsrechtliche Schutzniveau noch ausreichend ist. Im Vergleich mit der Formulierung des Absatzes 3 lässt sich ebenfalls festhalten, dass die Erkenntnisse so neu sein müs-

---

[464] Pipkorn/Bardenhewer- Rating/Taschner, in: von der Groeben/Schwarze, Art.95 EG Rn.113, 119
[465] Langeheine, in: Grabitz/Hilf, EGV, Altband, Art.100a Rn.73
[466] EuGH, 28.1. 1986, Rs. 188/84, Slg.1986, 419, 436 (Holzbearbeitungsmaschinen); EuGH, 17.12. 1981, Rs.272/80, Slg.1981, 3277, 3291 (Frans-Nederlandse)
[467] EuGH, 21.1.2003, Rs.C-512/99, Slg. 2003, I-845 Rn.80 (Deutschland/Kommission)
[468] So auch Calliess/Ruffert/Kahl, EUV/EGV, Art.95 Rn.31a; Schwarze/Herrnfeld, EU, Art.95 Rn.63

sen, dass sie bei der Bestimmung des gemeinschaftlichen Schutzniveaus noch keine Berücksichtigung gefunden haben dürfen.
Das Erfordernis des spezifischen Problems ist dahingehend zu verstehen, dass vergleichbare Probleme nicht in allen Mitgliedstaaten bestehen dürfen, denn sonst müsste das Schutzniveau insgesamt angehoben werden. Nicht erforderlich ist aber, dass das Problem nur in einem einzigen Mitgliedstaat auftritt, denn sonst würde die Bestimmung des Absatzes 7 wenig Sinn ergeben.[469] Das Problem kann aus wirtschaftlichen, geographischen, geologischen, sozialen oder sonstigen Umständen bestehen und ist weit auszulegen.[470]
Das Problem muss sich des weiteren erst nach Erlass der Harmonisierungsmaßnahme ergeben haben, was eine doppelte Hürde für die Erfüllung der Voraussetzungen darstellt. Die wissenschaftlichen Erkenntnisse und das Problem in seiner jetzigen Ausprägung dürfen sich erst nach Erlass der gemeinschaftlichen Maßnahme ergeben haben. Damit soll gewährleistet werden, dass eine Einführung neuer Bestimmungen nach erfolgter Harmonisierung wirklich ein Ausnahmefall bleibt und durch sehr neue Erfordernisse gerechtfertigt ist.

Der Mitgliedstaat hat die geplante Bestimmung sowie die Gründe für ihre Einführung der Kommission ebenso wie in Absatz 4 mitzuteilen.

**ff) Überwachungsverfahren der Kommission (Absatz 6)**

Die Möglichkeit einer nationalen Schutzverstärkung gemäß der Absätze 4 und 5 steht unter einem Genehmigungsvorbehalt der Kommission. Innerhalb von sechs Monaten nach Mitteilung des abweichungswilligen Mitgliedstaates entscheidet die Kommission über die Billigung oder Ablehnung der nationalen Bestimmungen. Bis zur Entscheidung der Kommission ist die gemeinschaftsrechtliche Harmonisierungsmaßnahme anwendbar.[471] Auch eine unmittelbare Wirkung einer Richtlinie kann in der Zeitspanne bis zur Billigung eintreten.[472] Die Billigung der Kommission entfaltet insoweit konstitutive Wirkung, da sie Voraussetzung für die Anwendung strengerer nationaler Vorschriften ist.[473] Andere Mitgliedstaaten haben jedoch die Möglichkeit, die Billigung im Rahmen einer Nichtigkeitsklage gemäß Art. 230 EG anzufechten. Einer ablehnenden Entscheidung kommt keine konstitutive Wirkung zu, da die Verpflichtung zur Anwendung der

---

[469] So auch Calliess/Ruffert/Kahl, EUV/EGV, Art.95 Rn.31a; Schwarze/Herrnfeld, EU, Art.95 Rn.63
[470] Albin/Bär, NuR 1999, 185, 189; Entscheidung der Kommission vom 26.10.1999, ABl.EG Nr.L 329/25 vom 22.12. 1999, Rn.61ff
[471] EuGH, 1.6. 1999, Rs.C-319/97, Slg.1999, I-3143 Rn.28, 36 (Kortas)
[472] EuGH, 1.6. 1999, Rs.C-319/97, Slg.1999, I-3143 Rn.22 (Kortas)
[473] EuGH,17.5. 1994, Rs.41/93, Slg.1994, I-1829, Rn.28ff (Frankreich/Kommission); EuGH, 1.6. 1999, Rs.319/97, Slg.1999, I-3143, Rn.26ff (Kortas); GA Saggio, Schlussantrag zu EuGH, 1.10.1998, Rs.127/97, Slg.1998, I-6005, Rn.23 (Burstein); Gundel, JuS 1999, 1171, 1174

gemeinschaftsrechtlichen Maßnahme sich nicht erst aus der Ablehnung ergibt.[474] Die ablehnende Entscheidung kann ebenfalls gemäß Art. 230 EG vom unterlegenen Mitgliedstaat angefochten werden.
Trifft die Kommission innerhalb der ihr eingeräumten Frist von grundsätzlich sechs Monaten keine Entscheidung, so gilt die nationale Norm als gebilligt. Die Frist kann einmalig unter der Voraussetzung eines schwierigen Sachverhalts und bei Nichtvorliegen einer Gefahr für die menschliche Gesundheit um bis zu sechs Monate verlängert werden.
Die Kommission hat dabei kein Recht, eine billigende Entscheidung zu einem späteren Zeitpunkt wieder aufzuheben.[475] Eine solche Kompetenz ist in Art. 95 VI EG nicht vorgesehen und widerspräche auch dem Grundsatz der Rechtssicherheit. Bei einer Änderung des gemeinschaftlichen Schutzniveaus ist der Mitgliedstaat jedoch gehalten, die Gründe für das Erfordernis des Beibehaltens der nationalen Bestimmungen mitzuteilen und somit erneut das Verfahren des Absatzes 6 einzuleiten, anderenfalls ist die Kommission klagebefugt gemäß Art. 95 IX EG.[476]

Der Kommission steht im Rahmen des Überwachungsverfahrens eine umfassende Prüfungskompetenz zu.[477] Die nationale Schutzergänzung darf kein Mittel zur willkürlichen Diskriminierung sein und keine verschleierte Handelsbeschränkung darstellen. Neu eingefügt wurde das Verbot der Behinderung des Funktionierens des Binnenmarktes. Für eine ablehnende Entscheidung muss nur eines dieser drei Kriterien erfüllt sein. Die erstgenannten Kriterien entsprechen denen des Art. 30 EG, womit auch hier insbesondere auf die Verhältnismäßigkeit der nationalen Bestimmung abzustellen ist. Das Kriterium der Behinderung des Funktionieren des Binnenmarktes muss einschränkend ausgelegt werden, denn grundsätzlich ist jede abweichende nationale Norm geeignet, das Funktionieren des Binnenmarktes zu behindern. Demgemäss wird zu Recht gefordert, dass nur unverhältnismäßige Eingriffe in das Funktionieren des Binnenmarktes ausgeschlossen sein sollen.[478]
Die Darlegungs- und Beweislast im Überwachungsverfahren trifft den Mitgliedstaat, wie sich bereits aus der Mitteilungs- und Begründungspflicht der Mitgliedstaaten ergibt.

---

[474] So auch Pipkorn/Bardenhewer- Rating/Taschner, in: von der Groeben/Schwarze, Art.95 EG Rn.133
[475] Ebenso Schwarze/Herrnfeld, EU, Art.95 Rn.72
[476] Pipkorn/Bardenhewer- Rating/Taschner, in: von der Groeben/Schwarze, Art.95 EG Rn.136; Schwarze/Herrnfeld, EU, Art.95 Rn.72; Langeheine, in: Grabitz/Hilf, EGV, Altband, Art.100a Rn.85
[477] Pipkorn/Bardenhewer- Rating/Taschner, in: von der Groeben/Schwarze, Art.95 EG Rn.130
[478] So Schwarze/Herrnfeld, EU, Art.95 Rn.70; Calliess/Ruffert/Kahl, EUV/EGV, Art.95 Rn.34

Von den Schutzverstärkungsklauseln des Art. 95 IV, V EG ist bislang nur begrenzt Gebrauch gemacht worden,[479] weshalb es auch nicht zu den befürchteten desintegrativen Effekten der Klauseln gekommen ist.

### gg) Revisionsklauseln (Absätze 7 und 8)

Die Revisionsklauseln der Absätze 7 und 8 verbinden die Billigung einer nationalen Schutzergänzung und die Mitteilung eines speziellen Gesundheitsproblems mit der Verpflichtung der Kommission zu prüfen, ob eine Anpassung der gemeinschaftsrechtlichen Maßnahmen vorgeschlagen werden soll.
Die Billigung eines nationalen Alleingangs führt somit zwingend zur Überprüfung der gemeinschaftsrechtlichen Angleichungsmaßnahme. Die Kommission verfügt dabei über einen Ermessensspielraum, ob sie eine Anpassung vorschlägt oder nicht.
Die Einfügung des Absatzes 8 war deshalb nötig, weil es den Mitgliedstaaten verwehrt ist, auch aufgrund neuer Erkenntnisse, eine nationale Norm im Bereich des Gesundheitsschutzes einzuführen.

Die Klauseln der Absätze 7 und 8 sind als Spezialausprägung des Art. 95 III EG zu verstehen, denn über die Prüfungsverpflichtung der Kommission wird ein gleichbleibend hohes Schutzniveau gewährleistet. Ferner kommt es in den wichtigen Bereichen des Umweltschutzes, des Arbeitsumweltschutzes, der Gesundheit und in den Bereichen des Art. 30 EG zu einer Wechselwirkung zwischen nationalem und gemeinschaftlichem Recht. Entwicklungen auf nationaler Ebene führen zwingend zu einer Überprüfung des gemeinschaftlichen Schutzniveaus, was einen hohen gemeinschaftsrechtlichen Standard garantiert. Dem nationalen Alleingang kommt somit eine begrüßenswerte Anstoß- und Indizfunktion zu.

### hh) Gerichtliche Kontrolle (Absatz 9)

Absatz 9 eröffnet im Interesse eines beschleunigten Verfahrens die Möglichkeit eines verkürzten Vertragsverletzungsverfahrens. Es entfällt das in den Art. 226, 227 EG vorgesehene Vorverfahren.
Der EuGH ist zur Kontrolle des Vorliegens der Voraussetzungen der Ausnahmetatbestände der Absätze 4 und 5 berechtigt.[480] Das verkürzte Verfahren des Absatzes 9 ist anwendbar, wenn ein Mitgliedstaat abweichende Bestimmungen ohne entsprechende Notifikation, ohne Billigung der Kommission oder weiterführend als gebilligt beibehält oder einführt.[481] Für Mitgliedstaaten ist das verkürzte

[479] Calster, ELRev. 2000, 335, 339
[480] EuGH, 17.5. 1994, Rs.41/93, Slg.1994, I-1829, Rn.24 (Frankreich/Kommission)
[481] Pipkorn/Bardenhewer- Rating/Taschner, in: von der Groeben/Schwarze, Art.95 EG Rn.145; Langeheine, in: Grabitz/Hilf, EGV, Altband, Art.100a Rn.86

Verfahren eröffnet, wenn sie einen Missbrauch der Ausnahmebefugnisse vermuten.
Ferner besteht die Möglichkeit der Erhebung der Nichtigkeitsklage gemäß Art. 230 EG durch einen Mitgliedstaat bei Billigung einer Ausnahme durch die Kommission. Diese Möglichkeit steht auch dem betroffenen Mitgliedstaat bei einer Ablehnung der Ausnahme durch die Kommission zu. Die Sonderregelung des Absatzes 9 ist nur auf das Vertragsverletzungsverfahren anwendbar.
Eine Einschränkung des Individualrechtsschutzes ist durch das beschleunigte Verfahren nicht zu befürchten. Der Alleingang eines Mitgliedstaates kann nicht direkt, sondern nur indirekt der gerichtlichen Überprüfung anheim gestellt werden. Auch Bestätigung oder Ablehnung der Kommission können nicht direkt angegriffen werden, mangels unmittelbarer und individueller Betroffenheit. Die Kommission kann von Einzelnen auch nicht zur Einleitung eines Vertragsverletzungsverfahrens gezwungen werden. Die allgemeinen Rechtsschutzmöglichkeiten werden durch das beschleunigte Verfahren nicht berührt.[482] Die Rechtswidrigkeit nationaler Vorschriften kann indirekt in einem Vorabentscheidungsverfahren geltend gemacht werden. In diesem Zusammenhang untersucht der EuGH dann die Vereinbarkeit des Alleingangs mit gemeinschaftlichem Recht sowie die Rechtmäßigkeit der Billigung der Kommission.

**ii) Schutzklauseln (Absatz 10)**

Absatz 10 schreibt eine geübte Praxis fest. Danach kann eine Harmonisierungsmaßnahme mit einer Schutzklausel versehen werden, die die Mitgliedstaaten ermächtigt, aus einem der Gründe des Art. 30 EG eine vorläufige Maßnahme zu treffen, die einem gemeinschaftlichen Kontrollverfahren unterliegt.
Die Aufnahme einer Schutzklausel ist nur zugunsten nicht-wirtschaftlicher Schutzgüter zulässig. In Anwendung einer Schutzklausel ergehende Maßnahmen führen, anders als im Fall des Art. 95 IV EG, nicht zu einer Durchbrechung der Richtlinie. Während ein Abweichen gemäß Art. 95 IV, V EG außerhalb der Gemeinschaftsmaßnahme steht, wird eine auf Grundlage der Schutzklausel erlassene Norm von der gemeinschaftlichen Schutzklausel getragen. Demgemäss bestehen nach richtiger Ansicht die Klauseln der Absätze 4 und 5 neben der Schutzklausel des Absatzes 10.[483]
Im Gegensatz zur Möglichkeit des Abweichens im Rahmen der Klauseln der Absätze 4 und 5 gilt die Schutzklausel für alle Mitgliedstaaten. Der mögliche Anwendungsbereich ist damit deutlich größer. Eine Inanspruchnahme ist aus-

---

[482] Pipkorn/Bardenhewer- Rating/Taschner, in: von der Groeben/Schwarze, Art.95 EG Rn.145; Langeheine, in: Grabitz/Hilf, EGV, Altband, Art.100a Rn.86

[483] Pipkorn/Bardenhewer- Rating/Taschner, in: von der Groeben/Schwarze, Art.95 EG Rn.127; Klein, in: Handkommentar zum EUV/EGV, Stand 1991, Art.100a Rn.23; Calliess/Ruffert/Kahl, EUV/EGV, Art.95 Rn.45; Röttinger, in: Lenz, EUV/EGV, Art.95 Rn.17; Hailbronner, EuGRZ 1989, 101, 113

schließlich aus den Gründen des Art. 30 EG möglich[484] und darf im Unterschied zu nationalen Schutzverstärkungsbestimmungen nur vorläufiger Natur sein. Als Ausnahmebestimmungen sind Schutzklauseln eng auszulegen.[485] Eine Diskriminierung von Produkten anderer Mitgliedstaaten aufgrund der Schutzklausel ist unzulässig.[486] Das anzuwendende Verfahren ergibt sich aus der Schutzklausel selbst und unterliegt einer gemeinschaftlichen Kontrolle. Die Missbrauchsaufsicht obliegt dabei der Kommission.[487] Eine Anrufung des Gerichtshofes ist möglich. Schutzklauseln sehen ein erleichtertes Anpassungsverfahren vor, das insbesondere in einer Zusammenarbeit zwischen mitgliedstaatlichen Behörden und der Kommission besteht.
Anwendung finden Schutzklauseln vor allem im Bereich der technischen Harmonisierung. In diesem Rahmen werden beispielsweise Maßnahmen wie ein Verbot eines bestimmten Produktes getroffen. Kommt die Kommission bei Überprüfung des Verbots zu dem Schluss, dass dieses gerechtfertigt ist, so schlägt sie auch anderen Mitgliedstaaten eine entsprechende Maßnahme vor.

### c) Änderungen der Art. 94, 95 EG durch den Verfassungsvertrag

Der Konvent von Laeken unter Leitung von Valéry Giscard d`Estaing legte im Sommer 2003 den Entwurf einer Europäischen Verfassung vor. Dieser Entwurf war Grundlage einer anschließenden Regierungskonferenz. Im 18.Juni 2004 erzielten die Staats- und Regierungschefs bei ihrem Treffen in Brüssel eine Einigung, so dass der Verfassungsvertrag am 29.Oktober 2004 in Rom unterzeichnet werden konnte. Der Verfassungsvertrag muss nun in den 25 Mitgliedstaaten ratifiziert werden, um in Kraft treten zu können. Dieses war ursprünglich für den 1.November 2006 vorgesehen. Nach dem Scheitern der Referenden in Frankreich und den Niederlanden sprach sich auf dem Gipfel der Staats- und Regierungschefs jedoch eine Mehrheit dafür aus, den Ratifizierungsprozess zu verlängern. Ob und wann genau der Verfassungsvertrag nun in Kraft treten kann, ist ungewiss. Mit einer Ratifizierung vor Mitte 2007 ist aber wohl nicht zu rechnen. Bisher haben zehn Mitgliedstaaten die Verfassung ratifiziert, darunter Deutschland. Zahlreiche Mitgliedstaaten, darunter Dänemark, Tschechien und Portugal, haben geplante Volksabstimmungen über den Verfassungsvertrag verschoben. Die geplanten Änderungen sollen trotzdem aufgezeigt werden.

In Art. III-172 Absatz 1 (ex-Art.95 EG) wurde die Regelung „abweichend von Art.94“ gestrichen. Ferner wurde im geplanten Art. III-173 (ex-Art.94 EG) die

---

[484] Abzulehnen ist die von Kahl vertretene Ansicht, dass auch umweltschutzpolitische Maßnahmen auf Absatz 10 gestützt werden können; eine Analogie ist mangels planwidriger Regelungslücke abzulehnen, s. Calliess/Ruffert/Kahl, EUV/EGV, Art.95 Rn.44
[485] EuGH, 17.1. 1985, Rs.11/82, Slg.1985, 207 Rn.26 (SA Piraiki-Patraiki)
[486] EuGH, 5.10. 1977, Rs.5/77, Slg.1977, 1555, 1575f (Tedeschi)
[487] EuGH, 5.4. 1979, Rs.148/78, Slg.1979, 1629, 1644 (Ratti)

Wörter „unbeschadet des Art.III-172" hinzugefügt. Mit diesen Änderungen ist eine Umkehrung der Rangordnung zwischen den derzeitigen Art.94 und 95 EG verbunden. Art.III-172 würde dann Vorrang vor Art.III-173 genießen. Ferner verwendet Art.III-173 nicht mehr den Begriff des Gemeinsamen Marktes, der in der neuen Verfassung nicht mehr zu finden ist, sondern bezieht sich ebenso wie Art.III-172 auf den Begriff des Binnenmarktes. Dies stützt die Ansicht der weitgehenden Identität der Begriffe.

Fraglich bleibt nach der im Verfassungsentwurf vorgesehenen Umkehrung der Rangstellung der Anwendungsbereich des Art.III-172. Ex-Art.94 EG spielte keine große praktische Rolle mehr, sein Anwendungsbereich verblieb aber in den nicht deckungsgleichen Bereichen von Gemeinsamem Markt und Binnenmarkt sowie in den Bereichsausnahmen des ex-Art.95 II EG. Mit der geplanten Neufassung und der Vorrangstellung ist nun fraglich, in welchen Bereichen Art.III-172 zur Anwendung gelangen soll. Der Anwendungsbereich des Art.III-173 wird nicht durch Bereichsausnahmen eingeschränkt. Eine Begrenzung erfolgt lediglich durch das Merkmal der unmittelbaren Auswirkung. Es erscheint aber kaum möglich, über die Anwendung dieses Merkmals eine Begrenzung des Anwendungsbereichs des Art.III-173 dergestalt herbeizuführen, dass in diesem Rahmen Raum für eine Anwendung des Art.III-172 geschaffen würde. Zudem hat der EuGH in seiner Entscheidung zur Tabakwerbeverbotsrichtlinie ausgeführt, dass ein auf Grundlage von ex-Art.95 EG erlassener Rechtsakt tatsächlich den Zweck haben muss, die Voraussetzungen für die Errichtung und das Funktionieren des Binnenmarktes zu verbessern.[488] Unterstrichen wurde in diesem Urteil auch das Erfordernis der Spürbarkeit der Wettbewerbsverzerrungen.[489] Damit ist verdeutlicht worden, dass allein das Bestehen von unterschiedlichen nationalen Regelungen noch keine Angleichung unter dem Gesichtspunkt der Marktförderlichkeit erlaubt. Es erscheint demnach nicht möglich, den Anwendungsbereich des Art.III-173 über dieses Merkmal gegenüber Art.III-172 sinnvoll zu begrenzen. Damit verbliebe für ex-Art.95 EG nach der Neufassung nur schwerlich ein Anwendungsbereich. Dieses Ergebnis erscheint aufgrund der Ausgestaltung des Verfahrens des Art.III-173 höchst unbefriedigend. Dieses hat sich gegenüber dem Verfahren des ex-Art.94 EG nicht geändert und sieht weiterhin eine einstimmige Entscheidung des Rates nach Anhörung des Europäischen Parlaments und des Wirtschafts- und Sozialausschusses vor. Abgesehen von der Umbenennung der Richtlinie in Europäisches Rahmengesetz des Ministerrates, mit der aber keine inhaltlichen Änderungen verbunden sind, und der Tatsache, dass das Vorschlagsrecht der Kommission nunmehr grundsätzlich in Art.I-26 Absatz 2 niedergelegt ist, ergibt sich keine Verfahrensänderung. Das Verfahren des ex-Art.94 EG, das Einstimmigkeit voraussetzt und lediglich eine Anhörung des Europäischen Parlaments vorsieht, hat jedoch gerade zu seiner

---

[488] EuGH, 5.10.2000, Rs.C-376/98, Slg.2000, I-8499 Rn.84 (Tabakwerbeverbot)
[489] EuGH, 5.10.2000, Rs.C-376/98, Slg.2000, I-8499 Rn.106 (Tabakwerbeverbot)

Verdrängung in der Praxis beigetragen. Es erscheint auch im Hinblick auf die Erweiterung der Union nicht angezeigt, in diesem Bereich das Einstimmigkeitserfordernis und nur eine schwache Beteiligung des Europäischen Parlaments vorzusehen. Ferner ist zu beachten, dass die opting-out-clauses des ex-Art.95 EG nur auf Maßnahmen Anwendung finden können, die auf Grundlage des ex-Art.95 EG erlassen worden sind. Im Bereich der Rechtsangleichung würde demnach die Möglichkeit eines Opting-out stark zurückgedrängt. Eine Umkehrung der Rangordnung und die Vorrangstellung des Art.III-173 ist ausweislich der Begründungerwägungen der Gruppe der Rechtsexperten aber gerade gewollt.

**d) Verfolgung von nicht-wirtschaftlichen Zielen auf Grundlage von Art. 94, 95 EG (vertikale Kompetenzabgrenzung)**

Es stellt sich die Frage, ob auf Grundlage von Art.94, 95 EG nur die Verwirklichung des Marktes verfolgt werden darf oder ob auch die Verwirklichung von Zielen des Allgemeininteresses auf dieser Grundlage möglich ist, also eigentlich eine aktive Rechtsangleichung. Diese Frage ist mit der vertikalen Kompetenzabgrenzung verbunden. Diese wird herangezogen, um zu klären, ob der Gemeinschaft eine Kompetenz zum Erlass von Maßnahmen zur Verfügung steht.

Reaktive Rechtsangleichung ist nach der hier vorgenommenen Definition dadurch gekennzeichnet, dass die Beseitigung von Störungen des Marktes im Vordergrund steht. Aktive Rechtsangleichung verfolgt demgegenüber marktunspezifische Regulierungsziele. Die Schnittstelle zwischen reaktiver und aktiver Rechtsangleichung verläuft dort, wo der Anwendungsbereich des Gemeinsamen Marktes oder Binnenmarktes endet. In den Bereichen, die dem Markt unterfallen, handelt es sich also um reaktive Rechtsangleichung, in allen anderen Bereichen hingegen um aktive Rechtsangleichung.
Die Unterscheidung von aktiver und reaktiver Rechtsangleichung kann dafür nutzbar gemacht werden, die marktintegrativ ausgerichteten Kompetenzen von den schutzpolitikbezogenen Kompetenzen abzugrenzen. Grundsätzlich ist eine Zuordnung der Kompetenzgrundlagen möglich. Daran ändert auch der Umstand nichts, dass es zu Überschneidungen kommen kann. Ist aber eine grundsätzliche Zuordnung möglich, so erscheint es in einem ersten Schritt folgerichtig, dass die Verwirklichung einer Schutzpolitik auch nur auf eine schutzpolitikbezogene Kompetenzgrundlage gestützt werden kann.

Fraglich ist aber die Zuordnung der Maßnahme. Häufig verfolgen Maßnahmen der Rechtsangleichung nicht nur ein Ziel, sondern vielmehr, so wie die Richtlinie zum Tabakwerbeverbot, zwei Ziele. In diesem Fall war es zum einen das Funktionieren des Binnenmarktes und zum anderen der Gesundheitsschutz.[490]

Gemeinschaftsrechtliche Angleichungsmaßnahmen ersetzen nationale Bestimmungen, die häufig auch durch Gesichtspunkte des Gesundheits-, Umwelt- oder Verbraucherschutzes motiviert waren. Mit dem Erlass von Maßnahmen in Bereichen, in denen auch schutzpolitische Erwägungen zum Tragen kommen, muss die gemeinschaftliche Rechtsetzung diesen Erwägungen bis zu einem gewissen Grad ebenfalls Rechnung tragen. Es kommt also häufig vor, dass eine Angleichungsmaßnahme nicht nur ein Ziel verfolgt, welches sich dann unproblematisch der reaktiven oder aktiven Rechtsangleichung zuordnen ließe. Vielmehr werden sowohl Ziele der Errichtung des Marktes oder der Beseitigung von Wettbewerbsverzerrungen als auch schutzpolitische Anliegen verfolgt. Wie aber soll nun in diesen Fällen die Maßnahme zugeordnet werden? Da die Zuordnung auch über die Wahl der Kompetenzgrundlage entscheidet, ist sie von einiger Bedeutung. In diesen Fällen wurde bisher in der Literatur auf den Schwerpunkt der Maßnahme abgestellt.[491]
Bewirkte die Maßnahme nur nebenbei eine Harmonisierung der Marktbedingungen und diente sie im Hauptzweck einer anderen Gemeinschaftspolitik, so sei der Rückgriff auf die marktintegrativen Kompetenznormen danach ausgeschlossen. Ließe sich eine Maßnahme der aktiven oder der reaktiven Rechtsangleichung zuordnen, so könne die Harmonisierung auch nur auf Grundlage der entsprechenden Kompetenzgrundlage erfolgen. Der Schwerpunkt der Maßnahme sollte dabei nach Inhalt und Wirkung bestimmt werden.

Das Schwerpunktkriterium ist jedoch recht unpräzise und führt häufig nicht zu einer eindeutigen Zuordnung. Inhalt und Wirkung einer Maßnahme lassen sich nur schwerlich nach eindeutigen objektiven Kriterien zweifelsfrei zuordnen. Dies liegt auch daran, dass die Erwägungsgründe des Rechtsaktes nicht immer den wahren Schwerpunkt der Maßnahme benennen. So behauptete der Rat in den Erwägungsgründen der ersten Richtlinie zum Tabakwerbeverbot sowie im Verfahren vor dem EuGH, der Hauptzweck der Richtlinie sei die Sicherung des Funktionierens des Binnenmarktes. An dieser Einschätzung konnten jedenfalls erhebliche Zweifel bestehen. Allgemein wurde geargwöhnt, es ginge um die Verfolgung des Gesundheitsschutzes, für den der Gemeinschaft aber keine umfassende Harmonisierungskompetenz eingeräumt ist.[492]

---

490 Dies ergibt sich aus den Erwägungsgründen der später für nichtig erklärten Richtlinie 98/43/EG vom 6.Juli 1998

491 Erwähnt bei Stein, EWS 2001, 12, 15; Calliess, Jura 2001, 311, 314; Schröer, EuR 1991, 356, 356f; Langeheine, in: Grabitz/Hilf, EGV, Altband, Art.100a Rn.94; Müller-Graff, EuR 1989, 107, 133

492 Calliess, Jura 2001, 311, 313; Stein, EWS 2001, 12, 13; Wägenbaur, EuZW 1998, 33, 33; Kamann, ZEUS 2001, 23, 25

Es kann sich also schwierig gestalten, die Zuordnung über das Kriterium des Schwerpunkts der Maßnahme vornehmen zu wollen. Dieses Kriterium ist für den Bereich der vertikalen Kompetenzabgrenzung deshalb nicht zu verwenden. In Anlehnung an die Ausführungen von Generalanwalt Fennelly in der Rechtssache C-376/98[493] sollte ein anderer Weg eingeschlagen werden.
Die Bewertung sollte danach erfolgen, ob dem Ziel des Errichtens und Funktionierens des Marktes gedient ist. Wenn eine Maßnahme diesem Ziel dient, dann darf sie auch schwerpunktmäßig andere Ziele verfolgen. Dem liegt die Überlegung zu Grunde, dass das Binnenmarktziel und andere Ziele sich nicht ausschließen, sondern unterschiedlicher Art sind und nicht im Wettbewerb miteinander stehen.
Ist dem Marktziel gedient, ist eine Zuständigkeit aus Art. 94 oder Art. 95 EG zu bejahen, ohne dass es darauf ankäme, ob das Ziel der Verwirklichung des Marktes vielleicht gar nicht das Hauptziel der Maßnahme ist.
Dieser Ansatz mag im ersten Moment vielleicht als zu weitgehend erscheinen, aber eine Ausdehnung der gemeinschaftlichen Kompetenzen ist mit ihm gar nicht verbunden. Denn es erscheint wenig wahrscheinlich, dass Maßnahmen, die allein schutzpolitische Anliegen verfolgen und eigentlich ausschließlich der aktiven Rechtsangleichung zugeordnet werden könnten, auch den Anforderungen der reaktiven Kompetenzen entsprechen und der Verwirklichung des Marktes dienen. Dies umso mehr, als der EuGH in seiner Entscheidung zum Tabakwerbeverbot die Anforderungen auf hohem Niveau verdeutlicht hat. Die Maßnahmen müssen tatsächlich den Zweck verfolgen, die Voraussetzungen für die Errichtung und das Funktionieren des Binnenmarktes zu verbessern und spürbare Wettbewerbsverzerrungen zu beseitigen.[494] Maßnahmen, die allein der aktiven Rechtsangleichung zuzuordnen wären, würden diese Voraussetzungen bereits gar nicht erfüllen.

Abzulehnen ist aber die Ansicht, dass Maßnahmen der aktiven Rechtsangleichung auf Art. 95 EG gestützt werden können, selbst wenn sie nur nebenbei der Harmonisierung der Wettbewerbsbedingungen dienen, wenn und soweit eine andere Kompetenzgrundlage nicht vorhanden ist.[495] Dies ist gerade nicht möglich. Dieser Ansicht hat auch der EuGH eine deutliche Absage erteilt, indem er verlangte, dass Wettbewerbsverzerrungen, die auf Grundlage des Art. 95 EG beseitigt werden sollen, auch spürbar sein müssen und die Maßnahme tatsächlich den Zweck verfolgen muss, die Voraussetzungen für die Errichtung und das Funktionieren des Binnenmarktes zu verbessern.[496] Die Konsequenz des Tabak-Urteils für die Rechtsangleichung war folgende: Schreibt die Kompetenzgrund-

---

[493] Schlussantrag GA Fennelly, EuGH, 5.10.2000, Rs.376/98, Slg.2000, I-8423 Rn.68ff (Tabakwerbeverbot)
[494] EuGH, 5.10.2000, Rs.C-376/98, Slg.2000, I-8498 Rn.84, 106 (Tabakwerbeverbot)
[495] So wohl Franzen, Privatrechtsangleichung, S.112, 116
[496] EuGH, 5.10.2000, Rs.C-376/98, Slg.2000, I-8498 Rn.84, 106 (Tabakwerbeverbot)

lage einen Marktbezug vor, so muss dieser auch wirklich vorliegen und darf nicht nur marginal sein.
Bei einem nur marginalem Bezug zum Markt ist eine Harmonisierung auf Grundlage von marktbezogenen Kompetenzen nicht möglich.
Ferner ist es unzulässig, den Ausschluss einer Harmonisierung, sei er ausdrücklich erfolgt oder sei er mangels Kompetenzgrundlage nicht möglich, über die Abstützung der Maßnahme auf eine andere Kompetenzgrundlage zu umgehen.[497] Ein Ausschluss der Harmonisierung in einem bestimmten Bereich hat hingegen nicht zur Folge, dass auf Grundlage anderer Kompetenzen zulässig erlassene Maßnahmen der Rechtsangleichung keine Auswirkungen auf den von der Harmonisierung ausgenommenen Bereich haben dürfen.[498]

Für die Abgrenzung von aktiver und reaktiver Rechtsangleichung bedeutet dies, dass alles der reaktiven Rechtsangleichung zugeordnet werden kann, was auf marktintegrative Kompetenzen gestützt werden kann, auch wenn der Schwerpunkt der Maßnahme eigentlich in der Verfolgung einer Schutzpolitik liegt.
Dieser Ansatz führt zu einer Stärkung der marktintegrativen Rechtsangleichungskompetenzen. Dies erscheint auch sachgerecht aufgrund der stärkeren Legitimation der marktorientierten Rechtsangleichung und ihres Anknüpfens an strenge Voraussetzungen. Reaktive Rechtsangleichung kann dabei insbesondere auch in den Bereichen Gesundheit, Sicherheit, Umweltschutz und Verbraucherschutz erfolgen. Dies ergibt sich bereits aus Art.95 III EG, der vorschreibt, dass in diesen Bereichen von einem hohen Schutzniveau auszugehen ist.

Der EuGH hat sich zur Bedeutung des Schwerpunktkriteriums im Rahmen vertikaler Kompetenzkonflikte nicht geäußert. Er geht aber grundsätzlich davon aus, dass Umweltschutzmaßnahmen ihre Grundlage in Art. 95 EG finden können, da gesundheits- und umweltschutzrechtliche Vorschriften Unternehmen belasten und bei fehlender Angleichung den Wettbewerb spürbar verfälschen können.[499] Er führt ferner aus, dass es einer Kompetenz aus Art. 95 EG nicht entgegenstehe, wenn dem Gesundheitsschutz maßgebende Bedeutung zukomme.[500] Dies deckt sich mit der Anordnung in Art. 152 I EG, nach der die Erfordernisse des Gesundheitsschutzes Bestandteil aller Gemeinschaftsmaßnahmen sind.

Rechtsangleichung muss, soweit sie bestimmte Sachziele verfolgende nationale Vorschriften harmonisiert, stets auch diesen Sachzielen Rechnung tragen. Die Gemeinschaft tritt an die Stelle des mitgliedstaatlichen Gesetzgebers und muss die vormals von den Mitgliedstaaten wahrgenommenen Aufgaben erfüllen. Eine

[497] EuGH, 5.10.2000, Rs.C-376/98, Slg.2000, I-8498 Rn.79 (Tabakwerbeverbot)
[498] EuGH, 5.10.2000, Rs.C-376/98, Slg.2000, I-8498 Rn.78 (Tabakwerbeverbot)
[499] EuGH, 18.3. 1980, Rs.91/79, Slg.1980, 1099, 1106 (Detergentien); EuGH, 18.3. 1980, Rs.92/79, Slg.1980, 1115, 1122 (Kommission/Italien)
[500] EuGH, 5.10.2000, Rs.C-376/98, Slg.2000, I-8498 Rn.88 (Tabakwerbeverbot)

Rechtsetzungstätigkeit, die keine Sachziele berücksichtigt, kann es nicht geben. Dabei stehen das Ziel der Verwirklichung des Binnenmarktes und das Sachziel nicht in einem Verhältnis der Alternativität. Vielmehr ist die Verfolgung des Binnenmarktziels die Rechtfertigung für die Angleichung einer Materie und damit auch für die Verfolgung eines Sachziels. Die Verfolgung eines Binnenmarktzieles darf Sachziele nicht außer Betracht lassen, sondern verpflichtet geradezu, diese ebenfalls zu berücksichtigen. Die beiden Ziele sind notwendigerweise kumulativ und nicht alternativ zu verfolgen. Eine Harmonisierungsmaßnahme wird daher in den häufigsten Fällen nicht nur einen Schwerpunkt haben, sondern mehrere, deren Trennung keinen Sinn machen würde. Mit einer Maßnahme für den Markt kann problemlos ein weiterer Schwerpunkt gefördert werden, wenn denn die Maßnahme auch wirklich das Marktziel verfolgt. Allein ob und wie das Marktziel verfolgt und ob ein Gewinn für den Markt erreicht wird, sind die maßgebenden Kriterien. Jegliche Abgrenzung nach Schwerpunktkriterien ist für die Bestimmung der Reichweite der Marktkompetenzen ungeeignet.

Zudem erschließen die marktorientierten Kompetenzen der Gemeinschaft im Interesse des Binnenmarktes oder Gemeinsamen Marktes gerade solche Kompetenzen, die ihnen nicht bereits anderweitig ausdrücklich zugewiesen sind. Die Verfolgung der Errichtung des Marktes ist dabei die Rechtfertigung für die Verfolgung weiterer Interessen durch die Gemeinschaft. Zu einer Umgehung des Ausschlusses von Harmonisierungsverboten kommt es dann nicht, wenn die Voraussetzungen der marktorientierten Kompetenzgrundlage vorliegen. Liegen deren Voraussetzungen aber vor, so steht es der Heranziehung der Kompetenz nicht entgegen, sondern wird statt dessen noch von Art. 95 III EG gefordert, dass dann auch anderen Gesichtspunkten maßgebende Bedeutung zukommt.

#### e) Fazit

Die vertikale Kompetenzabgrenzung hat nach der Marktdienlichkeit der Maßnahme zu erfolgen. Auf ihren Schwerpunkt kommt es dabei nicht an. Der Schwerpunkt einer auf Grundlage der Art. 94, 95 EG erlassenen Maßnahme muss folglich nicht in der Verwirklichung des Marktes liegen. Die Wahl der Kompetenzgrundlage hat danach zu erfolgen, ob dem Ziel des Errichtens und Funktionierens des Marktes gedient ist. Dient eine Maßnahme diesem Ziel, dann darf sie auch schwerpunktmäßig andere Ziele verfolgen. Dies entbindet aber nicht vom Vorliegen der Voraussetzungen der Art. 94, 95 EG.
Maßnahmen, die auf eine marktintegrative Kompetenz gestützt werden können, sind der reaktiven Rechtsangleichung zuzurechnen, auch wenn der Schwerpunkt der Maßnahme in der Verfolgung einer Schutzpolitik liegt. Rechtsakte, die der aktiven Rechtsangleichung zugeordnet werden, werden allein auf Grundlage der schutzpolitikbezogenen Kompetenzgrundlagen in den Politikbereichen erlassen.

**f) Art. 96 EG**

Die Vorschriften der Art. 96, 97 EG gehören zu den ursprünglichen Bestimmungen des EWGV. Voraussetzung der Anwendbarkeit sind Unterschiede in den Rechts- und Verwaltungsvorschriften der Mitgliedstaaten, die durch eine Verfälschung der Wettbewerbsbedingungen eine zu beseitigende Verzerrung hervorrufen.

Vorausgesetzt werden damit bereits vorhandene Unterschiede in den Rechts- und Verwaltungsvorschriften. Der Anwendungsbereich ist folglich entsprechend enger als bei Art. 94, 95 EG, da in deren Rahmen auch eine präventive Rechtsangleichung möglich ist. Die vorhandenen Unterschiede müssen ursächlich für die Wettbewerbsverfälschung und –verzerrung sein. Der Begriff der Wettbewerbsverfälschung wird im Vertrag mehrfach verwendet (vgl. zum Beispiel Art. 3 I lit. g, Art. 81 I, Art. 87 I, Art. 298 I EG) und meint in diesem Rahmen eine nicht an die Staatsangehörigkeit anknüpfende Beeinflussung der Wettbewerbsbedingungen zum Vor- oder Nachteil einzelner Wirtschaftszweige durch staatliche Maßnahmen.[501] Auf eine Kostendifferenz kommt es dabei nicht an.[502] Die Verzerrung ist eine Qualifizierung der Wettbewerbsverfälschung.[503] Der Begriff der Verzerrung ist unklar und umstritten. Die Auslegung des Begriffes orientiert sich vorwiegend am Spaak-Bericht,[504] der auf eine spezifische Verzerrung abstellt. Diese soll vorliegen, wenn ein Industriezweig mehr oder weniger belastet ist als der Durchschnitt der Gesamtwirtschaft des eigenen Staates und diese Belastungen oder Vorteile nicht in anderen Mitgliedstaat in den entsprechenden Industriezweigen vorliegen.[505] Auf das Kriterium der Kostenbelastung kommt es dabei nicht ausschließlich an.[506]

Die Beseitigungsbedürftigkeit der Verzerrung unterstreicht, dass es sich um eine besonders gravierende Verzerrung handeln muss.[507]

---

[501] Langeheine, in: Grabitz/Hilf, EGV, Altband, Art.101 Rn.5; Klein, in: Handkommentar zum EUV/EGV, Stand 1991, Art.101 Rn.2

[502] Calliess/Ruffert/Kahl, EUV/EGV, Art.96 Rn.3; Röttinger, in: Lenz, EUV/EGV, Art.96 Rn.4

[503] Ganz hM, so u.a. Langeheine, in: Grabitz/Hilf, EGV, Altband, Art.101 Rn.5; Calliess/Ruffert/Kahl, EUV/EGV, Art.96 Rn.4; Röttinger, in: Lenz, EUV/EGV, Art.96 Rn.5; Klein, in: Handkommentar zum EUV/EGV, Stand 1991, Art.101 Rn.3

[504] Regierungsausschuss, eingesetzt von der Konferenz von Messina- Bericht der Delegationsleiter an die Außenminister vom 21.4. 1956, S.64ff

[505] Klein, in: Handkommentar zum EUV/EGV, Stand 1991, Art.101 Rn.3; diese Definition wird auch von der Kommission gestützt, ABl. EG Nr.C 257/1 vom 26.9. 1983; Pipkorn/Bardenhewer-Rating, in: von der Groeben/Schwarze, Art.96 EG Rn.13; Langeheine, in: Grabitz/Hilf, EGV, Altband, Art.101 Rn.9; Spaak-Bericht, Kapitel 2, Abschnitt 1, S.304

[506] Klein, in: Handkommentar zum EUV/EGV, Stand 1991, Art.101 Rn.3; Langeheine, in: Grabitz/Hilf, EGV, Altband, Art.101 Rn.10; Zweigert, in: FS Dölle, S.401, 409

[507] Pipkorn/Bardenhewer- Rating, in: von der Groeben/Schwarze, Art.96 EG Rn.16; Zweigert, in: FS Dölle, S.401, 410; Schwartz, in: FS Hallstein, S.474, 491

Die Feststellung der Verzerrung obliegt der Kommission, die hierbei über einen Beurteilungsspielraum verfügt.

Art. 96 EG sieht einen zweistufigen Verfahrensablauf vor. Das Verfahren beginnt mit der Feststellung einer Wettbewerbsverzerrung durch die Kommission. Daran schließt sich eine Beratungsphase mit dem betroffenen Mitgliedstaat mit dem Ziel der Beseitigung der Verzerrung an. Die Ausgestaltung dieser Beratungen obliegt der Kommission, es handelt sich aber um ein informelles und flexibles Verfahren.
Kommt es im Anschluss an die Beratungen nicht zu einer Beseitigung der Wettbewerbsverzerrung, kann der Rat auf Vorschlag der Kommission die zur Beseitigung der Verzerrung erforderlichen Richtlinien erlassen. Die Entscheidung erfolgt mit qualifizierter Mehrheit ohne obligatorische Beteiligung von Europäischem Parlament und dem Wirtschafts- und Sozialausschuss. Dieses vereinfachte Verfahren ist der erwarteten Schwere der Funktionsstörung geschuldet.

Die nach Art. 96 EG zu erlassenden Richtlinien können lediglich eine Harmonisierung der Rechts- und Verwaltungsvorschriften der Mitgliedstaaten vorsehen.[508] Dies ergibt sich aus der Stellung des Art. 96 EG im Kapitel über die Rechtsangleichung und aus dem Wortlaut der Norm, der sich auf Unterschiede in den Rechts- und Verwaltungsvorschriften der Mitgliedstaaten bezieht.
Adressaten der Richtlinie sind die von der Verzerrung betroffenen Mitgliedstaaten. Man wird wohl verlangen können, dass die Kommission mit den Adressaten der Richtlinie vorher Verhandlungen geführt haben muss. Anderenfalls wäre der zweistufige Verfahrensaufbau verletzt.
Art. 96 II Satz 2 EG stellt klar, dass Rat und Kommission auch sämtliche anderen im Vertrag vorgesehenen Maßnahmen zur Beseitigung von Wettbewerbsverzerrungen ergreifen können. Insbesondere ist auch eine Rechtsangleichung nach Art. 94 und 95 EG möglich.
Art. 96 EG tritt grundsätzlich als subsidiär zurück, wenn die Wettbewerbsverzerrung auch wegen eines Verstoßes gegen andere Vertragsvorschriften oder Sekundärrecht verfolgt und beseitigt werden kann.[509] Dies gilt nicht für den Bereich der Steuern und der Sozialvorschriften, da in diesen Bereichen in Art. 93 und Art. 136 EG ausdrücklich auf die allgemeinen Vorschriften der Rechtsangleichung verwiesen wird. Art. 96 EG erfasst wettbewerbsverfälschende Rechtsunterschiede ohne diskriminierenden Charakter; solche mit diskriminierendem Charakter werden von Art. 12 EG erfasst.[510]

---

[508] Vgl. Pipkorn/Bardenhewer- Rating, in: von der Groeben/Schwarze, Art.96 EG Rn.19; Langeheine, in: Grabitz/Hilf, EGV, Altband, Art.101 Rn.16; Klein, in: Handkommentar zum EUV/EGV, Stand 1991, Art.101 Rn.5

[509] Langeheine, in: Grabitz/Hilf, EGV, Altband, Art.101 Rn.17; Pipkorn/Bardenhewer- Rating, in: von der Groeben/Schwarze, Art.96 EG Rn.21

[510] G/T/E/Pipkorn, 4.A., Art.101 Rn.7; Langeheine, in: Grabitz/Hilf, EGV, Altband, Art.101 Rn.4

In der Praxis ist Art. 96 EG ohne Bedeutung geblieben. Auf seiner Grundlage wurden bisher keine Richtlinien erlassen.[511] Es sind lediglich einige Beratungen geführt worden.[512] Dies wird nach allgemeiner Ansicht auf die fehlende Beteiligungsverpflichtung des Europäischen Parlaments und die Schwierigkeiten bezüglich der Definition der Tatbestandsvoraussetzungen zurückgeführt.[513]

**g) Art. 97 EG**

Art. 97 EG regelt im Unterschied zu Art. 96 EG, der eine repressive Rechtsangleichung vorsieht, eine Präventivbefugnis der Kommission, um künftig zu erwartende Wettbewerbsverzerrungen zu vermeiden. Die Vorschrift soll eine Vergrößerung der Unterschiede zwischen den nationalen Rechtsordnungen verhindern.[514]
Voraussetzung ist eine zu befürchtende Verzerrung im Sinne des Art. 96 EG. Abweichend von Art. 96 EG geht es hier um die auch nur entfernt vorliegende Gefahr von Verzerrungen.[515] Der Begriff der Verzerrung deckt sich mit dem des Art. 96 EG. Bei Gefahr einer Verzerrung entsteht eine Konsultationspflicht. Der betroffene Mitgliedstaat muss die Kommission rechtzeitig und vollständig unterrichten.[516] Aus Art. 97 II 2 EG ergibt sich, dass dies auch dann gilt, wenn die Verzerrung sich nur zu seinem eigenen Nachteil auswirken würde.
Nach Unterrichtung der Kommission prüft diese in Beratungen mit den Mitgliedstaaten, womit alle Mitgliedstaaten gemeint sind, ob tatsächlich eine Verzerrung zu besorgen ist. Gelangt sie zu der Auffassung, dass eine Verzerrung hinreichend wahrscheinlich ist, empfiehlt sie die zur Vermeidung der Verzerrung notwendigen Maßnahmen der Rechtsangleichung. Die Empfehlung hat an alle von der Verzerrung betroffenen Mitgliedstaaten zu ergehen. Bestehen keine hinreichend konkreten Anhaltspunkte einer Verzerrung, so ist dies dem betroffenen Mitgliedstaat unverzüglich mitzuteilen, der dann die geplante Norm erlassen kann.
Eine Verletzung der Konsultationspflicht kann eine Klage wegen Vertragsverletzung nach sich ziehen. Art. 97 EG hat keine unmittelbare Wirkung zugunsten Einzelner.[517]

---

[511] Pipkorn/Bardenhewer- Rating, in: von der Groeben/Schwarze, Art.96 EG Rn.23
[512] Vignes, in:M/L/V/W, Art.101 Anm.5 ; Band 5
[513] Langeheine, in: Grabitz/Hilf, EGV, Altband, Art.101 Rn.13; Schwarze/Herrnfeld, EU, Art.96 Rn.2; Röttinger, in: Lenz, EUV/EGV, Art.96 Rn.8; Pipkorn/Bardenhewer- Rating, in: von der Groeben/Schwarze, Art.96 EG Rn.1
[514] EuGH, 15.7. 1964, Rs.6/64, Slg.1964, 1251, 1271 (Costa/ENEL)
[515] EuGH, 15.7. 1964, Rs.6/64, Slg.1964, 1251, 1271 (Costa/ENEL)
[516] EuGH, 12.6. 1979, verb. Rs.181 und 229/78, Slg.1979, 2063, 2078 (van Paassen)
[517] EuGH, 15.7. 1964, Rs.6/64, Slg.1964, 1251, 1271 (Costa/ENEL)

Kommt der die Verzerrung planende Mitgliedstaat der Empfehlung der Kommission nicht nach, ist die Möglichkeit des Erlasses einer Richtlinie gemäß Art. 96 EG eröffnet. Daneben ist auch der Anwendungsbereich der Art.94 und 95 EG eröffnet.[518] Art. 97 II EG schreibt eine Einschränkung des Anwendungsbereichs des Art. 96 EG zu Lasten des betroffenen Staates vor, so dass die anderen Mitgliedstaaten nicht zur Änderung ihrer Vorschriften verpflichtet werden dürfen, wenn der die Verzerrung planende Mitgliedstaat der Empfehlung nicht nachgekommen ist. Adressat der Richtlinie ist in diesem Fall nur der betroffene Mitgliedstaat. Zudem findet Art. 96 EG keine Anwendung, wenn die Verzerrung lediglich zum Nachteil des die Empfehlung außer Acht lassenden Mitgliedstaates ist.
Für den Fall, dass der Mitgliedstaat der Empfehlung nachkommt, die Verzerrung aber gleichwohl eintritt, trifft Art. 97 EG keine explizite Aussage. Im Umkehrschluss zu Absatz 1 Satz 1 kann jedoch gefolgert werden, dass es dann zu einer uneingeschränkten Anwendung des Art. 96 EG kommt.[519] Das Gleiche gilt, wenn eine Verzerrung eintritt, die Kommission aber keine Empfehlung abgegeben hat.[520]

Fraglich ist, ob Art. 97 II 1 EG auch dann Anwendung findet, wenn der Mitgliedstaat seiner Konsultationspflicht nicht nachgekommen ist. Nach richtiger Auffassung setzt eine Anwendung des Absatzes 2 aber eine eingehende Prüfung der geplanten Maßnahme und die Abgabe einer Empfehlung voraus.[521] Die Verletzung der Konsultationspflicht ist zwar eine Vertragsverletzung, steht einer Anwendung von Art. 96 EG auf alle Mitgliedstaaten aber nicht im Wege.

Art. 97 EG wird ebenso wie Art. 96 EG nur sehr selten angewendet.[522] Der Grund dafür liegt in der Verweisung auf die unklaren Tatbestandsvoraussetzungen des Art. 96 EG und in der Ausweitung von Stillhaltepflichten aus den unmittelbar anwendbaren Grundfreiheiten und besonderen Vereinbarungen.[523]

### h) Änderungen der Art. 96, 97 EG durch den Verfassungsvertrag

Art. 97 EG wird unverändert als Art.III-175 übernommen. In Art. 96 EG wird der Begriff des Gemeinsamen Marktes in Absatz 1, der in der Verfassung keine

---

518 Ebenso Pipkorn/Bardenhewer- Rating, in: von der Groeben/Schwarze, Art.97 EG Rn.6
519 Ebenso Pipkorn/Bardenhewer- Rating, in: von der Groeben/Schwarze, Art.97 EG Rn.9; Langeheine, in: Grabitz/Hilf, EGV, Altband, Art.102 Rn.7
520 Pipkorn/Bardenhewer- Rating, in: von der Groeben/Schwarze, Art.97 EG Rn.9; Langeheine, in: Grabitz/Hilf, EGV, Altband, Art.102 Rn.7
521 Vgl. Pipkorn/Bardenhewer- Rating, in: von der Groeben/Schwarze, Art.97 EG Rn.10
522 Vignes, in:M/L/V/W, Art.101 Anm.5; Pipkorn/Bardenhewer- Rating, in: von der Groeben/Schwarze, Art.97 EG Rn.11
523 So Pipkorn/Bardenhewer- Rating, in: von der Groeben/Schwarze, Art.97 EG Rn.11; Langeheine, in: Grabitz/Hilf, EGV, Altband, Art.102 Rn.10

Verwendung mehr findet, durch den Begriff des Binnenmarktes im neuen Art.III-174 ersetzt. Darüber hinaus ergeben sich durch den Entwurf der Verfassung keine inhaltlichen Veränderungen. Die Umformulierung in Art.III-174 gegenüber ex-Art.96 EG dient lediglich der Klarstellung, dass die Verzerrungen nicht durch das Rahmengesetz beseitigt werden, sondern durch die zu seiner Durchführung zu erlassenden innerstaatlichen Vorschriften.

## 7. Besondere Rechtsangleichungsvorschriften

Neben den allgemeinen Normen der Rechtsangleichung enthält der Vertrag besondere Kompetenzzuweisungen in den unterschiedlichen Politikbereichen.
Eine Darstellung aller Kompetenzgrundlagen der Rechtsangleichung soll hier nicht vorgenommen werden. Praktisch jede Kompetenznorm enthält wenigstens implizit auch eine Ermächtigung zur Rechtsangleichung. Sachregelung und begleitende Rechtsangleichung gehen häufig ineinander über.

Ausdrücklich ausgeschlossen ist eine Harmonisierung nur in Art. 129 (Beschäftigungspolitik), Art. 149 IV und Art. 150 IV (allgemeine und berufliche Bildung) sowie Art. 151 IV EG (kulturelle Zusammenarbeit).
Im Folgenden werden einige ausgewählte Normen grundrissartig dargestellt. Die Auswahl versucht, der Bedeutung der Ermächtigungsgrundlage oder der Bedeutung der zugrundeliegende Materie Rechnung zu tragen.

### a) Die Vorschriften über den freien Warenverkehr und das allgemeine Diskriminierungsverbot

Am Beispiel der Vorschriften über den freien Warenverkehr und das allgemeine Diskriminierungsverbot soll verdeutlicht werden, inwieweit die unmittelbar anwendbaren Grundfreiheiten und Diskriminierungsverbote zur Rechtsangleichung beitragen.
Die Vorschriften über den freien Warenverkehr in den Art. 23 ff EG und das allgemeine Diskriminierungsverbot des Art. 12 EG sind unmittelbar anwendbar und verbieten allgemeine Diskriminierungen sowie Zölle, Abgaben gleicher Wirkung und mengenmäßige Ein- und Ausfuhrbestimmungen.
Ein Verstoß einer nationalen Norm gegen die Vorschriften des freien Warenverkehrs führt zu ihrer Unanwendbarkeit. Eine nationale Bestimmung, die mengenmäßige Beschränkungen oder Maßnahmen gleicher Wirkung hervorruft, ist nur im Rahmen des Art. 30 EG gerechtfertigt.
Über das Aufstellen bestimmter Verbote führt Art. 28 EG damit faktisch zu einer Rechtsangleichung.

Die unmittelbare Anwendbarkeit des Primärrechts und hier insbesondere der Grundfreiheiten und Diskriminierungsverbote führt zu einer negativen Rechtsangleichung. Normen, die bereits wegen Verstoßes gegen beispielsweise Art. 28 EG unanwendbar sind, sind einer positiven Rechtsangleichung nicht mehr zugänglich. Nach Durchsetzung der unmittelbaren Anwendbarkeit der Grundfreiheiten existieren aber weiterhin staatliche Normen, die zwar die Grundfreiheiten beschränken, aber zur Verfolgung eines legitimen Bedürfnisses erforderlich sind und damit Bestand haben. Dazu zählen Normen, die nach den „zwingenden Erfordernissen" der Cassis-Rechtsprechung oder nach Art. 30 EG gerechtfertigt sind. Diese Normen können nur mithilfe der Rechtsangleichung aufgehoben werden. Diese Form der Rechtsangleichung unterfällt der reaktiven Rechtsangleichung, denn es geht um den umfassenden Schutz der Grundfreiheiten. Im Bereich des freien Warenverkehrs baut die reaktive Rechtsangleichung auf der negativen Rechtsangleichung auf, indem sie von der Grundfreiheit gerechtfertigte Ausnahmen angleicht. Allein die aktive Rechtsangleichung, die anderen Gesichtspunkten Rechnung trägt, kann dann einsetzen, wenn das Funktionieren des Marktes bereits durch die negative Rechtsangleichung gewährleistet ist. Reaktive Rechtsangleichung geht in ihrem Anwendungsbereich deutlich weiter als negative Rechtsangleichung, denn sie gewährleistet auch die Herstellung gleicher Wettbewerbsbedingungen.

Art. 28, 29 EG und Art. 94, 95 EG sind gleichzeitig anwendbar, da sie unterschiedliche Ziele verfolgen.[524] Es handelt sich um Bestimmungen mit unterschiedlichen Voraussetzungen und Rechtsfolgen, die jedoch alle der Beseitigung von Hemmnissen für den Markt und die Grundfreiheiten dienen.

Die Vorschriften des freien Warenverkehrs sind damit zum einen Normen der negativen Rechtsangleichung und zum anderen ermöglichen ihre Ausnahmevorschriften die Anwendung allgemeiner Kompetenznormen der Rechtsangleichung.

**b) Art. 37 EG (Landwirtschaft)**

Art. 37 EG gehört zu den speziellen Kompetenznormen der Rechtsangleichung und wird für Maßnahmen im Bereich der Landwirtschaft und dort im Rahmen einer gemeinsamen Agrarpolitik herangezogen. Art. 37 EG enthält eine Vielzahl verschiedenartiger Bestimmungen, denen mit Ausnahme von Absatz 2 Unterabsatz 3 als Grundlage der Rechtsangleichung keine Bedeutung mehr zukommt.[525] Art. 37 II UAbs.3 EG regelt das Beschlussverfahren und die Handlungsformen ausdrücklich, während die Anwendungsvoraussetzungen nur unter Rückgriff auf

---

[524] Langeheine, in: Grabitz/Hilf, EGV, Altband, Art.100 Rn.75; Oppermann, Europarecht, Rn.1221; Müller-Graff, in: von der Groeben/Schwarze, Art.28 EG Rn.346

[525] Calliess/Ruffert/Thiele, EUV/EGV, Art.37 Rn.1; Schwarze/Hix, EU, Art.37 Rn.1

insbesondere Art. 32 und Art. 33 EG zu bestimmen sind. Zum einen muss die Regelung also die Produktion oder Vermarktung der in Anhang I genannten landwirtschaftlichen Erzeugnisse zum Gegenstand haben, zum anderen muss die Regelung der Verwirklichung der Ziele des Art. 33 EG dienen.
Der EuGH billigt der Gemeinschaft auf der Grundlage von Art. 37 II UAbs.3 EG weitreichende Kompetenzen zu. Soweit ein Bereich für die Durchführung der gemeinsamen Agrarpolitik relevant ist, kann er von der Gemeinschaft geregelt werden. Handelt es sich um eine Maßnahme, die agrarpolitische Ziele verfolgt, so muss diese allein auf Art. 37 II UAbs.3 EG gestützt werden. Ein Rückgriff auf die allgemeinen Normen der Rechtsangleichung ist insoweit ausgeschlossen. Die Vorrangstellung der Landwirtschaft kommt bereits in Art. 32 II EG zum Ausdruck.[526] Die Abgrenzung zu anderen Rechtgrundlagen ist hier deshalb so bedeutsam, weil zum Teil unterschiedliche Beschlussverfahren vorgesehen sind, was vor allem die nur schwache Beteiligung des Europäischen Parlaments im Rahmen von Art. 37 EG betrifft.
Die Handlungsformen des Art. 37 EG sind Verordnungen, Richtlinien und Entscheidungen, wobei der Verordnung im Rahmen der gemeinsamen Agrarpolitik die größte Bedeutung zukommt.
Das Rechtsetzungsverfahren des Art. 37 EG ist vierstufig aufgebaut, wobei die jeweiligen Rechtsnormen einer Hierarchie unterliegen und bei Verstoß gegen die höhere Norm nichtig sind.
Der Rat erlässt auf der ersten Stufe die Grundverordnungen mit qualifizierter Mehrheit auf Vorschlag der Kommission und nach Anhörung des Europäischen Parlaments. Auf der zweiten Stufe kann der Rat allgemeine Regeln zur Durchführung dieser Grundverordnungen ohne Beteiligung des Europäischen Parlaments erlassen.
Gemäß Art. 202 3.Spiegelstrich überträgt der Rat dann auf der dritten Stufe Durchführungsbefugnisse an die Kommission. Auf der vierten Stufe kommt es dann zu Durchführungsverordnungen der Kommission gemäß Art. 211 4.Spiegelstrich EG. Der Rat legt folglich die wesentlichen Grundzüge der gemeinsamen Agrarpolitik fest, während die Durchführungsbestimmungen entweder von ihm selbst oder der Kommission im Verwaltungsausschussverfahren erlassen werden.

Fraglich bleibt noch die Kompetenzverteilung zwischen der Gemeinschaft und den Mitgliedstaaten im Rahmen der gemeinsamen Agrarpolitik. Art. 37 EG ist der konkurrierenden Kompetenz zuzuordnen.[527] Aus dieser Einordnung folgt aber keine uneingeschränkte Anwendung des Subsidiaritätsprinzips, denn die Gemeinschaft hat ihre konkurrierende Zuständigkeit bereits in weitem Umfang

---

[526] EuGH, 16.11. 1989, Rs.C-131/87, Slg.1989, 3743 Rn.11 (Kommission/Rat)
[527] Ebenso Schwarze/Hix, EU, Art.37 Rn.24; Borchardt, in: Lenz, EUV/EGV, Art.37 Rn.10; Booß, in: Grabitz/Hilf, EGV, Art.37 Rn.37

ausgeübt und damit die Zuständigkeit der Mitgliedstaaten und das Subsidiaritätsprinzip zurückgedrängt.
Die Agrarpolitik unterfällt dem Gemeinsamen Markt, so dass Art. 37 EG eine Kompetenzgrundlage der reaktiven Rechtsangleichung ist.

### c) Art. 40 EG (Arbeitnehmerfreizügigkeit)

Art. 40 EG ermächtigt den Rat, alle erforderlichen Maßnahmen zur Herstellung der Arbeitnehmerfreizügigkeit herzustellen. Er baut damit auf die Grundfreiheit der Freizügigkeit der Arbeitnehmer in Art. 39 EG auf. Im Anwendungsbereich der Grundfreiheit kommt es durch deren unmittelbare Anwendbarkeit zur negativen Rechtsangleichung. Darüber hinausgehend ermöglicht Art. 40 EG den Erlass positiver Maßnahmen zum Schutz der Freizügigkeit und unterfällt somit der reaktiven Rechtsangleichung. Die reaktive Rechtsangleichung führt regelmäßig durch den Erlass positiver Maßnahmen zu einem verstärkten Schutz der Grundfreiheiten, deren Grundstein mit der Unanwendbarkeit entgegenstehenden nationalen Rechts durch die negative Rechtsangleichung gelegt wird.
Art. 40 EG ist Parallelvorschrift zu den Art. 44 und 52 EG, die sich auf die Niederlassungs- und Dienstleistungsfreiheit beziehen. Anders als diese Freiheiten enthält Kapitel I aber nur eine Rechtsgrundlage, die sich sowohl auf die Herstellung der Freizügigkeit als auch auf die gegenseitige Anerkennung bezieht. Art. 40 EG ermächtigt auch zum Erlass solcher Regelungen, die im Rahmen der Niederlassungs- und Dienstleistungsfreiheit von Art. 47 EG erfasst werden. Aus diesem Unterschied folgen jedoch keine rechtlichen Konsequenzen.

Art. 40 EG erlaubt seinem Wortlaut nach nur eine Rechtsetzung zur Herstellung der Freizügigkeit im Sinne des Art. 39 EG. Dies bedeutet aber nicht, dass Art. 40 EG nicht über die in Art. 39 EG geschützte Freizügigkeit hinausgehen dürfte. Anderenfalls wäre Art. 40 EG faktisch überflüssig. Statt dessen soll Art. 40 EG einen weitergehenden Schutz gewährleisten und ermächtigt daher auch bereits nach seinem Wortlaut zu allen „erforderlichen Maßnahmen". Die Nennung einzelner Tätigkeitsfelder in den Buchstaben a-d hat dabei kaum mehr eine Relevanz, denn die in den Buchstaben b und c genannten mitgliedstaatlichen Hindernisse sind bereits durch die unmittelbare Anwendbarkeit der Arbeitnehmerfreizügigkeit und die negative Rechtsangleichung unzulässig, ohne dass es hier noch des Erlasses positiver Maßnahmen bedürfte. Die in Buchstabe a geforderte enge Zusammenarbeit und die Zusammenführung von Angebot und Nachfrage in Buchstabe d sind bereits umfassend in einer Verordnung geregelt.[528]
Bei der Auswahl der erforderlichen Maßnahmen steht der Gemeinschaft ein weiter Beurteilungsspielraum zu.[529] Art. 40 EG findet insbesondere auf solche Regelungen Anwendung, die die Arbeitnehmerfreizügigkeit aufgrund von gerecht-

---

[528] VO (EWG) Nr.1612/68 und VO (EWG) Nr.2434/92, ABl. EG Nr. L 245/1vom 26.8. 1992
[529] Wölker/Grill, in: von der Groeben/Schwarze, Art.40 EG Rn.7

fertigten Erfordernissen beschränken. Der Anwendungsbereich erstreckt sich auf die Freizügigkeit der Arbeitnehmer und deren Familienangehörigen. Nicht erfasst werden Regelungen über den Zugang zur Beschäftigung für Drittstaatsangehörige, die nicht Familienmitglieder sind.[530] Ebenfalls nicht erfasst werden Regelungen zur Beseitigung von Inländerdiskriminierungen. Der Anwendungsbereich erstreckt sich auch auf die Beseitigung mittelbarer Hindernisse der Freizügigkeit. Erforderlich ist aber immer das Ziel der Förderung der Freizügigkeit. Neben der gegenseitigen Anerkennung von Diplomen und Prüfungszeugnissen regelt Art. 40 EG auch den Zugang zu unselbständigen Erwerbstätigkeiten. Fraglich ist, inwieweit sich Regelungen über aus dem Erwerbsleben Ausgeschiedene auf Art. 40 EG stützen lassen. Nach richtiger Auffassung lässt sich für diese Personengruppe jedoch kein hinreichender Zusammenhang mehr zur Arbeitnehmerfreizügigkeit herstellen, so dass entsprechende Regelungen auf andere Rechtsgrundlagen zu stützen sind, was auch bereits geschehen ist.[531] Für die Anwendung des Art. 40 EG ist in jedem Fall ein Zusammenhang speziell zur Freizügigkeit der Gruppe der Arbeitnehmer zu verlangen.
Eine spezielle Rechtsgrundlage findet sich in Art. 42 EG bezüglich der Sicherung sozialer Ansprüche. Die Angleichung von Arbeitsrecht und Arbeitsbedingungen ist bisher nicht auf Art. 40 EG gestützt worden. Die Lebens- und Arbeitsbedingungen der Arbeitnehmer werden über Art. 136 und 137 EG angeglichen.

Als Instrumente sind dem Rat in Art. 40 EG die Richtlinie und die Verordnung zugewiesen. Das Mitentscheidungsverfahren des Art. 251 EG ist anwendbar. Der Wirtschafts- und Sozialausschuss ist anzuhören.

### d) Art. 44, 46 II, 47, 52 und 55 EG (Niederlassungs- und Dienstleistungsfreiheit)

Art. 44 I EG verleiht die Kompetenz zum Erlass von Richtlinien zur Verwirklichung der Niederlassungsfreiheit. Die Parallelvorschrift dazu im Bereich der Dienstleistungsfreiheit ist Art. 52 EG. Die praktische Bedeutung des Art. 52 EG bleibt noch hinter der des Art. 44 EG zurück, obwohl bereits dessen praktische Bedeutung recht gering ist.[532] Im Bereich der Dienstleistungsfreiheit werden Rechtsakte weit häufiger auf Art. 46 II i.V.m. Art. 55 EG oder Art. 47 II i.V.m. Art. 55 EG als auf Art. 52 EG gestützt.[533] Über den Verweis des Art. 55 EG finden die Art. 45 bis 48 EG über die Niederlassungsfreiheit auch auf die Dienstleistungsfreiheit Anwendung.

---

[530] Ebenso Calliess/Ruffert/Brechmann, EUV/EGV, Art.40 Rn.2
[531] Vgl RL 364/90, ABl. EG Nr. L 180/26 vom 13.7. 1990
[532] Randelzhofer/Forsthoff, in: Grabitz/Hilf, EGV, Art.44 Rn.3
[533] Randelzhofer/Forsthoff, in: Grabitz/Hilf, EGV, Art.52 Rn.4

Auf Art. 44 I EG gestützte Richtlinien zur Verwirklichung der Niederlassungsfreiheit ergehen im Mitentscheidungsverfahren des Art. 251 EG. Die Beteiligung des Europäischen Parlaments ist im Bereich der Niederlassungsfreiheit damit stärker gewährleistet als im Bereich des Art. 52 EG, denn dieser sieht nur das Anhörungsverfahren vor. Dies mag ein Grund für die Bevorzugung der Kompetenzen aus der Niederlassungsfreiheit sein, denn hier ist das Mitentscheidungsverfahren durchgängig vorgesehen.
Art. 44 II EG ist keine eigenständige Kompetenznorm, sondern konkretisiert den Bereich der Rechtsetzung nach Absatz 1. Dieser Bereich ist durch die unmittelbare Anwendbarkeit der Niederlassungsfreiheit aus Art. 43 EG bereits stark eingeschränkt. Ein Bedürfnis nach reaktiver Rechtsangleichung besteht nur noch bei erleichternden Begleitregelungen und im Anwendungsbereich des Art. 44 II lit. g EG. Die Aufzählung der Bereiche in Absatz 2 ist nicht abschließend und hat mit Ausnahme von Buchstabe g, der im Gesellschaftsrecht eine wichtige Rolle spielt,[534] keine große praktische Bedeutung erlangt.[535] Die Formulierung in Art. 44 I EG, dass die zu erlassenden Richtlinien „eine bestimmte Tätigkeit" betreffen müssen, entfaltet praktisch keine Bedeutung. Zulässig ist im Rahmen des Art. 44 EG auch ein Rückgriff auf Empfehlungen und Stellungnahmen, nicht aber auf Verordnungen.

Art. 44 II lit. g EG ist eine eigenständige Rechtsgrundlage, deren Anwendungsbereich sich nach richtiger Ansicht nicht im Abbau der Hindernisse für die Niederlassungsfreiheit erschöpft, sondern darüber hinaus auch den Erlass von Vorschriften, die der Niederlassungsfreiheit dienen und ihre Verwirklichung erleichtern, umfasst.[536] Dazu gehört die Herstellung vergleichbarer gesellschaftsrechtlicher Bedingungen, wobei Buchstabe g keine Kompetenz zur Schaffung supranationaler Gesellschaftsformen verleiht.[537]
Der Begriff der Koordinierung, der in Art. 44 II lit. g EG Verwendung findet, ist synonym zum Begriff der Rechtsangleichung.[538] Die Abgrenzung des Begriffs der Schutzbestimmung bereitet demgegenüber mehr Schwierigkeiten, denn eine befriedigende Unterscheidung zwischen Schutzbestimmungen und nichtschützenden Vorschriften ist im Gesellschaftsrecht schwerlich möglich, da im Prinzip jeder Bestimmung eine Schutzfunktion zukommt. Der Verwendung dieses Begriffs lässt sich daher nur entnehmen, dass nicht alle gesellschaftsrechtlichen

[534] Einen ausführlichen Überblick über vorliegende und geplante Rechtsakte bieten Wiesner, ZIP 2000, 1792ff; Schwarze/Müller-Huschke, EU, Art.44 Rn.26ff; Troberg/Tiedje, in: von der Groeben/Schwarze, Art.44 EG Rn.30ff
[535] Calliess/Ruffert/Bröhmer, EUV/EGV, Art.44 Rn.4
[536] Ebenso Schwarze/Müller-Huschke, EU, Art.44 Rn.21; Franzen, Privatrechtsangleichung, S.83
[537] Dies entspricht der hM, vgl. Schwarze/Müller-Huschke, EU, Art.44 Rn.32; Randelzhofer/Forsthoff, in: Grabitz/Hilf, EGV, Art.44 Rn.11
[538] Taschner, in: von der Groeben/Schwarze, Art.94 EG Rn.1 m.w.N.; Lutter, NJW 1966, 273, 274

Normen gemeint sein können. Es bleibt damit Rat und Kommission vorbehalten, im Einzelfall zu entscheiden, ob eine Bestimmung als Schutzbestimmung einer Angleichung zugänglich ist.[539]
Adressaten der anzugleichenden Schutzbestimmungen sind die Gesellschaften. Die zu erlassenden Richtlinien müssen den Interessen der Gesellschafter sowie Dritter dienen. Der Begriff des Dritten umfasst nach richtiger Auffassung die jetzigen und potentiellen Gläubiger der Gesellschaft sowie die Arbeitnehmer,[540] etwas Anderes ergibt sich nicht aus dem Wortlaut. Die Arbeitnehmer können zum einen auch als Gläubiger der Gesellschaft gesehen werden und zum anderen können auch sie in einem Interessenwiderstreit mit der Gesellschaft stehen. Diese Merkmale, die allgemein dem „Dritten" zugeordnet werden, treffen damit auch auf den Arbeitnehmer mit der Folge seiner Einbeziehung zu.
Weitere Voraussetzung des Buchstaben g ist die Erforderlichkeit. Dieses Merkmal eröffnet den rechtssetzenden Organen einen Ermessensspielraum bezüglich der Frage nach dem „Ob" und „Wie" einer Rechtsangleichung. Auf Grund der Tatsache, dass eine nur qualifizierte Mehrheit im Rahmen des Art. 44 EG ausreichend ist, müssen die Grenzen des Ermessens sorgfältig beachtet werden. Fraglich ist insoweit auch der Anknüpfungspunkt der Erforderlichkeit. Es ist in jedem Fall ein konkreter Bezug zur Niederlassungsfreiheit zu fordern, wenn auch nicht verlangt werden kann, dass jede Rechtsangleichungsmaßnahme ein Hindernis der Niederlassungsfreiheit beseitigt. Dies ergibt sich bereits aus dem eingangs erwähnten Anwendungsbereich des Art. 44 I EG. Auf Grund der bereits weitreichenden negativen Rechtsangleichung über die unmittelbare Anwendung von Art. 43 EG kann das Bedürfnis der Beseitigung einer Beschränkung nicht bejaht werden. Eine Erleichterung und ein konkreter Bezug sind demnach hier ausreichend.

Weitere Kompetenzgrundlage zur Rechtsangleichung im Bereich der Niederlassungsfreiheit ist Art. 46 II EG.
Art. 46 I EG begründet eine Ausnahme vom Grundsatz der Niederlassungsfreiheit und rechtfertigt in seinem Anwendungsbereich eine direkte Diskriminierung, was im Gegensatz zum grundsätzlich in Art. 12 EG garantierten Diskriminierungsverbot steht. Sein originärer Anwendungsbereich erstreckt sich nur auf Vorschriften des Ausländerrechts. Über den Verweis des Art. 55 EG erstreckt sich Art. 46 EG nicht nur auf den Bereich der Niederlassungsfreiheit, sondern auch auf den Bereich der Dienstleistungsfreiheit.
Art. 46 II EG erlaubt die Koordinierung der unter Art. 46 I EG fallenden mitgliedstaatlichen Vorschriften im Mitentscheidungsverfahren mit qualifizierter

---

[539] Randelzhofer/Forsthoff, in: Grabitz/Hilf, EGV, Art.44 Rn.13; Eyles, Niederlassungsrecht der Kapitalgesellschaften in der EG, S.136

[540] Ebenso Randelzhofer/Forsthoff, in: Grabitz/Hilf, EGV, Art. 44 Rn.15; Calliess/ Ruffert/Bröhmer, EUV/EGV, Art. 44 Rn.12; Behrens, in: Dauses, Hdb. EU-WirtschaftsR., Band 1, E.III, Rn.17; Troberg/Tiedje, in: von der Groeben/Schwarze, Art.44 EG Rn.27; Lutter, EuR 1975, 44, 49; a.A. Franzen, Privatrechtsangleichung, S.85f

Mehrheit. Nach erfolgter Harmonisierung gemäß Art. 46 II EG ist den Mitgliedstaaten ein Rückgriff auf Art. 46 I EG verwehrt. In der Praxis ist von der Ermächtigung jedoch nur selten Gebrauch gemacht worden.[541]
Art. 47 EG enthält weitere Kompetenzgrundlagen im Bereich der Niederlassungsfreiheit, die ebenfalls über Art. 55 EG auch auf die Dienstleistungsfreiheit anwendbar sind. Kompetenzgrundlagen der Rechtsangleichung sind dabei die Absätze 2 und 3, denn Absatz 1 regelt den Erlass von Richtlinien zur gegenseitigen Anerkennung. Diese ist von der Rechtsangleichung zu unterscheiden.
Gegenseitige Anerkennung meint, dass darauf verzichtet wird, nationale Bestimmungen auf Angehörige anderer Mitgliedstaaten anzuwenden und die Bestimmungen des einen Staates von einem anderen Staat als gleichwertig anerkannt werden.[542]
Rechtsangleichung meint hingegen, dass die Bestimmungen grundsätzlich aller Mitgliedstaaten über den Erlass einer gemeinschaftsrechtlichen Vorgabe einander angenähert werden. Der Begriff geht somit über eine gegenseitige Anerkennung hinaus, denn es werden nicht allein unterschiedliche Vorschriften als gleichwertig anerkannt, sondern ein gemeinsames Regelungssystem geschaffen.
Abzulehnen ist damit die Ansicht, eine Koordinierung ohne nachfolgende Anerkennung sei nicht nur zwecklos, sondern unzulässig.[543] Die gegenseitige Anerkennung beinhaltet kein höheres Integrationsniveau als die Koordinierung, weshalb ein Stufenverhältnis, das eine Koordinierung als Vorstufe einer gegenseitigen Anerkennung sieht, nicht zu überzeugen vermag. Auch nach dem Wortlaut ergibt sich kein Hinweis darauf, dass die Koordinierung Mittel zur Ermöglichung einer gegenseitigen Anerkennung sein soll. Diese beiden Mittel zum Vorantreiben der Integration haben einen unterschiedlichen Ansatzpunkt, denn im Fall der gegenseitigen Anerkennung wird dem nationalen Gesetzgeber keine Regelungskompetenz entzogen, sondern vielmehr unter Schonung seiner Gesetzgebungskompetenz die Beibehaltung unterschiedlicher nationaler Standards ermöglicht. Andererseits ist es auch nicht ausgeschlossen, dass nach einer erfolgten Rechtsangleichung auf niedrigem Niveau noch eine gegenseitige Anerkennung eingreift. An dieser Stelle ist festzuhalten, dass Rechtsangleichung und gegenseitige Anerkennung nebeneinander stehen und unterschiedliche Ansatzpunkte haben. In Absatz 1 trifft der Gemeinschaftsgesetzgeber eine Vorentscheidung zur Bevorzugung des Mittels der gegenseitigen Anerkennung im Bereich von Diplomen, Prüfungszeugnissen und sonstigen Befähigungsnachweisen. In diesem Bereich kann eine Koordinierung eine gegenseitige Anerkennung nicht ersetzen oder überflüssig machen, denn die gegenseitige Anerkennung beinhaltet den Übergang von System zu System und erst durch die Anerkennung nimmt ein Mitgliedstaat ein Diplom eines anderen Mitgliedstaates als Erfüllung

---

[541] Die einzig wesentliche Richtlinie ist die RL 64/221/EWG vom 25.2. 1964, ABl. EG Nr.56/850 vom 4.4. 1964

[542] Ebenso Schwarze/Schlag, EU, Art.47 Rn.5; Randelzhofer/Forsthoff, in: Grabitz/Hilf, EGV, Art.47 Rn.17

[543] So aber Schwarze/Schlag, EU, Art.47 Rn.2

seiner Zulassungsvoraussetzungen an. Im Bereich der Leistungsnachweise und Zugangsvoraussetzungen ist eine Anerkennung selbst nach vollständiger Koordinierung noch immer nötig, was aber nicht impliziert, dass die gegenseitige Anerkennung eine höhere Integrationsstufe darstellt. Im Bereich der Rechts- und Verwaltungsvorschriften soll hingegen eine Koordinierung betrieben werden. Beide Integrationsmittel dienen dem Zweck der Erleichterung der Aufnahme und Ausübung von selbständigen Tätigkeiten. Absatz 2 ermöglicht dabei insbesondere die Angleichung von Vorschriften, die die Niederlassungs- oder Dienstleistungsfreiheit gerechtfertigt beeinträchtigen. Die Kompetenzen der reaktiven Rechtsangleichung ergänzen hier die negative Rechtsangleichung, die nicht alle Hindernisse, die die Grundfreiheiten beeinträchtigen, zu beseitigen vermag. Die Angleichung bezieht sich dabei über die bloße Anwendung der Freiheiten nur auf grenzüberschreitende Sachverhalte hinaus auf die Schaffung einer einheitlichen Regelung sowohl für innerstaatliche als auch für grenzüberschreitende Sachverhalte.[544] Dies beinhaltet einen weiteren Unterschied zur gegenseitigen Anerkennung, deren Anwendung im Bereich von Leistungsnachweisen zu einer Inländerdiskriminierung führen kann.

Gegenstand der Koordinierung im Rahmen von Art. 47 II EG sind die Rechts- und Verwaltungsvorschriften der Mitgliedstaaten über die Aufnahme und Ausübung selbständiger Tätigkeiten. Absatz 2 erfasst alle Anforderungen, die die Aufnahme und Ausübung einer selbständigen Tätigkeit betreffen.[545] Inhaltlich wird das gesamte Berufsordnungsrecht der Mitgliedstaaten umschrieben, wie Zulassungsschranken und die besonderen Anforderungen, die an einen bestimmten Berufsstand zu richten sind.[546] Der Begriff der Rechts- und Verwaltungsvorschriften ist dabei weit zu verstehen, so dass alle Berufszugangs- und Berufsausübungsregeln darunter fallen.[547] Art. 47 II EG verleiht jedoch keine Kompetenz zur Verdichtung des Regelungsniveaus. Die Koordinierung hat sich auf Vorschriften zu beschränken, die die Aufnahme und Ausübung einer selbständigen Tätigkeit wesentlich erschweren und deren Koordinierung eine Erleichterung bewirken würde. Eine Erleichterung liegt bereits bei Verringerung von Unterschieden vor.[548] Es können lediglich solche Vorschriften harmonisiert werden, die sich unmittelbar auf den Selbständigen oder das Unternehmen beziehen.[549] Eine Einschätzungsprärogative der Gemeinschaftsorgane besteht nur in begrenztem Umfang.[550] Es wird vom Gerichtshof überprüft, ob die Voraus-

[544] hM., vgl. Hailbronner, in: Handkommentar zum EUV/EGV, Stand 1996, Art.57 Rn.7; Roth, in: Dauses, Hdb. EU-WirtschaftsR., Band 1, E.I Rn.146
[545] Randelzhofer/Forsthoff, in: Grabitz/Hilf, EGV, Art.47 Rn.22
[546] Tiedje/Troberg, in: von der Groeben/Schwarze, Art.47 EG Rn.46
[547] Schwarze/Schlag, EU, Art.47 Rn.23
[548] EuGH, 18.4. 1991, Rs.C-63/89, Slg.1991, I-1799 Rn.15 (Assurances du crédit)
[549] Ebenso Schwarze/Schlag, EU, Art.47 Rn.24
[550] Randelzhofer/Forsthoff, in: Grabitz/Hilf, EGV, Art.47 Rn.11

setzungen für die Ausübung der Grundfreiheiten verbessert werden und ob die Hemmnisse tatsächlich beseitigt werden.
Im Bereich der Dienstleistungsfreiheit muss die Harmonisierung mangels der Möglichkeit einer Abgrenzung über die Unternehmensbezogenheit weiter greifen und auch solche Vorschriften erfassen, die direkt die Art und Weise der Leistungserbringung erfassen, denn solche Regelungen sind geeignet, die Dienstleistungsfreiheit erheblich zu behindern.
Art. 47 II EG sieht das Verfahren der Mitentscheidung nach Art. 251 EG mit qualifizierter Mehrheit vor. Diese ist bereits nach Art. 251 EG vorgesehen.
Nach Art. 47 II 2 EG ist die Entscheidung einstimmig zu beschließen, wenn die Durchführung der Richtlinie „in mindestens einem Mitgliedstaat eine Änderung bestehender gesetzlicher Grundsätze der Berufsordnung hinsichtlich der Ausbildung und der Bedingungen für den Zugang natürlicher Personen zum Beruf umfasst". Die Bestimmung wurde zum Schutz der deutschen Handwerksordnung eingeführt[551] und stellt eine Ausnahme vom Grundsatz der autonomen Geltung des Gemeinschaftsrechts dar. Der Anwendungsbereich kann nämlich nicht vom Gemeinschaftsrecht bestimmt werden, sondern hängt von den mitgliedstaatlichen Rechtsordnungen ab.[552] Die Vorschrift ist damit als Ausnahmevorschrift eng auszulegen.
Als Rechtsgrundlage tritt Art. 47 II EG neben Art. 44 I EG. Art. 47 III EG kommt keine Bedeutung als Kompetenzgrundlage mehr zu.[553]

### e) Art. 65, 67 EG (Justitielle Zusammenarbeit in Zivilsachen)

Die Zusammenarbeit in Zivilsachen gehört zu den zunächst im EUV geregelten und später in den EGV übertragenen Bereichen der Justiz- und Innenpolitik. Art. 65 EG ermöglicht insbesondere die Angleichung von Vorschriften in den Bereichen des Zivilprozessrechts und des internationalen Privatrechts. Die Aufzählung der Regelungsgegenstände ist nicht abschließend. Erfasst werden können damit alle Bereiche des internationalen Privat- und Zivilverfahrensrechts und des allgemeinen Zivilprozessrechts, sofern sie für das reibungslose Funktionieren des Binnenmarktes erforderlich sind. Dieses Kriterium ist dahingehend zu verstehen, dass nicht jedes mittelbare Hindernis eine Angleichung zu rechtfertigen vermag. In Anlehnung an die Ausführungen zu Art. 95 EG ist zu verlangen, dass eine gewisse Spürbarkeit des Hindernisses zu fordern ist. Nicht umfasst von dieser Angleichungskompetenz ist das materielle Zivilrecht. Die auf Art. 65 EG

---

[551] Schwarze/Schlag, EU, Art.47 Rn.27; Ehlermann, CMLR 1987, 361, 377; Randelzhofer/Forsthoff, in: Grabitz/Hilf, EGV, Art.47 Rn.14
[552] Randelzhofer/Forsthoff, in: Grabitz/Hilf, EGV, Art.47 Rn.14
[553] Schwarze/Schlag, EU, Art.47 Rn.28; Scheuer, in: Lenz, EUV/EGV, Art.47 Rn.10; Tiedje/Troberg, in: von der Groeben/Schwarze, Art.47 EG Rn.20; Calliess/Ruffert/Bröhmer, EUV/EGV, Art.47 Rn.3

zu stützenden Maßnahmen verfolgen vor allem das Ziel einer erleichterten Ausübung des Personenverkehrs über eine Vereinfachung des Rechtsverkehrs.

Das Verfahren der Beschlussfassung erfolgt nach Art. 67 EG. Art. 67 V 2. Spielgelstrich EG sieht abweichend vom Verfahren des Absatzes 1 vor, dass das Verfahren des Art. 251 EG, mit Ausnahme von familienrechtlichen Aspekten, Anwendung findet. Als Maßnahmen nach Art. 65 EG kommen alle möglichen Instrumente des Art. 249 EG in Betracht. Die Formulierung des Art. 65 EG hindert nicht am Erlass rechtsverbindlicher Maßnahmen.
Auf Grundlage des Art. 65 EG wurde eine Verordnung über die gerichtliche Zuständigkeit und die Anerkennung von Entscheidungen in Zivil- und Handelssachen erlassen, welche die Übereinkommen von Brüssel und Lugano ersetzt.[554] Weitere Verordnungen betreffen unter anderem das Insolvenzverfahren,[555] die Übermittlung und Zustellung von Schriftstücken in Zivil- und Handelssachen[556] und die gerichtliche Zusammenarbeit bei der Beweisaufnahme in Zivil- und Handelssachen.[557]

Art. 65 EG geht bezüglich von Maßnahmen in Zivilsachen, die den grenzüberschreitenden Personenverkehr betreffen und für das reibungslose Funktionieren des Binnenmarktes erforderlich sind, den Vorschriften der Arbeitnehmerfreizügigkeit, der Dienstleistungs- und Niederlassungsfreiheit vor. Unberührt auf Grund von anderer Zielsetzung bleiben dagegen die übrigen Freiheiten und die Generalnormen der Art. 94, 95 EG. Auf diese können Maßnahmen zur Harmonisierung des Kollisionsrechts gestützt werden.[558] Im Verhältnis zu Art. 293 4.Spiegelstrich EG ist von einem Vorrang des Art. 65 EG auszugehen, soweit sich ihre Anwendungsbereiche überschneiden. Mit der Umwandlung von auf Grundlage des Art. 293 EG ausgehandelten Abkommen in Gemeinschaftsrecht ist bereits begonnen worden. Art. 293 EG behält aber Bedeutung im Verhältnis zum Vereinigten Königreich sowie zu Irland und Dänemark, soweit diese Staaten sich nicht an Maßnahmen des Art. 65 EG beteiligen.

### f) Art. 71, 80 II EG (Verkehrspolitik)

Der gemeinsamen Verkehrspolitik kommt innerhalb der Gemeinschaft eine herausgehobene Bedeutung zu. Die allgemeinen Regeln des Vertrags kommen auf den Verkehr zur Anwendung, soweit die Vertragsziele durch die allgemeinen

---

[554] VO 44/2001, ABl. EG Nr. L 12/1 vom 16.1. 2001
[555] VO 1346/2000, ABl. EG Nr. L 160/1 vom 30.6. 2000
[556] VO 1348/2000, ABl. EG Nr. L 160/37 vom 30.6. 2000
[557] VO 1206/2001, ABl. EG Nr. L 174/1 vom 27.6. 2001
[558] Basedow, EuZW 1997, 609, 609; Röben, in: Grabitz/Hilf, EGV, Art.61 Rn.10

Regeln erreicht werden können und keine ausdrücklichen Ausnahmen bestehen.[559]
Neben Verkehrsmarktordnungsregelungen kommt es vor allem auf die Harmonisierung der Wirtschaftsführung im Transportbereich an. Es sollen gleichartige Wettbewerbsbedingungen für Verkehrsunternehmen geschaffen werden. Dazu wurden neben sozialpolitischen Maßnahmen wie einheitlichen Lenk- und Ruhezeiten vor allem die technische Rechtsangleichung betrieben mit dem Ziel der Erhöhung der Verkehrssicherheit und der Förderung des freien Warenverkehrs.

Art. 71 EG eröffnet die Möglichkeit zum Erlass von Maßnahmen der Rechtsangleichung. Er gilt jedoch nur für den Eisenbahn-, Straßen- und Binnenschiffsverkehr. Rechtsgrundlage im Luft- und Seeverkehr ist hingegen Art. 80 II EG, der auf das Verfahren des Art. 71 EG verweist.
Art. 71 I lit. a und b EG betreffen den internationalen Verkehr beziehungsweise die Kabotage, das heißt das Recht zu Transporten innerhalb eines anderen Mitgliedstaates als demjenigen, in dem der Unternehmer ansässig ist, und sind Ausprägungen der Dienstleistungsfreiheit. Die Grundsätze der Dienstleistungsfreiheit sind mit den Mitteln der Verkehrspolitik zu verwirklichen. Auf Art. 71 I lit. c EG werden vornehmlich Vorschriften zur technischen Harmonisierung von Kraftfahrzeugen, die auf die Verwirklichung des Binnenmarktes zielen, gestützt. Art. 71 I lit. d EG wird weit ausgelegt und umfasst unter anderem Maßnahmen der Berufszugangsregelungen oder die Angleichung der Wettbewerbsbedingungen.
Im Rahmen von Art. 71 I lit. a und b EG besitzt die Gemeinschaft die ausschließliche Zuständigkeit für gemeinsame Regelungen. In den Gebieten der Buchstaben c und d sowie im Luft- und Seeverkehr handelt es sich bis zum Tätigwerden der Gemeinschaft um eine konkurrierende Zuständigkeit. Bei der Abgrenzung der Zuständigkeiten ist das Subsidiaritätsprinzip ebenso wie das Verhältnismäßigkeitsprinzip zu beachten. Bei Harmonisierungsregeln wird man Einschränkungen zugunsten einer Zuständigkeit der Mitgliedstaaten annehmen müssen, wenn eine Beeinträchtigung der Dienstleistungsfreiheit nicht zu befürchten ist, das heißt bei einem rein örtlichen Verkehr.[560]
Auf dem Gebiet der gemeinsamen Verkehrspolitik gilt generell das Verfahren der Mitentscheidung nach Art. 251 EG unter Anhörung des Wirtschafts- und Sozialausschusses und des Ausschusses der Regionen. Eine Ausnahme davon regelt Art. 71 II EG, der eine einstimmige Beschlussfassung bei bloßer Anhörung des Europäischen Parlaments bei besonders einschneidenden Maßnahmen der Verkehrspolitik vorsieht.

Art. 71 EG legt sich nicht auf die Auswahl eines bestimmten Instrumentes fest, was folglich den Erlass jeglicher Maßnahmen ermöglicht. Die Wahl der ange-

---

[559] EuGH, 4.4. 1974, Rs.167/73, Slg.1974, 359, 369f (Kommission/Frankreich)
[560] Frohnmeyer, in: Grabitz/Hilf, EGV, Art.70 Rn.9

messenen Rechtsform richtet sich nach der zu regelnden Materie, dem Adressaten und dem Grundsatz der Verhältnismäßigkeit. Im Rahmen der Rechtsangleichung steht dabei wie üblich die Rechtsform der Richtlinie im Vordergrund.
Der Verkehrsbereich ist ein wichtiges Anwendungsfeld der Rechtsangleichung technischer Normen. Über sie soll die Verkehrssicherheit und die Förderung des freien Warenverkehrs gewährleistet werden. Angesichts der hohen Technisierung ist die Harmonisierung jedoch kompliziert und schreitet nur langsam voran.

### g) Art. 93, 94 EG (indirekte und direkte Steuern)

Die Harmonisierung der indirekten Steuern ist unabdingbar zur Verwirklichung der Grundfreiheiten und zur Schaffung eines Systems unverfälschten Wettbewerbs. Die Steuerhoheit der Mitgliedstaaten gehört auf der anderen Seite jedoch zu den wichtigsten Bereichen staatlicher Souveränität. Neben der Harmonisierung der indirekten Steuern über Angleichungsmaßnahmen nach Art. 93 EG ist jedoch zu beobachten, dass es zu einer freiwilligen Annäherung der mitgliedstaatlichen Steuersysteme kommt, was die Bedeutung der Steuerharmonisierung nur unterstreicht.
Die indirekten Steuern, die nach dem Bestimmungslandprinzip erhoben werden, können allein nach Maßgabe des Art. 93 EG angeglichen werden, wobei Art. 93 EG keine Vereinheitlichung fordert.[561] Die Angleichung der direkten Steuern, deren Besteuerung dem Herkunftslandprinzip unterliegt, erfolgt demgegenüber gemäß Art. 94 EG.
Zu den indirekten Steuern zählen neben der aufgeführten Umsatzsteuer und den Verbrauchsabgaben beispielsweise Kapitalverkehr-, Beförderungs- und Versicherungssteuern. Der Anwendungsbereich des Art. 93 EG ist damit enger als der des Art. 90 EG, der den Begriff der inländischen Abgabe verwendet, worunter auch Gebühren und Beiträge fallen.[562]
Die Harmonisierung ist nur zulässig, soweit sie für die Errichtung und das Funktionieren des Binnenmarktes notwendig ist. Der angefügten Fristbestimmung kommt heute keine Funktion mehr zu. Es ist nicht ersichtlich, weshalb Art. 93 EG auf den Binnenmarkt abstellt und Art. 94 EG auf den Gemeinsamen Markt. Vor der Einführung der EEA sah der damalige Art. 99 noch eine Harmonisierung der indirekten Steuern im Interesse des Gemeinsamen Marktes vor. Demgegenüber ist das Binnenmarktziel allenfalls als Anreicherung der Elemente des Gemeinsamen Marktes anzusehen, obwohl den Begriffen nach hier vertretener Auffassung keine unterschiedliche Integrationstiefe zukommt. Beide Begriffe sind ausreichend flexibel, um der fortschreitenden Entwicklung der Gemeinschaft Rechnung zu tragen.

---

[561] Calliess/Ruffert/Waldhoff, EUV/EGV, Art.93 Rn.2; Oppermann, Europarecht, Rn.1175
[562] Voß, in: Grabitz/Hilf, EGV, Art.90 Rn.20f

Für die Harmonisierung der indirekten Steuern kommen alle Instrumente des Art. 249 EG in Betracht, wobei die Richtlinie das typische Instrument der Steuerharmonisierung ist. Der Rat kann nur auf Vorschlag der Kommission tätig werden und muss einstimmig entscheiden. Eine Angleichung nach Art. 93 EG setzt wegen des Eingriffs in die fiskalische Souveränität der Mitgliedstaaten das Bestehen von mitgliedstaatlichen Steuern voraus.[563] Im Bereich der Angleichung der indirekten Steuern ist eine umfangreiche Rechtssetzungstätigkeit der Gemeinschaft zu verzeichnen.[564] Die gegenwärtige Angleichung zielt dabei vor allem auf Maßnahmen, die eine Erhebung von Steuern an den Binnengrenzen der Gemeinschaft entbehrlich machen, die Steuerstrukturen vereinheitlichen und Mindeststeuersätze festlegen. Das System von eigenen Steuerrechtsgebieten in den einzelnen Mitgliedstaaten verbleibt danach. Das langfristige Ziel ist die Schaffung eines steuerlichen Binnenmarktes, in dem die steuerliche Entlastung von Ausfuhren, die Erhebung von Grenzausgleichsabgaben und steuerlichen Grenzkontrollen überflüssig sind.[565] Dazu muss ein ungefähr gleiches Abgabenniveau in den Mitgliedstaaten geschaffen werden sowie ein Ausgleich für die verlagerten Steuereinnahmen.
Demgegenüber liegen im Bereich der Angleichung der direkten Steuern, die über Art. 94 EG erfolgt, bisher nur Einzelansätze vor.[566]

**h) Art. 137 II, III EG (Sozialpolitik, Verbesserung der Arbeitsumwelt)**

Die Ermächtigungsgrundlage des Art. 137 II EG besteht aus zwei Teilen. Absatz 1 hat nur programmatischen Charakter und stellt klar, dass die Aufgabe der Gemeinschaft allein die Ergänzung und Unterstützung der Tätigkeit der Mitgliedstaaten beinhaltet. Der Bereich der Sozialpolitik unterfällt damit dem Bereich der gemeinschaftlichen Beitragskompetenz. Absatz 2 lit. a enthält die Grundlage für Maßnahmen zur Förderung der Zusammenarbeit zwischen den Mitgliedstaaten. Diese Ermächtigung schließt Rechtsangleichung explizit aus, erfasst aber alle Bereiche des Art. 137 I EG. Die Bedeutung der Ermächtigungsgrundlage in Absatz 2 lit. a ist auf Grund des Ausschlusses der Harmonisierung als gering einzustufen.
Mehr Bedeutung kommt der Ermächtigung zum Erlass von Mindestvorschriften durch Richtlinien in Absatz 2 lit. b zu. Diese Ermächtigung bezieht sich jedoch nicht auf alle in Absatz 1 genannten Gebiete, sondern nur auf die Buchstaben a-

---

[563] Ebenso im Egebnis Klein, in: Lehner, Steuerrecht im Europäischen Binnenmarkt, S.7, 26
[564] Einen Überblick über die ergangenen Rechtsakte vermitteln Voß, in: Grabitz/Hilf, EGV, Art.93 Rn.16ff; Calliess/Ruffert/Waldhoff, EUV/EGV, Art.93 Rn.13ff; Schwarze/Stumpf, EU, Art.93 Rn.15ff
[565] Oppermann, Europarecht, Rn.1177
[566] Zu nennen ist dabei insbesondere die Richtlinie 90/435/EWG über das gemeinsame Steuersystem der Mutter-Tochter-Gesellschaften verschiedener Mitgliedstaaten vom 23.7.1990, ABl. EG Nr. L 225/6 vom 20.8. 1990

i. Ferner sind die in Absatz 5 genannten Gebiete von dieser Ermächtigung ausgenommen. Die Möglichkeit der Regelung dieser Bereiche auf Grund von anderen Kompetenzgrundlagen, wie beispielsweise Art. 94 EG, ist davon nicht unmittelbar berührt, die Wertung des Absatzes 5 wird aber zu berücksichtigen sein. Ausgeschlossen von einer Rechtsangleichung auf Grundlage des Art. 137 EG sind das Arbeitsentgelt, das Koalitionsrecht, das Streikrecht sowie das Aussperrungsrecht. Die Auslegung dieser Begriffe ist allgemein umstritten. Fest steht aber, dass eine autonome Auslegung zu erfolgen hat.[567] Der Begriff des Arbeitsentgelts ist in Art. 141 EG definiert. Auf diese Definition ist im Rahmen des Art. 137 EG zurückzugreifen.[568] Der Bereich des Koalitionsrechts umfasst nur die Gründung und innere Organisation der Koalition, nicht aber ihre Betätigung nach außen, soweit sie nicht Streik und Aussperrung betreffen. Dies ergibt sich aus der Ermächtigung des Absatzes 2 lit. b in Verbindung mit Absatz 1 lit. f,[569] die anderenfalls leer laufen würde. Nach richtiger Ansicht fällt das Tarifvertragsrecht auf Grund der selben Überlegung ebenfalls nicht unter den Ausschlusstatbestand des Absatz 5.[570] Ausgeschlossen ist hingegen das Arbeitskampfrecht, auch soweit es nicht-gewerkschaftliche Streiks betrifft.[571]

Art. 137 II lit. b EG erlaubt eine Rechtsetzung auf Grund des Ausschlusses der Buchstaben j und k von einer Harmonisierung nur für Arbeitnehmer. Der Begriff des Arbeitnehmers umfasst dabei alle Arten von Arbeitnehmern, unabhängig von der Art des Arbeitsverhältnisses.

In den Bereichen der Buchstaben c, d, f und g muss der Rat einstimmig entscheiden. Es besteht aber die Möglichkeit, dass der Rat in den Bereichen der Buchstaben d, f und g einstimmig beschließt, dass das Mitentscheidungsverfahren des Art. 251 EG anzuwenden ist.

Im Bereich der Buchstaben a, b, e, h und i beschließt der Rat im Mitentscheidungsverfahren.

Die Ermächtigung des Absatzes 2 gilt nur für den Erlass von Mindestvorschriften über Richtlinien. Dabei sind die bestehenden Bedingungen und technischen Regelungen zu beachten. Ebenso soll es nur zu einer schrittweisen Annäherung kommen. Diese Anforderungen machen deutlich, dass der Schutz schwacher Mitgliedstaaten bei der Harmonisierung im Vordergrund steht. Ferner erscheint

---

567 Langenfeld, in: Grabitz/Hilf, EGV, Art.137 Rn.90; Calliess/Ruffert/Krebber, EUV/EGV, Art.137 Rn.7

568 Ebenso Calliess/Ruffert/Krebber, EUV/EGV, Art.137 Rn.8; Schwarze/Rebhahn, EU, Art.137 Rn.23; a.A. Langenfeld, in: Grabitz/Hilf, EGV, Art.137 Rn.91

569 So Birk, Münchener Handbuch zum Arbeitsrecht I, §18 Rn.37

570 a.A. Calliess/Ruffert/Krebber, EUV/EGV, Art.137 Rn.9

571 Calliess/Ruffert/Krebber, EUV/EGV, Art.137 Rn.9; Schwarze/Rebhahn, EU, Art.137 Rn.25

auch eine Harmonisierung auf niedrigem Niveau möglich und durchaus gewollt, da ohne weitere Zusätze nur der Erlass von Mindestvorschriften vorgesehen ist.

Von Bedeutung ist ferner die Regelung des Absatzes 3, die den Sozialpartnern des Mitgliedstaates die Möglichkeit der Durchführung der nach Absatz 2 ergangenen Richtlinien auf Antrag eröffnet. Auch bei Inanspruchnahme dieser Möglichkeit bleibt es aber bei der Verantwortlichkeit der Mitgliedstaaten für die Umsetzung der Richtlinie. Die Möglichkeit der Übertragung setzt voraus, dass der Sozialpartner in der Lage ist, den Anforderungen des Art. 249 EG zu genügen. An diesem Erfordernis wird die Übertragung häufig bereits scheitern.

**i) Art. 153 III lit. b EG (Verbraucherschutz)**

Nach Art. 153 III lit. b EG kann die Gemeinschaft im Bereich des Verbraucherschutzes Angleichungsmaßnahmen ohne Binnenmarktbezug erlassen. Sie kann dabei auf sämtliche Handlungsformen des Art. 249 EG zurückgreifen. Die Maßnahmen werden gemäß Absatz 4 im Verfahren der Mitentscheidung gemäß Art. 251 EG erlassen.

Die Angleichungsmaßnahmen sind auf die Unterstützung, Ergänzung und Überwachung der Politik der Mitgliedstaaten beschränkt. Art. 153 III lit. b EG begründet damit nicht die Möglichkeit einer eigenständigen gemeinschaftlichen Verbraucherschutzpolitik. Die Gemeinschaft leistet vielmehr nur einen Beitrag zur Verbesserung des Verbraucherschutzes. Dieser Beitrag ist in Absatz 3 näher ausgestaltet. Buchstabe a begründet im Unterschied zu Buchstabe b dabei keine Kompetenz der Gemeinschaft, sondern stellt lediglich klar, dass bei Rechtsangleichungsmaßnahmen nach Art. 95 EG Verbraucherschutzgesichtspunkte zu berücksichtigen sind. Über Art. 95 III EG erfolgt dabei die Verpflichtung auf ein hohes Schutzniveau. Maßnahmen, die nach Art. 95 EG erlassen werden, werden durch Buchstabe a nicht vom Vorliegen der Voraussetzungen der Norm entbunden. Die Möglichkeit des Erlasses von verbraucherschützenden Maßnahmen ohne Binnenmarktbezug besteht nur über Art. 153 III lit. b EG, einschließlich der dort verankerten Einschränkungen. Die Nachrangigkeit der gemeinschaftlichen Kompetenz führt zu einem faktischen Vereinheitlichungsverbot und der Vorgabe von bloßen Mindeststandards.

Obwohl der Verbraucherschutz im EGV eine zentrale Rolle einnimmt (vgl. Art. 3 I lit. t EG), enthält der Vertrag keine Definition des Verbrauchers. Der Begriff ist fließend angelegt und umfasst alle Arten von Abnehmern und Nutzern gewerblicher Leistungen zum privaten Gebrauch.[572] Der gemeinschaftsrechtliche Verbraucherbegriff geht dabei vom Bild des verständigen Verbrauchers aus.

Art. 153 V EG enthält eine Schutzverstärkungsklausel, die strengere Schutzmaßnahmen unter der Bedingung der Vereinbarkeit mit dem Vertrag zulässt.

---

[572] So etwa EuGH, 3.7.1997, Rs.C-269/95, Slg.1997, I-3767 Rn.17f (Benincasa/Dentalkit)

Diese Klausel bezieht sich auf nach Absatz 3 lit. b erlassene Maßnahmen und unterläuft somit nicht die Anforderungen der Schutzverstärkungsklausel des Art. 95 IV EG.
Die Schutzverstärkungsklausel unterstreicht die Nachrangigkeit der gemeinschaftlichen Kompetenz im Rahmen des Verbraucherschutzes.

### j) Art. 175 I, II EG (Umweltschutz)

Art. 175 EG enthält die allgemeine Kompetenz für ein Tätigwerden der Gemeinschaft auf dem Gebiet des Umweltrechts. Die Formulierung des Tätigwerdens im Vertrag eröffnet dem Rat einen weiten Ermessensspielraum bezüglich der Wahl der Handlungsinstrumente. Art. 175 EG bezieht sich auf die Ziele des Art. 174 EG und ist ebenfalls im Zusammenhang mit Art. 176 EG zu sehen. Die Gesamtschau lässt den Schluss zu, dass Art. 175 I, II EG auch die Kompetenz zum Erlass von Maßnahmen der Rechtsangleichung enthält, denn Art. 176 EG hält eine Schutzverstärkungsklausel bereit, die typischerweise im Bereich der Rechtsangleichung zum Einsatz kommt. Ferner enthält Art. 174 EG unter direkter Bezugnahme auf Harmonisierungsmaßnahmen ebenfalls eine Schutzklausel.
Der Erlass der Maßnahmen erfolgt im Mitentscheidungsverfahren des Art. 251 EG. Der Rat entscheidet grundsätzlich mit qualifizierter Mehrheit. Gemäß Absatz 2 sind von der Beschlussfassung mit qualifizierter Mehrheit jedoch gewisse Ausnahmen vorgesehen. Die Ausnahme hinsichtlich der Vorschriften überwiegend steuerlicher Art in Buchstabe a ist dabei nur konsequent, denn die Angleichung der indirekten und direkten Steuern kann ebenfalls gemäß Art. 93, 94 EG nur einstimmig erfolgen. Der Katalog des Absatzes 2 unterwirft einige besonders sensible Bereiche dem Erfordernis einer einstimmigen Beschlussfassung. In diesen Fällen kommt es nur zu einer Anhörung des Europäischen Parlaments.
Mittels einer einstimmigen Beschlussfassung kann bestimmt werden, dass auch in einem Bereich des Absatzes 2 mit qualifizierter Mehrheit beschlossen werden kann. In diesem Fall muss das Europäische Parlament bei der Beschlussfassung wieder über eine bloße Anhörung hinaus beteiligt werden.

Einzugehen ist noch auf die Schutzklauseln des Art. 174 II EG und des Art. 176 EG und ihre Bedeutung für Angleichungsmaßnahmen nach Art. 175 EG sowie auf die Derogationsmöglichkeit des Art. 175 V EG.
Ihrem Wortlaut nach ist die Schutzklausel des Art. 174 II EG auf alle Harmonisierungsmaßnahmen anwendbar, die den Erfordernissen des Umweltschutzes entsprechen. Eine Begrenzung der Anwendbarkeit nur auf Rechtsakte aus anderen Politikbereichen[573] oder nur auf Art. 175 EG[574] lässt sich der Vorschrift nicht

[573] Beyer, JuS 1997, 294, 297; Klein, in: Handkommentar zum EUV/EGV, Stand 1998, Art.130r Rn.40
[574] Epiney/Furrer, EuR 1992, 369, 388f; Middeke, Nationaler Umweltschutz, 359; Breier/Vygen, in: Lenz, EUV/EGV, Art.174 Rn.17

entnehmen. Eine solche Begrenzung ergibt sich weder aus dem Wortlaut, noch aus dem systematischen Zusammenhang der Vorschrift, denn die Querschnittsklausel wurde von Art. 174 EG in Art. 6 EG verschoben. Die Schutzklausel gilt für alle Harmonisierungsmaßnahmen im Hinblick auf Umweltmaßnahmen. Bestehen bereits Schutzklauseln im Rahmen der Kompetenzgrundlage so sind diese vorrangig anzuwenden.
Die Schutzklausel des Art. 174 EG ermächtigt nur zu vorläufigen Maßnahmen. Diese dürfen ausschließlich aus nicht wirtschaftlichen umweltpolitischen Gesichtspunkten motiviert sein. Die vorläufigen Maßnahmen können sowohl schwächere als auch stärkere Anforderungen vorsehen und unterliegen einem gemeinschaftlichen Kontrollverfahren.

Eine weitere Klausel ist in Art. 175 V EG vorgesehen. Danach kann bei unverhältnismäßig hohen Kosten eine vorübergehende Ausnahmeregelung und/oder eine finanzielle Unterstützung bewilligt werden. Nach dem Wortlaut muss zuvor eine Maßnahme gestützt auf Art. 175 I EG erlassen worden sein. Diese Klausel eröffnet die Möglichkeit einer Abweichung nach unten aus wirtschaftlichen Gründen und bildet damit quasi eine Ergänzung der Bestimmung des Art. 174 II EG. Die Kostenbelastung muss gegenüber mitgliedstaatlichen Behörden anfallen. Die Ausnahmeregelung muss in dem die Kosten verursachenden Rechtsakt bereits vorgesehen sein.

Art. 176 EG enthält eine Schutzverstärkungsklausel, die die Mitgliedstaaten zur Beibehaltung oder Einführung verstärkter Schutzmaßnahmen ermächtigt. Diese Möglichkeit wird aber nur dann eingeräumt, wenn vorher eine gemeinschaftliche Schutzmaßnahme gemäß Art. 175 EG erlassen wurde. Der Anwendungsbereich der Schutzverstärkungsklausel bezieht sich also nur auf Art. 175 EG. Er räumt aber im Unterschied zu Art. 174 II EG die Möglichkeit von dauerhaften Ausnahmen ein. Auch aus diesem Grund ist der Anwendungsbereich des Art. 174 II EG auch auf Maßnahmen nach Art. 175 EG zu erstrecken, denn die Klausel des Art. 174 II EG knüpft die Möglichkeit von Ausnahmeregelungen an engere Voraussetzungen und engt somit die Gefahr dauerhaft divergierender Regelungen ein. Zwar führen divergierende Regelungen unter Umständen zu einem erhöhten Einigungsdruck der Mitgliedstaaten und besitzen eine Vorbildfunktion, aber die Einbuße an Rechtseinheit und mögliche Wettbewerbsverzerrungen sind nicht außer acht zu lassen. Eine Schutzverstärkung sollte demnach vorrangig auf Art. 174 II EG gestützt werden.
Die Schutzverstärkungsklausel des Art. 176 EG ist nur bei vorherigem Tätigwerden der Gemeinschaft gemäß Art. 175 EG anwendbar. Nach überwiegender

und zutreffender Meinung ist Art. 176 EG auch anwendbar, wenn ein vor Erlass der EEA ergangener Rechtsakt heute auf Art. 175 EG zu stützen wäre.[575]
Die Klausel des Art. 176 EG ermöglicht einzig den Erlass verstärkter Schutzmaßnahmen. Hierunter fallen sowohl schärfere materielle Anforderungen als auch die Verkürzung von im gemeinschaftlichen Rechtsakt vorgegebenen Fristen. Nicht zulässig nach Art. 176 EG ist hingegen der Erlass von Maßnahmen mit anderer Schutzrichtung oder anderen Schutzinstrumenten.[576] Die Zulässigkeit solcher zusätzlicher Regelungen bemisst sich nach den allgemeinen Grundsätzen, wobei die Zuständigkeit des Mitgliedstaates in diesem Bereich gegeben sein muss und die Maßnahme mit dem Vertrag zu vereinbaren sein muss.[577]
Die Schutzverstärkungsmaßnahmen müssen ebenfalls mit dem Vertrag vereinbar sein. Seinem Wortlaut nach bezieht sich dieses Erfordernis nur auf das Primärrecht. Eine Ausdehnung auf das Sekundärrecht ist mit dem Wortlaut als unvereinbar abzulehnen.[578]
Art. 176 EG sieht lediglich eine Notifizierungspflicht bei der Kommission vor und unterstreicht damit den weiten Anwendungsbereich und die niedrigen Voraussetzungen des Art. 176 EG im Unterschied zu Art. 174 II EG.

Daraus ergibt sich sowohl für Harmonisierungsmaßnahmen im Umweltrecht als auch für Maßnahmen, die den Erfordernissen des Umweltschutzes gerecht werden, ein differenziertes System von Ausnahmeregelungen.
Für auf andere Kompetenzgrundlagen als Art. 175 EG gestützte Harmonisierungsmaßnahmen besteht die Möglichkeit einer Abweichung sowohl nach oben als auch nach unten gemäß Art. 174 II EG.
Für nach Art. 175 EG erlassene Maßnahmen bestehen Abweichungsmöglichkeiten nach unten aus nicht wirtschaftlichen (Art. 174 II EG) und aus wirtschaftlichen Gründen (Art. 175 V EG). Eine Schutzverstärkung ist dauerhaft (Art. 176 EG) oder nur vorübergehend (Art. 174 II EG) möglich.

### k) Art. 308 EG (Auffangkompetenz)

Das Prinzip der begrenzten Einzelermächtigung sieht vor, dass die Gemeinschaft nur im Rahmen ihr zugewiesener Befugnisse handeln kann. Die Generalklausel des Art. 308 EG ermöglicht demgegenüber den Erlass von Rechtsakten zur Verwirklichung der Ziele der Gemeinschaft auch bei fehlender konkreter Er-

---

575 Schwarze/Jahns-Böhm, EU, Art.176 Rn.2; Grabitz/Nettesheim, in: Grabitz/Hilf, EGV, Altband, Art.130t Rn.8; Klein, in: Handkommentar zum EUV/EGV, Stand 1998, Art.130t Rn.5

576 Klein, in: Handkommentar zum EUV/EGV, Stand 1998, Art.130 t Rn.9

577 Grabitz/Nettesheim, in: Grabitz/Hilf, EGV, Altband, Art.130t Rn.13; Middeke, Nationaler Umweltschutz, 342ff

578 Anders aber Grabitz/Nettesheim, in: Grabitz/Hilf, EGV, Altband, Art.130t Rn.14

mächtigungsnorm. Art. 308 EG stellt aber keine Durchbrechung des Prinzips der begrenzten Einzelermächtigung des Art. 5 I EG dar, denn er begründet keine Kompetenz-Kompetenz,[579] sondern verleiht eine eigenständige Kompetenz.[580] Der Gemeinschaft werden keine Befugnisse verliehen, die sich nicht aus der Gesamtheit der Vertragsbestimmungen und insbesondere den Aufgaben und Tätigkeiten der Gemeinschaft ergeben.

Soweit die Ermächtigungen zur Rechtsangleichung aus den Generalnormen sowie den Spezialermächtigungen nicht zur Verwirklichung der Aufgabe der Rechtsangleichung gemäß Art. 3 lit. h EG ausreichen, kann auch auf dem Gebiet der Rechtsangleichung auf Art. 308 EG zurückgegriffen werden. Zu beachten ist dabei aber, dass der Vertrag eine verliehene Rechtsangleichungskompetenz dann nicht abschließend ausgestaltet oder eine Rechtsangleichung sogar ausgeschlossen haben darf wie beispielsweise in Art. 129, 149 IV, 150 IV und 151 V EG geschehen. Art. 308 EG ist allen ausdrücklichen Rechtsangleichungskompetenzen gegenüber subsidiär und kann nicht herangezogen werden, wenn eine andere Vertragsbestimmung eine Kompetenz verliehen hat.[581] In Betracht kommt ein Rückgriff auf Art. 308 EG im Rahmen der Rechtsangleichung zum Beispiel in den Fällen, in denen parallele europäische Rechtsformen geschaffen werden sollen.[582] Dies unterfällt keiner vorhandenen Rechtsangleichungskompetenz, denn der Begriff der Rechtsangleichung hat als Bezugspunkt die nationale Rechtsordnung der Mitgliedstaaten. Was ein Mitgliedstaat selbst kraft eigener Kompetenz potentiell nicht regeln kann, kann auch nicht Gegenstand einer Maßnahme der Rechtsangleichung sein.[583]

Ein Rückgriff auf Art. 308 EG ist ferner nur zulässig, wenn es im Rahmen des Gemeinsamen Marktes erforderlich ist.
Der Gemeinsame Markt umfasst die Marktfreiheit, die Marktgleichheit und die Wettbewerbsfreiheit.[584] Zum Begriff des Gemeinsamen Marktes in Art. 308 EG wird vertreten, dass er weiter zu fassen sei, als der in Art. 2 EG.[585] Diese Ansicht

---

[579] Schwartz, in: von der Groeben/Schwarze, Art.308 EG Rn.12, 16; Beutler, in: BBPS, Rn.124; Grabitz, in: ders./Hilf, EGV, Art.235 Rn.2; Klein, in: Handkommentar zum EUV/EGV, Stand 1995, Art.235 Rn.3

[580] Schwarze/Schreiber, EU, Art.308 Rn.4

[581] Ständige Rechtsprechung; EuGH, 18.2. 1964, verb. Rs. 73-74/63, Slg.1964, 3, 29 (Internationale Crediet-en Handelsvereniging); EuGH, 26.3.1987, Rs.45/86, Slg.1987, 1493 Rn.13, 21 (Kommission/Rat)

[582] So zB das Statut der Europäischen Gesellschaft, VO Nr.2157/2001 des Rates vom 8.10.2001, ABl.EG Nr. L 294/1 vom 10.11.2001

[583] Lutter, AG 1990, 413, 415; Müller-Graff, EuR 1989, 107, 129; Schwartz, in: FS Hallstein, 474, 502f; ders., in: FS von der Groeben, S. 333, 365

[584] Klein, in: Handkommentar zum EUV/EGV, Stand 1995, Art.235 Rn.13; ; Grabitz, in: ders./Hilf, EGV, Art.235 Rn.55

[585] So Schwarze/Schreiber, EU, Art.308 Rn.14, der aber dann annimmt, dass nur solche Regelungen auf Art.308 EG gestützt werden dürfen, die die Grundelemente des Gemeinsamen

ist mangels zwingender dafür sprechender Gründe abzulehnen. Die gemeinsamen Politiken unterfallen dem Begriff des Gemeinsamen Marktes, denn auch diese dienen der Errichtung und Erhaltung eines Gemeinsamen Marktes. Die Inanspruchnahme des Art. 308 EG setzt voraus, dass der Gemeinsame Markt in seiner Wirkung und Funktionsweise nicht beeinträchtigt wird.
Die Inanspruchnahme des Art. 308 EG muss sowohl dem Subsidiaritätsprinzip als auch dem Verhältnismäßigkeitsprinzip genügen. Art. 308 EG ist restriktiv auszulegen, wobei besonderes Augenmerk auf die Voraussetzung der Erforderlichkeit zu richten ist. Das Gemeinschaftsziel darf noch nicht hinreichend verwirklicht sein und es muss die Möglichkeit bestehen, dass dieser Mangel durch ein Tätigwerden der Gemeinschaft zu beheben ist. Das Tätigwerden umfasst alle nach dem Vertrag zur Verfügung stehenden Handlungsmöglichkeiten. Der Rat hat einstimmig auf Vorschlag der Kommission und nach Anhörung des Europäischen Parlaments die Vorschriften zu erlassen.

## 8. Änderungen durch den Verfassungsvertrag

### a) Ex-Art. 12 EG und ex-Art. 23ff EG

Ex-Art. 12 EG wird unverändert durch Art.I-4 Absatz 2 und Art.III-123 übernommen. Das eigentliche Diskriminierungsverbot befindet sich nun im ersten Teil der Verfassung, unter der Überschrift „Definition und Ziele der Union". Damit ist keine inhaltliche Veränderung verbunden. Das Diskriminierungsverbot ist lediglich als besonders wichtiger Grundsatz im ersten Teil der Verfassung niedergelegt. Art.III-123 sieht vor, dass das Diskriminierungsverbot durch Europäische Gesetze oder Rahmengesetze geregelt werden kann.

Ex-Art. 23ff EG werden zukünftig ohne inhaltliche Änderungen in einem einzigen Artikel zusammengefasst, dem neuen Art. III-151.

### b) Ex-Art. 37 EG

Der neue Art.III-231 übernimmt die Bestimmungen des ex-Art. 37 EG im Grundsatz unverändert. Der überflüssig gewordene Absatz 1 des ex-Art. 37 EG wird ersatzlos gestrichen. Der für die Rechtsangleichung insbesondere bedeutsame Art. 37 II Unterabsatz 3 EG ist nunmehr Art.III-231 Absatz 2. Das Verfahren wird unverändert beibehalten. Die Formulierung des neuen Absatzes 2 ist klarer geworden, in dem ausdrücklich auf die gemeinsame Organisation der Ag-

---

Marktes berühren; diese sind dann wiederum Marktfreiheit, Marktgleichheit und Wettbewerbsfreiheit, weshalb sich der Sinn eines erweiterten Begriffsverständnisses nicht zu erschließen vermag rarmärkte sowie die Verwirklichung der Ziele der gemeinsamen Agrar- und Fischereipolitik verwiesen wird. Die Fischereipolitik wird damit nunmehr ausdrücklich erwähnt. Neu eingefügt in Absatz 3 ist die Möglichkeit der Festsetzung von Preisen, Abschöpfungen, Beihilfen und mengenmäßigen Beschränkungen sowie zur Festsetzung und Aufteilung der Fangmöglichkeiten in der Fischerei. Diese Änderungen dienen sämtlich der Klarstellung und Straffung. Die Absätze 4 und 5 übernehmen unverändert die Absätze 3 und 4 des Art. 37 EG.

**c) Ex-Art. 40 EG**

Ex-Art. 40 EG wird ohne Änderungen zu Art.III-134.

**d) Ex-Art. 44, 46 II, 47, 52, 55 EG**

Die neuen Art.III-138, III-140, III-141, III-147 und III-150 übernehmen die alten Vorschriften im Grundsatz unverändert. Weggefallen ist lediglich das Erfordernis der Einstimmigkeit bei Änderungen der Berufsordnung und der Zugangsbedingungen in Art.III-141 (ex-Art. 47 EG).

**e) Ex- Art. 65, 67 EG**

Ex-Art. 65, 67 EG sind im neuen Art.III-269 zusammengefasst. Danach soll die justitielle Zusammenarbeit in Zivilsachen auf dem Grundsatz der gegenseitigen Anerkennung gerichtlicher und außergerichtlicher Entscheidungen beruhen. Dieser Passus wurde neu eingeführt und unterstreicht die Bedeutung der gegenseitigen Anerkennung in diesem Bereich. Neu eingefügt in den Katalog der zu ergreifenden Maßnahmen wurde die Sicherstellung eines hohen Niveaus hinsichtlich des Zugangs zum Recht, die Entwicklung von alternativen Methoden für die Beilegung von Streitigkeiten sowie die Unterstützung bei der Weiterbildung von Richtern und Justizbediensteten. Auf Grundlage von Art.III-269 können nunmehr ausdrücklich Europäische Gesetze und Rahmengesetze erlassen werden. Neu eingefügt wurde ferner die Möglichkeit des Erlasses eines Europäischen Beschlusses, welcher der Entscheidung nachgebildet ist, durch den Aspekte des Familienrechts mit grenzüberschreitenden Bezügen bestimmt werden. Diese Aspekte können dann Gegenstand von Rechtsakten sein. Der Beschluss wird einstimmig nach Anhörung des Europäischen Parlaments erlassen. Mithilfe des Beschlusses können Fragen des Familienrechts mit grenzüberschreitenden Bezügen grundsätzlich geregelt werden. Das nachfolgende Gesetzgebungsverfahren unterliegt dann nicht mehr dem in Art.III-269 Absatz 3 festgelegten Einstimmigkeitserfordernis, sondern es können mit qualifizierter Mehrheit und unter Beteiligung des Europäischen Parlaments entsprechende Rechtsakte erlassen werden. Im übrigen hat sich an den Verfahrensregelungen nichts geändert. Ex-Art. 67 V 2. Spiegelstrich EG wird zu Art.III-269 Absatz 3.

**f) Ex-Art. 71, 80 II EG**

Ex-Art. 70 und ex-Art. 71 EG werden nunmehr im neuen Art.III-236 zusammengefasst. Ex-Art. 80 EG wird ohne Änderungen zu Art.III-245.
In Art.III-236 wird nunmehr ausdrücklich auf den Erlass von Europäischen Gesetzen oder Rahmengesetzen abgestellt. Ferner ist ex-Art. 71 II EG, der bei bestimmten Maßnahmen eine einstimmige Beschlussfassung und abweichend vom Mitentscheidungsverfahren des Absatzes 1 lediglich eine Anhörung des Europäischen Parlaments vorsah, ersatzlos entfallen. Damit werden Maßnahmen der Rechtsangleichung im Bereich des Verkehrs künftig durchgängig von Rat und Europäischem Parlament gemeinsam erlassen. Weitere Änderungen sind im Verfassungsvertrag nicht vorgesehen.

**g) Ex-Art. 93 EG**

Ex-Art. 93 EG wird zu Art.III-171. Im neuen Absatz 1 fehlt folgerichtig der Verweis auf die Frist des Art. 14 EG. Ferner wird auch hier ausdrücklich auf den Erlass von Europäischen Gesetzen und Rahmengesetzen abgestellt.

**h) Ex-Art. 137 EG**

Der neue Art.III-210 enthält gegenüber ex-Art. 137 EG keine grundlegenden Änderungen. Ausdrücklich erwähnt werden in Absatz 2 nunmehr Europäische Gesetze und Rahmengesetze, die den Begriff der Maßnahmen ersetzen. Neu hinzugekommen ist die Möglichkeit, neben der Durchführung von auf Grundlage der Absätze 2 und 3 erlassenen Europäischen Gesetzen und Rahmengesetzen, auch die auf Grundlage des Art. III-212 erlassenen Europäischen Verordnungen und Beschlüsse den Sozialpartnern zu übertragen. Im Übrigen hat die Vorschrift keine inhaltlichen Änderungen erfahren, sondern lediglich eine der besseren Übersichtlichkeit geschuldete Aufteilung in mehr Absätze.

**i) Ex-Art. 153 III lit. b EG**

Art.III-235 enthält nicht mehr die in ex-Art. 153 II EG verankerte Querschnittsklausel. Das heißt aber nicht etwa, dass den Erfordernissen des Verbraucherschutzes bei Festlegung und Durchführung anderer Gemeinschaftspolitiken und –maßnahmen keine Rechnung mehr zu tragen wäre. Vielmehr ist die Querschnittsklausel im Entwurf der Verfassung unter den allgemein anwendbaren Bestimmungen in Art. III-121 zu finden. Darüber hinaus ändert sich im neuen Art. III-235 nur, dass der Begriff der Maßnahme in Absatz 3 durch die Begriffe Europäisches Gesetz und Rahmengesetz ersetzt wird.

#### j) Ex-Art. 175 EG

Ex-Art. 175 EG und ex-Art. 176 EG werden im neuen Art.III-234 zusammengefasst. Es ergeben sich bis auf die explizite Erwähnung des Europäischen Gesetzes und Rahmengesetzes keine Änderungen inhaltlicher Natur.

#### k) Ex-Art. 308 EG

Ex-Art. 308 EG findet sich nunmehr im ersten Teil des Entwurfs der Verfassung in Art.I-18 wieder. Art.I-18 ist im Vergleich zu ex-Art. 308 EG um zwei Absätze erweitert worden. Absatz 1 schreibt in seiner neuen Fassung nicht mehr nur eine Anhörung des Europäischen Parlaments vor, sondern dessen Zustimmung und vervollständigt damit auch im Bereich der Auffangkompetenz die stärkere Beteiligung des Europäischen Parlaments. Ferner ist die Bezugnahme auf den Gemeinsamen Markt entfallen und durch die Wörter „im Rahmen der in Teil III festgelegten Politikbereiche" ersetzt worden. Art.I-18 erlangt damit einen weiten Anwendungsbereich. Der neu eingefügte Absatz 2 sieht ein Kontrollverfahren über die nationalen Parlamente der Mitgliedstaaten vor, um die Einhaltung des Subsidiaritätsprinzips auch im Rahmen der Auffangkompetenz zu gewährleisten. Der neue Absatz 3 schreibt im Grunde nichts Neues fest. Es war bereits unter ex-Art. 308 EG anerkannt, dass der Vertrag eine verliehene Rechtsangleichungskompetenz nicht abschließend ausgestaltet oder eine Rechtsangleichung ausgeschlossen haben durfte. Anderenfalls war auch nach alter Rechtslage ein Rückgriff auf ex-Art. 308 EG ausgeschlossen.

### 9. Verhältnis der Rechtsangleichungskompetenzen zueinander (horizontale Kompetenzabgrenzung)

Rechtliche Relevanz hat die Frage nach der Auswahl der richtigen Kompetenzgrundlage, weil sich nach dieser Organkompetenz, Handlungsformen und Verfahren bestimmen. Ebenfalls von entscheidender Bedeutung im Rahmen der Rechtsangleichung sind die Bestimmungen über die Zulässigkeit und die Voraussetzungen von nationalen Alleingängen und die Frage, ob die Gemeinschaft lediglich die Kompetenz für eine Mindestharmonisierung besitzt.

Enthält ein Rechtsakt inhaltlich trennbare Regelungen, so bedarf es einer gesonderten Zuordnung der trennbaren Regelungen. Dies kann dazu führen, dass in den Begründungserwägungen mehrere Rechtsgrundlagen zu nennen sind.
Zunächst ist zu prüfen, auf Grundlage welcher Kompetenznormen ein Rechtsakt überhaupt erlassen werden kann. Zu einer Kompetenzüberschneidung kommt es nur, wenn diese Prüfung ergibt, dass die Maßnahme zwei oder mehreren Kompetenznormen unterfällt. Es stellt sich dann die Frage, auf welche zweier möglicher Rechtsgrundlagen eine Maßnahme zu stützen ist, also um eine horizontale Kompetenzabgrenzung. Es kann dabei insbesondere zu tatbestandlichen Überschneidungen zwischen den marktintegrativen Generalklauseln der Art. 94, 95 EG und den schutzpolitikbezogenen Kompetenzen der Politikbereiche kommen. Die Frage der Abstützung von umweltrelevanten Harmonisierungsmaßnahmen auf Art.100, 100a EGV oder auf Art.130s EGV war höchst umstritten.[586] Dieser Streit hat an Heftigkeit eingebüßt, weil die Normen in der neuen Fassung beide das Mitentscheidungsverfahren des Art. 251 EG vorsehen. Dennoch bedarf es der Herausbildung von Regeln, nach denen eine Maßnahme einer Kompetenzgrundlage zugeordnet werden kann. Eine Abstützung der Maßnahme auf mehrere Rechtsvorschriften ist nur in engen Grenzen zulässig. Voraussetzung ist jedenfalls, dass beide Normen identische Verfahrensregelungen vorsehen. Zu beachten ist ebenfalls, dass die Bestimmungen über die Zulässigkeit und die Voraussetzungen nationaler Alleingänge identisch sein müssen. Bei fälschlicher Bezugnahme auf zwei Rechtsgrundlagen stellt dies nur dann einen lediglich formalen Fehler dar, wenn das Verfahren der einschlägigen Rechtsgrundlage eingehalten worden ist.[587]
An manchen Stellen trifft der Vertrag selbst Aussagen über die Abgrenzung in Form von Spezialitäts- und Subsidiaritätsregelungen wie beispielsweise in den Art. 95 I oder Art. 308 EG. Die Subsidiaritätsklausel des Art. 95 I EG gilt jedoch nur gegenüber anderen marktintegrativ ausgerichteten Kompetenzen, nicht aber gegenüber schutzpolitikbezogenen Kompetenzen. Dies ergibt sich bereits aus dem Wortlaut des Art. 95 I EG.
In Ermangelung von Spezialitäts- oder Subsidiaritätsregeln ist zunächst zu bestimmen, ob es sich um eine finale oder sachgebietsorientierte Norm handelt. Erstere erfassen einen Ausschnitt menschlicher Tätigkeit wie etwa Art. 37 oder Art. 71 EG. Finale Kompetenznormen sind etwa Art. 95 oder Art. 175 EG. Sie sind auf das Erreichen eines bestimmten Zieles gerichtet und können in alle Gebiete menschlicher Tätigkeit hineinwirken.

---

[586] Siehe dazu Grabitz/Nettesheim in: Grabitz/Hilf, Art.130s Rn.19ff; Jarass, EuZW 1991, 530, 530f; Pechstein, Jura 1996, 176, 178 Fn.15 jeweils m.w.N.

[587] EuGH, 27.9.1988, Rs.165/87, Slg.1988, 5545 Rn.19 (Kommission/Rat); EuGH, 10.12.2002, Rs.C-491/01, Slg.2002, I-11550, Rn.98, 103 (British American Tobacco)

Eine sachgebietsorientierte Kompetenznorm geht der finalen Kompetenznorm vor.[588] Fällt die Maßnahme in den Anwendungsbereich zweier sachgebietsorientierter Normen, so ist eine Doppelabstützung unter Einhaltung der oben angesprochenen Voraussetzungen ausnahmsweise möglich. Fällt der Rechtsakt hingegen in den möglichen Anwendungsbereich zweier finaler Kompetenznormen, so nimmt die herrschende Meinung die Zuordnung anhand von objektiven, gerichtlich nachprüfbaren Umständen wie Ziel und Inhalt des Rechtsaktes vor.[589] Hierbei soll es auf den Schwerpunkt der Maßnahme ankommen.[590] Dieses Kriterium ist jedoch sehr schwammig. Seine Unbestimmtheit belässt der Kommission bei ihren Vorschlägen und dem Rat bei der Rechtssetzung einen großen Spielraum. Das Schwerpunktkriterium führt ferner dazu, dass versucht wird, den Schwerpunkt der Maßnahme in den Anwendungsbereich der gewünschten Rechtsgrundlage zu reden. Das Beispiel der Tabakwerbeverbotsrichtlinie belegt dies anschaulich. In den Fällen, in denen eine der in Betracht kommenden finalen Kompetenzen marktintegrativ ausgerichtet ist, wird daher vorgeschlagen, die Abgrenzung, angelehnt an die vertikale Kompetenzabgrenzung, danach vorzunehmen, ob dem Markt mit der Maßnahme gedient ist. Ist dies der Fall, dann ist die Maßnahme auf die marktintegrative Kompetenz zu stützen. Dies folgt aus der stärkeren Legitimation der reaktiven Rechtsangleichung gegenüber der aktiven, schutzpolitikbezogenen Rechtsangleichung. Zudem hat auch der EuGH einer marktbezogenen Kompetenz den Vorrang vor einer schutzpolitikbezogenen Kompetenz eingeräumt, mit dem Hinweis, dass auch unterschiedliche schutzbezogene Regelungen Einfluss auf die Wettbewerbsbedingungen haben.[591] Ferner hat der EuGH bereits festgestellt, dass bei Erfüllung der Voraussetzungen von Art. 95 EG dessen Heranziehung nicht entgegensteht, dass dem Gesundheitsschutz bei der Regelung eine maßgebende Bedeutung zukommt.[592] Wegen der Bedeutung der Herstellung des Freiverkehrs muss der marktintegrativen Kompetenz der Vorzug gegeben werden. Dieses Ergebnis deckt sich auch mit der obigen Auffassung, dass auch aktive Rechtsangleichung auf Grundlage marktintegrativer Kompetenzen, insbesondere Art. 94, 95 EG, erfolgen kann.

Der Abschied vom Schwerpunktkriterium führt zu einer transparenteren Rechtssetzung, die sich nicht mehr damit aufhalten muss, einen vermeintlichen Schwerpunkt zu rechtfertigen. Bei Erfüllung der Voraussetzungen, dies ist un-

---

[588] EuGH, 23.2.1988, Rs.68/86, Slg.1988, 855 Rn.14ff (Vereinigtes Königreich/Rat); EuGH, 23.2. 1988, Rs.131/86, Slg.1988, 905 Rn.19ff (Vereinigtes Königreich/Rat); zur Herausbildung dieser Zuordnungsregel Barents, CMLR 1993, 85, 97f

[589] U.a. EuGH, 23.2. 1999, Rs.C-42/97, Slg.1999, I-869 Rn.36 (Parlament/Rat); EuGH, 4.4.2000, Rs.C-269/97, Slg.2000, I-2257 Rn.43 (Kommission/Rat); EuGH, 30.1.2001, Rs.C-36/98, Slg.2001, I-779 Rn.58 (Spanien/Rat)

[590] Langeheine, in: Grabitz/Hilf, EGV, Altband, Art.100a Rn.94; EuGH, 23.2.1999, Rs.C-42/97, Slg.1999, I-869 Rn.39f (Parlament/Rat); EuGH, 30.1.2001, Rs.C-36/98, Slg.2001, I-779 Rn.59 (Spanien/Rat)

[591] EuGH, 11.6.1991, Rs.C-300/89, Slg.1991, I-2867 Rn.23 (Kommission/Rat)

[592] EuGH, 5.10.2000, Rs.C-376/98, Slg.2000, I-8498 Rn.88 (Tabakwerbeverbot)

abdingbare Grundlage, kann und muss unabhängig vom Schwerpunkt der Maßnahme eine Abstützung auf die marktintegrative Kompetenz erfolgen. Dieser Ansatz steht auch nicht im Widerspruch zur Rechtsprechung des EuGH, die eine Zuordnung anhand objektiver und gerichtlich nachprüfbarer Umstände verlangt. Im Gegenteil ist der Vorzug der marktintegrativen Kompetenz bei zwei finalen Kompetenznormen gerichtlich besser nachzuprüfen als das unpräzise Schwerpunktkriterium. Sind die zur Verfügung stehenden finalen Kompetenznormen beide marktintegrativ ausgerichtet, ist auf Anordnungen wie in Art. 95 I EG zurückzugreifen sowie die allgemeinen Grundsätze. Im Übrigen spielt es aber keine Rolle, auf welche von zwei finalen, marktintegrativ ausgerichteten Kompetenzen eine Regelung abgestützt wird.

## 10. Rechtsangleichung in der Europäischen Union

Fraglich ist, inwieweit Rechtsangleichung auch im Rahmen der Europäischen Union eine Rolle spielt. Die Ziele der Europäischen Union sind in Art. 2 EU niedergelegt. Für die Rechtsangleichung bedeutsam könnte Art. 2 EU 1. Spiegelstrich sein. Demnach ist die Förderung des wirtschaftlichen und sozialen Fortschritts und eines hohen Beschäftigungsniveaus sowie die Herbeiführung einer ausgewogenen und nachhaltigen Entwicklung Ziel der Europäischen Union. Art. 2 EU gewährt der Europäischen Union jedoch keine selbständigen Kompetenzen, da aus der Festlegung von Zielen nicht auf konkrete Befugnisse geschlossen werden darf.[593] Kompetenzen ergeben sich erst aus einzelnen Befugnisnormen des primären und sekundären Gemeinschaftsrechts.
Art. 2 EU enthält neben der Festlegung der Ziele auch eine Anzahl von Instrumenten, mit denen diese Ziele erreicht werden sollen. So nennt Art. 2 EU als taugliches Instrument die Schaffung eines Raumes ohne Binnengrenzen. Ein Raum ohne Binnengrenzen ist gemäß Art. 14 II EG der Binnenmarkt. Die Schaffung eines Binnenmarktes mit Hilfe der Rechtsangleichung ist bereits in Art. 95 EG geregelt. Das Erreichen des in Art. 2 EU festgelegten Zieles der Förderung des wirtschaftlichen und sozialen Fortschritts wird also auf der Ebene der Europäischen Gemeinschaft verwirklicht.

Der als Ziel der Union in Art. 2 EU postulierte Raum der Freiheit, der Sicherheit und des Rechts hingegen umfasst gemäß Art. 61 lit. e EG den Erlass von Maßnahmen im Bereich der polizeilichen und justitiellen Zusammenarbeit in Strafsachen. Die Bestimmungen über die polizeiliche und justitielle Zusammenarbeit in Strafsachen befinden sich in den Art. 29–42 EU. Die Bestimmungen des EU-Vertrages über die Gemeinsame Außen- und Sicherheitspolitik und über die polizeiliche und justitielle Zusammenarbeit in Strafsachen gehören nicht zum Eu-

---

[593] Klein, in: Handkommentar zum EUV/EGV, Stand 1998, Art.B Rn. 5

ropäischen Gemeinschaftsrecht. Zur Verwirklichung ihrer Ziele kann deshalb grundsätzlich nur dann auf die Handlungsformen des EG-Vertrages zurückgegriffen werden, wenn der EU-Vertrag dies ausdrücklich vorsieht. Im Vergleich zur Tätigkeit im Rahmen des EG-Vertrages gelten Besonderheiten bezüglich der Handlungsformen (Art. 34 EU) und der Entscheidungsverfahren (Art. 34, 39 EU) sowie der hier nicht interessierenden Bereiche des gerichtlichen Rechtsschutzes (Art. 35 EU) und der Finanzierung.
Im Bereich der polizeilichen und justitiellen Zusammenarbeit in Strafsachen werden der Union ausdrückliche Kompetenzen für die Rechtsangleichung in Art. 31 I lit. c, e EU sowie Art. 34 II lit. b EU eingeräumt.

Art. 31 EU regelt die justitielle Zusammenarbeit in Strafsachen der Justiz- und Strafbehörden mit Ausnahme der Polizeibehörden, auf die Art. 30 EU Anwendung findet. Art und Umfang des gemeinsamen Vorgehens werden in Art. 34 I lit. a-e EU schwerpunktartig aufgelistet, wobei die Aufzählung nicht abschließend ist („schließt ein...").
Der Begriff der „Vereinbarkeit der jeweils geltenden Vorschriften" in Art. 31 I lit. c EU meint eine Harmonisierung der Vorschriften über das formelle Strafverfahrensrecht[594] unter Ausschluss des Vollstreckungsrechts, welches in Art. 31 I lit. a EU erwähnt wird.
Die Angleichung der materiellen Straftatbestände einschließlich der Strafen wird von Art. 31 I lit. e EU erfasst. Ebenfalls erfasst von Art. 34 I lit. c EU wird die Harmonisierung von Randbereichen des Straf- und Strafverfahrensrechts, die mit der polizeilichen und justitiellen Zusammenarbeit in Zusammenhang stehen, wie die Überwachung des Fernmeldeverkehrs[595] , die Herstellung, den Handel, den Erwerb und das Führen von Feuerwaffen und Munition[596], den Entzug der Fahrerlaubnis[597] und der Schutz von Zeugen im Rahmen der Bekämpfung der organisierten Kriminalität.[598] Auf Art. 31 I lit. c EU gründet sich ebenfalls der Rahmenbeschluss des Rates vom 15.03.2001 über die Stellung des Opfers im Straßenverkehr.[599]

Art. 31 I lit. e EU sieht für besonders schwere Formen der Kriminalität die Schaffung eines strafrechtlichen Mindeststandards vor. Gegenstand der Vorschrift ist der gesamte Bereich des materiellen Strafrechts. Ebenfalls erfasst wird die Regelung bestimmter Grenzbereiche des Strafrechts, wie etwa die Opferentschädigung. Sowohl die Tatbestandsmerkmale als auch Art und Höhe der Strafen können geregelt werden. Die Aufzählung der Bereiche in Art. 31 I lit. e ist in

---

[594] Röben, in: Grabitz/Hilf, EGV, Art.31 EU Rn.8
[595] S. die Entschließung des Rates vom 17.01.1995, ABl.EG Nr. C 329/1 vom 4.11. 1996
[596] Bundesanzeiger Nr.217a vom 23.11. 1990; Bieber, NJW 1994, S.294, 296; Nanz, Integration 1994, S.92, 103
[597] Entschließung des Rates vom 17.6. 1998, ABl.EG Nr. C 216/1 vom 10.7. 1998
[598] S. die Entschließung des Rates vom 23.11.1995, ABl.EG Nr. C 327/5 vom 7.12. 1995
[599] Rahmenbeschluss des Rates vom 15.3. 2001, ABl.EG Nr. L 82/2001, S.1 vom 22.3. 2001

Anlehnung an die Aufzählung in Art. 29 EU als nicht abschließend zu sehen.[600] Demnach können auch andere als die aufgezählten Tatbestände Gegenstand von Angleichungsmaßnahmen sein. Der Bereich der organisierten Kriminalität umfasst alle Bereiche, die auch in Art. 29 EU genannt sind.
Eine allgemeine Harmonisierung des Strafrechts wird hingegen nicht angestrebt und wäre wohl auch nur schwerlich gegenüber den Mitgliedstaaten durchsetzbar, was die in Art. 31 I lit. c EU enthaltene Voraussetzung der Erforderlichkeit verdeutlicht.

Art. 34 EU regelt die Instrumente der Zusammenarbeit zwischen den Mitgliedstaaten. Die Grundlage bildet die gegenseitige Unterrichtung und Konsultation des Absatzes 1. Für die weitergehende Zusammenarbeit stellt Absatz 2 verschiedene Instrumente zur Verfügung. Für alle Handlungsformen mit Ausnahme von Durchführungsbeschlüssen ist im Rat Einstimmigkeit erforderlich, wobei durch den Verweis des Art. 41 I EU auf Art. 205 III EG klargestellt ist, dass Stimmenthaltung der Einstimmigkeit nicht im Wege steht. Das Initiativrecht kommt der Kommission oder den Mitgliedstaaten zu. Das Parlament wird nach Maßgabe des Art. 39 I EU angehört.
Art. 34 II lit. b EU sieht die Möglichkeit einer Rechtsangleichung mittels Rahmenbeschlusses vor. Der Rahmenbeschluss ist der Richtlinie gemäß Art. 249 III EG nachgebildet und gibt den Mitgliedstaaten das zu erreichende Ziel bei Auswahl von Form und Mittel vor. Die im Gemeinschaftsrecht anerkannte unmittelbare Wirkung einer Richtlinie ist jedoch für den Rahmenbeschluss ausgeschlossen, was die Geltendmachung von Individualrechten aus dem Rahmenbeschluss ausschließt. Die objektiven Rechtswirkungen sind davon jedoch nicht berührt. Rahmenbeschlüsse gelten ebenso wie Richtlinien mit ihrer Annahme in den mitgliedstaatlichen Rechtsordnungen. Sie können demnach für die Auslegung und als Kontrollmaßstab herangezogen werden.

Im Bereich der Gemeinsamen Außen- und Sicherheitspolitik gibt es keinerlei Ansätze für eine Verleihung von Kompetenzen zur Rechtsangleichung. Hier geht es allein um die Gestaltung von gemeinsamen politischen Standpunkten, die nicht auf einer rechtlichen Grundlage beruhen.

Es bleibt also festzuhalten, dass der Hauptanwendungsbereich der Rechtsangleichung bei der Europäischen Gemeinschaft liegt. Der inzwischen außer Kraft getretene EGKS-Vertrag sah keine Harmonisierungsvorschriften vor und auch im EA nimmt Rechtsangleichung keine zentrale Rolle ein, obwohl der EA in Art. 30 und 31 die Möglichkeit einer Angleichung im Bereich des Strahlenschutzes vorsieht. Diese Vorschriften haben gemäß Art. 305 II EG Vorrang vor der allgemeinen Regelung der Rechtsangleichung in Art. 95 EG.

---

[600] Ebenso Röben, in: Grabitz/Hilf, EGV, Art.31 EU Rn.17; Schwarze/Böse, EU, Art.31 EU Rn.3; aA. Calliess/Ruffert/Brechmann, EUV/EGV, Art.31 EU Rn.9

**11. Änderungen der Art. 31 I lit. c, e und 34 II lit. b EU durch den Verfassungsvertrag**

Der Verfassungsvertrag sieht eine Verschmelzung von EG-Vertrag und EU-Vertrag vor. Die justitielle Zusammenarbeit in Strafsachen wird im Verfassungsvertrag von der polizeilichen Zusammenarbeit getrennt in einem eigenen Abschnitt behandelt. Für die Rechtsangleichung bedeutsam sind die Art.III-270 Absatz 2 und Art.III-271, die neben einigen neuen Ansätzen insbesondere die Regelungen des ex-Art. 31 I lit. c und e EU aufgreifen. Die Rechtsangleichung steht in Art.III-270 Absatz 2 nunmehr unter der Prämisse der Erleichterung der gegenseitigen Anerkennung. Zu diesem Zweck können durch Rahmengesetze Mindestvorschriften in bestimmten Bereichen erlassen werden. Genannt sind Bereiche des Strafverfolgungsrechts sowie der Bereich der Rechte des Einzelnen im Strafverfahren sowie die Rechte des Opfers. Dies beinhaltet keine grundlegenden Änderungen gegenüber der bisherigen Rechtslage. Auf Art. 31 I lit. c EU gründete sich bereits der Rahmenbeschluss über die Stellung des Opfers im Straßenverkehr.[601] Sonstige spezifische Aspekte des Strafverfolgungsrechts können vom Rat durch einen einstimmigen Beschluss nach Zustimmung des Europäischen Parlaments bestimmt werden und damit einer Mindestharmonisierung zugänglich gemacht werden. Im Bereich des Art.III-270 Absatz 2 ist lediglich eine Mindestharmonisierung zulässig, die ausdrücklich den Mitgliedstaaten die Möglichkeit belässt, ein höheres Schutzniveau beizubehalten oder einzuführen.

Art.III-271 erfasst den Bereich des materiellen Strafrechts und greift damit Art. 31 I lit. e EU auf. Die Aufzählung der Kriminalitätsbereiche in Absatz 1 ist dabei nicht abschließend. Dem Rat wird die Möglichkeit eröffnet durch einen einstimmig gefassten Beschluss nach Zustimmung des Europäischen Parlaments weitere Kriminalitätsbereiche zu benennen, die die Kriterien des Absatzes 1 erfüllen und sie damit einer Angleichung zugänglich zu machen. Auch im Rahmen des Art.III-271 Absatz 1 ist lediglich eine Mindestharmonisierung vorgesehen. Sowohl Art.III-270 als auch Art.III-271 enthalten ein dynamisches Element, das es ermöglicht, auf neuere Entwicklungen im Strafrecht und Strafverfahrensrecht rasch, mithilfe der Harmonisierung, reagieren zu können. Die Erschließung der neuen Bereiche ist jedoch jeweils an das Einstimmigkeitserfordernis gebunden.

Die zu erlassenden Rahmengesetze werden grundsätzlich gemäß Art.III-264 auf Vorschlag der Kommission oder auf Initiative eines Viertels der Mitgliedstaaten erlassen, was eine Neuerung darstellt. Im übrigen entscheidet der Rat, wie im Verfassungsentwurf grundsätzlich vorgesehen, mit qualifizierter Mehrheit unter Beteiligung des Europäischen Parlaments.

Art.III-271 Absatz 2 führt eine weitere Neuerung ein, in dem er die Möglichkeit einer strafrechtlichen Angleichung neben Absatz 1 eröffnet, wenn dies unerlässlich ist für die wirksame Durchführung der Politik der Union auf einem Gebiet,

---

[601] Rahmenbeschluss des Rates vom 15.3. 2001, ABl.EG Nr. L 82/2001, S.1 vom 22.3. 2001

auf dem Harmonisierungsmaßnahmen erfolgt sind. Damit wird die Möglichkeit des Erschließens völlig neuer Bereiche eröffnet, die nicht an die Kriterien des Absatzes 1 gebunden sind. Das Verfahren richtet sich unbeschadet des Art.III-264 nach dem gleichen Verfahren wie die betreffende Harmonisierungsmaßnahme. Mit dieser Neueinführung sichert sich die Union ein weiteres flexibles Instrument, um auf bisher nicht vorgesehene Entwicklungen im Strafrecht in speziellen Bereichen reagieren zu können.

## III. Die Wirkung der Rechtsangleichung für die Mitgliedstaaten

### 1. Stillhalteverpflichtungen

Der Begriff der Stillhalteverpflichtung bezeichnet die Einschränkung der legislativen Tätigkeit der Mitgliedstaaten im Vorfeld einer Rechtsangleichungsmaßnahme. Aus den Kompetenzen der Rechtsangleichung selbst folgt keine Stillhalteverpflichtung, die es den Mitgliedstaaten untersagen würde, in den möglichen Angleichungsmaterien gesetzgeberisch tätig zu werden. Im Bereich von Rechtsangleichungsmaterien folgt eine grundsätzliche Stillhalteverpflichtung der Mitgliedstaaten auch nicht aus Art. 10 II EG.[602]
Die Mitgliedstaaten sind jedoch nur solange berechtigt, ihre Regelungsbefugnisse uneingeschränkt wahrzunehmen, bis sich durch die Tätigkeit der Gemeinschaftsorgane die Durchführung und der Umfang der Rechtsangleichung abzeichnet.[603] Hierbei ist jedoch problematisch, dass nur schwer ein genauer Zeitpunkt festgelegt werden kann, ab dem Durchführung und insbesondere Umfang hinreichend konkret sind. Jedenfalls mit dem Erlass einer Rechtsangleichungsrichtlinie entsteht aber die Verpflichtung der Mitgliedstaaten keine Tätigkeiten mehr zu entfalten, die den Erfolg der Rechtsangleichung gefährden würden. Insofern ist der Zeitpunkt des Erlasses als spätester Zeitpunkt des Entstehens der Stillhalteverpflichtung zu sehen. Die Stillhalteverpflichtung setzt aber bereits vorher ein, wenn der Umfang hinreichend deutlich ist.
Unter die Stillhalteverpflichtung dürften legislative Aktivitäten fallen, die dem Ziel der Richtlinie zuwiderlaufen. Diese würden einen Verstoß gegen Art. 10 EG und damit das Prinzip der Gemeinschaftstreue darstellen. Mit Erlass der Richtlinie trifft die Mitgliedstaaten aus Art. 10 EG die Verpflichtung, keine widersprechenden nationalen Maßnahmen zu ergreifen.[604] Das Gebot der einheitlichen und effektiven Anwendung des Gemeinschaftsrechts verlangt ein Verbot

---

[602] Wille, Loyale Zusammenarbeit, S.67; Taschner, in: von der Groeben/Schwarze, Art.94 EG Rn.23
[603] Wille, Loyale Zusammenarbeit, S.67; Langeheine, in: Grabitz/Hilf, EGV, Altband, Art.100 Rn.63
[604] EuGH, 18.12. 1997, Rs. C-126/96, Slg.1997, I-7411 Rn.44ff (Inter Environnement Wallonie)

des Setzens mitgliedstaatlichen Rechts, das Gemeinschaftsrecht widerspricht. Dies folgt aus der Nähe zur gemeinschaftsrechtlichen Regelung eines bestimmten Rechtsbereichs sowie aus der Intensität der Beeinträchtigung bereits erlassenen und unter Umständen nicht unmittelbar anwendbaren Gemeinschaftsrechts.[605] Gemeinschaftsrechtliche Regelungsinteressen haben demnach bereits eine Ausstrahlungswirkung bevor ihre unmittelbare Anwendbarkeit einsetzt. Diese Vorwirkung findet im Frustrationsverbot des Völkerrechts eine Parallele (Art. 18 WVK). Die Vorwirkung der Richtlinie lässt die Umsetzungsfrist jedoch nicht entfallen.
Für den Bereich der technischen Normen und technischen Vorschriften ergibt sich diese bereits primärrechtlich verankerte Verpflichtung auch aus der Richtlinie 98/34/EG,[606] die ausdrückliche Unterrichtungs- und Stillhalteverpflichtungen vorsieht.

## 2. Umsetzungspflicht

Die Pflicht zur Umsetzung einer Harmonisierungsrichtlinie ergibt sich aus Art. 249 III EG sowie aus Art. 10 EG. Gemäß Art. 249 III EG ist die Richtlinie hinsichtlich ihres Ziels für jeden Mitgliedstaat verbindlich. Art. 10 EG statuiert die allgemeine Pflicht der Mitgliedstaaten, alle zur Erfüllung der ihnen aus dem Vertrag obliegenden Verpflichtungen geeigneten Maßnahmen zu treffen. Diese Pflicht erfasst auch die Umsetzung der Richtlinie in nationales Recht, ohne die das Erreichen des Regelungsziels nicht möglich ist.[607] Die Pflicht, alle zur Umsetzung erforderlichen Maßnahmen zu treffen, obliegt grundsätzlich allen Trägern öffentlicher Gewalt in den Mitgliedstaaten.[608]
Den Mitgliedstaaten ist die Wahl der Form und des Mittels überlassen, erforderlich ist aber, dass den Erfordernissen der Eindeutigkeit und Bestimmtheit gerecht wird. Wenn nicht bereits die Rechtslage in dem Mitgliedstaat vollständig der Richtlinie entspricht, wird eine Umsetzung durch gesetzgeberische Tätigkeit erforderlich. Dabei ist es dem Mitgliedstaat überlassen, ob er bestehende Gesetze anpasst oder eine neue Rechtsvorschrift erlässt. Die Existenz allgemeiner verfassungs- oder verwaltungsrechtlicher Grundsätze kann die ausdrückliche Umsetzung entbehrlich machen. Dies aber nur unter der Voraussetzung, dass diese Grundsätze tatsächlich die vollständige Anwendung der Richtlinie gewährleisten und die sich aus ihnen ergebende Rechtslage für den Einzelnen hinreichend be-

[605] Ebenso Wille, Loyale Zusammenarbeit, S.72
[606] RL 98/34/EG vom 22.6. 1998, ABl. EG Nr.L 204/37 vom 21.7. 1998
[607] EuGH,15.5. 1986, Rs.222/84, Slg.1986, 1651 Rn.53 (Johnston); EuGH, 10.4. 1984, Rs.14/83, Slg. 1984, 1891, 1909 Rn.26 (von Colson)
[608] EuGH, 18.12. 1997, Rs. C-126/96, Slg.1997, I-7411 Rn.40 (Inter Environnement Wallonie)

stimmt und klar ist.[609] Die Begünstigten müssen in der Lage sein, von ihren Rechten Kenntnis zu erlangen.[610] Aus diesem Grund scheidet eine Umsetzung durch höchstrichterliche Rechtsprechung und bloße Verwaltungspraxis aus.[611]
Den Mitgliedstaaten ist die Entscheidung überlassen, auf welcher Ebene der staatlichen Organisation die Umsetzung erfolgen soll. Diese Aufgabe kann regionalen Behörden oder Kommunen übertragen werden, was die Mitgliedstaaten aber nicht von der Verpflichtung der Sicherstellung einer vollständigen Umsetzung entbindet.[612] Bei Ablauf der Umsetzungsfrist muss das von der Richtlinie vorgegebene Ziel erreicht sein. Die Verpflichtung, alles zu unterlassen, was den Erfolg der Harmonisierung gefährden könnte, bleibt davon allerdings unberührt.[613]
Kommt ein Mitgliedstaat seiner Umsetzungsverpflichtung nicht fristgerecht und vollständig nach, so kann die Kommission ein Vertragsverletzungsverfahren einleiten. Von dieser Möglichkeit macht die Kommission ausgiebig Gebrauch. Interne Probleme beim Gesetzgebungsverfahren oder die mangelnde Umsetzung auch in anderen Mitgliedstaaten sind dabei keine Gründe, die den säumigen Mitgliedstaat zu exkulpieren vermögen.[614] Nach Ablauf der Umsetzungsfrist tritt weder das entgegenstehende nationale Recht außer Kraft noch wird die Richtlinie generell direkt anwendbar. Dies ist nur unter der Bedingung einer hinreichenden Klarheit und Genauigkeit der Bestimmungen möglich.[615] Unter bestimmten Voraussetzungen kann der Mitgliedstaat auch verpflichtet sein, dem Betroffenen Schadensersatz zu gewähren.[616]
Die Mitgliedstaaten sind in aller Regel dazu verpflichtet, die Kommission über die Umsetzung der Richtlinie unter Mitteilung des Wortlauts zu informieren.

---

[609] Langeheine, in: Grabitz/Hilf, EGV, Altband, Art.100 Rn.64; Schwarze/Herrnfeld, EU, Art.94 Rn.60

[610] EuGH, 23.5. 1985, Rs.29/84, Slg.1985, 1661 Rn.23 (Kommission/Deutschland)

[611] EuGH, 19.9. 1996, Rs.236/95, Slg.1996, I-4459 Rn.12ff (Kommission/Griechenland); EuGH, 26.10. 1996, Rs.C-151/94, Slg.1995, I-3685 Rn.18 (Kommission/Luxemburg); EuGH, 24.3. 1994, Rs.C-80/92, Slg.1994, I-1019 Rn.20 (Kommission/Belgien); EuGH, 11.6. 1991, Rs.C-307/89, Slg.1991, I-2903 Rn.13 (Kommission/Frankreich)

[612] EuGH, 28.2. 1991, Rs.C-131/88, Slg.1991, I-825 Rn.71 (Kommission/Deutschland); EuGH, 25.5. 1982, Rs.96/81, Slg.1982, 1791 Rn.12 (Kommission/Niederlande)

[613] EuGH, 18.12. 1997, Rs. C-126/96, Slg.1997, I-7411 Rn.45 (Inter Environnement Wallonie)

[614] EuGH, 18.12. 1997, Rs.C-263/96, Slg.1997, I-7453 Rn.27 (Kommission/Belgien); EuGH, 11.1. 1990, Rs.C-38/89, Slg.1990, I-83 Rn.7 (Blanguernon)

[615] Ständige Rechtsprechung, vgl. EuGH, 4.12. 1974, Rs.41/74, Slg.1974, 1337 Rn.12 (van Duyn); EuGH, 5.4. 1979, Rs.148/78, Slg.1979, 1629 Rn.18ff (Ratti)

[616] EuGH, 8.10. 1996, Rs.C-178/94, C-179/94, C-188/94 und C-190/94, Slg.1996, I-4845 Rn.20f (Dillenkofer) m.w. N.

### 3. Sperrwirkung, Kompetenz der Mitgliedstaaten in harmonisierten Bereichen

Die Mitgliedstaaten sind nicht nur zur Umsetzung der Richtlinienbestimmungen angehalten, sondern auch bei künftiger Rechtssetzung an ihren Inhalt gebunden. Die Mitgliedstaaten sind verpflichtet, durch neue nationale Rechtssetzung ein Infragestellen der erzielten Harmonisierung zu vermeiden. Den Mitgliedstaaten ist es grundsätzlich verwehrt, Bestimmungen zu erlassen, die im Widerspruch zum angeglichenen Recht stehen.

Im Bereich der angeglichenen Rechtssätze ist fraglich, inwieweit die Mitgliedstaaten noch eine Rechtssetzungskompetenz innehaben. Es geht darum, die verbleibenden mitgliedstaatlichen Gestaltungsspielräume zu ermitteln. Würde bei der Breite der Tätigkeit der Gemeinschaft jeder Sekundärrechtsakt ungeachtet von Zweck, Sachgebiet und Umfang der Angleichung zu einer vollständigen Sperrwirkung gegenüber mitgliedstaatlichen Gestaltungsspielräumen führen, so wäre den Mitgliedstaaten die Verfolgung nationaler Schutzpolitiken oder Interessen unmöglich. Es wird im Folgenden zu bestimmen sein, nach welchen Kriterien sich der verbleibende Gestaltungsspielraum bemisst.

Die Analyse der Rechtsprechung des EuGH zur Sperrwirkung des sekundären Gemeinschaftsrechts durch Furrer[617] hat gezeigt, dass bei der Bestimmung des verbleibenden Gestaltungsspielraums für die Mitgliedstaaten sechs Prüfungskriterien heranzuziehen sind.[618]
Um den Umfang der Sperrwirkung zu bestimmen, sei zunächst der Sekundärrechtsakt an sich heranzuziehen. Wie bereits erörtert,[619] gibt es verschiedene Methoden der Rechtsangleichung. Insbesondere bei der Festlegung von Mindeststandards oder der optionellen Harmonisierung verbleibt den Mitgliedstaaten ein Gestaltungsspielraum, der bereits sekundärrechtlich in der Richtlinie festgelegt ist.
Anschließend sei zu prüfen, ob dem Sekundärrechtsakt überhaupt Rechtswirkungen zukommen und ob die mitgliedstaatliche Maßnahme einen Regelungsgegenstand umfasse, der bereits durch die sekundärrechtliche Norm geregelt ist. Bei unterschiedlichem Anwendungsbereich oder der Verneinung von Rechtswirkungen ist die mitgliedstaatliche Maßnahme unproblematisch zulässig.
Sodann sei zu prüfen, ob das Gemeinschaftsrecht ein in sich abgeschlossenes sekundärrechtliches System und einen organisatorischen Rahmen vorsehe, der eine angemessene Reaktion auf neue Entwicklungen und die Erfordernisse des Marktes erlaube. Dabei differieren, je nach Gewicht der Schutzzwecke, die An-

---

[617] Furrer, Die Sperrwirkung des sekundären Gemeinschaftsrechts auf die nationalen Rechtsordnungen, S.94ff
[618] Furrer, Die Sperrwirkung des sekundären Gemeinschaftsrechts auf die nationalen Rechtsordnungen, S.105ff, Zusammenfassung der Ergebnisse auf S.147f
[619] Kapitel C

forderungen an die Eignung des organisatorischen Rahmens. Werden ordre - public Gründe verfolgt, so sind die Anforderungen höher, als wenn es den Mitgliedstaaten um die Verfolgung wirtschaftspolitischer Maßnahmen geht.[620] Ist die gemeinschaftsrechtliche Maßnahme nicht abschließend und/oder genügt der organisatorische Rahmen nicht den Anforderungen, so seien in einem weiteren Schritt die Zielsetzungen der gemeinschaftlichen und der mitgliedstaatlichen Maßnahme zu vergleichen. Bei Feststellung einer Zielkonvergenz sei weiter zu prüfen, ob die mitgliedstaatliche Regelung sich negativ auf das Funktionieren des sekundärrechtlichen Systems auswirke. Ist dies nicht der Fall, so bestehe keine Sperrwirkung des Gemeinschaftsrechts. Die Maßnahme müsse sich dann nur an den Voraussetzungen des Primärrechts messen lassen.

Zusammenfassend lässt sich also festhalten, dass bei Bestehen von Rechtswirkungen des Sekundärrechtsakts und Überschneidung des Anwendungsbereichs von gemeinschaftsrechtlicher und mitgliedstaatlicher Maßnahme eine Sperrwirkung nicht zwangsläufig ist. Sie besteht nur da, wo die sekundärrechtliche Maßnahme abschließend ist und der organisatorische Rahmen genügt oder wo die mitgliedstaatliche Maßnahme kein anderes Ziel verfolgt, sich aber negativ auf das Funktionieren des sekundärrechtlichen Regelungssystems auswirken würde. Im anderen Fall besteht keine Sperrwirkung des Sekundärrechts und die mitgliedstaatliche Maßnahme unterliegt nur den primärrechtlichen Schranken.

Die dargestellten Kriterien ermöglichen die Bestimmung des verbleibenden Gestaltungsspielraums der Mitgliedstaaten. Die Absage an die schematische Annahme einer Sperrwirkung des Sekundärrechts hat die Konsequenz, dass trotz des Zugestehens von weitreichenden gemeinschaftsrechtlichen Kompetenzen ein weitgehender Kompetenzverlust der Mitgliedstaaten damit nicht zwangsläufig verbunden ist. Es müssen also nicht die Rechtssetzungskompetenzen der Gemeinschaft beschnitten werden, um die Kompetenzen der Mitgliedstaaten zu bewahren. Vielmehr ermöglicht die Eröffnung mitgliedstaatlicher Gestaltungsspielräume trotz Inanspruchnahme gemeinschaftlicher Kompetenzen die Möglichkeit eines Ausgleichs zwischen mitgliedstaatlichem und gemeinschaftlichem Gesetzgeber.

Die im Sekundärrechtsakt selbst geregelten Gestaltungsspielräumen sind auszuloten. Daneben sind die primärrechtlichen Vorgaben des Vertrags zu beachten. In diesem Zusammenhang kommt insbesondere eine Anwendung von Art. 95 IV, V, Art. 176, Art. 137 II, Art. 152 IV lit. a und Art. 153 V EG in Betracht. Danach können die Mitgliedstaaten von gemeinschaftlichen Angleichungsmaßnahmen verschärfend abweichen. Dies selbst dann, wenn nach den im Sekundärrechtsakt selbst festgelegten Regelungen ein Gestaltungsspielraum nicht

---

[620] Furrer, Die Sperrwirkung des sekundären Gemeinschaftsrechts auf die nationalen Rechtsordnungen, S.132ff

verbliebe und eine Sperrwirkung anzunehmen wäre. Diese Problematik ist unter dem Begriff des nationalen Alleingangs bekannt.

Im Rahmen des Konzepts des nationalen Alleingangs kann die Einteilung in reaktive und aktive Rechtsangleichung erneut fruchtbar gemacht werden.
Die Kompetenzgrundlagen der Politikbereiche, die der aktiven Rechtsangleichung zugeordnet werden können, sehen grundsätzlich vor, dass eine Harmonisierung nur mittels der Einführung von Mindestvorschriften erfolgen kann. Soweit die Harmonisierung nicht auf das Ziel der Herstellung und des Funktionierens des Marktes beschränkt ist, sondern in den Dienst von Gemeinschaftspolitiken gestellt wird, die den Binnenmarkt abstützen und begleiten, ohne selbst Teil des Binnenmarktkonzeptes zu sein (Sozialpolitik, Umweltpolitik in engerem Sinne), wird im Vertrag ausdrücklich die Mindestharmonisierung vorgesehen.[621] Strengere mitgliedstaatliche Maßnahmen sind in diesen Bereichen ohne besondere materiellrechtliche Kontrolle durch Gemeinschaftsorgane in den Grenzen des Vertrages möglich.
Beseitigen Rechtsangleichungsmaßnahmen hingegen Hemmnisse für den Markt, liegt also ein Fall der reaktiven Rechtsangleichung vor, so kommt ein nationaler Alleingang grundsätzlich nur unter den Voraussetzungen des Art. 95 IV, V EG in Betracht. Hier unterliegen die strengeren mitgliedstaatlichen Maßnahmen der Kontrolle der Kommission.
Im Bereich der aktiven Rechtsangleichung steht das Primärrecht einer abschließenden Regelung auf Gemeinschaftsebene entgegen. In den Politikbereichen bleiben die Mitgliedstaaten neben der Gemeinschaft handlungsbefugt. Die Gemeinschaftskompetenzen treten nur ergänzend zu denen der Mitgliedstaaten. Der Zweck der aktiven Rechtsangleichung, die Verfolgung eines Schutzzieles, wird aber durch die Schutzverstärkungskomponenten der Mitgliedstaaten auch nicht negativ berührt, sondern im Gegenteil optimiert. Eine abschließende Regelung ist unter dem Gesichtspunkt der Errichtung und des Funktionierens des Marktes nicht erforderlich, denn im Bereich der aktiven Rechtsangleichung ist der Markt nicht tangiert.
Der Bereich der reaktiven Rechtsangleichung weist hingegen bereits definitionsgemäß einen Bezug zum Markt auf. In diesem Bereich ist die gemeinschaftsrechtliche Regelung grundsätzlich abschließend konzipiert und schließt damit abweichende nationale Regelungen grundsätzlich aus. Dies ergibt sich aus ihrem Charakter, denn ihr liegt der Gedanke zu Grunde, dass abweichende mitgliedstaatliche Regelungen den Markt behindern. Ausnahmen von diesem Grundsatz bestehen dann, wenn das sekundärrechtliche Regelungssystem die in Art. 30 EG genannten Schutzzwecke beziehungsweise die zwingenden Erfordernisse im Sinne der „Cassis-de-Dijon"-Rechtsprechung nicht hinreichend gewährleistet.[622]

---

[621] Streinz, in: Everling/Roth, Mindestharmonisierung im Binnenmarkt, S.9, 22
[622] Vgl. GA Rozès, Schlussantrag EuGH, 10.2.1983, Rs.172/82, Slg.1983, 555, 571 f Rn.3b (Fabricants raffineurs d'huile des graissage/Inter Huiles)

Die Mitgliedstaaten sind in diesem Fall zur Verfolgung solcher Anliegen nichtwirtschaftlicher Art[623] mit Hilfe eigener Rechtsetzung befugt.
Im Bereich der aktiven Rechtsangleichung verbleibt den Mitgliedstaaten demgegenüber ein größerer Regelungsspielraum. Die Zulässigkeit ergänzender nationaler Regelungen hängt davon ab, ob das sekundärrechtliche Regelungssystem nicht beeinträchtigt wird. Das Primärrecht gestaltet zudem die Voraussetzungen abweichender nationaler Regelungen aus. Eine Prüfung von Art. 30 EG oder zwingenden Erfordernissen erübrigt sich, weil der Freiverkehr nicht betroffen ist.
Die Bestimmung der Sperrwirkung einer gemeinschaftsrechtlichen Maßnahme gestaltet sich also nach dem folgenden Verfahren: Zuerst ist zu klären, ob der Sekundärrechtsakt selbst die Zulässigkeit mitgliedstaatlichen Handelns ausgestaltet. Ist dies nicht der Fall, ist anhand des oben erläuterten von Furrer entwickelten Prüfungsverfahrens[624] zu ermitteln, ob das Sekundärrecht eine Sperrwirkung entfaltet. Wird eine Sperrwirkung bejaht, ist zu prüfen, ob es sich bei der gemeinschaftsrechtlichen Maßnahme um eine solche der aktiven oder der reaktiven Rechtsangleichung handelt.
Handelt es sich um eine Maßnahme der aktiven Rechtsangleichung, so ist ein nationaler Alleingang möglich, unter der Voraussetzung, dass er nicht die sekundärrechtliche Zielsetzung der Angleichung oder das Funktionieren des Regulierungssystems an sich behindert.
Handelt es sich hingegen um eine Maßnahme der reaktiven Rechtsangleichung, sind die Gründe zu untersuchen, die zu der nationalen Maßnahme führen. Die Geltendmachung wirtschaftspolitischer Gründe ist grundsätzlich ausgeschlossen und vermag einen nationalen Alleingang nicht zu rechtfertigen. Liegen hingegen die Gründe des Art. 30 EG oder zwingende Erfordernisse im Sinne der „Cassis-de-Dijon"-Rechtsprechung vor, kann geltend gemacht werden, dass der sekundärrechtliche organisatorische Rahmen den primärrechtlichen Anforderungen nicht genüge. Es ist dann ein Rückgriff auf Art. 95 IV, V EG oder die Geltendmachung der Nichtigkeit der sekundärrechtlichen Angleichungsmaßnahme möglich.

Zusammenfassend lässt sich festhalten: Ein zentrales Ziel der Gemeinschaft ist die Schaffung und Bewahrung der Grundfreiheiten und des Binnenmarktes. Dazu ergreift die Gemeinschaft die erforderlichen Maßnahmen im Wege der reaktiven Rechtsangleichung. Im Anwendungsbereich der reaktiven Rechtsangleichung kommt den sekundärrechtlichen Normen grundsätzlich eine Sperrwirkung zu. In diesem Rahmen kann dann aber ein Rückgriff auf die primärrechtlich verankerte Möglichkeit des nationalen Alleingangs erfolgen.

---

623 EuGH, 19.12.1961, Rs.7/61, Slg.1961, 693, 720 (Kommission/Italien); Leible, in: Grabitz/Hilf, Art.30 Rn.3

624 Furrer, Die Sperrwirkung des sekundären Gemeinschaftsrechts auf die nationalen Rechtsordnungen, S.105ff

Neben der Schaffung und Bewahrung der Grundfreiheiten verfolgt die Gemeinschaft im Wege aktiver Rechtsangleichung weitere Regulierungsziele. In diesen Fällen kommt dem Sekundärrecht grundsätzlich nur die Wirkung einer Mindestnorm zu. Dies begründet sich aus der primärrechtlichen Ausgestaltung der Kompetenzen der aktiven Rechtsangleichung. Eine Sperrwirkung lässt sich in diesem Bereich grundsätzlich nur im Sinne einer Begrenzung des Wettbewerbs der Systeme „nach unten" feststellen. Die Ablehnung einer umfassenden Sperrwirkung vermag die Erreichung und das Funktionieren des Marktes auch nicht negativ zu berühren, da im Bereich der aktiven Rechtsangleichung der Markt ja gerade nicht betroffen ist. In marktrelevanten Bereichen hingegen ist ein Abweichen grundsätzlich nur nach den primärrechtlichen Vorgaben möglich.

### 4. Das Problem der Wegnahme von mitgliedstaatlichen Kompetenzen

Ist die Angleichung auf einem bestimmten Rechtsgebiet durchgeführt, haben die Mitgliedstaaten im Grundsatz die Befugnis verloren, die angeglichene Norm trotz ihres nationalen Charakters zu ändern. Jede durch den Rat verabschiedete Richtlinie zur Rechtsangleichung überträgt automatisch ein Stück mitgliedstaatlicher Souveränität auf die Gemeinschaft. Dies ist nicht im Vertrag festgelegt, ergibt sich aber aus dem Wesen der Rechtsangleichung und gilt eingeschränkt sogar für den Bereich der aktiven Rechtsangleichung, denn auch hier ist zumindest ein Abweichen nach unten oder der Erlass von der Richtlinie widersprechenden Maßnahmen nicht gestattet.

Die Einschränkung der mitgliedstaatlichen Kompetenzen folgt aus der Tatsache, dass es unsinnig wäre, einen Bereich zu harmonisieren, wenn jeder Mitgliedstaat nach Durchführung der Rechtsangleichung die Freiheit behielte, den geregelten Bereich nach eigenem Gutdünken neu zu ordnen.[625] Zwar besteht die Sperrwirkung nicht einheitlich und insbesondere im Bereich der aktiven Rechtsangleichung nicht umfassend, dennoch ist ihre Existenz nicht zu leugnen. Die Durchführung der Rechtsangleichung erschließt der Gemeinschaft Kompetenzen zu einer gestaltenden Politik, die über den ursprünglichen instrumentalen Einsatz der Rechtsangleichung hinausweisen.[626]

Wie bereits im Rahmen der Untersuchung der Sperrwirkung verdeutlicht wurde, ist der Verlust mitgliedstaatlicher Kompetenzen jedoch nicht in jedem Fall umfassend. Insbesondere im Bereich der aktiven Rechtsangleichung verbleibt den Mitgliedstaaten ein Gestaltungsspielraum, der jedoch ein Unterschreiten des gemeinschaftlichen Schutzniveaus oder einen Widerspruch zum gemeinschaftlichen Anliegen ausschließt. Weitreichender ist der Verlust mitgliedstaatlicher Kompetenzen im Bereich der reaktiven Rechtsangleichung. Hier agiert die Ge-

---

[625] Taschner, in: von der Groeben/Schwarze, Art.94 EG Rn.27

[626] Haag, in: BBPS, Rn.697; Ipsen, Europäisches Gemeinschaftsrecht, S.701f; Seidel, EuR 1979, 171, 174f; Langeheine, in: Grabitz/Hilf, EGV, Altband, Art.100 Rn.69

meinschaft aber zum Wohle des Marktes und zum Schutz der Grundfreiheiten. In diesem Bereich ist die Aufgabe der Rechtsangleichung zudem in Art. 3 lit. h EG ausdrücklich angeordnet und daher im erforderlichen Maß durchzuführen, selbst wenn damit eine Kompetenzeinschränkung der Mitgliedstaaten verbunden sein sollte.

### 5. Anwendung des harmonisierten Rechts

Die Anwendung und Durchführung von Gemeinschaftsrecht erfolgt durch die Mitgliedstaaten. Es geht dabei zunächst um die unmittelbare Anwendung von Gemeinschaftsrecht, die vor allem bei Verordnungen zum Tragen kommt. Bei Richtlinien ist dies nur im Ausnahmefall der unmittelbaren Wirksamkeit von Bedeutung. Wurden hingegen Richtlinien in nationales Recht umgesetzt, stellt die Anwendung des nationalen Rechts eine mittelbare Anwendung des Gemeinschaftsrechts dar.[627]

Die angeglichenen Rechtsnormen werden nicht zu gemeinschaftlichem Recht, sondern behalten ihren Charakter als nationale Normen. Da sie Bestandteil der mitgliedstaatlichen Rechtsordnungen bleiben, ist für ihre Wirksamkeit der nationale Rahmen entscheidend. Die Anwendung und Auslegung der angeglichenen Normen obliegt allein den nationalen Instanzen. Sie sind dabei aber an die Grundsätze der gemeinschaftsrechtskonformen und der richtlinienkonformen Auslegung gebunden.[628] Dabei ist auch auf die Bestimmungen der Angleichungsrichtlinie zurückzugreifen, weil die Vermutung gilt, dass der nationale Gesetzgeber die Richtlinie ordnungsgemäß umsetzen wollte. Aus diesem Grund weisen die zur Umsetzung ergangen Vorschriften auf die zugrundeliegende Richtlinie hin. Die nationalen Gerichte sind dabei jedoch nicht zu einer Interpretation der Richtlinie selbst befugt, sondern müssen aufkommende Auslegungsfragen dem EuGH im Rahmen eines Vorabentscheidungsverfahrens vorlegen.

Die Anwendung und Auslegung des harmonisierten Rechts obliegt damit ausschließlich den nationalen Gerichten, die gehalten sind, dieser Verpflichtung nachzukommen.

Sowohl unmittelbare als auch mittelbare Anwendung des Gemeinschaftsrechts sind Ausfluss der allgemeinen Verpflichtung des Art.10 EG, wonach die Mitgliedstaaten alle geeigneten Maßnahme allgemeiner oder besonderer Art zur Erfüllung ihrer gemeinschaftsrechtlichen Verpflichtungen treffen. Ebenfalls von Bedeutung sind in diesem Zusammenhang das Effizienzgebot, das einen wirksamen Vollzug des Gemeinschaftsrechts verlangt,[629] und das Diskriminierungs-

[627] Jarass, Grundfragen, S.98
[628] Siehe dazu B. II. 2.
[629] Streinz, in: Isensee/Kirchhof, Handbuch des Staatsrechts, Bd.7, §182 Rn.26

verbot, das es verbietet, den Vollzug von Gemeinschaftsrecht weniger leistungsfähig auszugestalten als den Vollzug von nationalem Recht.[630]

## IV. Vermittlung von Werten durch Rechtsangleichung

Festzuhalten bleibt, dass auch in den Politikbereichen, die nicht dem Gemeinsamen Markt oder Binnenmarkt unterfallen, Rechtsangleichung betrieben werden kann. Die Konsequenz daraus ist, dass die Definition der Rechtsangleichung so zu gestalten ist, dass sie nicht mehr in jedem Fall einen Bezug zum Gemeinsamen Markt voraussetzt.

Rechtsangleichung ist damit als die gesteuerte Anpassung nationalen Rechts an gemeinschaftsrechtliche Vorgaben zu definieren.

Die Unterscheidung zwischen negativer, reaktiver und aktiver Rechtsangleichung ist nicht nur für die Definition der Rechtsangleichung bedeutsam, sondern auch für die Wahl der richtigen Rechtsgrundlage und das Verhältnis der Normen zueinander. Sie erlangt ebenso Bedeutung bei der Bestimmung der Wirkung der Rechtsangleichung für die Mitgliedstaaten und im Rahmen der Auflösung von Zielkonflikten. Diese sollten in der Vergangenheit zugunsten der marktorientierten Ziele aufgelöst werden.[631] Mit der Anerkennung der Verfolgung auch anderer als am Markt orientierter Ziele mithilfe der Rechtsangleichung ist eine generelle Auflösung von Zielkonflikten zugunsten des Marktes aber nicht mehr vereinbar. Statt dessen hat eine Abwägung im Einzelfall zu erfolgen.

Mit der Nachzeichnung der Entwicklung der Rechtsangleichung ist die Feststellung verbunden, dass Rechtsangleichung Werte vermittelt.
Die Union und die sie tragenden Gemeinschaften stellen eine neue, intensive und dauerhaft verbundene Rechtsgemeinschaft dar. Die Gemeinschaft und die Union sind dabei keine einem rein wirtschaftlich-rationalen Zweckdenken entsprungene Gründung, sondern die Verwirklichung einer „europäischen Idee“. Sie vermögen sich dabei nur als Rechtsgemeinschaft gegenüber zeitbedingter Erosion zu erhalten und fortzuentwickeln.
Die europäische Einigung legitimiert sich über die Bewältigung gemeinsamer Aufgaben in Zeiten der Globalisierung. Eine weitere Legitimation liegt in der Verbundenheit der Mitgliedstaaten durch gemeinsame politische Überzeugungen und Ideale. Daneben ist die Aufgabe der Friedenssicherung des Kontinents nach innen und außen ebenso zu nennen wie die Sicherung von wirtschaftlich-sozialem Wohlergehen. Integrationszweck und -ziel ist die Erfüllung dieser Zielsetzungen durch die Union in der Form eines Staatenverbundes mit politi-

---

[630] Streinz, in: Isensee/Kirchhof, Handbuch des Staatsrechts, Bd.7, §182 Rn.25
[631] Schmidt, RabelsZ 59 (1995), 568, 580

scher Finalität. Die Annahme, dass die Integration einen positiven Schritt insbesondere für die Bürger darstellt, bildet die Wurzel der europäischen Integration.[632] Integration meint die Vergemeinschaftung mitgliedstaatlicher Hoheitsrechte unter Schaffung einer neuen Rechtsordnung.[633] Das Ziel der Integration ist vollständig erreicht, wenn eine rechtliche Regelung für alle Mitgliedstaaten gleichzeitig gilt.[634]

Der ursprüngliche Zweck der Rechtsangleichung, der in der Errichtung des Marktes bestand, wird heute nur noch im Rahmen der reaktiven Rechtsangleichung verfolgt. Auch wenn ursprünglich vor allem wirtschaftspolitische Ziele und allgemeinpolitische Erwägungen bei der Initiative zur Schaffung des Binnenmarktes und damit zur weiteren Integration der Gemeinschaft im Vordergrund standen, steht heute das Wohlergehen aller Bürger der Gemeinschaft und damit ein nicht allein wirtschaftliches Anliegen ebenfalls im Vordergrund. Die Zielbestimmung der Gemeinschaft in Art. 2 EG weist bereits deutlich darauf hin, dass wirtschaftliche Integration auch und vor allem Mittel zur Sicherung von sozialem Schutz und hoher Lebensqualität ist.

Das Recht begründet die Gemeinschaft und deren Integrationsprozesse erst. Rechtsangleichung ist eine Voraussetzung der Gemeinschaft und folgt ihr nicht lediglich nach. Dabei lässt sich das Recht nicht auf ein schlichtes Instrument der Politik oder ökonomischer und politischer Zielvorstellungen reduzieren.
Durch die weitgehende Aufgabe der Idee eines Bundesstaates wird es zunehmend wichtiger, Gemeinsamkeiten bindend festzulegen und ein dauerhaftes Gegengewicht zu möglichen Desintegrationsbestrebungen zu schaffen. Dadurch wächst die Bedeutung der Rechtsangleichung.
Die Aufnahme immer neuer Mitgliedstaaten wird ein Voranschreiten aller Mitgliedstaaten im gleichen Tempo noch schwieriger werden lassen. Gerade diese Perspektive unterstreicht die zukünftige Bedeutung der Rechtsangleichung und insbesondere der Mindestangleichung. Dies gilt insbesondere vor dem Hintergrund der im Verfassungsvertrag erstmals vorgesehenen Austrittsmöglichkeit.

Schon Hallstein bezeichnete die Rechtsangleichung als integrationsfördernd.[635] Das Integrationskonzept der Gemeinschaft zielt insbesondere auf die Wahrnehmung der Grundfreiheiten und setzt auf die verbindenden Kräfte der grenzüberschreitenden Privatautonomie.[636] Die politische Union wird durch Angleichung der mitgliedstaatlichen Rechtsordnungen verwirklicht. Gemeinsame Interessen,

---

[632] Beutler, in: BBPS, Rn.101
[633] Becker, in: Europäische Rechtseinheit durch einheitliche Rechtsdurchsetzung, S.29, 33
[634] Grabitz/Iliopoulos, Typologie der Differenzierungen und Ausnahmen im Gemeinschaftsrecht, in: Grabitz, Abgestufte Integration, S.33
[635] Hallstein, RabelsZ 28 (1964), 211, 228ff
[636] Rittner, JZ 1990, 841, 844; Ulmer, JZ 1992, 1,3; Müller-Graff, EuR 1989, 107, 118; ders., NJW 1993, 13, 13

Werte und Ziele oder auch eine gemeinsame Sprache und Religion können zwar eine integrierende Wirkung auch ohne Rechtsnormen erreichen, aber das Recht sichert den Zusammenhalt der Verbindung.
Europäische Integration ist mehr als nur die Angleichung der mitgliedstaatlichen Rechtsordnungen. Aber der Grundstock einer europäischen Integration ist die Schaffung angeglichenen Rechts, das ein Band der Zusammengehörigkeit darstellt. Harmonisierung ist eine Grundvoraussetzung des Binnenmarktes, der wiederum Voraussetzung für die Wahrnehmung der Grundfreiheiten ist. Es ist zu konstatieren, dass die Angleichung mitgliedstaatlichen Rechts unmittelbar zu einer vertieften Integration führt. Dem liegt der Gedanke zu Grunde, dass ein Mindestsockel von gleichen Rechten in allen Mitgliedstaaten zu erhöhter Rechtssicherheit und der verstärkten Wahrnehmung der Grundfreiheiten führt. Er verhindert ein Auseinanderdriften einer sich vergrößernden Union und führt zu einer gewissen Einheit der Lebensverhältnisse innerhalb aller Mitgliedstaaten. Wenn der Marktbürger sich in jedem Mitgliedstaat auf das Vorhandensein eines gewissen Schutzniveaus verlassen kann, dann wird er verstärkt seine Grundfreiheiten wahrnehmen. Dies führt wiederum zu einer stärkeren Ausprägung des Zusammengehörigkeitsgefühls und der Verbundenheit mit der Europäischen Idee. Daneben sorgt die durch den Mindestsockel gewährleistete Einheit der Lebensverhältnisse dafür, dass es nur begrenzt zu einer unerwünschten Abwanderungsbewegung aus den wirtschaftsschwächeren Ländern kommt.

Rechtsangleichung beinhaltet ferner ein Konzept der Freiheitserweiterung. Zwar besaß die Europäische Union bereits über den Verweis in Art. 6 EU auf die EMRK sowie die Geltung allgemeiner Rechtsgrundsätze ein gemeinsames grundrechtliches Fundament. Mit der Aufnahme der Charta der Grundrechte in die Verfassung wird die Bedeutung und Geltung dieser Grundrechte aber unterstrichen. Ein unmittelbarer Zuwachs der Freiheitssphären ist damit nicht verbunden, wohl aber eine Verfestigung des bisher Erreichten. Auf diesem in Zukunft explizit festgeschriebenen Niveau kann eine Freiheitserweiterung angestrebt und erreicht werden. Im Übrigen führt bereits die Etablierung eines Mindestniveaus an Rechten für alle Gemeinschaftsbürger zu einer Freiheitserweiterung, da es ihnen möglich wird in allen Mitgliedstaaten uneingeschränkt ihre Rechte wahrzunehmen und ihre Grundfreiheiten auszuüben. Einen Grundstein der europäischen Integration legte die Rechtsprechung des EuGH, indem sie den Bürgern über die Entwicklung allgemeiner Rechtsgrundsätze bestimmte (Grund) Rechte zusprach und deren Einhaltung überwachte.
Rechtsangleichung stellt damit einen wichtigen Teil der Integration dar.

In einer Mitteilung der Kommission an das Europäische Parlament und den Rat vom 30. Oktober 1996[637] wurden erste Beweise für die erwartete Stärkung von

---

[637] Abzurufen unter http://europa.eu.int/comm/internal_market/de/update/score; Fundstellen im Internet spiegeln die Situation im Zeitpunkt der Abfassung der Arbeit wieder. Aufgrund

Integration, Wettbewerb und Leistungsfähigkeit sowie Verbrauchervorteilen erbracht. Der Binnenmarkt trägt danach in Zusammenarbeit mit anderen Politiken neben wirtschaftlichen Vorteilen auch zu mehr Freiheit und Rechten sowie einem besseren Gesundheitsschutz, mehr Sicherheit am Arbeitsplatz und einer sicheren Umwelt bei. Ebenfalls wird festgestellt, dass ein verbesserter Zugang zur Justiz und die grenzüberschreitende Geltung von Garantien entscheidend sind, wenn es darum geht, dass der Bürger die Möglichkeiten des Binnenmarktes ausschöpfen soll.

Gleichzeitig muss man sich der Gefahren bewusst sein. Eine Rechtsangleichung nur um der Einheitlichkeit willen kann nicht das Ziel sein. Sie muss einen Mehrwert bewirken, der traditionell als Mehrwert für den Markt verstanden wurde. Die Anerkennung der aktiven Rechtsangleichung macht deutlich, dass dies nicht der einzige Ansatzpunkt ist. Heute ist dieser Mehrwert in einem Voranschreiten der Integration und der Vermittlung von Werten zu sehen.

Dieser Ansatz beinhaltet jedoch die Gefahr eines Europas „guter Polizei",[638] in dem der Gemeinschaftsgesetzgeber dem Bürger vorschreibt, was gut für ihn ist und mit Verboten belegt, was nicht gut ist.[639] Am Beispiel der Tabakwerbeverbots-Richtlinie lässt sich illustrieren, dass häufig versucht wird, zu verbieten, was als schädlich identifiziert wurde. Diese Aufgabe kommt der Gemeinschaft aber nur in begrenztem Umfang zu. Der Wunsch nach Schutzverstärkung oder nach als sinnvoll erkannten Maßregelungen darf nicht zu einer uferlosen Kompetenzausdehnung und Regelungswut der Gemeinschaft führen. Ganz abgesehen davon, dass der Gemeinschaftsgesetzgeber mit einer solchen Aufgabe auch überfordert wäre und ihre Verwirklichung nicht wünschenswert ist.
Der Mehrwert der Rechtsangleichung kann also nicht uneingeschränkt als Etablierung eines hohen Schutzniveaus gesehen werden. Vielmehr muss als Korrektiv die Frage nach der Verknüpfung mit den Grundfreiheiten aufgeworfen werden. Ein einheitliches Schutzniveau, das eine erleichterte Ausübung der Grundfreiheiten ermöglicht, ist ein Mehrwert der Rechtsangleichung. Der Bogen wäre aber bereits überspannt, wenn dies zu einer Regelungswut in guter Absicht der Gemeinschaft führte, die sich nicht mit der Errichtung eines Mindestsockels begnügt und nicht für eine erleichterte Wahrnehmung der Grundfreiheiten sorgt.

Schon früher ist Rechtsangleichung als „Integrationsfaktor ersten Ranges" bezeichnet worden.[640] Die Konsequenz daraus ist aber nicht die uneingeschränkte Zulässigkeit der Rechtsangleichung ohne die Möglichkeit einer Grenzziehung.

---

der ständigen Veränderungen dieses Mediums kann nicht ausgeschlossen werden, dass die bezeichneten Internetseiten zwischenzeitlich nicht mehr zugänglich sind.

[638] Vgl. zum absolutistischen Polizeistaat Zippelius, Allgemeine Staatslehre, S.285f

[639] Gedanke von Stein, EWS 2001, 12, 12

[640] Hommelhoff, AcP 192 (1992), 71, 73; Schwartz, in: FS von der Groeben, S.333, 360

Dies wurde bereits beim Ausschluss der präventiven Harmonisierung im Rahmen der aktiven Rechtsangleichung deutlich.
Gerade vor dem Hintergrund eines Integrationszweckes, der in der Ausgestaltung der Union als Staatenverbund und Rechtsgemeinschaft, die gemeinsame Aufgaben zu erfüllen sucht, liegt, kommt der Schaffung eines angeglichenen Rechtsrahmens erhöhte Bedeutung zu. Angeglichenes Recht bildet das Band, das die Gemeinschaft zusammenhalten kann, auch gegen möglicherweise im Zuge der Vergrößerung der Union eintretende desintegrative Wirkungen. Auch bei einem möglichen Austritt nach Inkrafttreten des Verfassungsvertrages bliebe das angeglichene Recht als Verbindungsglied bestehen. Rechtsangleichung trägt zur Sicherung der europäischen Idee und zur Funktionsfähigkeit der Union bei.
Jedes gelungene Vorhaben der Rechtsangleichung stärkt das Netz der Regelungen, das allmählich zwischen den Mitgliedstaaten und ihren Bürgern, die das Gemeinschaftsrecht letztlich tragen sollen und müssen, entsteht.[641] Gelungene Rechtsangleichung festigt den Zusammenhalt in der Gemeinschaft. Unter diesem Gesichtspunkt sind vor allem die Vorhaben von Bedeutung, die über die wirtschaftlichen Ziele der Gemeinschaft hinausgehen und ihr einen eigenen Wertgehalt geben. Rechtsangleichung wird auf diese Weise zu einem Instrument, das der Gemeinschaft Werte vermitteln kann, die ihren Bestand und ihre Zukunft über die nur wirtschaftliche Zweckhaftigkeit hinaus legitimieren können.

---

[641] Everling, in: Unterwegs zur Europäischen Union, S.15, 29

## E. Grenzen der Rechtsangleichung

Es gilt nun, die Grenzen zu betrachten, die der Rechtsangleichung gesetzt sind. Rechtsangleichung und mit ihr die europäische Integration sind vielfachen Schranken unterworfen. Die erste Begrenzung ergibt sich aus den Zielsetzungen des Vertrages. Aus der recht allgemein formulierten Zielbestimmung des EG lässt sich keine konkrete Grenze herleiten. Anzuerkennen ist aber, dass eine Harmonisierung den Vertragszielen nicht entgegenwirken darf, sondern sich in deren Rahmen zu halten und sie zu fördern hat.[642] Abzulehnen ist hingegen die Ansicht, dass die Aufgabenzuweisung des Art. 3 lit. h EG sich als Begrenzung eigne.[643] Aus der Aufgabenzuweisung kann nicht gefolgert werden, dass Rechtsangleichung nur vorgenommen werden kann, soweit sie für das Funktionieren des Gemeinsamen Marktes erforderlich ist.[644] Dies ergibt sich bereits daraus, dass der Vertrag zahlreiche Ermächtigungsgrundlagen bereithält, die eine Rechtsangleichung unabhängig vom Gemeinsamen Markt ermöglichen. Der in Art. 3 lit. h EG enthaltene Funktionszusammenhang zwischen Rechtsangleichung und Markt bezieht sich allein auf die reaktive Rechtsangleichung und unterstreicht die von der Errichtung des Gemeinsamen Marktes vermutete ausgehende Eigendynamik.

### I. Faktische Grenzen

Die Gemeinschaft hat sich für ein Konzept der Rechtsangleichung entschieden, nach dem in Form von Einzelmaßnahmen angeglichen wird. Dieses Konzept wird vielfach kritisiert.[645] Bemängelt werden dabei der fragmentarische Charakter der angeglichenen Normen und die Schwierigkeit der Einfügung in das divergierende nationale Umfeld.[646]

Mängel sowohl auf gemeinschaftlicher als auch nationaler Ebene ziehen der Rechtsangleichung eine erste Grenze. Es handelt sich dabei um Schwierigkeiten faktischer Art.

---

[642] Langeheine, in:Grabitz/Hilf, EGV, Altband, Art.100, Rn.5

[643] Lubitz, Angleichung des Privatrechts durch die europäische Richtlinie und Verordnung, S.21

[644] So aber Lubitz, Angleichung des Privatrechts durch die europäische Richtlinie und Verordnung, S.22

[645] Ulmer, JZ 1992, 1, 6; Kötz, in: FS Zweigert, S.481, 483; Hommelhoff, AcP 192 (1992), 71, 102; Blaurock, JZ 1994, 270, 276

[646] Ulmer, JZ 1992, 1,6; Kötz, RabelsZ 50 (1986), 1, 12; Möllers, Die Rolle des Rechts im Rahmen der europäischen Integration, S.14

### 1. Mängel auf gemeinschaftlicher Ebene

Es ist zunächst zu fordern, dass die von der Gemeinschaft erlassenen Rechtsakte konsistent und transparent sind und die aus ihnen erwachsenden Verpflichtungen klar und deutlich geregelt sind. Dies ist insbesondere im Bereich des Erlasses von Richtlinien von Bedeutung, da diese einer Umsetzung bedürfen. Die Angleichungsrichtlinien zeigen eine Tendenz zunehmender Kompliziertheit und Detailliertheit.[647] Dies erschwert zum einen die Umsetzung der Richtlinien und zum anderen deren Kontrolle und die Handhabung der Angleichung in der Praxis. Eine Unternehmensbefragung hat ergeben, dass einfachere und bessere Rechtsvorschriften zu Einsparungen in Milliardenhöhe führen könnten.[648] Die Bestrebungen, die Rechtsetzung einfacher und besser zu machen, betreffen jedoch nicht nur die Rechtsangleichung, sondern jegliche Rechtsetzung. Auch ist nicht allein der Gemeinschaftsgesetzgeber zu besserer Rechtsetzung berufen, sondern ebenfalls die Mitgliedstaaten. Die Kommission hat bereits im Jahr 1996 ein Projekt mit dem Titel SLIM (Simpler Legislation for the Internal Market) ins Leben gerufen. Im Zuge dieser Initiative überprüfen Teams aus Vertretern der Mitgliedstaaten und von Anwendern der Rechtsvorschriften diese, um festzustellen, an welchen Stellen ein besonders hoher Verwaltungs- und Kostenaufwand verursacht wird und wie dieser zu beseitigen ist. Darüber hinaus gibt es eine Initiative zur Kodifizierung, Konsolidierung und Vereinfachung sowie zur Streichung überholter Texte. Im Februar 2003 wurde dazu der Aktionsrahmen „Aktualisierung und Vereinfachung des Acquis communautaire" aufgestellt.[649] Das Ziel ist dabei das Regelungsumfeld zu verbessern, in dem die Unternehmen tätig sind, um die Wettbewerbsfähigkeit zu steigern. Der Umfang der Rechtsvorschriften soll verringert werden, um diese zu vereinfachen und sie leichter zugänglich und aussagekräftiger zu machen.
Diese Vorhaben machen deutlich, dass das Problem auf gemeinschaftlicher Ebene erkannt wurde.

Ein weiteres wichtiges Problem ist der fragmentarische Charakter der Rechtsangleichung. Die Gemeinschaft verfolgt in der Regel das Konzept der Einzelangleichung und konzentriert sich bei der Harmonisierung nicht auf die Herstellung einer neuen Ordnung, sondern auf das Erreichen eines bestimmten Einzelziels. Dies beinhaltet immer die Gefahr von Brüchen mit Grundprinzipien des mitgliedstaatlichen Rechts. Ferner besteht die Gefahr der Expansion der Rechtsangleichung, um vermeintliche oder tatsächliche Hindernisse auszuräumen. Zum anderen kann die Orientierung an politischen Zielen immer wieder zu Änderungen führen, um neu auftretende Phänomene zu berücksichtigen oder die Zieler-

[647] Timmermans, RabelsZ 48 (1984), 1, 27
[648] Ergebnisse der Befragung veröffentlicht im Binnenmarktanzeiger vom November 2001; abzurufen unter http://europa.eu.int/comm/internal_market/de/update/score
[649] Abzurufen unter http://europa.eu.int/comm/internal_market/simplification/index_de.htm

reichung zu optimieren. Dies führt dann zu einer schleichenden Ausdehnung der ursprünglich vorgesehenen Einzelangleichung, ohne dass diese sich mit der Schaffung eines in sich schlüssigen Systems oder mit der Ausgestaltung von Grundprinzipien beschäftigen würde.

Eine weitere Quelle für Mängel auf europäischer Ebene birgt die Zusammensetzung des Ministerrates, ohne dass es dazu eine Alternative geben würde. Es besteht das Risiko, dass bei einer Angleichung nicht nach einer adäquaten Lösung gesucht, sondern versucht wird, nationale Lösungen zu retten oder zumindest als Option in der Angleichungsrichtlinie zu platzieren. Insbesondere in der letzten Phase der Beschlussbildung besteht die Neigung, Angleichungsziele aus dem Auge zu verlieren und um jeden Preis eine abschließende Entscheidung zu erreichen. Zum Teil ist der letztlich erreichte Kompromiss dann nicht mehr als eine Aufzählung der unterschiedlichen nationalen Lösungen und hat mit Rechtsangleichung nur noch wenig zu tun.[650]

## 2. Mängel auf nationaler Ebene

Angleichungsrichtlinien werden häufig nicht innerhalb der dafür gesetzten Frist umgesetzt. Das kommt insbesondere dann vor, wenn eine Umsetzung durch den Gesetzgeber zu erfolgen hat.[651] Der Europäische Rat von Stockholm forderte im März 2001 die Mitgliedstaaten auf, ihr jeweiliges Umsetzungsdefizit binnen eines Jahres von 2,5% auf 1,5% zu senken.[652] Damit wären 98,5% der 1.490 Binnenmarkt-Richtlinien in nationales Recht umgesetzt.[653] Die Zwischenbilanz vom September 2003 zeigte jedoch nicht die geforderte Verbesserung bei der Umsetzung, sondern dass die Mitgliedstaaten bei der Umsetzung weiter in Rückstand geraten sind.[654] Der Prozentsatz der Richtlinien, die nicht fristgerecht in nationales Recht umgesetzt wurden (Umsetzungsdefizit) betrug im Juli 2003 in acht Mitgliedstaaten mehr als das Doppelte des vorgegebenen Ziels von 1,5%. Das ausgegebene Ziel wurde lediglich von Dänemark und Spanien erreicht. Das Durchschnittsdefizit stieg im Jahr 2004 auf 2,4% gegenüber 1,8% im Vorjahr. Auch im Jahr 2004 brauchten die Mitgliedstaaten nach wie vor zu lange zur Umsetzung. Das Umsetzungsdefizit lag bei 2,2% für die EU-15 Mitgliedstaaten.[655] Danach waren 134 Richtlinien (9% aller Binnenmarktrichtlinien) noch nicht überall umgesetzt. Nur Dänemark, Spanien, Finnland, Irland und das Ver-

---

[650] Vgl. die siebente Richtlinie des Rates vom 13.6.1983 und hier insbesondere die Definition des Konzerns, ABl.1983 Nr.L 193/1 vom 18.7. 1983
[651] Timmermans, RabelsZ 48 (1984), 1, 30
[652] Nienhaus/Busche, Jahrbuch der europäischen Integration 2001/2002, S.145
[653] Nienhaus/Busche, Jahrbuch der europäischen Integration 2001/2002, S.145
[654] Abzurufen unter http://europa.eu.int/comm/internal_market/de/update/score
[655] Abzurufen unter http://europa.eu.int/comm/internal_market/de/update/strategy/index.htm

einigte Königreich erreichten danach die Zielvorgabe von 1,5%. Frankreich, Deutschland, Griechenland, die Beneluxstaaten und Italien wiesen hingegen anhaltend hohe Defizite auf und überschritten die Zielvorgabe deutlich. Das Defizit Deutschlands bei der fristgemäßen Umsetzung hatte sich gegenüber Mai 2003 (3,3%) nochmals erhöht und lag bei 3,5%, was einer Nichtumsetzung von 53 Richtlinien entspricht. Davon ist bei 4 Richtlinien die Umsetzungsfrist seit mehr als zwei Jahren abgelaufen. Es gibt erste Hinweise auf große Unterschiede zwischen den 10 neuen Mitgliedstaaten bei der Richtlinienumsetzung. Einige, wie beispielsweise Litauen und Slowenien, haben bereits Umsetzungsmaßnahmen für den größten Teil der Richtlinien mitgeteilt. Andere, wie Malta und die Tschechische Republik, sind ihren Verpflichtungen bislang nicht umfassend genug nachgekommen.

Der im Jahr 2003 erreichte Wert war der schlechteste seit dem Jahr 2000. Auch das Ziel der Nulltoleranz wurde verfehlt. Dieses Ziel wurde von den EU-Staats- und Regierungschefs auf der Tagung des Europäischen Rates in Barcelona im Frühjahr 2002 festgelegt und besagt, dass alle Richtlinien innerhalb von zwei Jahren nach Ablauf der Umsetzungsfrist umgesetzt sein sollen. Dieses Ziel wurde nur von vier Mitgliedstaaten erreicht.

Diese Zahlen zeigen, dass selbst zwei Jahre nach Ablauf der eigentlichen Umsetzungsfrist noch nicht alle Richtlinien umgesetzt worden sind. Die Effizienz der Bestimmungen des Gemeinschaftsrechts hängt aber wesentlich von der Bereitschaft und Fähigkeit der Behörden in den Mitgliedstaaten ab, für eine effiziente und rechtzeitige Um- und Durchsetzung zu sorgen. Die Funktionsfähigkeit des Marktes und die von ihm erwarteten positiven Effekte leiden unter der nicht fristgemäßen oder fehlerhaften Umsetzung durch die Mitgliedstaaten.

Die Zahl der Vertragsverletzungsverfahren hat im Jahr 2003 im Vergleich zum letzten Jahr um 6% zugenommen.[656] Diese erhöhte Anzahl von Verfahren ist die direkte Folge der gestiegenen Säumigkeit der Mitgliedstaaten. Nahezu 30% aller Fälle betreffen dabei Frankreich und Italien. Gegen Deutschland waren im Oktober 2003 90 Vertragsverletzungsverfahren anhängig. In dieser Zahl sind nicht nur die vor dem EuGH anhängigen Klagen enthalten, sondern ebenfalls Fristsetzungsschreiben der Kommission und mit Gründen versehene Stellungnahmen. Im Jahr 2004 waren fast ebenso viele Verfahren anhängig. Die meisten davon gegen Italien, dicht gefolgt von Frankreich.
Die Bearbeitung der Vertragsverletzungsverfahren bindet erhebliche Ressourcen sowohl bei der Kommission als auch den Mitgliedstaaten. Die Kommission hat sich daher für ein differenziertes Vorgehen entschieden. Je nach Schwere der angeblichen Rechtsverletzung entscheidet die Kommission über die Anwendung

---

[656] Binnenmarktanzeiger der Kommission vom Mai 2003, abzurufen unter http://europa.eu.int/comm/internal_market/de/update/score

von alternativen Problemlösungsmechanismen wie „Paketsitzungen" oder SOLVIT. Auf den Paketsitzungen erörtern Sachverständige der Mitgliedstaaten und der Kommission jeweils ein „Paket" von Fällen, die von der Kommission auf Verletzung von EU-Recht untersucht werden. Ihr Zweck ist die Lösung von Problemfällen, ohne dass rechtliche Schritte eingeleitet werden müssen. Fast die Hälfte aller auf Paketsitzungen erörterten Fälle können gelöst werden oder werden kurze Zeit später gelöst, weil der betroffene Mitgliedstaat sich zur Änderung seiner Rechtsvorschriften verpflichtet.[657] Daneben ist seit Juli 2002 das System SOLVIT in Betrieb. Es befasst sich mit Fällen, in denen Binnenmarktvorschriften von nationalen oder regionalen Verwaltungen nicht richtig angewendet wurden. Der Vorteil des Systems liegt darin, dass es eine Anlaufstelle für Betroffene bietet und innerhalb einer Frist von 10 Wochen versucht wird, das Problem zu lösen. Dies gelingt in 70% aller Fälle.[658]

Der EuGH hat bis jetzt jede Berufung eines Mitgliedstaats auf höhere Gewalt von der Hand gewiesen.[659] Verzögerungen im Gesetzgebungsverfahren exkulpieren den säumigen Mitgliedstaat nicht.

Das Umsetzungsdefizit kann auf drei verschiedene Arten entstehen. Zunächst gibt es Fälle, in denen eine Richtlinie nicht rechtzeitig umgesetzt wird. Ferner kommt es vor, dass Richtlinien überhaupt nicht umgesetzt werden, weil der Gesetzgeber irrtümlich meint, es gebe keinen Handlungsbedarf, weil das nationale Recht bereits den Anforderungen der Richtlinie entspreche. Drittens kann es vorkommen, dass der nationale Gesetzgeber die Richtlinie nur teilweise umsetzt, weil er meint, einzelne Bestimmungen der Richtlinie ließen sich unter bestehende Generalklauseln im nationalen Recht subsumieren.

Es gilt aber der Grundsatz, dass die Rechtslage hinreichend klar und bestimmt sein muss, um den Begünstigten in die Lage zu versetzen, von seinen Rechten Kenntnis zu erlangen.[660] Dieser Grundsatz wird in den genannten Fällen aber häufig verletzt. Das Problem des Umsetzungsdefizits ist eine tatsächliche Grenze der Rechtsangleichung, deren Erfolg durch eine nicht rechtzeitige und vollständige Umsetzung gefährdet, wenn nicht gar unmöglich gemacht wird.

Neben dem Problem der nicht rechtzeitigen und vollständigen Umsetzung besteht das Problem der fehlerhaften Umsetzung von Richtlinien. In diesem Fall erkennt der Mitgliedstaat zwar den Umsetzungsbedarf der Richtlinie, er will der Umsetzungsverpflichtung auch nachkommen, aber er setzt die Richtlinie nur fehlerhaft um. Die Fälle der mangelhaften Anwendung von Richtlinien und der

---

[657] Binnenmarktanzeiger der Kommission vom Mai 2003, abzurufen unter http://europa.eu.int/comm/internal_market/de/update/score

[658] Binnenmarktanzeiger der Kommission vom Mai 2003, abzurufen unter http://europa.eu.int/comm/internal_market/de/update/score

[659] EuGH, 18.12. 1997, Rs.C-263/96, Slg.1997, I-7453 Rn.27 (Kommission/Belgien); EuGH, 11.1. 1990, Rs.C-38/89, Slg.1990, I-83 Rn.7 (Blanguernon)

[660] EuGH, 23.5.1985, Rs.29/84, Slg.1985, 1661 Rn.23 (Deutsches Krankenpersonal)

Nichtübereinstimmung der einzelstaatlichen Maßnahmen zur Umsetzung stellen die Mehrheit der Fälle, in denen Deutschland verurteilt wurde. Die Zahl der Verurteilungen Deutschlands hat sich im Jahr 2003 im Vergleich zum Vorjahr[661] kaum verändert.[662] Von den Verurteilungen im Jahr 2002 bezog sich lediglich eine auf eine Fristversäumnis Deutschlands. Die übrigen Fälle betrafen eine mangelhafte Anwendung und Umsetzung der Richtlinien. Auch im Jahr 2003 überwiegen die Fälle, in denen Deutschland für eine fehlerhafte Anwendung und Umsetzung verurteilt wurde. Im Jahr 2004 stieg die Zahl der Verurteilungen auf 13, wovon 8 auf eine Fristversäumnis zurückzuführen waren.[663] Die übrigen Verurteilungen beruhten auf Richtlinienverstößen. Über das Jahr 2005 können zum jetzigen Zeitpunkt noch keine aussagekräftigen Feststellungen getroffen werden, bis April 2005 wurde Deutschland jedoch bereits fünf Mal verurteilt.[664]

Die Anzahl der von der Kommission angestrengten Vertragsverletzungsverfahren und die Verurteilungen durch den EuGH zeigen auf, dass der Erfolg der Rechtsangleichung durch die Säumigkeit der Mitgliedstaaten in höchstem Maße gefährdet ist. Dabei scheinen die Verurteilungen durch den EuGH, die keine Verhängung eines Zwangsgeldes nach sich ziehen, die Umsetzungsbereitschaft der Mitgliedstaaten jedenfalls nicht wesentlich positiv zu beeinflussen. Es bleibt also nur, den Mitgliedstaaten ihre Umsetzungsverpflichtung nachdrücklich ins Gedächtnis zu rufen und auf ein entschlosseneres Vorgehen der Mitgliedstaaten zu hoffen.

Daneben führt das Konzept der Rechtsangleichung zu Schwierigkeiten auf nationaler Ebene. Es ist eine Balance zwischen harmonisierten und nichtharmonisierten Bereichen erforderlich. Die harmonisierten Einzelmaßnahmen der Gemeinschaft sind in das nationale Umfeld einzufügen. Das Zusammenwirken

---

[661] 7 Verurteilungen im Jahr 2002, EuGH, 5.11.2002, Rs.C-325/00, Slg.2002, I-9977; EuGH, 5.11.2002, Rs. C-476/98, Slg.2002, I-9855; EuGH, 15.10.2002, Rs. C-427/98, Slg.2002, I-8315; EuGH, 20.6.2002, Rs.C-287/00, Slg.2002, I-5811; EuGH, 14.5.2002, Rs.C-383/00, Slg.2002, I-4219; EuGH, 14.3.2002, Rs. C-161/00, Slg.2002, I-2753; EuGH, 7.2.2002, Rs.C-5/00, Slg.2002, I-1305

[662] 6 Verurteilungen im Jahr 2003, EuGH, 13.2.2003, Rs.C-228/00, Slg.2003, I-1439; EuGH, 20.3. 2003, Rs.C-135/01, Slg.2003, I-2837; EuGH, 10.4.2003, verb. Rs.C-20/01 und C-28/01, Slg.2003, I-3609; EuGH, 22.5.2003, Rs.C-103/01, Slg.2003, I-5369; EuGH, 25.9.2003, Rs.C-74/02, Slg. 2003, I-9879; EuGH, 23.10.2003, Rs.C-109/02, Slg.2003, I-12691

[663] EuGH, 1.4.2004, Rs.C-64/03; EuGH, 10.6.2004, Rs.C-454/01; EuGH, 15.7.2004, Rs.C-420/03; EuGH, 15.7.2004, Rs.C-144/02; EuGH, 15.7.2004, Rs.C-139/03; EuGH, 15.7.2004, Rs.C-118/03; EuGH, 9.9.2004, Rs.C-125/03; EuGH 14.10.2004, Rs.C-339/03; EuGH, 21.10.2004, Rs.C-477/03; EuGH, 28.10.2004, Rs.C-5/04; EuGH, 28.10.2004, Rs.C-16/04; EuGH, 18.11.2004, Rs.C-126/03; EuGH, 14.12.2004, Rs.C-463/01; alle noch nicht in Slg.

[664] EuGH, 3.3.2005, Rs.C-414/03; EuGH, 10.3.2005, Rs.C-531/03; EuGH, 14.4.2005, Rs.C-341/02; EuGH, 14.4.2005, Rs.C-104/02; EuGH, 28.4.2005, Rs.C-329/04; alle noch nicht in Slg.

harmonisierter und nichtharmonisierter Bereiche gestaltet sich dabei zum Teil problematisch.

Die dargestellten Mängel auf nationaler Ebene stellen, ebenso wie die Mängel auf europäischer Ebene, eine erste Grenze der Rechtsangleichung dar. Die Mängel, insbesondere im Rahmen einer fristgemäßen und fehlerlosen Umsetzung, begrenzen den Erfolg der Rechtsangleichung.

## II. Primärrechtlicher Ausschluss einer Harmonisierung

Der Vertrag setzt der Rechtsangleichung bereits primärrechtlich Grenzen, in dem er in den Art. 129, 137 II lit. a, 149 IV, 150 IV, 151 V und 152 IV lit. c EG eine Harmonisierung ausdrücklich ausschließt. Insbesondere von diesem Ausschluss betroffen sind die Beschäftigungspolitik, die allgemeine und berufliche Bildung sowie die kulturelle Zusammenarbeit.
In den vom Ausschluss betroffenen Bereichen besitzt die Gemeinschaft keine Rechtsangleichungskompetenz, was aber nicht bedeutet, dass auf der Grundlage anderer Vertragsbestimmungen erlassene Harmonisierungsmaßnahmen nicht Auswirkungen auf diese Bereiche haben dürften.[665] Im Gegenteil ist bei Maßnahmen, die auf Art. 95 EG gestützt werden, von einem hohen Schutzniveau zum Beispiel im Bereich der Gesundheit auszugehen, obwohl gemäß Art. 152 IV lit. c EG eine Harmonisierung im Bereich der Gesundheit ausgeschlossen ist. Allerdings dürfen andere Kompetenzgrundlagen der Rechtsangleichung nicht herangezogen werden, um den ausdrücklichen Ausschluss der Harmonisierung zu umgehen.[666]

## III. Das Prinzip der begrenzten Einzelermächtigung, Art. 5 I EG

Die Kompetenzen der Rechtsangleichung bestehen im Rahmen des Prinzips der begrenzten Einzelermächtigung des Art. 5 I EG. Danach darf die Gemeinschaft nur auf Grund einer ausdrücklichen Ermächtigung im Vertrag tätig werden. Ferner muss die ausgewählte Kompetenzgrundlage auch die zutreffende sein. Dies entfaltet zum einen Bedeutung für die Ausgestaltung der Mehrheitsverhältnisse und der Beteiligung des Europäischen Parlaments und zum anderen für die Frage, ob nicht bereits ein primärrechtliches Harmonisierungsverbot vorliegt.
Schwierigkeiten bei der Grenzziehung bereitet, dass vom Prinzip der begrenzten Einzelermächtigung des Art. 5 I EG sowohl sachgebietsbezogene als auch finale Kompetenznormen erfasst werden. Die finalen Kompetenznormen, wie bei-

---

[665] EuGH, 5.10.2000, Rs.C-376/98, Slg.2000, I-8498 Rn.78 (Tabakwerbeverbot) für den Bereich der menschlichen Gesundheit
[666] EuGH, 5.10.2000, Rs.C-376/98, Slg.2000, I-8498 Rn.79 (Tabakwerbeverbot)

spielsweise Art. 94, 95 EG als Zentralnormen der Rechtsangleichung, eröffnen der Gemeinschaft nicht genau abgrenzbare Tätigkeitsbereiche und relativieren das Prinzip der begrenzten Einzelermächtigung insoweit, als eine exakte Begrenzung und Festlegung der Befugnisse der Gemeinschaft mit ihm nicht erreicht werden kann. Die Ausgestaltung der finalen Kompetenzen ist häufig abstrakt und umfassend, so dass eine weitreichende Inanspruchnahme der Kompetenz ermöglicht wird. Die Generalklauseln der Rechtsangleichung haben einen so weiten Anwendungsbereich, dass über die Anwendung des Prinzips der begrenzten Einzelermächtigung eine kompetenzbegrenzende Wirkung nur schwerlich erreicht werden kann. Damit wird der Grundsatz relativiert, nach dem die Gemeinschaft nur auf Grund ausdrücklicher Ermächtigung tätig werden kann. Insbesondere die Zuweisung der Aufgabe der reaktiven Rechtsangleichung in Art. 3 lit. h EG und die weite Ausgestaltung der Kompetenznormen der reaktiven Rechtsangleichung machen die Relativierung des Prinzips zur tauglichen Grenzziehung deutlich. Gerade im Zusammenhang mit finalen Kompetenznormen besteht daher das Bedürfnis nach einer zusätzlichen Begrenzung.

## IV. Das Subsidiaritätsprinzip, Art. 5 II EG

Das Prinzip der begrenzten Einzelermächtigung ist dem Subsidiaritätsprinzip vorgelagert. Während ersteres die „Kann-Frage" stellt, stellt Art. 5 II EG die „Soll-Frage". Durch das Subsidiaritätsprinzip werden die Gemeinschaftsorgane zur doppelten Prüfung verpflichtet, ob und wie die Gemeinschaft tätig werden soll. Das in Art. 5 II EG verankerte Subsidiaritätsprinzip vermag Rechtsangleichung aber überhaupt nur dann zu begrenzen, wenn die Rechtsangleichungskompetenzen nicht ausschließlicher Natur sind. Im Falle einer ausschließlichen Kompetenz werden die Souveränitätsrechte der Mitgliedstaaten bereits nicht tangiert, so dass es dementsprechend auch kein Bedürfnis gibt, die Rechte der Mitgliedstaaten vor einer ausufernden Kompetenzwahrnehmung der Gemeinschaft zu schützen. Die Ansicht, dass die Kompetenzen der Harmonisierung ausschließlicher Natur sind, wird von der Kommission vertreten[667] und beispielsweise auch von Generalanwalt Fennelly unterstützt.[668] Sie ist jedoch abzulehnen. Rechtsangleichungskompetenzen, dies gilt insbesondere auch für die Kompetenzen der reaktiven Rechtsangleichung, sind konkurrierender Art.[669] Dem steht im Bereich der reaktiven Rechtsangleichung auch nicht entgegen, dass die Gewährleistung der Errichtung und des Funktionierens des Marktes von den Mitgliedstaaten nicht erreicht werden kann. Insbesondere die Generalklauseln der reaktiven Rechtsangleichung sind nicht allein auf die Gewährleistung des Marktes

---

[667] Mitteilung der Kommission an den Rat und an das Europäische Parlament betreffend das Subsidiaritätsprinzip, Anhang II 2b, abgedruckt bei Hrbek (Hrsg.), Das Subsidiaritätsprinzip, S.119, 128

[668] Schlussanträge GA Fennelly, EuGH, 5.10.2000, Rs.C-376/98, Slg.2000, I-8419 Rn.134ff

[669] So auch Jarass, Grundfragen, S.13; Möstl, EuR 2002, 318, 345

beschränkt, sondern vermögen in fast allen Sachmaterien Angleichungsmaßnahmen zu rechtfertigen. Würde man die Harmonisierungskompetenz der Gemeinschaft als ausschließliche Kompetenz begreifen, so wäre die Kompetenz der Mitgliedstaaten extrem zurückgedrängt, solange die Maßnahme Auswirkungen auf den Markt hätte. Die final ausgerichteten Rechtsangleichungskompetenzen sind auch deshalb keine ausschließlichen Kompetenzen, weil der Gemeinschaft kein bestimmtes Sachgebiet zur Regelung überlassen ist.[670] Nach dem Wortlaut von Art.5 II EG, der von Bereichen spricht, ist die Zuständigkeitsverteilung sachgebietsorientiert. Die Rechtsangleichung zur Errichtung und zum Funktionieren des Marktes unterfällt bei sachgebietsorientiertem Verständnis nicht der ausschließlichen Zuständigkeit der Gemeinschaft. Die Rechtsangleichungskompetenzen sind konkurrierender Art, mit der Folge der Anwendbarkeit des Subsidiaritätsprinzips.[671]

Das Subsidiaritätsprinzip besagt, dass die Gemeinschaft nur tätig wird, „sofern und soweit die Ziele der in Betracht gezogenen Maßnahmen auf Ebene der Mitgliedstaaten nicht ausreichend erreicht werden können und daher wegen ihres Umfangs oder ihrer Wirkungen besser auf Gemeinschaftsebene erreicht werden können." Das Subsidiaritätsprinzip enthält damit zwei Vorgaben. Erstens muss das Ziel der Maßnahme von den Mitgliedstaaten nicht ausreichend verwirklicht werden können und zweitens muss es sich auf Gemeinschaftsebene besser erreichen lassen. Zwischen den beiden kumulativ zu erfüllenden Bedingungen muss ein unmittelbarer Begründungszusammenhang bestehen.[672] Das Subsidiaritätsprinzip wirkt als Begrenzung der Wahrnehmungskompetenz und somit als Kompetenzausübungsschranke.
Für die Frage der Kompetenzabgrenzung zwischen Mitgliedstaaten und Gemeinschaft im Bereich der Rechtsangleichung lassen sich aus dem Subsidiaritätsprinzip jedenfalls im Bereich der reaktiven Rechtsangleichung aber kaum Grenzen ziehen. Denn die Verwirklichung des Marktes kann von den Mitgliedstaaten nicht erreicht werden. Die Überwindung von Hemmnissen für den Markt, die durch unterschiedliche nationale Normen entstanden sind, kann mit Wirkung für alle Mitgliedstaaten nur auf Gemeinschaftsebene verfolgt werden. Für die Frage, ob eine Rechtsangleichung erfolgen soll oder nicht, vermag das Subsidiaritätsprinzip nur wenig beizutragen. Allenfalls im Bereich der aktiven Rechtsangleichung erlangt Art. 5 II EG Bedeutung. Auf Grund der generalklauselartigen Weite der Bestimmung wird den Organen der Gemeinschaft im Übrigen ein erheblicher Ermessensspielraum eingeräumt.

---

[670] Müller, Systemwettbewerb, S.163

[671] Ebenso im Ergebnis unter anderem von Bogdany/Nettesheim, in: Grabitz/Hilf, EGV, Altband, Art.3b Rn.29; von Borries, EuR 1994, 263, 274f; Calliess, EuZW 1995, 693, 696; Jarass, Grundfragen, S.13; Kort, JZ 1997, 640, 644f; Dreher, JZ 1999, 105, 108

[672] von Borries, in: FS für Deringer, S.22, 28

Bei der Anwendung des Subsidiaritätsprinzips ist zu berücksichtigen, dass die Bestimmung des zu erreichenden Ziels nicht ausschließlich in die Hand der Gemeinschaftsorgane zu legen ist. Nur solche Ziele können als Bezugspunkt dienen, die ihrerseits mit dem Subsidiaritätsprinzip in Einklang stehen.[673] Demnach ist es ausgeschlossen, eine Rechtsangleichungstätigkeit mit dem Ziel einer gemeinschaftsweit einheitlichen, sekundärrechtlich harmonisierten Rechtslage legitimieren zu wollen.
Das Tätigwerden der Gemeinschaft im Bereich der Rechtsangleichung rechtfertigt sich zudem häufig aus der Gegensätzlichkeit nationaler Regelungen oder ihrem vollständigen Fehlen, nicht aber aus der besseren Eignung der Gemeinschaft zur Regulierung einer bestimmten Materie. Insoweit sind die Maßstäbe des Subsidiaritätsprinzips als Grenze der Rechtsangleichung ungeeignet.[674] Es behält aber seine Funktion als ordnendes Prinzip.

## V. Das Verhältnismäßigkeitsprinzip, Art. 5 III EG

Rechtsangleichungsmaßnahmen sind wie alle Sekundärrechtsakte am Verhältnismäßigkeitsprinzip zu messen. Die Entscheidung über die Methoden der Rechtsangleichung liegt bei den Organen der Gemeinschaft. Sie verfügen dabei über einen Ermessensspielraum, der durch den Grundsatz der Verhältnismäßigkeit begrenzt wird. Das Verhältnismäßigkeitsprinzip wirkt sich auf die zu wählende Rechtsform sowie Regelungsumfang und –intensität aus.[675] Rechtlich weniger bindenden Maßnahmen ist der Vorrang einzuräumen, sofern diese ebenfalls zur Zielerreichung geeignet sind. Die Wahl zwischen einer Rechtsangleichung durch Richtlinien und Schaffung von Gemeinschaftsrecht durch Verordnungen muss im Dienst der Verwirklichung der Vertragsziele stehen und den Grundsatz der Verhältnismäßigkeit beachten.[676] Insofern bringt die Anwendung des Verhältnismäßigkeitsprinzips einen Mehrwert gegenüber dem Kriterium der Erforderlichkeit auf Tatbestandsebene und auch gegenüber der Anwendung des Subsidiaritätsprinzips. Im Übrigen ist bereits das Kriterium der Erforderlichkeit auf Tatbestandsebene ein Einfallstor für eine Verhältnismäßigkeitsprüfung. Das Verhältnismäßigkeitsprinzip wirkt sich auf die Frage aus, auf welche Art und Weise und mit welchen Instrumenten harmonisiert werden soll. Das Subsidiaritätsprinzip wirkt sich hingegen eher auf die Frage der generellen Möglichkeit einer Harmonisierung aus.[677] Das Erforderlichkeitskriterium sowie Subsidiaritäts- und Verhältnismäßigkeitsprinzip gehen aber Hand in Hand und ihre An-

---

673 von Bogdany/Nettesheim, in: Grabitz/Hilf, EGV, Altband, Art.3b Rn.33
674 Franzen, Privatrechtsangleichung, S.62
675 Langeheine, in: Grabitz/Hilf, EGV, Altband, Art.100 Rn.12; Jarass, Grundfragen, S.29
676 von der Groeben, NJW 1970, 359, 362; Wagner, Das Konzept der Mindestharmonisierung, S.67
677 Ebenso Jarass, Grundfragen, S.28

wendungsbereiche und Maßstäbe gehen fließend ineinander über. Eine trennscharfe Abgrenzung erscheint auch nicht erforderlich.

Insgesamt entfaltet das Verhältnismäßigkeitsprinzip verstärkt bei der instrumentellen und formellen Seite der Rechtsangleichung seine Bedeutung. Die Gemeinschaft hat bei einer Angleichungsmaßnahme die Rechtssystematik des mitgliedstaatlichen Rechts und dessen bruchlose Fortentwicklung zu berücksichtigen.[678] Diese Anforderung ist insbesondere dann restriktiv zu handhaben, wenn es weniger um die Beseitigung von Störungen als um die Optimierung von mitgliedstaatlichen Regelungen geht. Es bewirkt beispielsweise, dass die Gemeinschaft bei der Verfolgung ihres Konzepts der nur punktuellen Rechtsangleichung auf die Kohärenz der nationalen Rechtsordnungen zu achten verpflichtet ist. Nach Erlass und Umsetzung der Harmonisierungsmaßnahme muss das nationale Rechtssystem wieder kohärent sein. Weitestgehend sorgen zwar die Mitgliedstaaten mit Hilfe des Spielraums bei der Umsetzung einer Richtlinie für die Kohärenz ihrer Regelungssysteme, wird dieser Spielraum jedoch eingeengt oder Rechtsangleichung mittels des Erlasses von Verordnungen betrieben, so liegt die Sorge für die Kohärenz bei der Gemeinschaft. Die Berücksichtigung der Kohärenz durch die Gemeinschaft darf jedoch nicht dazu führen, dass die Ziele der Rechtsangleichung unter Berufung auf gewachsene nationale Strukturen vereitelt würden.[679] Ferner sind insbesondere Richtlinien, deren Bestimmungen den zwischenstaatlichen Verkehr behindern, an das Gebot der Verhältnismäßigkeit geknüpft.

## VI. Die Achtung der nationalen Identität der Mitgliedstaaten

Der Grundsatz der Achtung der nationalen Identität der Mitgliedstaaten ist in Art. 6 III EU ausdrücklich niedergelegt. Dieser Grundsatz versteht sich als Kompetenzausübungsschranke und ergänzt in dieser Hinsicht die Grundsätze des Art. 5 EG.[680] Problematisch ist jedoch der Begriff der nationalen Identität. Er wird im Gemeinschaftsrecht nicht näher definiert. Das genaue Wesen der nationalen Identität zu bestimmen, wird daher wohl jedem Mitgliedstaat selbst überlassen sein und sich am Verfassungskern ausrichten.[681] Die nationale Identität würde demnach vor allem aus den Kerngrundsätzen der nationalen Verfassungen bestimmt. Ein solches Verständnis ist vor allem im Hinblick auf eine Begrenzung der Rechtsangleichung gut zu begründen. Es korrespondiert auch mit der Überlegung, dass der nationale Gesetzgeber der Gemeinschaft zwar Hoheitsrechte übertragen hat, dies kann jedoch nur soweit der Fall sein, als die na-

---

[678] Klein, in: Handkommentar zum EUV/EGV, Stand 1991, Art.100 Rn.18
[679] Langeheine, in:Grabitz/Hilf, EGV, Altband, Art.100 Rn.13
[680] Beutler, in: von der Groeben/Schwarze, Art.6 EU Rn.195ff; Hilf, in: Grabitz/Hilf, EGV, Altband, Art.F Rn.4; Schwarze/Stumpf, EU, Art.6 Rn.42
[681] Hilf, in: Grabitz/Hilf, EGV, Altband, Art.F Rn.8

tionale Verfassung eine solche Übertragung überhaupt zulässt. Die wesentlichen Verfassungsgrundsätze sind jedoch in aller Regel unverzichtbar.[682]
Vor dem Hintergrund der Übertragung von Kompetenzen auf die Gemeinschaft stellt der Grundsatz der Achtung wesentlicher nationaler verfassungsrechtlicher Grundsätze eine wirksame Begrenzung der Rechtsangleichung dar. Die Grenze der nationalen Identität ist damit aber auch sehr weit gezogen.

## VII. Nationale Grundrechte, Gemeinschaftsgrundrechte und die Grundfreiheiten des EG

Fraglich ist, inwieweit der Rechtsangleichung durch nationale Grundrechte oder die Grundfreiheiten Grenzen gesetzt sind. Eine Grenzziehung durch nationale Grundrechte kommt wegen des Anwendungsvorrangs des Gemeinschaftsrechts überhaupt nur im Bereich von Rechtsangleichungsrichtlinien in Betracht. Die übrigen Vorhaben der Rechtsangleichung können nicht an nationalen Grundrechten gemessen werden. Dies hat auch das Bundesverfassungsgericht entschieden.[683] Eine andere Bewertung könnte nur dann entstehen, wenn auf Gemeinschaftsebene kein dem Grundgesetz vergleichbarer Grundrechtsschutz bestehen würde, wofür keine Anhaltspunkte ersichtlich sind.
Es stellt sich also allein die Frage, ob Richtlinien der Rechtsangleichung gegenüber dem nationalen Verfassungsrecht verbindlich sind oder ob im Gegenteil nationale Grundrechte diese zu begrenzen vermögen. Wie oben festgestellt,[684] nimmt die Richtlinie mangels unmittelbarer Anwendbarkeit nicht am Anwendungsvorrang des Gemeinschaftsrechts teil.

Es ist statt dessen auf Art. 249 III EG zurückzugreifen. Die Pflicht zur Umsetzung einer Harmonisierungsrichtlinie ergibt sich aus Art. 249 III EG sowie aus Art. 10 EG. Danach sind die Mitgliedstaaten und ihre Organe zur Umsetzung der Richtlinie in nationales Recht verpflichtet. Art. 249 III EG ordnet lediglich die Umsetzung der Richtlinie an und gerade nicht den normentheoretischen Vorrang der Richtlinie gegenüber dem nationalen Recht.[685] Der Richtlinie wird nur über Art. 249 III EG normative Bindungswirkung gegenüber den Mitgliedstaaten eingeräumt. Die Umsetzungsverpflichtung entstammt dem am Anwendungsvorrang des Gemeinschaftsrechts teilnehmendem Primärrecht und besagt, dass die Richtlinie ohne Veränderung ihres Zieles umzusetzen ist. Die Umsetzungsverpflichtung enthält die Verpflichtung einer Umsetzung ohne inhaltliche Veränderung. Diese Verpflichtung ergibt sich aus dem Primärrecht, welches nach allgemeiner und richtiger Ansicht nicht an nationalen Grundrechten zu messen

---

[682] Vgl. in Deutschland Artikel 1, 20, 79 III GG
[683] BVerfG NJW 2000, S.3124, 3214f; BVerfGE 73, 339, 366ff
[684] B. II. 2. bb)
[685] So auch Brechmann, Die richtlinienkonforme Auslegung, S.252

ist und dem Anwendungsvorrang unterfällt. Bei Verletzung dieser Verpflichtung wird deshalb auch regelmäßig von der Kommission ein Vertragsverletzungsverfahren eingeleitet.

Verbleibt den Mitgliedstaaten bei der Umsetzung der Richtlinie kein Spielraum, sondern beschränkt sich die Umsetzung auf ein „Abschreiben" der Richtlinie, so können nationale Grundrechte gegenüber der Rechtsangleichungsrichtlinie nicht begrenzend wirken, da sie aufgrund der primärrechtlichen Umsetzungsverpflichtung nicht als Maßstab herangezogen werden dürfen.
Verbleibt dem Gesetzgeber Spielraum bei der Umsetzung, so muss insoweit eine verfassungskonforme Umsetzung erfolgen, die auch der Überprüfung am Maßstab nationaler Grundrechte zugänglich ist.[686]

In Betracht kommt ferner eine Begrenzung der Rechtsangleichung auf Gemeinschaftsebene durch die Gemeinschaftsgrundrechte und die Grundfreiheiten. Richtlinien zur Rechtsangleichung sind an die Auslegung des primären Rechts gebunden.[687] Die Funktion eines allgemeinen Freiheitsmaßstabes, vergleichbar mit der Gewährleistung der nationalen Grundrechte, kommt nicht den Grundfreiheiten, sondern den Gemeinschaftsgrundrechten zu. Diese beiden Begriffe mit unterschiedlichem Gewährleistungsinhalt werden auch in Art. 6 EU unterschieden.

Die Funktion der Grundfreiheiten ist die Zugangssicherung zum Markt eines anderen Mitgliedstaates, also der Schutz der Freiheit der grenzüberschreitenden Wirtschaftstätigkeit gegen spezifische Hemmnisse des zwischenstaatlichen Wirtschaftsverkehrs.[688] Die Gemeinschaft und ihre Organe sind an die Grundfreiheiten gebunden.[689] Richtlinienbestimmungen, die dagegen verstoßen, sind unwirksam. Bedeutung entfaltet dies vor allem für Richtlinienbestimmungen, die den Staaten das Beibehalten oder Setzen strengeren mitgliedstaatlichen Rechts erlauben. Diese Erlaubnis ist unwirksam, wenn das von der Richtlinie zugelassene mitgliedstaatliche Recht eine Grundfreiheit beschränkt und nicht mehr zum Schutz des Allgemeininteresses gerechtfertigt ist, weil die Richtlinie selbst dieses Interesse ausreichend schützt. Abgesehen von dieser Fallkonstellation, die aber nicht die Richtlinie an sich berührt, hat der EuGH nicht mehr als

---

[686] So das BVerfG für eine Überprüfung an deutschen Grundrechten, BVerfG DVBl. 2001, 720, 720

[687] Steindorff, EG-Vertrag und Privatrecht, S.425

[688] Zur Schutzrichtung der Grundfreiheiten: Perau, Werbeverbote im Gemeinschaftsrecht, S.249, 251; Kingreen, Die Struktur der Grundfreiheiten des Europäischen Gemeinschaftsrechts, S.15f; Leible, in: Grabitz/Hilf, Art.28 EGV Rn.8, 44; Steindorff, ZHR 1994, 149, 160; Müller-Graff, in: FS Steinberger, S.1281, 1281

[689] Ehlers, Jura 2001, 266, 274; EuGH, 29.2. 1984, Rs.37/83, Slg.1984, 1229 Rn.18 (Rewe); Jarass, EuR 1995, 202, 211; Schwemer, Die Bindung des Gemeinschaftsgesetzgebers an die Grundfreiheiten, S.45; Kingreen/Störmer, EuR 1998, 263, 277; Schwarze/Holoubek, EU, Art.49 Rn.42

ein Missbrauchsverbot aus den Grundfreiheiten für den Gemeinschaftsgesetzgeber hergeleitet.[690] Die typische Harmonisierungsmaßnahme der Gemeinschaft - eine Maßnahme, die unterschiedliche nationale Regelungen durch eine einheitliche Vorgabe von Standards ersetzt - wird zudem die marktzutrittssichernde Gewährleistung der Grundfreiheiten in aller Regel gar nicht tangieren. Selbst die Beschränkung einer wirtschaftlichen Freiheit durch eine Harmonisierungsmaßnahme heißt nicht zwangsläufig, dass die Grundfreiheiten verletzt würden. Regelungen, die zur Behinderung des Warenverkehrs führen, müssen sich auf die in Art. 30 EG genannten Rechtfertigungsgründe oder zwingende Erfordernisse stützen lassen und geeignet, erforderlich und angemessen sein, wobei dem Gemeinschaftsgesetzgeber vom EuGH ein Harmonisierungsspielraum eingeräumt wird.[691] Harmonisierungsmaßnahmen lösen folglich regelmäßig nicht die Gefährdungen aus, vor denen die Grundfreiheiten schützen sollen, weshalb die Grundfreiheiten grundsätzlich keine wirksame Grenze der Rechtsangleichung darstellen.

Der Maßstab für die Zulässigkeit der Beschränkung wirtschaftlicher Freiheit durch Harmonisierungsmaßnahmen sind statt dessen die Gemeinschaftsgrundrechte. Der Großteil der Gemeinschaftsgrundrechte ist bisher nicht ausdrücklich geregelt, sondern nur als allgemeine Rechtsgrundsätze verbindlich, die unter Zuhilfenahme der EMRK ausgestaltet und ausgelegt werden.[692] Dies wird sich erst mit dem Inkrafttreten des Verfassungsvertrages ändern. Geht man dabei von einem im Allgemeinen vergleichbaren Standard auf nationaler und gemeinschaftlicher Ebene aus, so unterliegt die Ausgestaltung der Rechtsangleichung keinen engeren wirtschaftsliberaleren Maßstäben als die Regelungen der Mitgliedstaaten auf nationaler Ebene. Die Gemeinschaftsgrundrechte sind als Maßstab für Maßnahmen der Rechtsangleichung heranzuziehen und vermögen diese zu begrenzen. Für eine Einschränkung bedarf es ähnlich der Einschränkung der Grundfreiheiten eines legitimierenden Gemeinwohlgrundes sowie der Zielgeeignetheit, des schonendsten Mittels und des Gemeinwohlgewinns im Verhältnis zur Einschränkung.

## VIII. Rechtsangleichung und gegenseitige Anerkennung

Vor dem Hintergrund der Schwierigkeiten, die eine detaillierte Harmonisierung hervorgerufen hatte - Überlastung der Rechtsetzungskapazität der Gemeinschaft, Wettlauf mit der technischen Entwicklung, durch die Komplexität der Angleichungsprojekte verursachte Arbeitsrückstände - und in der Folge des Cassis-de-Dijon-Urteils des EuGH ging die Gemeinschaft vor allem im Zuge der „Neuen

[690] Schwarze/Holoubek, EU, Art.49 Rn.42
[691] Schwarze/Becker, EU, Art.28 Rn.102
[692] Grundlegend EuGH, 12.11. 1969, Rs.29/69, Slg.1969, 419, 425 (Stauder)

Strategie“ und des „Neuen Konzepts“ verstärkt zum Prinzip der gegenseitigen Anerkennung über.

Die gegenseitige Anerkennung ist ein alternatives Gestaltungsinstrument zur Rechtsangleichung. Es können verschiedenen Bereiche der gegenseitigen Anerkennung unterschieden werden. Zum einen gibt es die gegenseitige Anerkennung von Rechtsnormen, seien es produkt- oder standortbezogene Normen, und zum anderen gibt es die gegenseitige Anerkennung von sonstigen Staatshoheitsakten, beruflichen Befähigungsnachweisen, Hochschuldiplomen und gewerblichen Zulassungen.

Im Zuge der gegenseitigen Anerkennung von Rechtsnormen wird darauf verzichtet, nationale Bestimmungen auf Angehörige anderer Mitgliedstaaten anzuwenden und die Bestimmungen des einen Staates werden von einem anderen Staat als gleichwertig anerkannt.[693]
Gegenseitige Anerkennung ist die Annahme einer Verbindlichkeit von Rechtswirkungen. Sie kann dabei sowohl die Gleichstellung mit inländischen Rechtsvorschriften oder Hoheitsakten zum Inhalt haben als auch nur eine Gleichstellung unter der Voraussetzung der Erfüllung bestimmter Bedingungen oder eine begrenzte Wirksamkeit.
Die Anerkennung lässt für den grenzüberschreitenden Verkehr das Erfordernis entfallen, die Standards des Bestimmungslandes zu erfüllen. Insoweit kommt das Herkunftslandprinzip zum Tragen.[694] Danach erlangen Waren, die in einem Mitgliedstaat in Übereinstimmung mit den dortigen Bestimmungen hergestellt oder in den Verkehr gebracht wurden, die Verkehrsfähigkeit auch in den anderen Mitgliedstaaten. Das Erbringen der Qualifikationsanforderungen in einem Mitgliedstaat eröffnet die Möglichkeit der gemeinschaftsweiten Erbringung von Dienstleistungen oder die Ausübung von Beschäftigungen.[695] Zwecks einer Erleichterung des Zugangs zu gewerblichen Betätigungen und freien Berufen wurde verstärkt auf die gegenseitige Anerkennung zurückgegriffen, ohne dass es zuvor zu einer umfassenden Harmonisierung der Vorschriften über den Zugang und die Ausübung der betreffenden Tätigkeit gekommen wäre. Die gegenseitige Anerkennung von Hoheitsakten ohne vorherige Angleichung im Bereich des Warenverkehrs ist hingegen relativ selten.[696]

---

693 Ebenso Schwarze/Schlag, EU, Art.47 Rn.5; Randelzhofer/Forsthoff, in: Grabitz/Hilf, EGV, Art.47 Rn.17; Beyer, Rechtsnormanerkennung im Binnenmarkt, S.26; Matthies, in: FS Steindorff, S.1287, 1293; Mestmäcker, RabelsZ 52 (1988), 205, 236; Roth, RabelsZ 55 (1991), 623, 666f

694 Steindorff, Grenzen der EG-Kompetenzen, S.100; Müller-Graff, EuR 1989, 107, 135; Grabitz/von Bogdany, JuS 1990, 170, 175; Matthies, in: FS Steindorff, S.1287, 1289; Behrens, EuR 1992, 145, 156

695 Steindorff, ZHR 1986, 687, 689; Dauses, EuZW 1990, 8, 10; Behrens, EuR 1992, 145, 156

696 Seidel, in: Everling/Roth, Mindestharmonisierung im Binnenmarkt, S.39, 47

Rechtsangleichung umfasst hingegen die Annäherung der Bestimmungen grundsätzlich aller Mitgliedstaaten über den Erlass einer gemeinschaftsrechtlichen Vorgabe. Sie geht somit über eine gegenseitige Anerkennung hinaus, denn es werden nicht allein unterschiedliche Vorschriften als gleichwertig anerkannt, sondern ein gemeinsames Regelungssystem geschaffen.
Abzulehnen ist damit die Ansicht, eine Koordinierung ohne nachfolgende Anerkennung sei nicht nur zwecklos, sondern unzulässig.[697] Die gegenseitige Anerkennung beinhaltet kein höheres Integrationsniveau als die Harmonisierung, weshalb ein Stufenverhältnis, das eine Harmonisierung als Vorstufe einer gegenseitigen Anerkennung sieht, nicht zu überzeugen vermag. Auch nach dem Wortlaut ergibt sich kein Hinweis darauf, dass die Harmonisierung Mittel zur Ermöglichung einer gegenseitigen Anerkennung sein soll. Diese beiden Mittel zum Vorantreiben der Integration haben einen unterschiedlichen Ansatzpunkt, denn im Fall der gegenseitigen Anerkennung wird dem nationalen Gesetzgeber keine Regelungskompetenz entzogen, sondern vielmehr unter Schonung seiner Gesetzgebungskompetenz die Beibehaltung unterschiedlicher nationaler Standards ermöglicht. Andererseits ist es auch nicht ausgeschlossen, dass nach einer erfolgten Rechtsangleichung auf niedrigem Niveau noch eine gegenseitige Anerkennung eingreift. Gegenseitige Anerkennung ist grundsätzlich geeignet, den Bedarf einer Rechtsangleichung zu begrenzen.[698] Anerkennung vermag dabei unter Umständen sogar weitergehende Wirkungen als eine Harmonisierung zu erzielen. Beispielsweise wenn trotz weitgehender Harmonisierung das Inverkehrbringen eines Produktes im Bestimmungsland einen – erneuten – Zulassungsakt verlangt. Die Anerkennung der Zulassung des Herkunftslandes würde in diesem Fall weiterreichendere Wirkungen entfalten als eine Harmonisierung.

Der EG-Vertrag enthält keine ausdrückliche Anordnung einer umfassenden gegenseitigen Anerkennung. Eine solche Verpflichtung ist auch nicht aus Art. 5 EG abzuleiten.[699] Die gegenseitige Anerkennung ist primärrechtlich in Art. 47 I, 293 EG verankert. Die Vorschrift des Art. 100 b EGV ist hingegen auf Grund mangelnder Kooperationsbereitschaft der Mitgliedstaaten entfallen.

Die gegenseitige Anerkennung stellt keine Rechtsangleichung dar, weil im Unterschied zur Rechtsangleichung unterschiedliche nationale Vorschriften bestehen bleiben. Sie setzt als Vorbedingung jedoch eine gewisse Äquivalenz der materiellen Regelungen und Kontrollen voraus. Diese fehlt jedoch in vielen Fällen. In der Praxis hat sich die gegenseitige Anerkennung als mindestens ebenso

---

[697] So aber Schwarze/Schlag, EU, Art.47 Rn.2
[698] Everling, EuR 1987, 214, 224; Steindorff, Grenzen der EG-Kompetenzen, S.100; Immenga, JA 1993, 257, 260f
[699] Bruha, ZaöRV 1986, 1, 20f; Reich, RabelsZ 56 (1992), 444, 492; Niehof, Der Grundsatz der gegenseitigen Anerkennung im Gemeinschaftsrecht, S.7ff

schwierig wie die Rechtsangleichung herausgestellt und wird allgemein als Krönung vorausgegangener umfangreicher Harmonisierung angesehen.[700]

Das Anliegen der Rechtsangleichung, nämlich der Abbau von Hemmnissen für den Markt, kann mit der gegenseitigen Anerkennung nicht erreicht werden. Sofern die nationalen Regelungen nicht gleichwertig sind oder sich in ungleichem Maße als Kostenfaktor bei Produktion und Vertrieb auswirken, findet bereits keine gegenseitige Anerkennung statt. Sie würde zu Privilegierungen bestimmter Hersteller und damit zu Wettbewerbsverzerrungen führen, denn während die Hersteller in dem Mitgliedstaat mit den strengeren Vorschriften an den hohen und damit kostenintensiven Standard gebunden sind, haben die Konkurrenten aus anderen Mitgliedstaaten bereits bei Einhaltung ihrer weniger strengen nationalen Standards uneingeschränkten Zugang zum gleichen Absatzmarkt. Bei mangelnder Äquivalenz der Vorschriften führt die gegenseitige Anerkennung zu einer Entwertung der strengeren Regelungen.[701] Mit der Beschränkung der gegenseitigen Anerkennung auf die Fälle gleichwertiger Vorschriften erweist sich ihr Anwendungsbereich bereits als stark eingeschränkt.

Die Gefahr beim Konzept der gegenseitigen Anerkennung liegt darin, dass niedrigere rechtliche Anforderungen Standortvorteile begründen können. Die Etablierung hoher Schutzniveaus, die gerade mit der aktiven Rechtsangleichung verfolgt wird, kann die gegenseitige Anerkennung nicht leisten. Sie beinhaltet statt dessen die Tendenz zur Absenkung der Standards. Die Verpflichtung auf ein hohes Schutzniveau, wie sie in Art.95 III EG niedergelegt ist, greift im Rahmen der gegenseitigen Anerkennung nicht. Würde man die gegenseitige Anerkennung an die Erfüllung bestimmter Mindeststandards knüpfen, befände man sich bereits wieder im Bereich der Mindestharmonisierung. Zwar besteht auch keine Veranlassung der Überschätzung der Gefahr des „race to the bottom“, aber dieser Gedanke zeigt die Grenzen der gegenseitigen Anerkennung auf. Zwar kommt das Anerkennungsprinzip der Autonomie der Mitgliedstaaten und der Überlegung der Förderung von nationalen Eigenheiten und Besonderheiten entgegen, es erscheint aber in höchstem Maße fraglich, ob die gegenseitige Anerkennung eine Rechtsangleichung zu verdrängen oder gar zu ersetzen vermag. Eine Gleichwertigkeit nationaler Regelungen, vor allem im Bereich der Herstellung komplexer Produkte, bei denen Belange der Sicherheit, des Gesundheits- und Verbraucherschutzes zu berücksichtigen sind, wird in vielen Fällen bereits gar nicht gegeben sein. Ferner ist auch die mildere Wirkung der gegenseitigen Anerkennung für die Mitgliedstaaten fraglich, denn diese löst eine faktische Veränderungssperre der im Anerkennungsverbund befindlichen Regelungen aus,[702] denn bei einer Vergrößerung der Unterschiede können die Mitgliedstaa-

[700] Seidel, Rechtsangleichung und Rechtsgestaltung in der EG, S.56
[701] Seidel, Rechtsangleichung und Rechtsgestaltung in der EG, S.15
[702] Ähnlich Müller-Graff, EuR 1989, 107, 138

ten den Regelungen der anderen Mitgliedstaaten die Anerkennung versagen. Somit entfaltet die gegenseitige Anerkennung grundsätzlich eine stärkere Sperrwirkung für die Mitgliedstaaten als die aktive Rechtsangleichung, die ja den Mitgliedstaaten noch Regelungsspielraum belässt.

Anerkennung und Angleichung sind daher weder gleichzusetzen noch befinden sie sich in einem Verdrängungswettbewerb. Infolge des Verzichts auf eine Angleichung der Standards kann keine Annäherung der Wettbewerbsverhältnisse erreicht werden. Dies ist aber ein Anwendungsbereich der Rechtsangleichung. Ferner sind der Anerkennung ebenfalls Grenzen gesetzt. Zu nennen sind hier die Inländerdiskriminierung, die Gefahr einer faktischen Angleichung auf dem niedrigsten Stand und das Problem der fehlenden Etablierung von bestimmten Schutzanliegen. Die Anwendungsbereiche von Rechtsangleichung und gegenseitiger Anerkennung ergänzen sich. Bei der Kritik der Rechtsangleichung[703] wird häufig übersehen, dass sie bereits in zahlreichen Fällen erfolgreich durchgeführt worden ist und ihr Anwendungsgebiet natürlich nicht immer weiter wachsen kann und soll. Die Kritik übersieht ebenfalls, dass die vermeintlich vorzuziehenden Instrumente zwar in Teilbereichen Rechtsangleichung zu ersetzen vermögen, niemals aber eine Harmonisierung gänzlich überflüssig machen können. Eine gegenseitige Anerkennung kann ferner zu einer Benachteiligung der Inländer, einer sog. Inländerdiskriminierung führen, indem diese den strengen nationalen Regeln unterworfen bleiben, während für EU-Ausländer diese nicht anwendbar sind. In dieser Konstellation entsteht ein Angleichungsdruck, der entweder zu einer autonomen Harmonisierung führt oder zum Anstoßen einer gemeinschaftsweiten Angleichung. Dieser Fall verdeutlicht das Ineinandergreifen der verschiedenen Instrumente.
In Teilbereichen ist hingegen der Verzicht auf eine Harmonisierung durchaus zu begrüßen. Das oft zitierte Beispiel einer Europäischen Aktiengesellschaft (SE) hat die Grenzen einer Harmonisierung aufgezeigt. Die Anerkennung der Niederlassungsfreiheit setzt die Anerkennung einer Gesellschaft durch alle Mitgliedstaaten voraus, in denen sie sich niederlassen will.[704] Die nationalen Grenzen werden für fremde Rechtskonstruktionen durchlässig.[705] Dies hat selbstverständlich Auswirkungen auf das nationale Recht und kann zu Systembrüchen führen. Die daraus zu ziehende Schlussfolgerung ist jedoch keinesfalls die Überflüssigkeit der Rechtsangleichung. Vielmehr kann diese über eine Annäherung der Rechtsordnungen die Gefahr von Systembrüchen gerade vermindern.

Es lässt sich daher festhalten, dass die gegenseitige Anerkennung der Harmonisierung nicht im ursprünglich geplanten Umfang Grenzen ziehen kann. Eine endgültige Verdrängung der Rechtsangleichung erscheint ausgeschlossen. Ge-

---

[703] beispielhaft Kern, Überseering - Rechtsangleichung und gegenseitige Anerkennung, S.198f
[704] EuGH, 5.11.2002, Rs.C-208/00, EuZW 2002, 754ff (Überseering)
[705] Kern, Überseering - Rechtsangleichung und gegenseitige Anerkennung, S.200

genseitige Anerkennung ist so lange zur Sicherung des Marktes nicht ausreichend, wie die Schutzstandards in den Mitgliedstaaten unterschiedlich hoch sind. Vielmehr sind das Anerkennungsprinzip und die Rechtsangleichung als sich ergänzende Verfahren zu sehen. Der Markt kann ohne ein Minimum an gemeinsamen Regeln nicht funktionieren. Er braucht einen institutionellen Rahmen, in dem die wichtigsten ökonomischen und sozialen Bedingungen niedergelegt sind. Dieser Rahmen muss, wenn er sich auf ein gewisses Maß an gemeinsamen Regeln beschränkt, keineswegs dem Streben nach Deregulierung widersprechen. Ganz im Gegenteil ist ein solider institutioneller Rahmen die Grundlage für eine weitere Integration. Entdeckt ein Mitgliedstaat beispielsweise ein Gesundheitsproblem und erlässt eine nationale Regelung, die von der Kommission geduldet werden muss, so werden häufig andere Mitgliedstaaten zum Nachziehen ermuntert, die das Problem dann ebenfalls regeln, dies aber mit kleinen Abweichungen und anderen Ausnahmetatbeständen tun. Auf diese Weise zersplittert der Markt immer weiter, bis es dann letztendlich wieder zu einer Harmonisierungsmaßnahme der Kommission kommt, die im schlechtesten Fall die restriktivste Lösung aufgreift. Der Markt kommt in der Realität nicht ohne ein Mindestmaß gemeinsamer Regelungen aus. Je geringer aber das Niveau der Unterschiede ist, desto kleiner ist der Bedarf nach Harmonisierung.

## IX. Weitere Mittel der Integration und ihr Verhältnis zur Rechtsangleichung

Weitere Mittel der Integration in der Gemeinschaft sind vielfältig. Zu nennen ist in diesem Zusammenhang insbesondere die Schaffung einer Wirtschafts- und Währungsunion mit einer einheitlichen Währung, die Ausübung und der Schutz der Grundfreiheiten, Fördermaßnahmen der Gemeinschaft und Strukturfonds. Letztlich gibt es unzählige unterschiedlich wirkende und wirksame Mittel, um die europäische Integration und Einigung weiter voranzutreiben. Auch das Prinzip der gegenseitigen Anerkennung kann als Integrationsmittel angesehen werden. Die Vielzahl der möglichen Mittel der Integration verdeutlicht, dass es viele Ansätze zum Vorantreiben und Vertiefen der Integration gibt. Ein Mittel allein kann und wird nicht zum gewünschten Erfolg führen. Ein Großteil der Integrationsmittel greift auch nicht auf rechtlicher Ebene ein, sondern bei finanziellen oder politischen Überlegungen. Dies verdeutlicht, dass die Integrationsmittel nicht miteinander im Wettbewerb stehen, sondern komplementär zusammenwirken.

## X. Rechtsangleichung im Spannungsfeld zum Wettbewerb der Rechtsordnungen

Abschließend lässt sich die Frage aufwerfen, ob der Wettbewerb der Rechtsordnungen eine bevorzugenswerte Alternative zur Harmonisierung darstellt. Beim Wettbewerb der Systeme wird darauf gesetzt, dass sich beim ungehinderten Verkehr von Gütern, Kapital, Personen und Dienstleistungen jenes System von wettbewerbsrechtlichen und ordnungspolitischen Bestimmungen am schnellsten durchsetzt, das den Menschen am besten geeignet scheint für ein effizientes Funktionieren des Marktes sowie für die Realisierung ihrer Ziele. Der marktwirtschaftliche Mechanismus würde die Integration umfassend prägen, es gäbe keine direkte Zusammenarbeit in der Wirtschaftspolitik. Ein Transfer von Kompetenzen fände nicht statt. Beim Wettbewerb der Rechtsordnungen bieten die Mitgliedstaaten Regelungen an, die in einem Konkurrenzverhältnis zueinander stehen. Die Konkurrenz folgt daraus, dass von privaten Akteuren und im ökonomischen Bereich zwischen verschiedenen Regelungssystemen gewählt wird. Ausgangspunkt des Systemwettbewerbs sind demnach Faktorwanderungen. Die Faktoren Kapital, Arbeit oder technisches Wissen würden bei erkannter Unterlegenheit eines Regelungssystems zu einem besseren Regelungssystem abwandern. Im Falle eines wirksamen Systemwettbewerbs führt die Wahrnehmung der Abwanderung oder der Hinweis der Betroffenen dazu, dass die Regulierer neue oder andere Regelungen erlassen, von denen sie sich eine höhere Attraktivität ihres Standortes versprechen.

Voraussetzung für einen Wettbewerb der Rechtsordnungen ist immer die Faktormobilität. Nur sie ermöglicht die Wahl einer Rechtsordnung. Die Faktormobilität wird in Form der Verkehrsfreiheiten durch den Vertrag geschützt. Eine weitere Voraussetzung des Systemwettbewerbs ist die Möglichkeit des Vergleichs von Problemlösungen. Es erscheint jedoch fraglich, ob es den Akteuren möglich ist, verschiedene institutionelle Arrangements vergleichend zu prüfen. Es ist dahingehend wohl eher von einem Wissensmangel der Akteure auszugehen.[706] Ferner erscheint fraglich, inwieweit die Rechtsordnung die Standortwahl entscheidend zu beeinflussen vermag. Andere Argumente für oder gegen die Auswahl eines Standortes wie Sprache, räumliche Bindung, Infrastruktur und insbesondere die Produktionskosten werden dabei nicht berücksichtigt.
Fraglich ist ferner, ob es tatsächlich zu den Lerneffekten der Regulierer kommt. Dies ist zu bezweifeln, spielen doch politische, soziale und rechtliche Vorgaben eine starke Rolle beim Erlass von Regelungen. Zu berücksichtigen sind zudem die unterschiedlichen traditionellen und lang gewachsenen Rechts- und Wirt-

---

[706] Vanberg, in: Zimmermann (Hrsg), Ordnungspolitische Aspekte der europäischen Integration, S.85, 92ff; Streit/Mussler, in:Gerken, Europa zwischen Ordnungswettbewerb und Harmonisierung, S.75, 78

schaftsordnungen der verschiedenen Mitgliedstaaten. Diese vermögen einen flexiblen Wettbewerb der Systeme nicht so einfach umzusetzen. Ein weiteres Hindernis sind die mehrdimensionalen Regelungsmotive. Die Rechtssetzung berücksichtigt typischerweise nicht nur die Interessen der Regelungsanwender in Form der Investoren, sondern auch Interessen von Arbeitnehmern sowie verschiedene Schutzerwägungen. Diese mehrdimensionalen Regelungsmotive lassen einen Wettbewerb der Systeme nur eingeschränkt zu. Ein wirksamer Systemwettbewerb setzt eine Vielzahl von Gegebenheiten voraus, die tatsächlich wohl kaum vorhanden sind, weshalb ein Wettbewerb der Systeme in der Gemeinschaft nicht mit einem solchen in den Vereinigten Staaten von Amerika zu vergleichen ist.

Argumente für eine Rechtsangleichung sind der Abbau von Hindernissen für die Grundfreiheiten, der Schutz wesentlicher Interessen, die durch den Abbau gefährdet werden, die Beseitigung von Wettbewerbsverzerrungen, die Kostenunterschiede verursachen, und die Erleichterung des Handels für die Unternehmen im Gemeinsamen Markt.[707] Hinzu kommt im Rahmen der aktiven Rechtsangleichung die Etablierung hoher Schutzniveaus und die Gewährleistung eines Mindestsockels überall gleicher Rechte. Als ein letztes Ziel ist die größtmögliche Bewahrung der mitgliedstaatlichen Regulierungssouveränität anzusehen.[708]
Sowohl die Harmonisierung als auch der Systemwettbewerb können dem Binnenmarktziel dienen. Harmonisierung vermag dem Schutzziel zu dienen, obwohl hier nicht unbedingt eine einheitliche Verfolgung im Vordergrund steht, sondern häufig mithilfe der Vorgabe von Mindeststandards angeglichen wird. Auch im Systemwettbewerb ist die Verfolgung von Schutzzielen theoretisch möglich, sie ist aber unsicher, insbesondere hinsichtlich Art und Umfang der Regulierung. Der mitgliedstaatlichen Regulierungssouveränität sind beide Konzeptionen in gewissem Umfang abträglich. Die Harmonisierung, weil sie im gezeigten Umfang[709] den Mitgliedstaaten Kompetenzen im harmonisierten Bereich entzieht, und der Systemwettbewerb, weil im Zuge seiner Anwendung dem Ursprungslandprinzip Geltung verschafft wird, wonach in einem Mitgliedstaat rechtmäßig hergestellte und in den Verkehr gebrachte Erzeugnisse auch in die anderen Mitgliedstaaten eingebracht werden können.
Das Kostenargument ist an sich bestechend. Das Problem ist nur, dass man über deren tatsächliche Höhe eigentlich so gut wie nichts weiß. Kosten und Erträge durchgeführter Harmonisierung sind schwer abschätzbar und entziehen sich deshalb einer kritischen Überprüfung. Mangels der Möglichkeit abgesicherter Aussagen über die tatsächliche ökonomische Effizienz der Rechtsangleichung bedarf sie nicht nur einer ökonomischen Rechtfertigung. Die Etablierung ge-

[707] Nach Ehlermann, Integration 1995, 11, 12
[708] Streit/Mussler, in:Gerken, Europa zwischen Ordnungswettbewerb und Harmonisierung, S.75, 84
[709] D. III. 3.

meinsamer Werte und Schutzstandards stellt einen wichtigen Faktor der Rechtfertigung der Rechtsangleichung dar.

Mittels der Harmonisierung werden immer mehr Ziele verfolgt, die mit dem Binnenmarkt nichts zu tun haben. Die Beschränkung des Gemeinschaftshandelns auf Aktivitäten zur Errichtung des Binnenmarktes wird aufgeweicht. Harmonisierung setzt „positive" Vorgaben, die es zu beachten und umzusetzen gilt. Sie geht von der Vorstellung aus, dass ein europaweites optimales Regulierungsniveau erreicht werden kann und bezweckt den Schutz wesentlicher Interessen. Demgegenüber setzt die gegenseitige Anerkennung wesentliche Gleichwertigkeit der nationalen Regelungen voraus, die vielfach nicht besteht. Im Zuge eines Regulierungswettbewerbs kann es zu einer Aushöhlung der Schutzinteressen kommen und zu einem „race to the bottom".[710] Niedrige rechtliche Anforderungen stellen einen Standortvorteil dar, der zu einer Absenkung des Schutzniveaus führen kann, um für den Anwender attraktive Standortbedingungen im Wettbewerb zu schaffen. Eine Imitation anderer als attraktiver wahrgenommener Regelungen ist aber nicht angezeigt, weil einzelne Regelungen Teile eines gewachsenen Gesamtsystems sind, die nur schwer in andere Regelungssysteme zu übertragen sind. Die Gefahr eines „race to the bottom" in den Bereichen Gesundheits-, Sicherheits-, Verbraucher- und Umweltschutzes kann aufgrund des hohen Rangs der Rechtsgüter nicht hingenommen werden.
Gegen eine Harmonisierung sprechen die Kosten[711] und der Arbeitsaufwand, der Ressourcen bindet.[712] Ferner entstehen Anwendungsprobleme und Auslegungsdivergenzen. Es kann zu Störungen der Kohärenz der nationalen Rechtsordnungen und zu Systembrüchen kommen.[713] Ferner kommt es vor allem im Bereich der reaktiven Rechtsangleichung zum Übergang von Kompetenzen auf die Gemeinschaft. Änderungen sind nur noch auf Gemeinschaftsebene möglich, was dazu führt, dass das Recht schwerfälliger wird und nur schlecht an Neuerungen angepasst werden kann. Der Wettbewerb zwischen Rechtsordnungen erlaubt - gegenüber harmonisierten Bereichen - eine relativ risiko- und konfliktarme Fehlerkorrektur, weil nur ein Mitgliedstaat und nicht die Gemeinschaft insgesamt betroffen ist. Demgegenüber sind ungeeignete aus einer Harmonisierung hervorgegangene Lösungen mangels Alternativen zunächst schwerer zu identifizieren. Sie sind ferner auf Grund des schwerfälligen Einigungsprozesses auch schwerer zu korrigieren. Auf der anderen Seite stellt sich die Frage, wie oft nationales Recht eigentlich angepasst wird. Kontinuität bedeutet auch Rechtssicherheit. Und im Bereich von sicherheitstechnischen Normen werden Änderungen nicht im üblichen Verfahren der Harmonisierung vorgenommen. Der Forderung nach Rechtsangleichung liegt auch die Überlegung zu Grunde, dass die

---

[710] So beispielsweise Dreher, JZ 1999, 105, 110
[711] Kötz, RabelsZ 50 (1986), 1, 2ff
[712] Kötz, RabelsZ 50 (1986), 1, 8
[713] Vgl. zu diesen Bedenken auch Möllers, Die Rolle des Rechts im Rahmen der europäischen Integration, S.14 m.w.N.

niedrigen Löhne, Arbeits- und Umweltstandards der beitretenden Mittel- und Osteuropäischen Länder eine Bedrohung für die Aufrechterhaltung der westlichen Löhne und Standards sind. Die Gleichsetzung von Konkurrenz auf Grund niedriger Arbeitskosten mit Sozialdumping resultiert auf den als negativ wahrgenommenen möglichen Verteilungskonsequenzen. Die Wettbewerbsvorteile der Mittel- und Osteuropäischen Länder führen möglicherweise zu einer Spezialisierung dieser Länder auf Niedriglohnbereiche.[714] Die Frage ist aber, ob eine schnelle Angleichung vor allem der Umweltstandards und bei der Regulierung der Arbeitsbedingungen überhaupt Sinn macht. Die Kosten der Konvergenz der Umweltstandards auf EU-Niveau werden von der European Bank of Reconstruction and Development zwischen 100 und 120 Milliarden Euro geschätzt.[715] Die Kosten der Angleichung würde indirekt die Gemeinschaft tragen, indem sie größere Transferleistungen an diese Länder zu erbringen hätte. Die Kosten der schnellen Harmonisierung beziehen sich vor allem auf die Anpassung bestehender Anlagen, während sich die Angst vor einer Verlagerung der Produktion in den Osten vor allem auf niedrige Arbeitsnormen neuer Anlagen bezieht (der Direktinvestitionen der westlichen Firmen). Um diese Angst zu beseitigen, genügt es, die Harmonisierung der Arbeitsbedingungen auf neue Investitionen zu beschränken. Rechtsangleichung ist in jedem Fall an die Grundsätze des Art. 5 EG gebunden.
Das Argument, dass mit der Rechtsangleichung die bestmögliche Verwirklichung nationaler Präferenzen und die Möglichkeit der Erhaltung von Anschauungsmaterial aus anderen Rechtsordnungen wegfalle, ist zu entkräften. Außerhalb der Gemeinschaft verbleiben noch genügend Rechtsräume, die als Anschauungsmaterial dienen können.[716] Ferner ist zu berücksichtigen, dass die Europäische Union schon jetzt eine eigene Rechtsordnung darstellt, die mit anderen Rechtsordnungen vergleichbarer Größenordnung konkurriert. Wettbewerbsvorteile ergeben sich dabei auch und insbesondere aus Größenvorteilen, sodass es zu einem Wettbewerb der Rechtsordnungen im internationalen Vergleich kommt. Das Augenmerk ist in Zeiten der Globalisierung nicht so sehr auf den Wettbewerb zwischen vergleichsweise kleinen Rechtsordnungen zu richten, sondern auf den internationalen Wettbewerb der Rechtsordnungen.
Ein Systemwettbewerb kann nicht an die Stelle notwendiger und erforderlicher Harmonisierung treten. Er kann jedoch positive Wirkungen entfalten und wird nicht von der Rechtsangleichung vollständig verdrängt, vermag aber auch die Rechtsangleichung nicht zu verdrängen. Der Wettbewerb der Rechtsordnungen kann rechtspolitischen Handlungsbedarf signalisieren, zur Entwicklung neuartiger Regelungssysteme beitragen und kontrollierend auf vorhandene Regelungen wirken. Es besteht daher kein Entweder-Oder-Verhältnis zwischen Rechtsangleichung und Systemwettbewerb.[717] Für das Erreichen der Ziele der Rechtsan-

[714] Abraham/Konings, The World Economy 1999, 585, 585f
[715] EBRD Transition Report 1997, S.34; The Economist, 20.9.1997, S.23, 23ff
[716] Basedow, in: FS Mestmäcker, S.347, 360f
[717] So auch Dreher, JZ 1999, 105, 110

gleichung ist es nicht erforderlich, dass Recht in allen Bereichen angeglichen wird. Daher ist auch das Konzept der Teilrechtsangleichung trotz seiner Schwächen nicht abzulehnen, sondern im Gegenteil zu begrüßen. Die Kritik an der Teilrechtsangleichung übersieht, dass es mangels Alternativen zur Harmonisierung an sich sonst zu einer sehr viel umfassenderen Harmonisierung kommen würde. Das gewählte Konzept schont die mitgliedstaatliche Regelungskompetenz und achtet die Prinzipien des Art. 5 EG.

Festzuhalten bleibt der Gedanke des Systemwettbewerbs durch Mindestharmonisierung. Im Zuge der aktiven Rechtsangleichung kommt es zu einer Etablierung eines Mindestsockels an Rechten und Schutz in allen Mitgliedstaaten. Dieser Mindestsockel verhindert einen „race to the bottom". Die Systeme der Mitgliedstaaten können sich nun in begrenztem Umfang dem Wettbewerb der Rechtsordnungen stellen. Dabei können hohe Qualitätsanforderungen auch vorteilhaft sein, wenn beispielsweise für sie geworben werden darf. Ein Systemwettbewerb und Rechtsangleichung schließen sich nicht aus, sondern ergänzen sich unter diesen Voraussetzungen.

# F. Zusammenfassung

1. Rechtsangleichung ist die gesteuerte Anpassung nationalen Rechts an gemeinschaftsrechtliche Vorgaben. Dieser Vorgang wird grundsätzlich von den Legislativorganen der Gemeinschaft initiiert und schließt die Ebene der Gesetzgebung (legislative Rechtsangleichung) und der Rechtsprechung (judikative Rechtsangleichung) ein. Legislative Rechtsangleichung erfolgt über den Erlass von Verordnungen und Richtlinien sowie den Abschluss internationaler Übereinkommen. Judikative Rechtsangleichung wird vom EuGH über die Auslegung von Rechtsangleichungsrichtlinien und von unmittelbar geltenden Vertragsbestimmungen und von den nationalen Gerichten mithilfe der gemeinschaftsrechtskonformen und der richtlinienkonformen Auslegung vorgenommen.
Die gemeinschaftsrechtskonforme Auslegung ist eine sich aus Gemeinschaftsrecht ergebende Vorrangregel, deren Grenzen durch den Wortlaut der nationalen Norm gezogen werden. Damit ist der Verpflichtung der konformen Auslegung Genüge getan und die Subsidiarität einer unmittelbaren Anwendung auch dann gewährleistet, wenn die gemeinschaftsrechtskonforme Auslegung scheitert. Der Vorrang der gemeinschaftsrechtskonformen Auslegung vor den traditionellen Auslegungsmethoden ergibt sich aus dem Vorrang des Gemeinschaftsrechts. Grundlage der gemeinschaftsrechtskonformen Auslegung ist Art. 10 EG.
Umsetzungsbedürftige Richtlinien nehmen mangels unmittelbarer Anwendbarkeit nicht am Vorrang des Gemeinschaftsrechts teil. Die Verpflichtung zu richtlinienkonformer Auslegung beruht auf der Umsetzungsverpflichtung des Art. 249 III EG und dem Gebot der loyalen Zusammenarbeit zwischen Gemeinschaft und Mitgliedstaaten in Art. 10 EG.
Die gemeinschaftsrechtliche Pflicht zu richtlinienkonformer Auslegung entsteht mit dem Zeitpunkt des Inkrafttretens der Richtlinie. Davon zu unterscheiden ist die Sanktionierung unterlassener oder nicht vollständiger Umsetzung einer Richtlinie in Form ihrer ausnahmsweisen unmittelbaren Anwendbarkeit. Dieses Fehlverhalten wird erst mit Ablauf der Umsetzungsfrist sanktioniert. Zwischen richtlinienkonformer Auslegung und unmittelbarer Wirkung der Richtlinie als Sanktionsmittel ist streng zu trennen. Die unmittelbare Wirkung ist an die Maßgabe geknüpft, dass die Richtlinienbestimmung hinreichend genau und unbedingt ausgestaltet sein muss, während die richtlinienkonforme Auslegung nicht an diese Voraussetzungen gebunden ist. Anders als die unmittelbar anwendbare Richtlinienbestimmung führt die richtlinienkonforme Auslegung nicht zu einer Verdrängung nationalen Rechts. Dem trägt auch die Einordnung der Richtlinie in das System der traditionellen Auslegungsmethoden Rechnung. Richtlinienkonforme Auslegung verbleibt in den Spielräumen der nationalen Norm und wird vor allem durch ihren Wortlaut begrenzt. Sie kommt jedoch nur insoweit in Betracht, wie die innerstaatlichen Rechtsvorschriften dem Ziel der Richtlinie bereits entsprechen und auslegungsfähig sind.

2. Die Gemeinschaft hat sich für ein Konzept entschieden, nach dem punktuell mithilfe von Einzelmaßnahmen angeglichen wird. Die Wahl der Methode und damit der Intensität der Rechtsangleichung richtet sich nach dem anzugleichenden Bereich und dessen Kompetenznormen und wird begrenzt durch das Verhältnismäßigkeitsprinzip und den Erforderlichkeitsgrundsatz.

3. Die Entwicklung der Rechtsangleichungskompetenzen hat ihren Ausgangspunkt im Bereich der Marktintegration genommen. Maßnahmen der Rechtsangleichung waren gerechtfertigt, wenn sie Hemmnisse für den Markt oder Wettbewerbsverfälschungen aufgrund unterschiedlicher rechtlicher Standards beseitigten. Auf Grundlage der finalen Querschnittsnormen der Art. 94 und Art. 95 EG wurde ein weites Feld zu bearbeitender Sachgebiete eröffnet. Den marktintegrativ ausgerichteten Kompetenzen sind praktisch nur wenige Grenzen gesetzt. Die Gemeinschaft begann darüber hinaus im weiteren Verlauf eigenständige Schutzpolitiken zu verfolgen. Es können in der Folge dieser Entwicklung drei verschiedene Formen der Rechtsangleichung unterschieden werden.
Als erstes ist die negative Rechtsangleichung zu nennen, die über die unmittelbare Anwendbarkeit des Primärrechts eine liberalisierende und deregulierende Wirkung auf die nationalen Rechtsordnungen ausübt. Die Mitgliedstaaten haben die gemeinschaftsrechtlichen Vorgaben zu berücksichtigen und nationale Vorschriften, die den Grundfreiheiten widersprechen oder eine handelshemmende Wirkung haben, sind nicht anwendbar. Die Unanwendbarkeit Primärrecht entgegenstehenden nationalen Rechts und die Zustandssicherung führen zu einer faktischen Rechtsangleichung, da bestimmte Anforderungen von allen mitgliedstaatlichen Rechtsordnungen erfüllt werden müssen.
An die negative Rechtsangleichung knüpft die reaktive Rechtsangleichung an, die durch die Beseitigung von Hindernissen für die Grundfreiheiten und von Störungen des Binnenmarktes gekennzeichnet ist, die nicht bereits über die negative Rechtsangleichung beseitigt werden können. Sie reagiert auf die Störung des Marktes und auf Handelshemmnisse, die im Rahmen eines Regelungsvorbehalts aufrechterhalten werden dürfen. Diese Störungen sind nicht bereits unmittelbar verboten, sondern rechtfertigen sich durch das Vorliegen eines zwingenden Erfordernisses im Sinne der Cassis – Rechtsprechung oder nach Art. 30 EG. Der Unterschied zwischen negativer und reaktiver Rechtsangleichung besteht darin, dass bei reaktiver Rechtsangleichung positiv Normen zum Schutz der Grundfreiheiten und für die Errichtung des Marktes erlassen werden, während die negative Rechtsangleichung durch Beschränkung der mitgliedstaatlichen Regulierungsgewalt allein zur Unanwendbarkeit nationaler Normen führt.
Als Letztes ist die aktive Rechtsangleichung zu nennen. Sie gestaltet aktiv die mitgliedstaatlichen Rechtsordnungen und greift auf intensive Weise in die mitgliedstaatlichen Rechtssysteme ein, in dem sie eigenständige Schutzpolitiken verfolgt.
Parallel zu dieser Entwicklung der Rechtsangleichung wurden im Zuge der Vertragsrevisionen Kompetenzen zur Rechtsangleichung in den einzelnen Politikbe-

reichen geschaffen. Im Rahmen dieser Kompetenzen ist jedoch grundsätzlich nur eine Mindestharmonisierung zulässig, die den Mitgliedstaaten die Möglichkeit einer nationalen Schutzverstärkung einräumt.

4. Rechtsangleichung war ursprünglich lediglich marktintegrativ ausgerichtet. Ihr wurden verschiedene Funktionen zugewiesen: Die Beseitigung von Hemmnissen für Markt und Wettbewerb und im weiteren Verlauf die Wahrnehmung eigenständiger Politikaufgaben, die jedoch noch mit der Herstellung des Gemeinsamen Marktes/Binnenmarktes verknüpft waren. Als Schlusspunkt dieser Entwicklung ist die Schaffung binnenmarktunabhängiger Kompetenzen zu sehen. Nicht alle Rechtsangleichungsmaßnahmen dienen heute noch der Zielsetzung des Art. 3 lit. h EG. Im Gegenteil verzichten die Kompetenzen in den Schutzpolitikbereichen auf eine Verknüpfung der Angleichungskompetenz mit dem Erfordernis der Verwirklichung des Marktes. Rechtsangleichung konzentriert sich nicht länger nur auf die Verfolgung der Errichtung des Gemeinsamen Marktes, sondern berücksichtigt auch andere Zielvorgaben des Vertrages wie eine Verbesserung des Verbraucherschutzes (Art. 3 lit. t EG) oder die Erreichung eines hohen Gesundheitsschutzniveaus (Art. 3 lit. p EG).
Diese Berücksichtigung ist zulässig und rückt mit der fortschreitenden Realisierung der Märkte auch immer weiter in den Vordergrund. Die Gemeinschaft ist dazu übergegangen, verstärkt den Ausgleich divergierender Interessen sowie Schutzansprüche der Bürger mit Hilfe der Rechtsangleichung zu verfolgen. Allerdings ist im Bereich der aktiven Rechtsangleichung eine präventive Harmonisierung ausgeschlossen.

5. Die Abgrenzung der Kompetenzgrundlagen erfolgt in den Fällen, in denen eine der in Betracht kommenden finalen Kompetenzen marktintegrativ ausgerichtet ist danach, ob dem Markt mit der Maßnahme gedient ist. Ist dies der Fall, dann ist die Maßnahme auf die marktintegrative Kompetenz zu stützen. Dies folgt aus der stärkeren Legitimation der reaktiven Rechtsangleichung gegenüber der aktiven, schutzpolitikbezogenen Rechtsangleichung und aus der Bedeutung der Herstellung des Freiverkehrs. Schutzpolitikbezogene Rechtsangleichung kann auf Grundlage marktintegrativer Kompetenzen, insbesondere Art. 94, 95 EG, erfolgen. Das Schwerpunktkriterium zur Abgrenzung von Rechtsangleichungskompetenzen wird aufgegeben. Dies führt zu einer transparenteren Rechtssetzung, die sich nicht mehr damit aufhalten muss, einen vermeintlichen Schwerpunkt zu rechtfertigen. Bei Erfüllung der Voraussetzungen, dies ist unabdingbare Grundlage, kann und muss unabhängig vom Schwerpunkt der Maßnahme eine Abstützung auf die marktintegrative Kompetenz erfolgen. Maßnahmen, die auf eine marktintegrative Kompetenz gestützt werden können, sind der reaktiven Rechtsangleichung zuzurechnen, auch wenn der Schwerpunkt der Maßnahme in der Verfolgung einer Schutzpolitik liegt. Rechtsakte, die der aktiven Rechtsangleichung zuzuordnen sind, werden allein auf Grundlage der schutzpolitikbezogenen Kompetenzgrundlagen in den Politikbereichen erlassen.

Dieser Ansatz steht auch nicht im Widerspruch zur Rechtsprechung des EuGH, die eine Zuordnung anhand objektiver und gerichtlich nachprüfbarer Umstände verlangt. Im Gegenteil ist der Vorzug der marktintegrativen Kompetenz bei zwei finalen Kompetenznormen gerichtlich besser überprüfbar als das unpräzise Schwerpunktkriterium. Sind die zur Verfügung stehenden finalen Kompetenznormen beide marktintegrativ ausgerichtet, ist auf Anordnungen wie in Art. 95 I EG sowie die allgemeinen Grundsätze zurückzugreifen. Im Übrigen spielt es aber keine Rolle, auf welche von zwei finalen, marktintegrativ ausgerichteten Kompetenzen eine Regelung abgestützt wird.

6. Die Mitgliedstaaten sind nur solange berechtigt, ihre Regelungsbefugnisse uneingeschränkt wahrzunehmen, bis sich durch die Tätigkeit der Gemeinschaftsorgane die Durchführung und der Umfang der Rechtsangleichung abzeichnet. Jedenfalls mit dem Erlass einer Rechtsangleichungsrichtlinie entsteht aber die Verpflichtung der Mitgliedstaaten keine Tätigkeiten mehr zu entfalten, die den Erfolg der Rechtsangleichung gefährden würden. Die Stillhalteverpflichtung beginnt, wenn sich Umfang und Durchführung der Rechtsangleichung hinreichend konkret abzeichnen.
Darunter fallen legislative Aktivitäten, die dem Ziel der Richtlinie zuwiderlaufen. Diese würden einen Verstoß gegen Art. 10 EG und damit das Prinzip der Gemeinschaftstreue darstellen.
Die Pflicht zur Umsetzung einer Harmonisierungsrichtlinie ergibt sich aus Art. 249 III EG sowie aus Art. 10 EG. Gemäß Art. 249 III EG ist die Richtlinie hinsichtlich ihres Ziels für jeden Mitgliedstaat verbindlich. Art. 10 EG statuiert die allgemeine Pflicht der Mitgliedstaaten, alle zur Erfüllung der ihnen aus dem Vertrag obliegenden Verpflichtungen geeigneten Maßnahmen zu treffen. Diese Pflicht erfasst auch die Umsetzung der Richtlinie in nationales Recht, ohne die das Erreichen des Regelungsziels nicht möglich ist. Die Pflicht, alle zur Umsetzung erforderlichen Maßnahmen zu treffen, obliegt grundsätzlich allen Trägern öffentlicher Gewalt in den Mitgliedstaaten.
Den Mitgliedstaaten ist die Wahl der Form und des Mittels überlassen, erforderlich ist aber, dass den Erfordernissen der Eindeutigkeit und Bestimmtheit gerecht wird. Wenn nicht bereits die Rechtslage in dem Mitgliedstaat vollständig der Richtlinie entspricht, wird eine Umsetzung durch gesetzgeberische Tätigkeit erforderlich. Dabei ist es dem Mitgliedstaat überlassen, ob er bestehende Gesetze anpasst oder eine neue Rechtsvorschrift erlässt. Die Existenz allgemeiner verfassungs- oder verwaltungsrechtlicher Grundsätze kann die ausdrückliche Umsetzung entbehrlich machen. Dies aber nur unter der Voraussetzung, dass diese Grundsätze tatsächlich die vollständige Anwendung der Richtlinie gewährleisten und die sich aus ihnen ergebende Rechtslage für den Einzelnen hinreichend bestimmt und klar ist. Die Mitgliedstaaten sind nicht nur zur Umsetzung der Richtlinienbestimmungen angehalten, sondern auch bei künftiger Rechtssetzung an ihren Inhalt gebunden. Die Mitgliedstaaten sind verpflichtet, durch neue nationale Rechtssetzung ein Infragestellen der erzielten Harmonisierung zu vermei-

den. Den Mitgliedstaaten ist es grundsätzlich verwehrt, Bestimmungen zu erlassen, die im Widerspruch zum angeglichenen Recht stehen. Die Sperrwirkung ist im Einzelfall zu ermitteln. Zusammenfassend lässt sich festhalten, dass bei Bestehen von Rechtswirkungen des Sekundärrechtsakts und Überschneidung des Anwendungsbereichs von gemeinschaftsrechtlicher und mitgliedstaatlicher Maßnahme eine Sperrwirkung nicht zwangsläufig ist. Sie besteht nur da, wo die sekundärrechtliche Maßnahme abschließend ist und der organisatorische Rahmen genügt oder wo die mitgliedstaatliche Maßnahme kein anderes Ziel verfolgt, sich aber negativ auf das Funktionieren des sekundärrechtlichen Regelungssystems auswirken würde. Im anderen Fall besteht keine Sperrwirkung des Sekundärrechts und die mitgliedstaatliche Maßnahme unterliegt nur den primärrechtlichen Schranken. Die Unterscheidung zwischen reaktiver und aktiver Rechtsangleichung kann für die Bestimmung der Sperrwirkung herangezogen werden. Im Anwendungsbereich der reaktiven Rechtsangleichung kommt den sekundärrechtlichen Normen grundsätzlich eine Sperrwirkung zu, denn in deren Anwendungsbereich geht es um Maßnahmen, die die Grundfreiheiten und den Markt berühren. In diesem Rahmen kann dann aber ein Rückgriff auf die primärrechtlich verankerte Möglichkeit des nationalen Alleingangs erfolgen.
Neben der Schaffung und Bewahrung der Grundfreiheiten verfolgt die Gemeinschaft im Wege aktiver Rechtsangleichung weitere Regulierungsziele. In diesen Fällen kommt dem Sekundärrecht grundsätzlich nur die Wirkung einer Mindestnorm zu. Dies begründet sich aus der primärrechtlichen Ausgestaltung der Kompetenzen der aktiven Rechtsangleichung. Eine Sperrwirkung lässt sich in diesem Bereich grundsätzlich nur im Sinne einer Begrenzung des Wettbewerbs der Systeme „nach unten" feststellen. Die Ablehnung einer umfassenden Sperrwirkung vermag die Erreichung und das Funktionieren des Marktes auch nicht negativ zu berühren, da im Bereich der aktiven Rechtsangleichung der Markt ja gerade nicht betroffen ist. In marktrelevanten Bereichen hingegen ist ein Abweichen grundsätzlich nur nach den primärrechtlichen Vorgaben möglich. Die angeglichenen Rechtsnormen werden nicht zu gemeinschaftlichem Recht, sondern behalten ihren Charakter als nationale Normen bei. Da sie Bestandteil der mitgliedstaatlichen Rechtsordnungen bleiben, ist für ihre Wirksamkeit der nationale Rahmen entscheidend. Die Anwendung und Auslegung der angeglichenen Normen obliegt allein den nationalen Instanzen. Sie sind dabei an die Grundsätze der gemeinschaftsrechtskonformen und der richtlinienkonformen Auslegung gebunden.

7. Mit der Nachzeichnung der Entwicklung der Rechtsangleichung geht die Feststellung einher, dass Rechtsangleichung Werte vermittelt.
Das Integrationskonzept der Gemeinschaft hat sich weg von einer ökonomischen und hin zu einer mehr an „Lebensqualität" ausgerichteten Politik und Integration gewandelt. Diesen Transformationsprozess kann man als Abkehr von einem ökonomisch verkürzten Konzept des Gemeinsamen Marktes und als vor-

sichtige Hinwendung zu einem „Sozialen Europa“[718] bezeichnen. Grundgedanke der europäischen Gründungsverträge ist das Bekenntnis zu Freiheit, Demokratie, Menschenrechten, Rechtsstaatlichkeit und der Wunsch nach Stärkung der Solidarität zwischen den Völkern unter Achtung ihrer Geschichte, Kultur und ihrer Traditionen. Das integrationspolitische Defizit des bloßen Diskriminierungsverbots und der unmittelbaren Anwendbarkeit der Grundfreiheiten wird durch das Instrument der Rechtsangleichung kompensiert. Rechtsangleichung übernimmt die Rolle eines Motors der Integration. Aus diesem Grund trat zu der ursprünglichen Ausrichtung auf die Beseitigung von Hindernissen für den Wirtschaftsverkehr die Verfolgung weiterer Ziele, die nicht wirtschaftlicher Art waren. Die Gemeinschaft bewertet nationale Regelungen und ersetzt diese durch gemeinschaftsrechtliche Regelungen. Im Zuge dieser Re-Regulierung kommt es zu einer Verlagerung der Regulierungskompetenz von den Mitgliedstaaten auf die Gemeinschaft.

Über die aktive Rechtsangleichung werden verschiedene Interessen und Schutzziele verfolgt, die verstärkt sozial und nicht ökonomisch ausgerichtet sind. Die Verfolgung der Schutzanliegen gehört für die Gemeinschaft zum erweiterten Konzept des Gemeinsamen Marktes. Rechtsangleichung schafft einen Mindestsockel von überall gleichen Rechten, der zu einer verstärkten Wahrnehmung der Grundfreiheiten führt.

Europa ist dabei mehr als sein Recht und seine Wirtschaft und europäische Integration ist mehr als die Angleichung der mitgliedstaatlichen Rechtsordnungen und die Beseitigung von Wirtschaftsgrenzen. Und doch ist Europa ohne sein Recht nicht denkbar und ist auch die europäische Integration nicht denkbar ohne die Angleichung der Rechtsordnungen. Die Harmonisierung ist Anstoß und Teil der Integration.

Gerade vor dem Hintergrund eines Integrationszweckes, der in der Ausgestaltung der Union als Staatenverbund und Rechtsgemeinschaft, die gemeinsame Aufgaben zu erfüllen sucht, liegt, kommt der Schaffung eines angeglichenen Rechtsrahmens erhöhte Bedeutung zu. Angeglichenes Recht bildet das Band, das die Gemeinschaft zusammenhalten kann, auch gegen möglicherweise im Zuge der Vergrößerung der Union eintretende desintegrative Wirkungen.

Jedes gelungene Vorhaben der Rechtsangleichung stärkt das Netz der Regelungen, das allmählich zwischen den Mitgliedstaaten und ihren Bürgern, die das Gemeinschaftsrecht letztlich tragen sollen und müssen, entsteht. Gelungene Rechtsangleichung festigt den Zusammenhalt in der Gemeinschaft. Unter diesem Gesichtspunkt sind vor allem die Vorhaben von Bedeutung, die über die wirtschaftlichen Ziele der Gemeinschaft hinausgehen und ihr einen eigenen Wertgehalt geben. Rechtsangleichung wird auf diese Weise zu einem Instrument, das der Gemeinschaft Werte vermitteln kann, die ihren Bestand und ihre Zukunft über die nur wirtschaftliche Zweckhaftigkeit hinaus legitimieren können.

---

[718] Reich, Förderung und Schutz diffuser Interessen, S.293

8. Rechtsangleichung wird von Mängeln sowohl auf gemeinschaftlicher als auch mitgliedstaatlicher Ebene begrenzt. Die von der Gemeinschaft erlassenen Rechtsakte müssen konsistent und transparent sein und die sich aus ihnen erwachsenden Verpflichtungen klar und deutlich geregelt sein. Dies ist insbesondere im Bereich des Erlasses von Richtlinien von Bedeutung, da diese einer Umsetzung bedürfen.
Ein weiteres Problem stellt der fragmentarische Charakter der Rechtsangleichung dar. Die Gemeinschaft verfolgt in der Regel das Konzept der Einzelangleichung und konzentriert sich bei der Harmonisierung nicht auf die Herstellung einer neuen Ordnung, sondern auf das Erreichen eines bestimmten Einzelziels. Dies beinhaltet immer die Gefahr von Brüchen mit Grundprinzipien des mitgliedstaatlichen Rechts. Daneben bestehen auf nationaler Ebene nicht unerhebliche Umsetzungsdefizite. Die Effizienz der Bestimmungen des Gemeinschaftsrechts hängt aber wesentlich von der Bereitschaft und Fähigkeit der Behörden in den Mitgliedstaaten ab, für eine effiziente und rechtzeitige Um- und Durchsetzung zu sorgen. Die Funktionsfähigkeit des Marktes und die von ihm erwarteten positiven Effekte leiden unter der nicht fristgemäßen oder fehlerhaften Umsetzung durch die Mitgliedstaaten.
Der Vertrag selbst setzt der Rechtsangleichung primärrechtlich Grenzen, in dem er in verschiedenen Bereichen eine Harmonisierung ausdrücklich ausschließt. Das Prinzip der begrenzten Einzelermächtigung und das Subsidiaritätsprinzip vermögen Rechtsangleichung im Ergebnis nur wenig zu begrenzen. Zurückzugreifen ist auf das Verhältnismäßigkeitsprinzip, das sich auf die zu wählende Rechtsform sowie Regelungsumfang und –intensität auswirkt, sowie als äußerste Grenze auf die Achtung der nationalen Identität der Mitgliedstaaten.
Eine Grenzziehung durch nationale Grundrechte kommt wegen des Anwendungsvorrangs des Gemeinschaftsrechts überhaupt nur im Bereich von Rechtsangleichungsrichtlinien in Betracht. Die übrigen Vorhaben der Rechtsangleichung können nicht an nationalen Grundrechten gemessen werden. Die Richtlinie nimmt mangels unmittelbarer Anwendbarkeit nicht am Anwendungsvorrang des Gemeinschaftsrechts teil, so dass eine Überprüfung am Maßstab nationaler Grundrechte möglich ist, wenn dem Gesetzgeber Spielraum bei der Umsetzung verbleibt. Verbleibt den Mitgliedstaaten bei der Umsetzung der Richtlinie kein Spielraum, sondern beschränkt sich die Umsetzung auf ein „Abschreiben" der Richtlinie, so können nationale Grundrechte gegenüber der Rechtsangleichungsrichtlinie nicht begrenzend wirken, da sie aufgrund der primärrechtlichen Umsetzungsverpflichtung nicht als Maßstab herangezogen werden dürfen.
Die Grundfreiheiten stellen grundsätzlich keine wirksame Grenze der Rechtsangleichung dar, weil Harmonisierungsmaßnahmen regelmäßig nicht die Gefährdungen auslösen, vor denen die Grundfreiheiten schützen sollen. Der Maßstab für die Zulässigkeit der Beschränkung wirtschaftlicher Freiheit durch Harmonisierungsmaßnahmen sind statt dessen die Gemeinschaftsgrundrechte.
Eine Verdrängung der Rechtsangleichung durch die gegenseitige Anerkennung ist ausgeschlossen. Gegenseitige Anerkennung ist so lange zur Sicherung des

Marktes nicht ausreichend, wie die Schutzstandards in den Mitgliedstaaten unterschiedlich hoch sind. Vielmehr sind das Anerkennungsprinzip und die Rechtsangleichung als sich ergänzende Verfahren zu sehen. Rechtsangleichung ist ein unentbehrliches Instrument zur Herstellung und zum Funktionieren des Marktes. Sie bleibt erforderlich, solange und soweit die Mitgliedstaaten nicht bereit sind, die in anderen Mitgliedstaaten bestehenden Regelungen vertrauensvoll als gleichwertig hinzunehmen. Der Markt kann ohne ein Minimum an gemeinsamen Regeln nicht funktionieren. Er braucht einen institutionellen Rahmen, in dem die wichtigsten ökonomischen und sozialen Bedingungen niedergelegt sind.
Auch ein Systemwettbewerb kann nicht an die Stelle notwendiger und erforderlicher Harmonisierung treten. Er kann jedoch positive Wirkungen entfalten, rechtspolitischen Handlungsbedarf signalisieren, zur Entwicklung neuartiger Regelungssysteme beitragen und kontrollierend auf vorhandene Regelungen wirken. Es besteht daher kein Entweder-Oder-Verhältnis zwischen Rechtsangleichung und Systemwettbewerb. Für das Erreichen der Ziele der Rechtsangleichung ist es nicht erforderlich, dass Recht in allen Bereichen angeglichen wird. Daher ist auch das Konzept der Teilrechtsangleichung trotz seiner Schwächen nicht abzulehnen, sondern im Gegenteil zu begrüßen. Die Kritik an der Teilrechtsangleichung übersieht, dass es mangels Alternativen zur Harmonisierung an sich sonst zu einer sehr viel umfassenderen Harmonisierung kommen würde. Das gewählte Konzept schont die mitgliedstaatliche Regelungskompetenz und achtet die Prinzipien des Art. 5 EG.

**Literaturverzeichnis**

*ABRAHAM, FILIP/KONINGS, JOZEF*: Does the Opening of Central and Eastern Europe Threaten Employment in the West?, The World Economy 1999, 585

*ALBIN, SILKE/BÄR, STEFANI*: Nationale Alleingänge nach dem Vertrag von Amsterdam, NuR 1999, 185

*ANWEILER, JOCHEN*: Die Auslegungsmethoden des Gerichtshofs der Europäischen Gemeinschaften, Frankfurt am Main 1997

*BACH, ALBERT*: Direkte Wirkungen von EG-Richtlinien, JZ 1990, 1108

*BALDUS, CHRISTIAN/ BECKER, RAINER*: Haustürgeschäfte und richtlinienkonforme Auslegung, ZEuP 1997, 874

*BARENTS, RENÉ*: The internal Market unlimited: Some observations on the legal basis of Community legislation, CMLR 1993, 85

*BASEDOW, JÜRGEN*: Die Harmonisierung des Kollisionsrechts nach dem Vertrag von Amsterdam, EuZW 1997, 609

*DERS.*: Über Privatrechtsvereinheitlichung und Marktintegration, in: Festschrift für Ernst-Joachim Mestmäcker, Baden-Baden 1996, S.347

*BAUR, JÜRGEN F.*: Wirtschaftliche Integration durch Recht, durch Gemeinschaftsrecht, in: Staat, Wirtschaft, Steuern, Festschrift für Karl Heinrich Friauf, Heidelberg 1996, S.3

*BECKER, ULRICH*: Differenzierungen der Rechtseinheit durch „abgestufte Integration", in: Schwarze, Jürgen/Müller-Graff, Peter-Christian (Hrsg.): Europäische Rechtseinheit durch einheitliche Rechtsdurchsetzung, EuR 1998, Beiheft 1, S.29

*BEHRENS, PETER*: Das Wirtschaftsrecht des Europäischen Binnenmarktes, Jura 1989, 561

*DERS.*: Die Konvergenz der wirtschaftlichen Freiheiten im europäischen Gemeinschaftsrecht, EuR 1992, 145

*DERS.*: Integrationstheorie, RabelsZ 45 (1981), 8

*DERS.*: Mindestharmonisierung im Binnenmarkt- Stellungnahme, in: Everling, Ulrich/Roth, Wulf-Henning (Hrsg.): Mindestharmonisierung im Europäischen Binnenmarkt, Baden-Baden 1997

*BELJIN, SASA:* Die Zusammenhänge zwischen dem Vorrang, den Instituten der innerstaatlichen Beachtlichkeit und der Durchführung des Gemeinschaftsrechts, EuR 2002, 351

*DERS.:* EG-Recht in der Fallbearbeitung, JuS 2002, 987

*BEUTLER, BENGT/BIEBER, ROLAND/PIPKORN, JÖRN/ STREIL, JOCHEN*: Die Europäische Union, 5. Auflage, Baden-Baden 2001 (zit.: Bearbeiter, in: BBPS)

*BEYER, MARCUS*: Gemeinschaftsrecht und Umweltschutz nach Maastricht, JuS 1997, 294

*BEYER, THOMAS C.W.*: Anerkennung nationaler Rechtsakte zwischen den Staaten der Europäischen Gemeinschaft, EWS 1999, 12

*DERS.*: Rechtsnormanerkennung im Binnenmarkt, Berlin 1998

*BIEBER, ROLAND*: Die Abkommen von Schengen über den Abbau der Grenzkontrollen, NJW 1994, 294

*DERS.*: Zur Rolle der Mitgliedstaaten bei der Ausfüllung von Lücken im EG-Recht, in: Bieber, Roland/Ress, Georg (Hrsg.): Die Dynamik des Europäischen Gemeinschaftsrechts, Baden-Baden 1987, S.283

*BLAUROCK, UWE*: Europäisches Privatrecht, JZ 1994, 270

*DERS.:* Wege zur Rechtseinheit im Zivilrecht Europas, in: Starck, Christian (Hrsg.): Rechtsvereinheitlichung durch Gesetze – Bedingungen, Ziele, Methoden -, Göttingen 1992, S.90

*BLECKMANN, ALBERT*: Die Rolle der richterlichen Rechtsschöpfung im Europäischen Gemeinschaftsrecht, in: Rechtsvergleichung, Europarecht und Staatenintegration, Gedächtnisschrift für Léontin-Jean Constantinesco, Köln 1983, S.61

*DERS.*: Europarecht, 6.Auflage, Köln 1997 (zit.: Bearbeiter, in: Bleckmann, Europarecht)

*DERS.*: Zu den Auslegungsmethoden des Europäischen Gerichtshofs, NJW 1982, 1177

*BORCHARDT, KLAUS-DIETER*: Richterrecht durch den Gerichtshof der Europäischen Gemeinschaften, in: Gedächtnisschrift für Eberhard Grabitz, München 1995, S.29

*Borries, Reimer von*: Das Subsidiaritätsprinzip im Recht der Europäischen U-nion, EuR 1994, 263

*ders.*: Gedanken zur Tragweite des Subsidiaritätsprinzips im Europäischen Gemeinschaftsrecht, in: Europarecht, Kartellrecht, Wirtschaftsrecht, Festschrift für Arved Deringer, Baden-Baden 1993, S. 22

*Brechmann, Winfried*: Die richtlinienkonforme Auslegung, München 1994

*Breulmann, Günter*: Normung und Rechtsangleichung in der Europäischen Wirtschaftsgemeinschaft, Berlin 1993

*Bruha, Thomas/ Münch, Wolfgang*: Stärkung der Durchführungsbefugnisse der Kommission, NJW 1987, 542

*ders.*: Rechtsangleichung in der Europäischen Wirtschaftsgemeinschaft- Deregulierung durch „Neue Strategie“ ?, ZaöRV 1986, 1

*Buck, Carsten*: Über die Auslegungsmethoden des Gerichtshofs der Europäischen Gemeinschaft, Frankfurt am Main 1998

*Bydlinski, Franz*: Juristische Methodenlehre und Rechtsbegriff, 2. Auflage, Wien 1991

*Calliess, Christian/Ruffert, Matthias (Hrsg.)*: Kommentar zu EU-Vertrag und EG-Vertrag, 2. Auflage, Neuwied 2002 (zit.: Calliess/Ruffert/Bearbeiter, EUV/EGV)

*ders.*: Der Schlüsselbegriff der „ausschließlichen Zuständigkeit“ im Subsidiaritätsprinzip des Art.3b II EGV, EuZW 1995, 693

*ders.*: Nach dem „Tabakwerbung-Urteil“ des EuGH: Binnenmarkt und gemeinschaftsrechtliche Kompetenzverfassung im neuen Licht, Jura 2001, 311

*Canaris, Claus-Wilhelm*: Die Feststellung von Lücken im Gesetz, 2. Auflage, Berlin 1983

*Classen, Claus Dieter*: Zur Bedeutung von EWG-Richtlinien für Privatpersonen, EuZW 1993, 83

*Coing, Helmut*: Europäisierung der Rechtswissenschaft, NJW 1990, 937

*Constantinesco, Léontin-Jean*: Das Recht der Europäischen Gemeinschaften, Band I, Baden-Baden 1977

*Curtin, Deirdre/ Mortelmans, Kamiel*: Application and Enforcement of Community Law by the Member States: Actors in Search of a Third Generation Script, in: Institutional Dynamics of European Integration, Festschrift für Henry Schermers, Dordrecht 1994, S.423

*Daig, Hans-Wolfram*: Zu Rechtsvergleichung und Methodenlehre im Europäischen Gemeinschaftsrecht, in: Festschrift für Konrad Zweigert, Tübingen 1981

*Danwitz, Thomas von*: Normenkonkretisierende Verwaltungsvorschriften und Gemeinschaftsrecht, VerwArchiv 84 (1993), 73

*Dänzer-Vanotti, Wolfgang*: Die richtlinienkonforme Auslegung deutschen Rechts hat keinen rechtlichen Vorrang, RIW 1991, 754

*Ders.*: Methodenstreit um die den EG-Richtlinien konforme Auslegung, DB 1994, 1052

*Ders.*: Richtlinienkonforme Auslegung und Rechtsfortbildung, StVj 1991, 1

*Dauses, Manfred*: Das Vorabentscheidungsverfahren nach Art.177 EG-Vertrag, 2.Auflage, München 1995

*Ders.*: Die rechtliche Dimension des Binnenmarktes, EuZW 1990, 8

*Ders.*: Handbuch des EU-Wirtschaftsrechts, Band 1, Loseblattsammlung, München (zit.: Bearbeiter, in: Dauses, Hdb. EU-WirtschaftsR. Band 1)

*Ders.*: Handbuch des EU-Wirtschaftsrechts, Band 2, Loseblattsammlung, München (zit.: Bearbeiter, in: Dauses, Hdb. EU-WirtschaftsR. Band 2)

*De Ruyt, Jean*: L`acte Unique Européen, Bruxelles 1987

*Delbrück, Kilian*: Die Gentechnikrichtlinie der EG- Rechtsangleichung im europäischen Technikrecht, EuZW 1990, 371

*Dendrinos, Antonios*: Rechtsprobleme der Direktwirkung der EWG-Richtlinien, Frankfurt am Main 1989

*Depenheuer, Otto*: Der Wortlaut als Grenze, Heidelberg 1988

*Dittrich, Alfred*: Der Schutz der Unionsbürger durch die justitielle Zusammenarbeit, in: Müller-Graff, Peter-Christian (Hrsg.): Europäische Zusammenarbeit in den Bereichen Justiz und Inneres, 1. Auflage, Baden-Baden 1996, S.101

*DREHER, MEINRAD*: Kartellrechtsvielfalt oder Kartellrechtseinheit in Europa?, AG 1993, 437

*DERS.*: Richtlinienumsetzung durch Exekutive und Judikative?, EuZW 1997, 522

*EHLERMANN, CLAUS-DIETER*: Ökonomische Aspekte des Subsidiaritätsprinzips: Harmonisierung versus Wettbewerb der Systeme, Integration 1995, 11

*DERS.*: The internal market following the Single European Act, CMLR 1987, 361

*EHLERS, DIRK*: Die Grundfreiheiten des europäischen Gemeinschaftsrechts (Teil I), Jura 2001, 266

*EHRICKE, ULRICH*: Die richtlinienkonforme und die gemeinschaftsrechtskonforme Auslegung nationalen Rechts, RabelsZ 59 (1995), 598

*EIDEN, CHRISTOPH*: Abgestufte Integration in der EG: Risiken für Rechtsangleichung und Gemeinsamen Markt, Europa-Archiv 1984, 365

*DERS.*: Die Rechtsangleichung gemäß Art.100 des EWG-Vertrages, Berlin 1984

*EPINEY, ASTRID/ MÖLLERS, THOMAS M.J.*: Freier Warenverkehr und nationaler Umweltschutz, Köln 1992

*DIES.*: Gemeinschaftsrechtlicher Umweltschutz und Verwirklichung des Binnenmarktes- „Harmonisierung" auch der Rechtsgrundlagen?, JZ 1992, 564

*DIES.*/FURRER, ANDREAS: Umweltschutz nach Maastricht, EuR 1992, 369

*ESTERBAUER, FRIED*: Europäische Integration, Wien 1994

*EVERLING, ULRICH*: Das Vorabentscheidungsverfahren vor dem Gerichtshof der Europäischen Gemeinschaften, Baden-Baden 1986

*DERS.*: Durchführung und Umsetzung des Europäischen Gemeinschaftsrechts im Bereich des Umweltschutzes unter Berücksichtigung der Rechtsprechung des EuGH, NVwZ 1993, 209

*DERS.*: Gestaltungsbedarf des Europäischen Rechts, EuR 1987, 214

*DERS.*: Möglichkeiten und Grenzen der Rechtsangleichung in der Europäischen Gemeinschaft, in: Festschrift für Reimer Schmidt, Karlsruhe 1976, S.165

*DERS.*: Probleme der Rechtsangleichung zur Verwirklichung des europäischen Binnenmarktes, in: Festschrift für Ernst Steindorff, Berlin 1990, S.1155

*DERS.*: Rechtsvereinheitlichung durch Richterrecht in der Europäischen Gemeinschaft, RabelsZ 50 (1986), 193

*DERS.*: Zum Vorrang des EG-Rechts vor nationalem Recht, DVBl. 1985, 1201

*DERS.*: Zur Auslegung des durch EG-Richtlinien angeglichenen nationalen Rechts, ZGR 1992, 376

*DERS.*: Zur Funktion der Rechtsangleichung in der Europäischen Gemeinschaft- Vom Abbau der Verzerrungen zur Schaffung des Binnenmarktes-, in: Unterwegs zur Europäischen Union, Baden-Baden 2001, S.15

*EYLES, UWE*: Das Niederlassungsrecht der Kapitalgesellschaften in der Europäischen Gemeinschaft, Baden-Baden 1990

*FIKENTSCHER, WOLFGANG*: Methoden des Rechts, Band IV, Tübingen 1977

*FISCHER, PETER/KÖCK, HERIBERT FRANZ*: Europarecht, 2. Auflage, Wien 1995

*FRANZEN, MARTIN*: Privatrechtsangleichung durch die Europäische Gemeinschaft, Berlin 1999 (zit.: Franzen, Privatrechtsangleichung)

*FRENZ, WALTER*: Europäisches Umweltrecht, München 1997

*FURRER, ANDREAS*: Die Sperrwirkung des sekundären Gemeinschaftsrechts auf die nationalen Rechtsordnungen, Baden-Baden 1994

*GEBAUER, MARTIN*: Grundfragen der Europäisierung des Privatrechts, Heidelberg 1998

*GEIGER, RUDOLF*: Kommentar zum Vertrag über die Europäische Union und zum Vertrag zur Gründung der Europäischen Gemeinschaft, 3. Auflage, München 2000 (zit.: Geiger, EUV/EGV)

*GELLERMANN, MARTIN*: Beeinflussung des bundesdeutschen Rechts durch Richtlinien der EG, Schriften zum deutschen und europäischen Umweltrecht, Köln 1994

*GLAESNER, H. J.*: Die einheitliche Europäische Akte, EuR 1986, 119

*GÖTZ, VOLKMAR*: Europäische Gesetzgebung durch Richtlinien- Zusammenwirken von Gemeinschaft und Staat, NJW 1992, 1849

*GRABITZ, EBERHARD/HILF, MEINHARD*: Das Recht der Europäischen Union, Kommentar, München, Loseblattsammlung (zit.: Bearbeiter, in: Grabitz/Hilf, EGV)

*DIES.*: Das Recht der Europäischen Union, Kommentar, Altband I (Maastrichter Fassung), Loseblattsammlung, München (zit.: Bearbeiter, in: Grabitz/Hilf, EGV, Altband)

*GRABITZ, EBERHARD/ILIOPOULOS, CONSTANTIN*: Typologie der Differenzierungen und Ausnahmen im Gemeinschaftsrecht, in: Grabitz, Eberhard (Hrsg.): Abgestufte Integration- Eine Alternative zum herkömmlichen Integrationskonzept?, Kehl 1984, S.31

*DERS./VON BOGDANY, ARMIN*: Vom Gemeinsamen Markt zum Binnenmarkt- Statik und Dynamik des Europäischen Marktes, JuS 1990, 170

*DERS.*: Entscheidungen und Richtlinien als unmittelbar wirksames Gemeinschaftsrecht, EuR 1971, 1

*GRIMM, DIETER*: Braucht Europa eine Verfassung?, JZ 1995, 581

*GROEBEN, HANS VON DER/SCHWARZE, JÜRGEN*: Kommentar zum Vertrag über die Europäische Union und zur Gründung der Europäischen Gemeinschaft, 6. Auflage, Band 1 (Art. 1-53 EUV; 1-80 EGV), Band 2 (Art.81-97EGV), Baden-Baden 2003 (zit.: Bearbeiter, in: von der Groeben/Schwarze, Art. ... EG)

*GROEBEN, HANS VON DER/THIESING, JOCHEN/EHLERMANN, CLAUS-DIETER (HRSG.)*: Kommentar zum EU-/EG-Vertrag, 5.Auflage, Band 4 (Art.137-209a EGV), Band 5 (Art.210-248 EGV, Art.H-S EUV), Baden-Baden 1999 (zit.: G/T/E/ Bearbeiter)

*DERS.*: Die Politik der Europäischen Kommission auf dem Gebiet der Rechtsangleichung, NJW 1970, 359

*GRUNDMANN, STEFAN/ RIESENHUBER, KARL*: Die Auslegung des Europäischen Privat- und Schuldvertragsrechts, JuS 2001, 529

*DERS.*: Europäisches Schuldvertragsrecht, Sonderheft 15 zur Zeitschrift für Unternehmens- und Gesellschaftsrecht, Berlin 1999

*Grundmann, Stephan M.*: Die Auslegung des Gemeinschaftsrechts durch den Europäischen Gerichtshof, Konstanz 1997

*Gundel, Jörg*: Die Neuordnung der Rechtsangleichung durch den Vertrag von Amsterdam- Neue Voraussetzungen für den „nationalen Alleingang", JuS 1999, 1171

*Hailbronner, Kay/ Klein, Eckart/ Magiera, Siegfried/ Müller-Graff, Peter-Christian*: Handkommentar zum Vertrag über die Europäische Union (EUV/EGV), Köln, Loseblattsammlung (zit.: Bearbeiter, in: Handkommentar zum EUV/EGV, Stand)

*ders.*: Der „nationale Alleingang" im Gemeinschaftsrecht am Beispiel der Abgasstandards für Pkw, EuGRZ 1989, 101

*Hakenberg, Waltraud*: Gemeinschaftsrecht und Privatrecht; Zur Rechtsprechung des EuGH im Jahre 1997, ZEuP 1998, 909

*Hallstein, Walter*: Die Europäische Gemeinschaft, 5. Auflage, Düsseldorf 1979

*Hassold, Gerhard*: Strukturen der Gesetzesauslegung, in: Festschrift für Karl Larenz, München 1983, S. 211

*Hayder, Roberto*: Neue Wege der europäischen Rechtsangleichung?, RabelsZ 53 (1989), 622

*Herdegen, Matthias*: Auslegende Erklärungen von Gemeinschaftsorganen und Mitgliedstaaten zu EG-Rechtsakten, ZHR 1991, 52

*Hergenröder, Curt Wolfgang*: Zivilprozessuale Grundlagen richterlicher Rechtsfortbildung, Tübingen 1995

*Heß, Burkhard*: Anmerkung zu EuGH, 14.7.1994, Rs.C-91/92, Slg.1994, I-3325 (Faccini Dori), JZ 1995, 150

*Hilf, Meinhard*: Die Richtlinie der EG - ohne Richtung, ohne Linie?, EuR 1993, 1

*Hommelhoff, Peter*: Zivilrecht unter dem Einfluß europäischer Rechtsangleichung, AcP 192 (1992), 71

*Hrbek, Rudolf(Hrsg.)*: Das Subsidiaritätsprinzip in der Europäischen Union-Bedeutung und Wirkung für ausgewählte Politikbereiche, Baden-Baden 1995 (zit.: Hrbek, Das Subsidiaritätsprinzip)

*Hummer, Waldemar/Obwexer, Walter*: Vom „Gesetzesstaat zum Richterstaat" und wieder retour?; EuZW 1997, 295

*Immenga, Ulrich*: Binnenmarkt durch europäisches Gemeinschaftsrecht, JA 1993, 257

*Ipsen, Hans Peter*: Die Rolle des Prozessrichters in der Vorrang-Frage, EuR 1979, 223

*ders.*: Europäisches Gemeinschaftsrecht, Tübingen 1972

*ders.*: Richtlinien-Ergebnisse, in: Zur Integration Europas, Festschrift für Carl Friedrich Ophüls, Karlsruhe 1965, S.67

*Isensee, Josef/ Kirchhof, Paul*: Handbuch des Staatsrechts, Band I, 2. Auflage, Heidelberg 1995

*dies.*: Handbuch des Staatsrechts, Band VII, 1. Auflage, Heidelberg 1992

*Janning, Josef*: Dynamik in der Zwangsjacke- Flexibilität in der Europäischen Union nach Amsterdam, Integration 1997, 285

*Jarass, Hans*: Binnenmarktrichtlinien und Umweltschutzrichtlinien, EuZW 1991, 530

*ders.*: Grundfragen der innerstaatlichen Bedeutung des EG-Rechts, München 1994

*ders.*: Richtlinienkonforme bzw. EG-rechtskonforme Auslegung nationalen Rechts, EuR 1991, 211

*ders./ Beljin, Sasa*: Unmittelbare Anwendung des EG-Rechts und EG-rechtskonforme Auslegung, JZ 2003, 768

*Kamann, Hans-Georg*: Viel Rauch um nichts?- Gesundheitsschutz im Rahmen der Binnenmarktharmonisierung gemäß Artikel 95 EGV nach dem „Tabakwerbeurteil" des EUGH, ZEUS 2001, 23

*Kegel, Gerhard*: Sinn und Grenzen der Rechtsangleichung, KSE Band 11, S.9

*Kern, Konrad:* Überseering – Rechtsangleichung und gegenseitige Anerkennung, Eine Untersuchung zum Wettbewerb der Gesetzgeber im Europäischen Gesellschaftsrecht, Berlin 2004

*Kilian, Wolfgang*: Europäisches Wirtschaftsrecht, München 1996

*Kingreen, Thorsten/Störmer, Rainer*: Die subjektiv-öffentlichen Rechte des primären Gemeinschaftsrechts, EuR 1998, 263

*ders.*: Die Struktur der Grundfreiheiten des europäischen Gemeinschaftsrechts, Berlin 1999

*Klauer, Irene*: Die Europäisierung des Privatrechts, Baden-Baden 1998

*Klein, Eckart*: Der Einfluß des Europarechts auf das deutsche Steuerrecht, in: Moris Lehner (Hrsg.), Steuerrecht im Europäischen Binnenmarkt, Köln 1996, S.7

*ders.*: Objektive Wirkungen von Richtlinien, in: Festschrift für Ulrich Everling, Band I, Baden-Baden 1995, S.641

*ders.*: Das nationale Recht im Zugriff des Europäischen Gemeinschaftsrechts, in: Tag der Juritischen Fakultät der Universität Potsdam 2. Dezember 1998, Europäische Union und nationales Recht, Potsdam 1999

*ders.*: Unmittelbare Geltung, Anwendbarkeit und Wirkung von Europäischem Gemeinschaftsrecht, in: Vorträge, Reden und Berichte aus dem Europa-Institut, Nr.119, Saarbrücken 1988

*ders.*: Vereinheitlichung des Verwaltungsrechts im europäischen Integrationsprozeß, in: Starck, Christian (Hrsg.): Rechtsvereinheitlichung durch Gesetze – Bedingungen, Ziele, Methoden-, Göttingen 1992, S.117

*Koenig, Christian/Haratsch, Andreas*: Europarecht, 4. Auflage, Tübingen 2003

*Kort, Michael*: Zur europarechtlichen Zulässigkeit von Abkommen der Mitgliedstaaten untereinander, JZ 1997, 640

*Kötz, Hein*: Gemeineuropäisches Zivilrecht, in: Festschrift für Konrad Zweigert, Tübingen 1981, S.481

*ders.*: Rechtsvereinheitlichung- Nutzen, Kosten, Methoden, Ziele, RabelsZ 50 (1986), 1

*Kramer, Ernst A.*: Europäische Privatrechtsvereinheitlichung – Institutionen, Methoden, Perspektiven -, in: Vorträge, Reden und Berichte aus dem Europa-Institut, Nr.139, Saarbrücken 1988

*Krämer, Hans*: Abgestufte Integration und differenzierte Assoziation, in: Gedächtnisschrift für Eberhard Grabitz, München 1995, S.307

*Krebs, Peter*: Die Begründungslast, AcP 195 (1995), 171

*Kreile, Johannes/Rahn, Stephanie*: Das Ende der Tabakwerbung in Deutschland und Europa?, ZUM 1998, 820

*Kriele, Martin*: Theorie der Rechtsgewinnung, Berlin 1967

*Kropholler, Jan*: Internationales Einheitsrecht, Tübingen 1975

*Kutscher, Hans*: Thesen zu den Methoden der Auslegung des Gemeinschaftsrechts aus der Sicht eines Richters, in: Gerichtshof der Europäischen Gemeinschaften (Hrsg.), Begegnung von Justiz und Hochschule, 1976, S.I-1

*ders.*: Über den Gerichtshof der Europäischen Gemeinschaft, EuR 1981, 392

*Langeheine, Bernd/Weinstock, Ulrich*: Abgestufte Integration: weder Königspfad noch Irrweg, Europa-Archiv 1984, 261

*ders.*: Abgestufte Integration, EuR 1983, 227

*ders.*: Rechtsprobleme der Anwendung des Art. 100a Abs.4 EG-Vertrag, in: Gedächtnisschrift für Eberhard Grabitz, München 1995, S.369

*Langenfeld, Christine*: Die Gleichbehandlung von Mann und Frau im Europäischen Gemeinschaftsrecht, Baden-Baden 1990

*dies.*: Zur Direktwirkung von EG-Richtlinien, DÖV 1992, 955

*Larenz, Carl/Canaris, Claus-Wilhelm*: Methodenlehre der Rechtswissenschaft, 4. Auflage, Berlin 2003

*Lenz, Carl Otto/ Borchardt, Klaus-Dieter (Hrsg.):* EU- und EG-Vertrag: Kommentar zu dem Vertrag über die Europäische Union und zu dem Vertrag zur Gründung der Europäischen Gemeinschaften, 3.Auflage, Köln 2003 (zit.: Bearbeiter, in: Lenz, EUV/EGV)

*DERS.*: Entwicklung und unmittelbare Geltung des Gemeinschaftsrechts, DVBl. 1990, 903

*DERS.*: Kommentar zu dem Vertrag zur Gründung der Europäischen Gemeinschaften, in der durch den Amsterdamer Vertag geänderten Fassung, 2. Auflage, Köln 1999 (zit.: Bearbeiter, in: Lenz, EUV/EGV, 2.Auflage)

*LOOSCHELDERS, DIRK/ROTH, WOLFGANG:* Juristische Methodik im Prozeß der Rechtsanwendung, Berlin 1996

*LUBITZ, SANDRA M.*: Die Angleichung des Privatrechts in den Mitgliedstaaten durch die europäische Richtlinie und Verordnung: Durchsetzung einheitlicher Wirkung und Anwendung der europäischen Richtlinie und Verordnung in den Mitgliedstaaten unter Berücksichtigung der indirekten Kollision, Diss., Köln 2000

*LÜCK, MICHAEL*: Die Gemeinschaftstreue als allgemeines Rechtsprinzip im Recht der Europäischen Gemeinschaft, Baden-Baden 1992

*LUTTER, MARCUS* : Die Entwicklung des Gesellschaftsrechts in Europa, EuR 1975, 44

*DERS.*: Die Angleichung des Gesellschaftsrechtes nach dem EWG-Vertrag, NJW 1966, 273

*DERS.*: Die Auslegung angeglichenen Rechts, JZ 1992, 593

*DERS.*: Genügen die vorgeschlagenen Regelungen für eine „Europäische Aktiengesellschaft"?, AG 1990, 413

*MANGOLDT, HERMANN VON/ KLEIN, FRIEDRICH/STARCK, CHRISTIAN*: Das Bonner Grundgesetz, Kommentar, Band 2, 4. Auflage, München 2000

*MANSEL, HANS-PETER*: Rechtsvergleichung und europäische Rechtseinheit, JZ 1994, 529

*MATTHIES, HEINRICH*: Die Verfassung des Gemeinsamen Marktes, in: Das Europa der zweiten Generation, Gedächtnisschrift für Christoph Sasse, Baden-Baden 1981, S.115

*DERS.*: Zur Anerkennung gleichwertiger Regelungen im Binnenmarkt der EG (Art.100b EWG-Vertrag), in: Festschrift für Ernst Steindorff, Berlin 1990, S.1287

*MEGRET, JACQUES/ LOUIS, JEAN-VICTOR/ VIGNES, DANIEL/ WAELBROECK, MICHEL*: Le droit de la communauté européenne, Volume 5, Bruxelles 1973

*MEIER, GERT*: Einheitliche Europäische Akte und freier EG-Warenverkehr, NJW 1987, 537

*MERTENS, HANS- JOACHIM*: Nichtlegislatorische Rechtsvereinheitlichung durch transnationales Wirtschaftsrecht und Rechtsbegriff, RabelsZ 56 (1992), 219

*MESTMÄCKER, ERNST-JOACHIM*: Staatliche Souveränität und offene Märkte- Konflikte bei der extraterritorialen Anwendung von Wirtschaftsrecht-, RabelsZ 52 (1988), 205

*MIDDEKE, ANDREAS*: Nationaler Umweltschutz im Binnenmarkt, Köln 1994

*MITTMANN, PATRICK*: Die Rechtsfortbildung durch den Gerichtshof der Europäischen Gemeinschaften und die Rechtsstellung der Mitgliedstaaten der Europäischen Union, Frankfurt am Main 2000

*MÖLLERS, THOMAS M.J.*: Die Rolle des Rechts im Rahmen der europäischen Integration- zur Notwendigkeit einer europäischen Gesetzgebungs- und Methodenlehre, Tübingen 1999

*MONTAG, FRANK*: Umweltschutz, Freier Warenverkehr und Einheitliche Europäische Akte, RIW 1987, 935

*MÖSTL, MARKUS*: Grenzen der Rechtsangleichung im europäischen Binnenmarkt-Kompetenzielle, grundfreiheitliche und grundrechtliche Schranken des Gemeinschaftsgesetzgebers, EuR 2002, 318

*MÜLLER, MARKUS*: Systemwettbewerb, Harmonisierung und Wettbewerbsverzerrung, Baden-Baden 2000

*MÜLLER-GRAFF, PETER-CHRISTIAN*: Die Rechtsangleichung zur Verwirklichung des Binnenmarktes, EuR 1989, 107

*DERS.*: Europäisches Gemeinschaftsrecht und Privatrecht, NJW 1993, 13

*DERS.*: Grundfreiheiten und Gemeinschaftsgrundrechte, in: Tradition und Weltoffenheit des Rechts, Festschrift für Helmut Steinberger, Berlin 2002, S.1281

*DERS.*: Privatrecht und europäisches Gemeinschaftsrecht, in: ders./ Zuleeg, Manfred, Staat und Wirtschaft in der EG, Baden-Baden 1987, S.17

*DERS.*: Grundfreiheiten und Gemeinschaftsgrundrechte, in Festschrift für Helmut Steinberger, Heidelberg 2002

*NANZ, KLAUS-PETER*: Das Schengener Übereinkommen: Personenfreizügigkeit in integrationspolitischer Perspektive, Integration 1994, 92

*NETTESHEIM, MARTIN*: Auslegung und Fortbildung nationalen Rechts im Lichte des Gemeinschaftsrechts, AÖR 1994, 261

*NEUNER, JÖRG*: Die Rechtsfindung contra legem, München 1992

*NICOLAYSEN, GERT*: Europarecht I, Baden-Baden 1991

*DERS.*: Richtlinienwirkung und Gleichbehandlung von Männern und Frauen beim Zugang zum Beruf, EuR 1984, 380

*NIEHOF, ROLAND*: Der Grundsatz der gegenseitigen Anerkennung im Gemeinschaftsrecht, Diss., Berlin 1989

*NIENHAUS, VOLKER/BUSCHE, ARND*: Binnenmarktpolitik, in: Weidenfeld, Werner/Wessels, Wolfgang (Hrsg.), Jahrbuch der Europäischen Integration 2001/2002, Berlin 2002, S.145

*PECHSTEIN, MATTHIAS*: Die Bedeutung von Protokollerklärungen zu Rechtsakten der EG, EuR 1990, 249

*DERS.*: EG-Umweltrechtskompetenzen und nationale Alleingänge beim Umweltschutz, Jura 1996, 176

*PERAU, GUIDO*: Werbeverbote im Gemeinschaftsrecht – Gemeinschaftsrechtliche Grenzen nationaler und gemeinschaftsrechtlicher Werbebeschränkungen -, Baden-Baden 1997

*PERNICE, INGOLF*: Kompetenzordnung und Handlungsbefugnisse der Europäischen Gemeinschaft auf dem Gebiet des Umwelt- und Technikrechts, Die Verwaltung 1989, 1

*PESCATORE, PIERRE* : Die "Einheitliche Europäische Akte" – Eine ernste Gefahr für den Gemeinsamen Markt, EuR 1986, 153

*PIEPER, STEFAN*: Die Direktwirkung von Richtlinien der Europäischen Gemeinschaft, DVBl.1990, 684

*Pipkorn, Jörn*: Zur Entwicklung des europäischen Gesellschafts- und Unternehmensrechts, ZHR 1973, 35

*Reich, Norbert*: Binnenmarkt als Rechtsbegriff, EuZW 1991, 203

*Ders.*: Förderung und Schutz diffuser Interessen durch die Europäischen Gemeinschaften, Baden-Baden 1987

*Ders.*: Rechtsprobleme grenzüberschreitender irreführender Werbung im Binnenmarkt- dargestellt am deutschen, französischen und englischem Recht unter besonderer Berücksichtigung des EG-Rechts-, RabelsZ 56 (1992), 444

*Reihlen, Helmut*: Technische Normung und Zertifizierung für den EG-Binnenmarkt, EuZW 1990, 444

*Ress, Georg*: Die Entscheidungserheblichkeit im Vorlageverfahren nach Art.177 EWG-Vertrag im Vergleich zu Vorlageverfahren nach Art.100 I GG, in: Festschrift für Günther Jahr, Tübingen 1993

*Ress, Jörg*: Die richtlinienkonforme „Interpretation“ innerstaatlichen Rechts, DÖV 1994, 489

*Richardi, Reinhard/ Wlotzke, Otfried (Hrsg.)*: Münchener Handbuch zum Arbeitsrecht, Band 1, München 2000, 2. Auflage

*Rittner, Fritz*: Die wirtschaftsrechtliche Ordnung der EG und das Privatrecht, JZ 1990, 838

*Röhling, Eike*: Überbetriebliche technische Normen als nichttarifäre Handelshemmnisse im Gemeinsamen Markt, Köln 1972

*Rönck, Rüdiger*: Technische Normen als Gestaltungsmittel des Europäischen Gemeinschaftsrechts, Berlin 1995

*Roth, Wulf-Henning*: Der Einfluß des Europäischen Gemeinschaftsrechts auf das Internationale Privatrecht, RabelsZ 55 (1991), 623

*Ders.*: Die Harmonisierung des Dienstleistungsrechts in der EWG, EuR 1986, 340

*Rudolf Streinz*: Mindestharmonisierung im Binnenmarkt, in: Everling, Ulrich/Roth, Wulf-Henning (Hrsg.), Mindestharmonisierung im Europäischen Binnenmarkt, Referate des 7.Bonner Europa-Symposions vom 27. April 1996, Baden-Baden 1997, S.9

*RÜFFLER, FRIEDRICH*: Richtlinienkonforme Auslegung nationalen Rechts, ÖJZ 1997, 121

*SCHARRER, HANS-ECKART*: Abgestufte Integration- Eine Einführung, in: Grabitz, Eberhard (Hrsg.): Abgestufte Integration- Eine Alternative zum herkömmlichen Integrationskonzept?, Kehl 1984, S.1

*SCHERER, THOMAS*: Doppelbesteuerung und Europäisches Gemeinschaftsrecht, München 1995

*SCHERZBERG, ARNO*: Die innerstaatlichen Wirkungen von EG-Richtlinien, Jura 1993, 225

*SCHILLING, THEODOR*: Gleichheitssatz und Inländerdiskriminierung, JZ 1994, 8

*SCHMEDER, WINFRIED*: Die Rechtsangleichung als Integrationsmittel der Europäischen Gemeinschaft, Köln 1978

*SCHMIDT, KARSTEN*: Vorlageverfahren nach Art.177 EGV und Zivilprozessordnung, in: Festschrift für Gerhard Lüke, München 1997

*SCHMIDT, MAREK*: Privatrechtsangleichende EU-Richtlinien und nationale Auslegungsmethoden, RabelsZ 59 (1995), 569

*SCHNORBUS, YORK*: Autonome Harmonisierung in den Mitgliedstaaten durch die Inkorporation von Gemeinschaftsrecht, RabelsZ 65 (2001), 654

*SCHOCH, FRIEDRICH*: Die Europäisierung des Allgemeinen Verwaltungsrechts, JZ 1995, 109

*SCHOCKWEILER, FERDINAND*: Die richterliche Kontrollfunktion: Umfang und Grenzen in Bezug auf den Europäischen Gerichtshof, EuR 1995, 191

*SCHOLZ, RUPERT/LANGER, STEFAN*: Europäischer Binnenmarkt und Energiepolitik, Berlin 1992

*SCHRÖER, THOMAS*: Die Kompetenzverteilung zwischen der Europäischen Wirtschaftsgemeinschaft und ihren Mitgliedstaaten auf dem Gebiet des Umweltschutzes, Berlin 1992

*DERS.*: Mehr Demokratie statt umweltpolitischer Subsidiarität?, EuR 1991, 356

*SCHULZE, REINER*: Auslegung Europäischen Privatrechts und angeglichenen Rechts- Einführung, in: ders. (Hrsg.): Auslegung europäischen Privatrechts und angeglichenen Rechts, Baden-Baden 1999, S.9

*DERS.*: Zur Konzeption der Rechtsangleichung in der Europäischen Wirtschaftsgemeinschaft, in: Probleme des europäischen Rechts, Festschrift für Walter Hallstein, Frankfurt am Main 1966, S.474

*DERS.*: EG-Kompetenz für das Verbot der Tabakwerbung?, AfP 1998, 553

*DERS.*: Zur Konzeption der Rechtsangleichung in der Europäischen Wirtschaftsgemeinschaft, in: Probleme des Europäischen Rechts, Festschrift für Walter Hallstein, Frankfurt am Main 1966, S.474

*SCHWARZE, JÜRGEN*: EU-Kommentar, 1.Auflage, Baden-Baden 2000 (zit.: Schwarze/Bearbeiter, EU)

*SCHWEITZER, MICHAEL/ HUMMER, WALDEMAR*: Europarecht, 5. Auflage, Berlin 1996

*SCHWEMER, ROLF-OLIVER*: Die Bindung des Gemeinschaftsgesetzgebers an die Grundfreiheiten, Frankfurt am Main 1995

*SEDEMUND, JOACHIM*: „Cassis de Dijon" und das neue Harmonisierungskonzept der Kommission, in: Schwarze, Jürgen (Hrsg.): Der Gemeinsame Markt, Bestand und Zukunft in wirtschaftsrechtlicher Perspektive, Baden-Baden 1987, S.37

*SEIDEL, MARTIN*: Beseitigung der technischen Handelshemmnisse- Korreferat, in: KSE Band 11, S.733

*DERS.*: Mindestharmonisierung im Binnenmarkt- Stellungnahme-, in: Everling, Ulrich/Roth, Wulf-Henning (Hrsg.): Mindestharmonisierung im Europäischen Binnenmarkt, Baden-Baden 1997, S.39

*DERS.*: Rechtsangleichung und Rechtsgestaltung in der Europäischen Gemeinschaft, Baden-Baden 1990

*DERS.*: Ziel und Ausmaß der Rechtsangleichung in der EWG- Zur britischen Auffassung-, EuR 1979, 171

*SPETZLER, EUGEN*: Die richtlinienkonforme Auslegung als vorrangige Methode steuerjuristischer Hermeneutik, RIW 1991, 579

*SPETZLER, WOLFGANG*: Wirkung und Einfluß des Rechts der Europäischen Gemeinschaft auf das nationale Steuerrecht, DB 1993, 553

*STARCK, CHRISTIAN:* Einführung: Rechtsvereinheitlichung durch Gesetze, in: ders. (Hrsg.), Rechtsvereinheitlichung durch Gesetze – Bedingungen, Ziele, Methoden -, Göttingen 1992

*STEIN, TORSTEN:* Keine Europäische „Verbots"- Gemeinschaft- das Urteil des EuGH über die Tabakwerbeverbots-Richtlinie, EWS 2001, 12

*STEINDORFF, ERNST:* EG-Vertrag und Privatrecht, Baden-Baden 1996

*DERS.*: Gemeinsamer Markt als Binnenmarkt, ZHR 1986, 687

*DERS.*: Grenzen der EG-Kompetenzen, in: Beihefte der Zeitschrift für das gesamte Handelsrecht und Wirtschaftsrecht, Heft 65, Heidelberg 1990

*DERS.*: Quo vadis Europa?, in: Weiterentwicklung der Europäischen Gemeinschaft und der Marktwirtschaft, Köln 1992, S.11

*DERS.*: Unvollkommener Binnenmarkt, ZHR 1994, 149

*STERN, KLAUS:* Das Staatsrecht der Bundesrepublik Deutschland, Band I, 2. Auflage, München 1984

*STREINZ, RUDOLF:* Europarecht, 6. Auflage, Heidelberg 2003

*STREIT, MANFRED E./MUSSLER, WERNER:* Wettbewerb der Systeme und das Binnenmarktprogramm der Europäischen Union, in: Lüder Gerken (Hrsg.), Europa zwischen Ordnungswettbewerb und Harmonisierung- Europäische Ordnungspolitik im Zeichen der Subsidiarität, Berlin 1995, S.75

*STUYCK, JULES:* European Consumer Law after the Treaty of Amsterdam: Consumer Policy in or beyond the Internal Market?, CMLR 2000, 367

*TAUPITZ, JOCHEN:* Europäische Privatrechtsvereinheitlichung heute und morgen, Tübingen 1993

*TIMMERMANS, CHRISTIAAN W.A.*: Die europäische Rechtsangleichung im Gesellschaftsrecht- Eine integrations- und rechtspolitische Analyse, RabelsZ 48 (1984), 1

*UKROW, JÖRG:* Richterliche Rechtsfortbildung durch den EuGH, Baden-Baden 1995

*ULMER, PETER:* Vom deutschen zum europäischen Privatrecht?, JZ 1992, 1

*Van Calster, Geert*: Export restrictions- a watershed for Article 30, ELRev. 2000, 335

*Vanberg, Viktor*: Wettbewerb in Markt und Politik, in: Felix Zimmermann (Hrsg.), Ordnungspolitische Aspekte der europäischen Integration, Baden-Baden 1996, S.85

*VerLoren van Themaat, Pieter*: Die Aufgabe der Rechtswissenschaft in der Diskussion um eine neue Weltwirtschaftsordnung, RabelsZ 43 (1979), 632

*Vogelaar, Theodore*: The approximation of the laws of the member States under the Treaty of Rome, CMLR 1975, 211

*Wägenbaur, Rolf*: Werbeverbot für Tabakerzeugnisse: Betrachtungen eines Nichtrauchers, EuZW 1998, 33

*Wagner, Matthias*: Das Konzept der Mindestharmonisierung, Berlin 2001

*Wank, Rolf*: Die Rechtsfortbildung durch den Europäischen Gerichtshof, in: Arbeitsgesetzgebung und Arbeitsrechtsprechung, Festschrift für Eugen Stahlhacke, Neuwied 1995, S. 633

*Weber, Nikolaus*: Die Richtlinie im EWG-Vertrag, Hamburg 1974

*Wiesner, Peter*: Europäisches Unternehmensrecht, ZIP 2000, 1792

*Wille, Angelo*: Die Pflicht der Organe der Europäischen Gemeinschaft zur loyalen Zusammenarbeit mit den Mitgliedstaaten, Baden-Baden 2003

*Wilmowsky, Peter von*: Gesellschafts- und Kapitalmarktrecht in einem gemeinsamen Markt, RabelsZ 56 (1992), 521

*Winter, Gerd*: Direktwirkung von EG-Richtlinien, DVBl.1991, 657

*Wölk, Jonas*: Die Umsetzung von Richtlinien der Europäischen Gemeinschaft, Baden-Baden 2002

*Zacker, Christian*: Binnenmarkt und Gemeinsamer Markt, RIW 1989, 489

*Ders.*: Kompendium Europarecht, Berlin 1997

*Zippelius, Reinhold*: Allgemeine Staatslehre, 13.Auflage, München 1999

*Ders.*: Juristische Methodenlehre, 8. Auflage, München 2003

ZULEEG, MANFRED: Deutsches und europäisches Verwaltungsrecht- wechselseitige Einwirkungen, VVDStRL 53 (1994), 154

DERS.: Die Auslegung des europäischen Gemeinschaftsrechts, EuR 1969, 97

DERS.: Die Europäische Gemeinschaft als Rechtsgemeinschaft, NJW 1994, 545

DERS.: Die Rechtswirkungen europäischer Richtlinien, ZGR 1980, 466

DERS.: Umweltschutz in der Rechtsprechung des Europäischen Gerichtshofs, NJW 1993, 31

ZWEIGERT, KONRAD/KÖTZ, HEIN: Einführung in die Rechtsvergleichung auf dem Gebiete des Privatrechts, Band I, Grundlagen, 2. Auflage, Tübingen 1984

DERS.: Grundsatzfragen der europäischen Rechtsangleichung, ihrer Schöpfung und Sicherung, in: Festschrift für Hans Dölle, Band 2, Tübingen 1963, S.401

**STUDIEN ZUM ÖFFENTLICHEN RECHT,
VÖLKER- UND EUROPARECHT**

Herausgegeben von Prof. Dr. Eckart Klein

Band 1 Ulrike Suchsland-Maser: Menschenrechte und die Politik multilateraler Finanzinstitute. Eine Untersuchung unter völkerrechtlichen Gesichtspunkten an den Beispielen der Weltbank, des Währungsfonds und regionaler Entwicklungsbanken. 1999.

Band 2 Jean Angelov: Grundlagen und Grenzen eines staatsbürgerlichen Informationszugangsanspruchs. 2000.

Band 3 Norman Weiß: Objektive Willkür. Zu einem Prüfungskriterium im Verfahren der Urteilsverfassungsbeschwerde. 2000.

Band 4 Eva Tanuschev: Entwicklung, Stand und Perspektiven eines freien Personenverkehrs in Europa. 2001.

Band 5 Heiner Baab: GATT und WTO im Recht der USA. Die Integration des Völkervertragsrechts in die Rechtsordnung der USA am Beispiel der GATT-Abkommen und der WTO-Übereinkommen. 2001.

Band 6 Malte Graßhof: Die Vollstreckung von Normenkontrollentscheidungen des Bundesverfassungsgerichts. Ein Beitrag zum Verhältnis zwischen Bundesverfassungsgericht und Gesetzgeber. 2003.

Band 7 Christof Berthold: Die Europäische Politische Gemeinschaft (EPG) 1953 und die Europäische Union (EU) 2001. Eine rechtsvergleichende Betrachtung. 2003.

Band 8 Felix Bark: Das gemeinschaftsrechtliche Defizitverfahren. Reformansätze und ihre rechtlichen Umsetzungsmöglichkeiten. 2004.

Band 9 Astrid Ihns: Entwicklung und Grundlagen der europäischen Rechtsangleichung. 2005.

www.peterlang.de

FSC
www.fsc.org
MIX
Papier | Fördert
gute Waldnutzung
FSC® C083411

Kolibri 360 GmbH
Ferdinand-Jühlke-Straße 7
99095 Erfurt, Deutschland
produktsicherheit@kolibri360.de

Druck:
CPI Druckdienstleistungen GmbH
im Auftrag der
Kolibri 360 GmbH
Ferdinand-Jühlke-Str. 7
99095 Erfurt